U0043033

昨日到城市：

近世中國的逸樂與宗教

李孝悌　著

序　言

　　本書中收錄的，是我在過去五、六年間發表或寫成的文章。其中除了〈明清文化史研究的一些新課題〉屬於研究回顧一類的文字外，〈上海近代城市文化中的傳統與現代〉及〈十八世紀中國社會中的情欲與身體〉兩篇文章，是以城市和鄉村的一般民眾為主體，其他六篇都以上層士大夫文化為研究重點。如果和我之前的研究放在一起來看，由近代向傳統，由群眾向士大夫，由大眾文化向精緻文化移動的軌跡確實非常明顯。

　　這其中除了〈18世紀中國社會中的情欲與身體〉一文外，轉變的背後其實還是有一定的脈絡可尋。1985年我剛到哈佛讀書時，一方面隨著孔復禮(Philip Kuhn)教授有系統的閱讀清代檔案及民眾叛亂的資料，一方面為了繳交學期報告，在燕京圖書館的書架間毫無目的的翻覽可能作為報告題材的資料。在泛漫無所歸依的搜尋中，我被《白雪遺音》、《霓裳續譜》中質樸的情歌和少女大膽、熱烈的偷情場景所吸引，而以此為題，交了我的第一篇英文報告。這些被五四時代的學者高度評價的俗文學資料，成為我在民眾叛亂的檔案文獻外，另一個進入民眾世界的踏腳石。此後我十幾年的研究興趣，就集中在這個由民眾／社會所衍生出的民眾／文化史的範疇。

　　我對民眾文化的興趣，在某一個意義上，和我當時所受的社會史訓練有極大的關聯，就是同樣以下層社會和一般人民為主要的研究對象，而和政治、外交及思想史以上層社會或統治群體為主體的研究，有極大的差別。雖然我後來慢慢了解到，我的第一次「文化」轉向，在認識論和方法論上，其實和社會史也大相逕庭。

　　這個對民眾文化的興趣，從18世紀(及19世紀初)的情歌開始，持續了十幾年，中間經過漫長的論文寫作，一直延續到本書中的另一篇文章〈上海近代城

市文化中的傳統與現代〉。在這個過程中，不論是18世紀的情歌、檔案中的口供、拳亂民眾的宗教想像或是《五部六卷》中對「眞空家鄉、無生父母」的核心觀念的反覆演繹，都不斷以其直接動人的文字、情感、思想和豐富的想像力，對我產生極大的震撼。強烈的程度，和我讀社會史學者從組織、結構的角度分析中國鄉村社會時的感覺，不相上下。

但一方面因爲在鄉村和民眾之中逗留的時間已經甚長，一方面因爲在寫博士論文《近代中國的戲曲、社會與政治》時，了解到揚州文化在海派文化形成之前的重要位置，和梁啓超對《桃花扇》一劇的高度評價，我決定將研究的重點從近代、民眾轉移到傳統、城市和士大夫文化上。我在寫〈上海近代城市文化中的傳統與現代〉一文時，受到已故的思想史家史華慈（Benjamin Schwartz）教授對「傳統」與「現代」這組觀念很大的啓發。現在看起來，這篇文章倒頗具象徵意義地，將我的研究從備受西力衝擊而令人厭倦的現代中國，過渡到文化型態迥然不同的傳統世界。

這本論文集中以鄭板橋、袁枚、王士禎爲題的三篇文章，都以17、18世紀的揚州爲主場景，對上層士大夫別具雅趣的生活內容，作了細部的描述。在寫王士禎一文時，我進一步了解到，對許多像冒辟疆一樣的明清之際的士大夫而言，明末金陵才是回憶和歡樂的活水源頭。所以我再次轉移戰場，從20世紀的上海到17、18世紀的揚州，並進而由冒辟疆水繪園所在的揚州府，上溯到明末的南京。

從清代揚州轉到明末南京，與王士禎素有交遊的冒辟疆無疑地扮演了關鍵的角色。另一方面，從最初透過梁啓超對《桃花扇》一劇的評價而開始細讀劇文起，我就希望將來有機會能將劇中的情節和文字寫入論文之中。一路展轉進入南京後，多年的宿願終得實現。〈桃花扇底送南朝〉一文雖然是我另一個以明清南京爲題的新研究計畫的起始之作，但我一方面是透過梁啓超這位融合傳統與現代的史學大師的導引和註解，進入桃花扇的世界；一方面則因爲冒襄對明末金陵繁華歲月的追憶，委實過於強烈而鮮明，引發了我同樣強烈的好奇心，一入南京而不可收拾。將這篇文章收入本書中，不論是從傳統與現代的對照，水繪園對明末金陵風華聲教的演繹，或《桃花扇》一作和冒襄的關係而言，應該都不算是過於突兀。既爲我從20世紀上海進入17世紀中國城市的漫長

旅程，找到一個休憩的驛站，也多少有些憑弔告慰前人的意思。

　　但不管使用的題材是近代上海的城市讀物，18世紀流傳於城市、鄉村的情歌，還是明清士大夫的詩詞、戲曲創作，這些文章最明顯的一個共同主題就是逸樂。我在文章中，對逸樂生活在思想史和文化史上的意涵，都有比較詳細的討論。這裡要強調的是：耳目聲色之娛當然有可能在有錢、有閑的統治階層或上層社會(包括皇室、官員、士大夫及商人)中佔有比較醒目的位置；對生活在淮北、魯西北、魯西南或川楚交界等土地貧瘠、叛亂頻仍的下層民眾而言，溫飽之不暇，物質感官上的享樂，似乎成了一種遙不可及的反諷。但如果我們把這些西方中國社會史學者作過最好研究的地區放在一邊，而將焦點轉移到16、17世紀的江南、華北、長江中、下游或是珠江三角洲的城鎮，我們看到的可能是一個不一樣的民眾日常生活的景象。

　　放在這樣的脈絡下來看，我對18世紀中國社會中的情欲和士大夫逸樂的描寫，似乎可以看成是一個重新審視中國人日常生活內容的參照點。我最近信手翻閱大陸學者董新林寫的《墓葬：歷代帝王及百姓死後的家》，深深被大量墓葬圖像中不斷出現的宴飲圖和樂曲演出的散樂圖所震懾。墓葬壁飾在五代達於頂峰，明代之後就很少出現，我們對明清時期民眾日常生活的熱鬧場景的想像，通常是透過《南都繁會圖》、《上元燈彩圖》等圖像資料來落實。雖然不管是因死亡或現世生活而觸發的圖像資料，都同樣面臨著「再現」的問題，而在詮釋這本書中的各種墓葬圖像所代表的意涵時，更要將時代、區域、種族和階級等因素考慮在內。但讓我感到訝異不止，乃至興奮不已的卻是：在物質生活繁庶的16、17世紀之外，在一個因「死亡」而引發的藝術類別中，逸樂、宴飲和戲曲演出竟佔據了如此醒目的位置。這些壁畫的墓主雖然多半是統治階層，但也不乏一般的民眾：

　　　　宋代時期墓葬壁畫中常有「開芳宴」的題材，說明北宋時期平民百姓
　　　　的日常生活就很講究享樂。此外，單獨的散樂圖或墓主人夫婦對坐宴
　　　　飲圖的題材更爲多見。[1]

　　1　董新林，《墓葬：歷代帝王及百姓死後的家》(台北：五南圖書公司，2007)，頁180。

　　也許是出於對現世生活的依戀和不捨，卒至選擇生活中最美好的場景來裝點死後的居所。「逸樂」看起來，確實是我最近所著迷的「文化圖式」(cultural schema)中的一條主軸線吧！

　　就如同墓室壁畫中居於要角的逸樂與宗教題材一樣，我這些對塵世生活的描述，逸樂之外，宗教也是一個重要的主題。這些宗教題材不僅在現代化的上海製造出鬼魅魍魎和鄉野傳奇的氛圍，在笙歌不斷，「無朝非花、靡夕不月」的水繪園，也像戲曲旋律一樣，縈繞在傳統士大夫的日常生活之中。再加上袁枚《子不語》中虛實相間的神怪故事，和王士禎對家族起源、興衰的不可思議的玄妙之言，讓我們勢必得重新思考宗教在明清士大夫文化中的位置。過去不論是思想史家對宋明理學的分析，或社會史家所建立的「士紳社會」的典範，都讓我們對中國士大夫文化的內涵和骨架有了最根本的掌握。我從民眾重新回到士紳階層時，採用了一個不同的視角，冒襄留下的資料正好提供了最佳的素材。就像我在〈儒生冒襄的宗教生活〉一文中開頭所說的：「更有意思的是，正是在忠實地扮演現世儒生這個角色的同時，冒辟疆以驚人的細節，展現了他狂亂而超現實的宗教信仰。儒家的道德信念，士紳的現實關懷，超自然的神秘信仰，極耳目聲色之娛的山水、園林、飲食、男女與戲曲，共同構成了冒辟疆生活的整體面貌。」如果我們的文化史研究能在思想史和社會史的學術典範下，作出一些不同的貢獻，或許能稍減我們縱情逸樂的焦慮。

　　這些文章中第三個明顯的主題是城市。從上海到揚州到南京，城市為民眾的休閒、娛樂和士大夫的精緻品味提供了不可或缺的舞台。〈18世紀中國社會中的情欲與身體〉一文的主體雖然多半是從各地搜集而來，「鄙俚淫藝」、出諸「里巷婦女」或「村嫗蕩婦」之口的情歌小唱，但不論是唱本的刊行、販賣，茶館、戲園的演出，或是像《馬頭調》之類，經由通都、大邑的碼頭、驛站而流傳的民間小調，都依然和城市有密切的關係。冒襄水繪園所在的揚州府如皋縣，雖然不能和北京、南京、揚州或蘇州之類全國性的城市相比，但卻因為冒襄本人和南京、揚州的密切關係，提供了我們一個重新思考上層士大夫如何在縣城，乃至鄉鎮，複製大城市的生活經驗和文化型態的機會。

　　我對文化史的興趣，雖然從1985年交的第一篇學術報告，就可以窺見端倪，但對基層社會和民眾叛亂等社會史的課題，卻始終未能忘情。對許多在哈

佛及其他美國大學選修「清代檔案」一課的學生而言，鍾人杰的叛亂案，大概是他們了解清代中國社會最主要的據點。道光二十一年(1841)，湖北武昌府崇陽縣因案斥革的秀才鍾人杰，因爲包攬錢糧，和縣府胥役憑生釁端，卒至聚眾爲亂，攻縣城，殺縣令，並進而「劫庫獄，散倉粟，造幟械」，自封元帥，公然謀反。正爲中英鴉片戰爭所困的清政府，大動干戈，才平定了這次發生在叢山之中的內部叛亂。

　　經由清廷的奏摺、叛亂者的口供、知名士紳／學者的墓誌銘和反映地方觀點的筆記小說資料，我大致體會到Clifford Geertz所謂的「深描」的意涵。經由這些層層交織的細部資料，我不但進入了一個從來不了解的中國地方社會，對其複雜的權力生態有所掌握，而且可以由這個切入得既深且廣的個案出發，去衡量整個中國社會運作的模式。換言之，我們可以以這一個小小的個案做參考架構，去尋找中國地方社會中不斷反覆出現的主軸和要素。

　　我在寫冒襄等幾篇文章時，鍾人杰的叛亂案就像縈繞在水繪園中的戲曲旋律一樣，不時閃過。如果鍾人杰的叛亂案可以讓我們由小窺大，成爲了解中國社會的重要據點，王士禛的八首水繪園修禊詩，冒襄作爲儒生／文人／地方士紳／風流名士的複雜面相，以及他令人驚異的宗教歷程和水繪園生活中的種種細節，是否也可以爲我們了解中國士大夫文化提供一個切入、參照點呢？

　　我在前面和文章中都提到，西方文化史的發展，在很大程度上，是針對著社會史而發的一種旗幟鮮明的反抗。Lynn Hunt在1989年主編出版的論文集*The New Cultural History*駸駸然有篡奪十幾年前才取得霸權地位的社會史的聲勢[2]。但十年之後，當Victoria Bonnell和Lynn Hunt重新檢討新文化史的走向時，卻已對一些激進的文化史家和後現代主義者必欲將社會史的課題和預設完全抹煞的企圖感到不安：「社會的角色或意義也許有問題，……但沒有它的生活卻證明不可能。」[3] 社會史的各種理論預設和前提，雖然受到新一代文化史家和後現

2　William H. Sewell Jr., *Logics of History : Social Theory and Social Transformation* (The University of Chicago Press, 2005), pp. 48-49.

3　Victoria Bonnell, Lynn Hunt eds., *Beyond the Cultural Turn: New Directions in the Study of Society and Culture* (Berkeley and Los Angeles: University of California Press, 1999), II.參見William Sewell, *Logics of History*, p. 79.

代主義者深刻的檢討、質疑，但社會史家所提出的一些重要課題和累積的豐富研究成果，卻是文化史家不得不嚴肅以對的資源。

對於如何正視、利用社會史家所留下的學術資源，由計量史、社會史出身，積極參與「文化轉向」，並進而像Lynn Hunt一樣，反省文化史走向的William Sewell在*Logics of History*一書中有極精彩的闡發。在William Sewell看來，社會史、社會科學和人類學在過去幾十年所累積的最重要課題之一，就是「結構」（structure）。結構可以有不同的層次和不同的屬性，但Sewell最感興趣的則是結構作為律則、資源與圖式（schemas）所蘊含的意義與限制。

我在過去二十幾年內讀到的美國中國社會史論著中，最具啓發性的就是對民眾叛亂、基層組織、社會結構及非人格因素等課題的研究。Sewell的討論，除了讓我能將這些研究放在更廣大的西方學術史的發展脈絡中來考量，也清楚的顯示出：結構式的分析，其實也可以對感覺上輕薄浮軟——雖然這種感覺多半是一種未經深刻省思的成見和誤解——的文化史研究，帶來極大的助益。我對上海近代城市文化中的鄉野圖像、民眾心態和18世紀婦女感情世界的探索，似乎正可以歸入文化圖式或心靈結構的範疇。當我們對明清士大夫文化或城市史的研究，不斷面臨宋史或研究其他時代的學者「古已有之」的質疑時，Sewell的分析架構格外顯得有意義。我們過去幾年的文化史研究，在細節和個案的累積上，對一個新開發的領域而言，應該起了發凡奠基的作用。這些細節和個案當然可能只反映了一個特殊的時代，但也極可能是一種反覆出現的主題。如何將這些研究放在特殊的時空背景或文化圖式中來考量，也許是一個值得進一步努力的方向。

16世紀初葉起，商品經濟的發展，對哲學思想、社會秩序、社會風氣和日常生活的內容等各方面都帶來極大的衝擊。從鄉里到城鎮，從江南到華北，從平民百姓到上層士大夫，生活的富裕在食衣住行和宗教、逸樂各方面所帶來的巨大改變，對那些固守著儒家道德信念的士紳來說，無疑是另一次禮壞樂崩的末世巨變。出生在浙江嘉興青鎮（即今日著名的古鎮烏鎮），以為官清廉著稱的李樂，明穆宗隆慶二年（1568）進士，萬曆初致仕歸里，正好目睹了發生在各地和他的家鄉的變化。他的20字短詩：「昨日到城郭，歸來淚滿襟，遍身女衣者，盡是讀書人。」鮮明扼要地勾勒出一個被顚倒的世界，以及這個以城市為

代表的現實世界和道學家理念間難以跨越的鴻溝[4]。

　　我在這本書中處理的幾個主題，不論是城市、逸樂、情欲，還是怪力亂神的宗教想像和實踐，正好可以作爲逐漸消蝕而爲李樂所哀惋的禮教世界的對立面，以另外一種人間樂土的面貌，重新區劃出一塊醒目的疆域，讓我們能從富裕與貧窮、城市與鄉村、情慾與禮教、奢靡與簡樸、逸樂與叛亂、宗教與理性等命題出發，重新審視中國的文化與社會。但不論是20世紀的上海，18世紀的揚州，還是十七世紀的南京，經由時空的屏障，卻都像是余懷在回憶中所建構出來的「慾界之仙都，昇平之樂國」一樣，一方面大大豐富了我們關於城市的想像，一方面卻都已成爲昨日過眼的繁華。

　　本書的簡體字版，甫於上海出版，仍沿用《戀戀紅塵》的原名。承蒙林載爵先生的好意，讓這些文章能以繁體的形式在台北印行。由於全書內容已大幅擴充，在載爵兄的建議下，我們決定以這個新的書名重新問世。我要謝謝張雅芳小姐、陳昶安先生、馮卓健先生，特別是鄭坤騰先生幫我費心整理本書的書稿和圖版。

4　根據李樂自己的描述，這首詩其實是改自唐代的古詩──雖然原詩的意涵極不相同：「唐人詩有關世教者，儘多求其痛切民隱者，莫如『昨日到城郭，歸來淚滿襟，遍身綺羅者，不是養蠶人』。……二十年來，東南郡邑凡生員讀書人，家有力者，盡爲婦人紅紫之服，外披內衣。」李樂，《見聞雜記》，《續修四庫全書》，1171（上海：上海古籍出版社），卷10，頁716-717。事實上，從李樂其他的記載中，我們知道這種現象並不限於城市、讀書人或富貴有力之士，而擴及於鄉里賤役，和原本只適合粗衣素食的下層民眾。這些事實讓他觸目驚心，視爲亂象：「厭常喜新、去樸從豔，天下第一件不好事，此在富貴中人之家，且猶不可，況下此而賤役長年，分止衣布食蔬者乎？余鄉二三百里內，自丁酉至丁未，若輩皆好穿絲綢綢紗湖羅，且色染大類婦人。余每見驚心駭目，必嘆曰：此亂象也！」同前，頁741。

目　次

明清文化史研究的一些新課題

一

　　在美國歷史學界，「新文化史」大約從1980年代開始發展成一個新的次學門。1984年，以Victoria Bonnell和Lynn Hunt為首的一批史學家，應加州大學出版社的邀請，出版一系列以「社會與文化史研究」為名的叢書。在這套叢書的序言中，編者為研究主題作了大概的界定，指出這套書的研究範圍將包括「心態、意識型態、象徵、儀式、上層文化及通俗文化的研究，並且要結合社會科學、人文科學，作跨領域的研究」[1]。這套叢書以「社會與文化」為名，其中的一個原因是這些後來以文化史研究成名的學者，原來受的多半是社會史或歷史社會學的訓練——這個傾向也反映了到1970年代為止，社會史研究在美國史學界所占有的重要地位。

　　但在1970年代中，隨著Clifford Geertz、Pierre Bourdieu及傅柯(Michel Foucault)等人的著作的問世，一個對歷史學、人類學、社會學與文學批評等領域都有深遠影響的「文化轉向」(cultural turn)逐漸醞釀成型，文化史研究從1980年代開始，成為美國史學研究的顯學[2]。

　　從1980年代開始打著鮮明旗幟出現的「新文化史」，就和它所承續的社會史一樣，有著極強的理論預設。從1950年代開始興盛的社會史，在馬克思主義史學和年鑑學派的影響下，對傳統偏重少數政治人物和政治制度的政治史研究提出批判，將研究重點移向下層群眾和所謂的整體歷史及長期結構，認為唯有

1　Victoria E. Bonnell, Lynn Hunt, ed., *Beyond the Cultural Turn: New Directions in the Study of Society and Culture* (University of California Press, 1999), Preface, p. ix.

2　*Ibid*, pp. 3-5.

如此才能掌握到社會的真實[3]。但新一代的文化史家卻不相信有這樣一個先驗的、客觀的真實，他們也反對過去社會史、經濟史和人口史學家以建立科學的解釋(explanation)為最終目的的基本立場。在傅柯和後現代主義的影響下，文化史家主張所謂的真實，其實是深深受到每個時代所共有的論述(話語)的影響。而在Geertz的影響下，對意義的追尋和詮釋，就成了文化史家的首要工作[4]。

由於不相信有一個客觀的、先驗的實存被動的停留在那裡等待我們去發現，論述(discourse)、敘述、再現等觀念，都成為新文化史研究中重要的方法論上的問題。此外，由於不相信我們可以經由科學的律則和普遍性的範疇來發現歷史的真理，文化史家轉而對文化、族群、人物、時空的差異性或獨特性付出更多的關注。不少知名的史學家放棄了過去對長期趨勢或宏大的歷史圖像的研究，而開始對個別的區域、小的村落或獨特的個人歷史進行細微的描述，Emmanuel Le Roy Ladurie和Natalie Davis就是最具代表性的例子[5]。

文化史家雖然對科學的規則或普遍的範疇感到不滿，並對一些受後現代主義和文學批評所啟發的理論有細緻深刻的思辨，但在從事實證研究時，卻常常在課題的選擇上招致批評。研究法國大革命的權威學者Francois Furet就曾指責年鑑學派的心態史研究缺乏明晰的焦點，同時由於沒有清楚的定義，研究者只能跟隨流行，不斷地尋找新課題。即使像Robert Darnton這麼知名的文化史家，也批評法國的文化史家無法為心態史這個研究領域建立一套首尾一貫的觀念[6]。不管這樣的批評是否公允，文化史研究的目的何在，似乎成了各地學者都要面臨的問題。

二

台灣的文化史研究，大約從1990年代開始萌芽。其中雖然可以看到年鑑學

3　Lynn Hunt, "Introduction: History, Culture and Text," Lynn Hunt, ed., *The New Cultural History* (University of California Press, 1989), pp. 1-4.

4　Victoria E. Bonnell, Lynn Hunt, "Introduction," *Beyond the Cultural Turn*, pp. 3-5.

5　*Ibid*, pp. 7-8.

6　Lynn Hunt, "Introduction," *The New Cultural History*, p. 9.

派、馬克思主義和後現代思潮的影響，但在最初的階段，對再現、敘述等觀念的理論意涵，並不像前述西方史學家那樣有深刻的省思，和歷史社會學的關係也不緊密。此外，由於台灣的文化史家不像西方的同行那樣，對社會史的理論預設，因為有清楚的掌握從而產生強烈的批判，所以從來不曾把社會史研究作為一個對立的領域，並進而推衍、建立新文化史的理論框架和課題。我們甚至可以說，台灣的新文化史研究其實是從社會史的研究延伸而出。

這個新的文化史研究方向，最早是從研究通俗／大眾文化出發，然後有專門的團隊以「物質文化」為題進行研究。最近三年由中研院支持的主題計畫「明清的社會與生活」，聚集了一批海內外的歷史學者、藝術史家和文學史研究者，以中國近世的城市、日常生活和明清江南為題，持續地進行團隊研究，累積了相當的成果。文化史的研究至此可以說是蔚為風氣，一個新的研究次領域也大體成形。

在通俗文化的研究中，民間宗教是一個相當重要的課題，社會史研究的影響在此清晰可見。葬禮和三姑六婆等不入流的下階層人物，也因此躋身為學院研究的對象。接著學者開始從戲曲、畫報、廣告等資料去探討城市民眾的生活、心態和娛樂等課題，文化史的色彩日益凸顯。我自己和其他幾位學者又進一步利用戲曲、流行歌曲、文學作品、通俗讀物、色情小說等資料，對士大夫、一般民眾以及婦女的感情、情欲、情色等感官的領域，作了一些踰越過去研究尺度的探索。與此同時，和通俗讀物有密切關係的明清出版市場，以及圖像在通俗讀物中扮演的重要角色等課題，也吸引了藝術史學者和歷史學者的重視。

物質文化的研究，是一個已經被提上議程，卻有待進一步研究的課題。在這一方面，對中古時期的椅子、茶／湯，以及明清時期的流行服飾、轎子等細微之物的研究，令人耳目一新。這其中關於服飾和交通工具的研究，其實和海峽兩岸學者對16世紀初葉之後，商品經濟的勃興所造成的社會風氣及物質生活的改變所作的大量研究，有極密切的關係。

「明清的社會與生活」的主題計畫在提出時，有一部分受到Braudel對日常生活的研究及所謂的"total history"的觀念的影響，覺得我們過去對明清社會的研究，還有不少需要補白的地方。但我們對西方新文化史研究的其他理論背

景並沒有更深入的了解，也完全不知道Lynn Hunt等人也以「社會與文化史研究」為名，進行了十幾年的集體研究，並出版了一系列的叢書。

雖然在計畫提出時，我們都希望針對一些過去不會被拿來當作嚴肅學術研究對象的課題進行研究，但卻不曾對探討的課題作太多的限制或給予一個非常緊密、集中的理論框架。這一方面是因為我們必須尊重研究團隊各個成員自己的專長和興趣，一方面也因為我們覺得生活或城市的歷史自身就非常豐富、歧異，在對細節有更多的了解前，似乎不必用過分聚焦、狹隘的視野限制了可能的發展。

在這樣的認識下，我們在過去三年中，對食、衣、住、行、娛樂、旅遊、節慶、欲望、品味、文物、街道、建築等課題進行廣泛的探索，這些實證性的研究，除了提供許多新鮮有趣的視野，使我們對明清文化的了解有更豐富、多元的理解，也讓我們建立了一些解釋框架，再轉過來協助我們去重新看待史料。

在這篇文章中，我將對這些研究中的一些重要課題，作進一步的介紹和分析。這些課題包括：逸樂作為一種價值、宗教與士人生活、士庶文化的再檢討、城市生活的再現、商人的文化與生活、微觀／微物的歷史以及傳統與現代等。

三

1. 逸樂作為一種價值

我在〈士大夫的逸樂：王士禎在揚州〉一文中，曾經對以逸樂作為學術研究的課題有下述的論辨：

> 在習慣了從思想史、學術史或政治史的角度，來探討有重要影響的歷史人物後，我們似乎忽略了這些人生活中的細微末節，在形塑士大夫文化中所扮演的重要角色。其結果是我們看到的常常是一個嚴肅森然或冰冷乏味的上層文化。缺少了城市、園林、山水，缺少了狂亂的宗

教想像和詩酒流連,我們對明清士大夫文化的建構,勢必喪失了原有的血脈精髓和聲音色彩。[7]

這樣的看法,並不是我一個人偶發的異見,而是我們長期浸淫在台灣的史學研究環境後,必然會產生的一種省思和反映。事實上,我們這個計畫團隊的成員,紛紛從不同的課題切入,指出在官方的政治社會秩序或儒家的價值規範之外,中國社會其實還存在著許多異質的元素,可以大大豐富我們對這個文化傳統的理解。

陳熙遠在〈中國夜未眠:明清時期的元宵、夜禁與狂歡〉一文中[8],利用巴赫汀(Mikhail Bakhtin)狂歡節的觀念,對中國元宵節的歷史與意涵作了深入的剖析。官方對這個「只許州官放火,不許百姓點燈」的節慶日,雖然原有一套規範的理念與準則,但在實踐過程中,民眾卻踰越了種種規範,使得元宵節不僅是明清時期重要的娛樂節慶,更成為顛覆日常秩序的狂歡盛會。

> 百姓在「不夜城」裡以「點燈」為名,或在「觀燈」之餘,逾越各種「禮典」與「法度」,並顛覆日常生活所預設規律的、慣性的時空秩序——從日夜之差、城鄉之隔,男女之防到貴賤之別。對禮教規範與法律秩序挑釁與嘲弄,正是元宵民俗各類活動遊戲規則的主軸。……而在明清時期發展成型的「走百病」論述,婦女因而得以進城入鄉,遊街逛廟,甚至群集文廟、造訪官署,從而突破時間的、空間的,以及性別的界域,成為元宵狂歡慶典中最顯眼的主角。[9]

元宵節固然為民眾——特別是婦女——帶來了歡愉和解放,卻並不是唯一的例子。廟會、節慶同樣也能讓民眾從日常的作息和勞役中得到暫時的解脫。

7　〈士大夫的逸樂:王士禎在揚州(1660-1665)〉,《中央研究院歷史語言研究所集刊》,第七十六本第一分(2005),頁83。

8　本文發表於《中央研究院歷史語言研究所集刊》,第七十五本第二分(2004),頁283-327。

9　同上,頁283。

巫仁恕對江南東嶽神信仰的研究，顯示在明清之際，江南各地不論是城市還是市鎮，都會隆重的慶祝每年三月二十八日的「東嶽神誕會」：「金陵城市春則有東嶽、都天諸會」「諸皆邀遊四城，早出夜歸，旗傘鮮明，簫鼓雜遝。」「無錫鄉村男女多賚瓣香走東嶽廟，名曰『坐夜』。江陰迎神賽會，舉國若狂。」「三月二十八日，俗傳爲東嶽天齊聖帝生辰，邑中行宮，凡八處，而在震澤鎮者最盛。清明前後十餘日，士女捻香，闐塞塘路，樓船野舫，充滿溪河，又有買賣趕趁茶果梨，……以誘悅童曹，所在成市。」[10]

這樣的廟會節慶，和元宵節一樣，發揮了重要的娛樂功能，但另一方面也同樣潛在著顛覆既存秩序的危險。一旦遇到政治、社會狀況不穩定時，節慶的儀式活動很可能爲民眾的叛亂與抗爭活動，提供象徵性的資源[11]。

除了這些定期的節日和廟會慶典，明中葉以後流傳的民眾旅遊，也提供了更多娛樂的機會。這些旅遊活動很多是和民間信仰中的廟會、進香有關，也有一部分是受到商品經濟的蓬勃發展，和晚明士大夫旅遊風氣盛行的影響。根據巫仁恕的研究，晚明以後，隨著城市經濟的發展，許多大城市附近的風景區都變成民眾聚集旅遊的勝地，北京、蘇州、杭州、南京等地附近的名勝都有「都人士女」聚遊與「舉國若狂」的景象。在歲時節慶時，旅遊活動的規模更加擴大[12]。逸樂已經很明顯的成爲士大夫以及民眾生活中的一環。

王鴻泰對游俠的討論，更精闢地指出不事生產、縱情逸樂的游俠之風，如何在明清之際的士人文化中，成爲「經世濟民」「內聖外王」和科舉考試等主流的儒家價值觀之外，另一種重要的人生選項和價值標準。這些士人由於在舉業上受到挫折，逐漸放棄了儒家基本的價值觀——齊家、治國、治世，並發展出一套全新的人生哲學和生活實踐。任俠、不事生產、不理家、輕財好客，縱情於游樂、詩酒活動成爲這些人日常生活的主要內容。而城市則提供了實踐這

10　詳細的討論，見巫仁恕，〈明清江南東嶽神信仰與城市群眾的集體抗議——以蘇州民變爲討論中心〉。

11　巫仁恕，〈節慶、信仰與抗爭：明清城隍信仰與城市群眾的集體抗議行爲〉，《中央研究院近代史研究所集刊》，34期(2000)，頁106-165。

12　巫仁恕，〈晚明的旅遊風氣與士大夫心態——以江南爲討論中心〉，「生活、知識與中國現代性」國際學術研討會，台北：中央研究院近代史研究所，2002年11月。

種游俠生活最好的舞台[13]。

在經濟、宗教因素之外，價值觀的改變，則爲俠游或廣義的逸樂活動帶來了更正面的意義：

> 俠游活動，對個人而言，是一種新的人生觀、生命意義的建構工作，
> 而對整體社會文化而言，則可以說是種新的社會價值、生活意義的創
> 造過程。或者，更精確地講：俠游活動是個人透過特定的社會活動，
> 以及相應的意義詮釋，而在社會文化層面上，進行意義與價值創造的
> 工作。[14]

我在這裡以「逸樂作爲一種價值」爲標題，有兩層意義：一是用來呈現作爲我們研究對象的明清文化的一種重要面相；一是要提醒研究者自身正視「逸樂」作爲一種價值觀、一種分析工具、一種視野以及一個研究課題的重要性。而這兩者又相互爲用。前面介紹的幾項研究，都顯示在明清士大夫、民眾及婦女的生活中，逸樂是一個不容忽視的因素，甚至衍生成一種新的人生觀和價值體系。研究者如果囿於傳統學術的成見或自身的信念，不願意在內聖外王、經世濟民或感時憂國等大論述之外，正視逸樂作爲一種文化、社會現象及切入史料的分析概念的重要性，那麼我們對整個明清歷史或傳統中國文化的理解勢必是殘缺不全的。

知名的思想史家Stuart Hughes在1958年出版的*Consciousness and Society: the Orientation of European Social Thought, 1890-1930*一書中，一開頭就提到：「自來歷史學家便在不知所以然的情況下，一直在撰述『高層次』的事物。他們的性質氣質投合於過去的偉大行爲與崇高的思想。社會科學的新自覺，並沒有改變他們的這種傾向。」[15]這句幾乎是半個世紀前有感而發的議論，即使在

13　王鴻泰，〈俠少之游──明清士人的城市交游與尚俠風氣〉，收入於李孝悌主編，《中國的城市生活》（台北：聯經出版公司，2005）。

14　同上。

15　我此處引用的是李豐斌的譯本，《意識與社會：1890年至1930年間歐洲社會思想的新取向》（台北：聯經出版公司，1981），頁2。

今天看來，仍有相當的參考價值——特別是當我們要爲逸樂這個軟性、輕浮的，具有負面道德意涵的觀念在學術史上爭取一席之地時。作爲社會的主流意識型態，明清的儒家思想和歐洲中古的基督教、18世紀的啓蒙運動或19世紀末的實證主義，在各個文明的實際進程和研究者的論述中所占有的主導性地位，是不需要有什麼懷疑的。但在主流之外，如何發掘出非主流、暗流、潛流、逆流乃至重建更多的主流論述，也是我們必須面對的課題。在這樣的脈絡下，Bakhtin對森嚴的中古基督教世界內的嘉年華會的研究[16]；Peter Gay對啓蒙運動中，哲學家對「激情與理性」等議題的辨析[17]；以及Stuart Hughes對19、20世紀初，實證主義之外的無意識作用和「世紀末」思想風氣的論述[18]，無疑地都對我們在理學之外，彰顯逸樂的價值，有極大的啓發性。

2. 宗教與士人生活

在我們從2001年到2003年所執行的三年主題計畫中，宗教也是一個值得注意的課題。西方漢學界過去二、三十年內，對民間宗教以及宗教與民眾叛亂間的關係，已經作過大量的研究，有不少也成爲典範性的作品。巫仁恕對江南東嶽神信仰的研究，除了指出廟會節慶活動幽默、滑稽與競賽的娛樂功能外，並就民間信仰與城市群眾的抗議活動間的關係，作了相當細緻的闡述。過去關於宗教的研究，多半將焦點集中在農村，對城市民變的研究，則側重在經濟社會面，而忽視了宗教所扮演的功能。就此而言，巫仁恕對東嶽神信仰和城隍信仰的研究，無疑是有許多新意。

相對於巫仁恕從城市群眾與暴力的觀點切入，我則特別想理解宗教在明清士大夫生活中所扮演的角色。我之所以選擇士大夫作爲研究的重點，有一部分的理由和前述的逸樂觀類似。我的基本前提是：作爲意識型態的儒家思想或理學，雖然是形塑明清士大夫價值觀和日常生活的重要因素，但卻絕不是唯一的

16　Bakhtin的研究和論點已有相當多的討論，我在本書〈十八世紀中國社會中的情欲與身體〉一文中，有簡要的介紹。

17　Peter Gay, *The Enlightenment: An Interpretation,* vol. II, *The Science of Freedom* (New York: Norton & Company, 1969), pp. 187-192, 281-287.

18　同註15。

因素。過去的研究太側重在作爲主流意識型態的儒家思想在道德及理性層面所發揮的制約、規範力量。在這樣一個道德的、理性的儒學論述之後，那些被視爲不道德的、非理性的、神秘的面相——如逸樂、宗教，在我們討論明清士大夫文化、思想時，往往隱而不彰，甚至被刻意消解掉。

在我所處理的幾個個案中，王士禎對風水、算命等宗教活動和各種奇怪可異議之論，表現出極高的興趣。袁枚對宗教信仰的態度，雖然不像王士禎那麼清晰明確，但《子不語》和《續子不語》中，數十卷虛實相間的神怪故事，卻構築出一個豐富、駁雜的魔幻寫實世界。在18世紀南京城的一隅，從儒家仕宦生活中退隱的袁枚，在自己的後花園中，發揮了無比的想像力，營造出一片神秘的宗教樂園[19]。

比袁枚早一個世紀的冒襄(1611-1693)，雖然因爲不同的原因中斷了儒生的志業，卻和袁枚一樣，精心營造出一片園林，並在園林中充分享受了明清士大夫文化中的各種美好事物。和袁枚一樣，冒襄也在幽曠的園林中，留下了鬼魅魍魎的記述。但不同於袁枚各項記述的虛實相間，冒襄卻以驚人的細節，描繪了自己和親人在死生之際的種種神秘歷程。更重要的是，冒襄因爲賑濟疾屬、災荒而致病瀕危的主要原因，在於他忠實地履踐儒生經世濟民的志業和地方士紳周濟鄉黨的職責。而他之所以能死而復生，則是因爲在執行這些儒生的志業時所累積的功德。另一方面，冒襄幾次傾其所有的賑濟災民，背後的一個重大驅力，則是出於至孝之忱，希望以此累積功德，爲母親陰騭延壽。

Cynthia Brokaw的研究，指出功過格在明末清初士大夫階層中普遍流傳，有極大的影響力[20]。冒襄的夫子自道，爲這項研究提供了極佳的例證。但我特別感到有趣的是，在這個例子中，儒生的價值觀和神秘的宗教信仰是如何緊密的糾結在一起[21]。我們在研究明清士大夫的生活與文化時，如果只從一個特定的範疇——如儒生／文人，或學術的專門領域——如經學／理學／文學——著手，勢必無法窺其全豹。這些既有的學術傳承常常讓我們忽略了研究的對象並

---

19 〈袁枚與十八世紀中國傳統中的自由〉，見本書。

20 Cynthia Brokaw, *The Ledgers of Merit and Demerit: Social Change and Moral Order in Late Imperial China* (Princeton: Princeton University Press, 1991).

21 〈儒生冒襄的宗教生活〉，見本書。

非都是「扁平型」的人物，而往往有著複雜、豐潤的面貌。文化史和生活史的研究，在此可以扮演極大的補白功能。

3. 士庶文化的再檢討

我在1989年，首次對大／小傳統或上／下層文化這套觀念的由來，及其在中國史研究上的應用，作了簡要的介紹[22]。接著，我又在1993年，從「對民間文化的禁抑與壓制」、「士紳與教化」、「上下文化的互動」三個角度出發，對十七世紀以後中國的士大夫與民間文化的關係，作了一次研究回顧[23]。在此期間，台灣學界對民間文化的研究日益增長，但對上／下層文化這個觀念作為分析工具的效力的質疑，也不斷出現。

儘管有各種質疑，從我們這個團隊的成員所作的研究中，卻可以發現士庶文化這個課題仍有極大的探索空間。王鴻泰、巫仁恕等人的研究，也讓我們對明清的雅／俗、士／庶文化，有了耳目一新的看法。

根據巫仁恕的研究，一直到明代中葉，旅遊還不被當成正經的活動，知名的理學家湛若水就對士大夫的山水旅遊抱持輕蔑的態度。不過就像許多其他現象一樣，士大夫對旅遊的觀念也從明中葉以後漸漸有所改變。旅遊不僅被視為一種「名高」的活動，更成為士大夫中普遍流行的風氣。在士大夫篤好旅遊之風的影響下，遊記大量出現，旅館日趨普及，甚至還有了為遊客提供各項服務的代理人（牙家）。士大夫出外旅遊，除了呼朋引伴、奴僕相隨外，也不時勞動僧道作為導遊。

特別值得注意的是，這個時期的旅遊並不是士紳官僚的專利，大城市附近的風景區往往也成為一般民眾聚集旅遊的勝地。士大夫優越的身分意識，在這種情境中毫不遮掩地顯露出來。對他們來說，嘈雜的民眾總是將美景名勝變成庸俗之地：「使丘壑化為酒場，穢雜可恨」。所以在遊旅的地點和時間上，士大夫往往作刻意的區分，不是選擇一般民眾不常聚集的郊外山水，就是選擇人

22　李孝悌，〈上層文化與民間文化——兼論中國史在這方面的研究〉，《近代中國史研究通訊》，第8期(中央研究院近代研究所，1989)，頁95-104。

23　〈十七世紀以來的士大夫與民眾——研究回顧〉，《新史學》，第4卷第4期(1993)，頁97-139。

蹤稀少的季節或時辰。同時，為了彰顯自己獨特的品味，他們也常常發展出獨特的旅遊觀——所謂的「遊道」。對遊具、畫舫的講求，就是士大夫展示其精緻品味的具體表徵[24]。

巫仁恕的研究，不但豐富了明清士大夫文化的內容，也為雅俗之辨找到一個有趣的切入點。事實上，隨著經濟的發展、民眾消費能力的提升和市場的流通，民眾在日常生活中模仿、複製士大夫文化，在晚明是非常普遍的現象。這些庸俗化的模仿、複製，不但讓自命風雅的文人名士感到不屑、厭憎，也往往引發他們對身分認同的自覺和危機感。所以，區分雅俗，經營出特有的生活品味和風格，就成為明清文人士大夫的重要課題。王鴻泰在〈閒情雅致——明清間文人的生活經營與品賞文化〉一文中，就對文人文化的特色作了全面而具有理論意涵的分析。

在王鴻泰看來，明清文人文化最大的特色，就是建基於一套將世俗價值掃落於後的「閒隱理念」。但重要的是，要實踐這一套閒隱的理念，文人士大夫不但不能無為地坐任文化自動開展，反而要孜孜矻矻地努力建構。王鴻泰在此提出生活經營的概念，可說是切中問題的核心。我對袁枚隨園和冒辟疆水繪園的研究，可以作為「經營」這一概念的註腳。

明清士人從閒隱的理念入手，在科舉、仕進的價值觀之外，開展出一套極為繁複的生活方式：

> 在具體的內容和表現形式上，明中期以後，為士人所強調，且為之別闢意涵的閒隱生活，並非循著山林隱逸的傳統，也並未簡單地以「樸素」對抗「繁華」（或者以「原始」對抗「文明」），事實上，它是在發展一種「閒」而「雅」的生活模式，它開展出極為繁複、豐富的生活形式及相關論述。它在建立一套新的生活美學——一種優「雅」的生活文化，且以此自我標榜，以此對抗世「俗」的世界，進而試圖以此新的生活美學來參與社會文化的競爭，……這就是明清文人文化發

24　巫仁恕，〈晚明的旅遊風氣與士大夫心態——以江南為討論中心〉，「生活、知識與中國現代性」國際學術研討會，台北：中央研究院近代史研究所，2002年11月。

展契機與內涵。[25]

巫仁恕提到士大夫在旅遊地點和季節、時辰的選擇上的講求，與王鴻泰此處所說的雅俗對抗，可以前後互應。

除了山川旅遊、詩酒酬唱、歌舞笙簫外，對玩物的耽溺，也是士大夫雅文化的要素：

> 明後期士人「閒隱」理念的具體落實乃開展出一套「雅」的生活，而所謂雅的生活可以說就是在生活領域內，放置新的生活內容，這些生活內容如上所言：無非「若評書、品畫、淪茗、焚香、彈琴、選石等事」，也就是說將諸如書畫、茶香、琴石等各種無關生產的「長物」（或玩物）納入生活範圍中，同時在主觀態度上耽溺其中，對之愛戀成癖，以致使之成為生活重心，進而以此來營造生活情境，作為個人生命的寄託，如此構成一套文人式的閒賞文化。[26]

這種對雅文化的追求，自明中葉以後逐漸形成，在不斷的充實與渲染之後，漸漸成為士人／文人特有的文化類型，這個文人文化一旦發展成優勢的文化類型，就引起社會上不同階層，特別是商人階層的仿效。文人為了劃清與這種附庸風雅的複製、贗品間的界限，乃格外重視雅俗之間的辯證。

4. 城市生活的再現

在我們這個研究團隊中，邱仲麟是真正從一般民眾切身的生活瑣事著手，討論明清北京日常生活的「真實」面貌。他在這幾年內發表的一系列文章內，分別討論了民眾日常生活所需要的燃料、用水，以及如何用冰來維持食物的新鮮，並緩解酷熱的氣候所造成的不適[27]。

---

25 王鴻泰，〈閒情雅致——明清間文人的生活經營與品賞文化〉，《故宮學術季刊》第22卷第1期，（台北：國立故宮博物院，2004），頁71。

26 同上，頁77。

27 這三篇文章分別是：〈人口增長、森林砍伐與明代北京生活燃料的轉變〉，《中

　　煤炭、用水與冰，看起來和閒雅的士大夫耽溺其中的書、畫、茗、香、琴、石一樣，都是瑣細之物，但所具有的意義卻大不相同。由於邱仲麟能將這些瑣細之物，放在更廣大的生態史和制度史的脈絡下來考察，不但使原來看似乾澀的典章制度和單調、沒有生命的結構、物質，因爲和生活緊密相連，而產生新的意涵；也同時讓這些看似無足輕重的細瑣之物，能承載更嚴肅的使命。

　　北京居民原來是靠附近森林所提供的木柴，作爲主要的燃料。但隨著人口的增長，飲食炊爨、居室建材等需求加大，山林濫伐的問題日益嚴重，柴薪的供應也日趨枯竭，從15世紀後半葉開始，煤炭的使用日益普遍，漸漸取代柴薪。成爲主要的燃料。煤炭固然解決了燃眉之急，卻也對北京的生活環境帶來許多負面的影響，煤屑堆積及空氣污染等問題，在明代後期愈加嚴重[28]。

　　煤屑、污染使得北京原來就不是很好的居住環境變得更加糟糕，從許多士大夫的記述和回憶中，我們知道北京在「宏偉的城牆、壯麗的宮殿、堂皇的衙署、繁華的市街與眾多的人口」之外，其實還有著陰暗難以忍受的一面。沒有了北方森林的屏障，塵土和風沙的侵襲益形嚴重，雨後泥濘不堪、臭氣薰天的街道，更成爲許多人生活中的夢魘，再加上狹窄的居住空間，四處飛舞的蚊蠅和不時出現的瘟疫，都讓北京的日常生活變得狼狽而猥瑣[29]。

　　根據邱仲麟的解釋，明清士人對北京的回憶之所以如此惡劣不堪，很重要的一個原因是南北的差異。記述者多半來自氣候溫和、山水秀致、街道整齊、空氣清新的南方，用他們對南方的懷念和記憶來對比北京的嚴峻和污穢，印象就格外惡劣[30]。

　　南北城市生活的差異，自然讓回憶者的記述呈現不同的面貌，但我自己對揚州和鄭板橋的研究，則顯示記述者的身分和心境，無疑也影響了他觀看城市的方式和視角。對前半生落魄不第的鄭板橋而言，揚州城的繁華，反而更襯托

(續)───────────────────
　　　央研究院歷史語言研究所集刊》，第七十四本第一分(2003)；〈水窩子：北京的
　　　供水業者與民生用水(1368-1937)〉；〈消暑與解渴：冰與明清北京的日常生
　　　活〉，待刊稿。
28　邱仲麟，〈人口增長、森林砍伐與明代北京生活燃料的轉變〉，頁141-181。
29　邱仲麟，〈風塵、街壤與氣味：明清北京的生活環境與士人的帝都印象〉，《清
　　　華學報》，第34卷第1期(2004)，頁181-225。
30　同上。

出自己的落寞和悲傷。這種文人感懷身世的回憶，當然是城市經驗的一部分，但必須和其他不同性質的記載合而觀之，才能讓我們對十八世紀揚州的城市生活有更全面的掌握：

> 十八世紀的揚州留給後人最強烈的印象，當然是歌舞昇平的太平盛世景象。板橋的一些詩作，也明確無誤地反映出他所身處的這個城市的光影溫熱。但更多時候，他是用一種落魄的、文人的眼光，冷冷地看待這些不屬於他的塵世的繁華。像是一個疏離的旁觀者一樣，鄭板橋讓我們在商人營造的迷離幻境外，看到不第文人的困頓和文化歷史的傷感。不論是對困阨生活的寫實性描述，或對城市景物的歷史想像，鄭板橋的文人觀點，都讓我們在李斗全景式的生活圖像，和鹽商炫人耳目的消費文化之外，找到另外一種想像城市的方式。加在一起，這些不同的視角呈現出更繁盛和誘人的城市風貌。[31]

不僅南北的差異，記述者的身分、心境會影響到城市呈現的風貌，記憶呈現的媒介也會大大影響到我們對城市的印象。文學、圖畫和攝影，不同的媒介，常常帶給閱讀者／觀賞者迥然不同的體驗。王正華對城市圖的研究，就是一個絕佳的例證。透過藝術家再現出來的城市圖像，色彩明朗鮮艷，街道整潔熱鬧，人物或是衣冠華美，或是表情愉悅，充分展現出城市生活的富庶和誘惑。在此，我們看不到城市生活的陰濕卑陋，更聞不到令人掩鼻的腐臭氣味，藝術史和社會史的差別，在此明顯可見。

當然，這並不是要否定城市圖像的寫實功能，這一點王正華說得很清楚：

> 據說張擇端本《清明上河圖》中船隻的描繪十分寫實，今日可據以重構，而畫中拉縴方式即使今日縴夫見之也點頭稱是。再如《皇都積勝圖》中正陽門、棋盤街及大明門附近市集的描寫，確實在某種程度上符合同時代《帝京景物略》的記載。或者一如《上元燈彩圖》所繪，

31　李孝悌，〈在城市中徬徨——鄭板橋的盛世浮生〉，《中國的城市生活》。

晚明南京的古物市場如此蓬勃興盛，而且「碎器」及「水田衣」隨處可見，著實流行於世。[32]

但是從16世紀晚期開始大量出現的城市圖，其主要的意義並不在於對不同時期的不同城市，作寫實性的描繪。和當時流行的城市讀物一樣，晚明城市圖因爲價格低廉，完成後就成爲一種文化商品，提供另一種消費的選項和城市想像的憑藉：「畫作完成後，成爲文化商品，爲時人文化消費的對象，在不同的人群中流通展閱。書寫記錄與口耳相傳，提供一種模寫城市的模式，並進而形塑當時的城市觀。」[33]

雖然大部分晚明的城市畫都以宋代張擇端的《清明上河圖》爲底本，而無法實地呈現城市的特色與差異，但進一步分析，這些看似千篇一律的類型化城市圖，實際上仍透露出畫者不同的觀點、時代的差異和城市的不同性格。把以16世紀南京爲素材的《南都繁會圖》拿來和其他城市圖作比較，南京作爲一個城市的世俗性和娛樂、消費、歡樂、繁華等特色，都很清楚地凸顯出來。王正華對此作了精彩的分析：

> 《南都繁會圖》的非官方觀點，在比較相關城市圖像後更爲清楚。首先，它未有《皇都積勝圖》中進貢的使節與壯觀的城牆，政治都城的性質少。再與北宋張擇端本《清明上河圖》比較，後者雖然也描寫通衢喧闐的景象，但街道整齊，車馬來往秩序井然。城內雖有閒逛者，例如橋上觀看舟船過橋洞的人，也有消費者，例如酒館中的食客，但爲數皆不多。多半的人忙於生計，不是出力勞動，就是匆忙趕路；店鋪不是提供行旅食宿的旅店酒樓，即是如算命、醫病或寫信等專業服務，並無《南都繁會圖》中市招飛揚成爲消費象徵的描繪，也無隨處成群無所事事而只在觀看的人群。宋本《清明上河圖》中唯一的娛樂應是「瓦子」般固定場所的說書，娛樂性質不只是觀看，包括聽講，

---

32 王正華，〈過眼繁華——晚明城市圖、城市觀與文化消費的研究〉，同上書。

33 同上書。

娛樂效果的來源多半奠基於歷史故事，與《南都繁會圖》中街路上隨
處可觀、純粹視覺導向的娛樂相比，也許較講究場所、質感與知識
性。

《南都繁會圖》中所描寫的三山街事實上是該地書肆匯聚之地，而南京本
為晚明海內四大書場之一，然該作卻無一絲書香氣息。……《南都繁會圖》或
因脫離官方及文士觀點，描繪的正是南京市井的繁華，彷彿在摩肩擦踵的人群
中，在不斷的視覺景象與消費活動中，方有城市的感覺[34]。

5. 商人的文化與生活

從16世紀初葉以後，商品經濟的發展使得江南、華北等各地的文化風貌、
社會風氣和日常生活的內容都起了極大的變化。商業活動和商人群體的勃興，
更在這個文化風貌的轉變中，扮演了樞紐的地位[35]。徽州鹽商和17、18世紀揚
州城市生活以及園林、戲曲、飲食、娛樂乃至出版與儒學發展之間的關係，固
然是一個最突出的例證，但卻不是單獨的個案[36]。王振忠的〈明清以來漢口的
徽商與徽州人社區〉一文就指出：除了揚州外，在18世紀的漢口，徽州鹽商同
樣的奢靡揮霍，也同樣在漢口的文化活動和日常生活中，扮演了重要的角色。
比較特殊的是，漢口徽商除了修建廟宇外，更充分利用徽州人特有的文化資源
——大儒朱熹——作為營建漢口徽州人社群的精神支柱。康熙三十四年
（1695），由漢口徽商合力創設的「紫陽書院」，不但成為通向故鄉和歷史記憶
的重要孔道，並且是漢口新社區及市鎮發展的中心。

放在一個全新的視野中重新考察，原本屬於思想史和學術史的課題，竟意
想不到地和市鎮發展及商人、民眾的日常生活產生了緊密的聯繫。此外，王振
忠更利用他所收藏的徽州文書，詳細勾勒出客居漢口的徽州民眾和家鄉、親人

34　同上。

35　關於商人階層地位的轉變，及這種轉變對價值體系、思想文化的衝擊，余英時先
　　生作了最全面而精闢的分析。見余英時，〈中國近世宗教倫理與商人精神〉，收
　　於《中國思想傳統的現代詮釋》（台北：聯經出版公司，1987），頁259-404。

36　徽州鹽商對揚州文化的影響，可參考王振忠，《明清徽商與淮揚社會變遷》（北
　　京：生活・讀書・新知三聯書店，1996），頁120-142。

的臍帶關係，如何經由路程圖記、書信和歸葬等途徑而維繫不斷。

　　王振忠使用的資料，讓他能夠在少數特別富有的徽州鹽商之外，同時呈現一般徽州商人和徽州民眾的生活與情感。劉錚雲的〈城鄉的過客〉，處理的同樣是商人，但類別卻不相同，在徽商等所謂十大商幫之外，集中探索那些沒有組織與網絡的小商販。像西方學者研究民眾叛亂一樣，本文從檔案中辛勤爬梳資料，建構了一個最貼近民眾日常生活實情的動人圖像。這些地位卑微的商販，無遠弗屆，除了一般城鎮的商業路程，還往往出入鄉間村落，在Skinner所界定的市集結構或貿易體系之外，另闢蹊徑，在明清蓬勃的商業活動中，扮演了可觀卻被輕忽的角色。

　　和盜匪、軍人、走私的鹽販及城市的勞工一樣，這些行走四方的小商販，往往迫於生計，離鄉背井，踏上險阻的旅途。和定居在漢口的徽商不同的是，這些僕僕風塵的商販缺少鄰里鄉黨和社群網絡的支援，難以和故鄉、親人維持暢通的音訊，並往往在旅途上經歷更大的風險。除了被盜、被搶外，還可能命喪奸人之手。不穩定的生活型態，也可能引發骨肉離散、紅杏出牆的人倫悲劇。

　　這些透過檔案資料呈現出來的商人生活，和漢口徽商或揚州鹽商相比，可說是大異其趣。但不論在物質條件上有多大的差異，他們的生活卻因為不同的原因，而沾染極強的文化氣息。漢口的徽商因為有了朱熹這個文化符碼，而能在異鄉拓殖的過程中，找到一個凝聚人心、資源，及重建生活秩序的結合點。原來被視為儒生養成過程中所獨有的書院制度，變成漢口徽商生活和社區發展中最重要的建置。揚州鹽商的獎掖、提倡，則使得17、18世紀的揚州，成為戲曲演出耀眼的舞台。令人驚訝的是，商人和文化活動的關聯，並不局限於漢口與揚州的鉅商富賈，劉錚雲搜集的供詞，讓我們看到即使是在小商販的生活中，唱戲也占有可觀的份量。不同的是：揚州鹽商為了耳目之娛而獎掖戲曲活動[37]，流浪天涯的小商販則為了生計，以唱戲和買賣針線、紐釦為業，游走於城鎮和村落之間。

37　事實上，定居漢口的徽州鹽商，也大力支持戲曲演出。源自安徽的二黃腔，是京劇(皮黃腔)中的主要唱腔之一，因為漢口徽商的支持而得以繁衍流傳。也因為鹽商的支持，使得漢口的戲曲活動在乾嘉時期臻於極盛。見張庚、郭漢城著，《中國戲曲通史》(台北：丹青圖書公司，1985)，第三冊，頁25-26。

6. 微觀／微物的歷史

從王鴻泰的研究中，我們知道雅文化的核心內容，多是一些君子不爲的小道或瑣細之物。對這些瑣細、不急之物，歷史學家多半也都抱持著不屑爲之的態度，很少予以正面的對待。古玩、器物的研究因此成爲藝術史家獨沽一味的專寵對象，文化史和生活史的出現，慢慢改變了這種趨向，從轎子、椅子、服飾、遊具到麻將、繡鞋，都被慎重其事地當作學術研究的課題加以剖析。但玩物、小道在傳統價值觀與道德上所累積的負面意涵，也讓它們在學術研究上的定位和價值，受到許多質疑與挑戰。如何讓這些瑣細、不急之物和更寬廣的歷史、社會脈絡產生關聯，並因而製造出更大的意義，大概是許多研究文化史和生活史的學者共同的焦慮。

陳熙遠對黃鶴樓，柯必德（Peter Carroll）對蘇州一條街道的研究，雖然不能歸入瑣細之物的類別，但都具備同樣的從微觀切入的精神。

這種從看似細微之物進入歷史的途徑，在中國文化史的研究上最具示範性意義的，應當是梅爾馮關於清初揚州的專著 *Building Culture in Early Qing Yangzhou* [38]。在這本書中，作者經由紅橋、文選樓、平山堂和天寧寺等四個揚州最負盛名的建築物，來追溯清初揚州的士大夫如何藉著這些具有深刻歷史意涵的標記，對這個城市作文化、感情上的重建。

陳熙遠將研究的主體集中在一座千古知名的建築物上，在取徑上和梅爾馮對一橋、一樓、一堂、一寺的描述，有類同之處，但卻賦予這個滿載傳統符碼的古蹟以更多後現代的意義。這個被名人、文士用筆墨建構出來的建築物，在此處被當作一個被不斷重新複寫的文本。在物質的層面，矗立在「江漢匯注，龜蛇夾峙」的黃鶴樓，在歷史上時興時毀，而非一成不變的存在於相同的建址之上。樓的地理位置忽前忽後，樓的形狀也隨時而異。真正讓黃鶴樓歷百劫而不毀，並以鮮明的意象流傳在世人心目中的，其實是那個用文學作品所構建出來的文本傳統。用陳熙遠的話來說，黃鶴樓其實是一個指涉的載體，「不僅爲

38　Tobie Meyer-Fong, *Building Culture in Early Qing Yangzhou*（Stanford University Press, 2003）.

現實中毀損的黃鶴樓招魂，也提供興修歷史現實中黃鶴樓的摹本。」[39]

　　文學的再現和城市圖的視覺再現一樣，都和明清的「歷史事實」維持程度不等的差距，但卻同樣的塑造出一種對文化、對城市的想像。反過來，這些再現的符碼和意象，又往往成爲人們形塑現實的重要依據。在現代化所帶來的巨大斷裂之前，文化和歷史傳承，因此成爲意義產生的源頭，並在文人／士大夫的不斷詮釋下，成爲人們重新建構現實的基石。文化史家在此所進行的歷史考掘和傳統建構的工作，因而超脫單純的鑑賞、把玩或憑弔，而爲了解傳統歷史演變的機制和動能，提供了新鮮的視野。

　　柯必德對蘇州一條街細密的研究，則將我們帶到這個斷裂的洞口。邱仲麟的摘述，鮮明的呈現了明清士大夫對北京街道的惡劣印象，而這種爲人詬病的都市景觀，顯然一直持續到帝制末期都沒有任何改變。柯必德的文章中，引用了一位十九世紀末英國傳教士John MacGowan對中國街道所作的整體評述，和明清士大夫的記述幾乎沒有什麼差別：

> 當外地人來回閒晃搜尋新奇事物的時候，狹窄而曲折的街道、不牢固的單層建物、鋪設糟糕的路面、貧民區的貧窮景象以及瀰漫最可怕和令人作嘔的氣味，在富人和窮人之間皆然，沒有什麼不同。這些特殊景觀是最令他們印象深刻的，……一年到頭，街道皆是如此。在街上人群擁擠，摩肩擦踵，以致似乎沒有呼吸的空間。在那裡，霍亂、鼠疫及熱病到處蔓延肆虐。[40]

　　南方的蘇州，也許沒有北京街頭令人作嘔的氣息，但千年來延續的街道規模，顯然無法承載形形色色的人潮，而顯得狹隘擁擠：

> 騎馬的人、乘轎的官吏與其侍從、出殯行列綿延四分之一哩長、載運

39　陳熙遠，〈人去樓坍水自流——試論座落在文化史上的黃鶴樓〉，《中國的城市生活》。

40　見柯必德(Peter Carroll)，〈「荒涼景象」——晚清蘇州現代街道的出現與西式都市計畫的挪用〉，同上書。

建材的工人、轎夫、腳伕、成堆的稻草、男人背著幾綑東西與女人提
著籃子、老人撐著棍杖蹣跚前行、盲人用拐杖觸地前行、運水人疾
行，以及文人雅士蛇行穿梭。[41]

　　蘇州的街道鋪有石板與石塊，和北京或其他城市相比，顯得乾淨整潔，但
卻不利現代交通工具的運行。1890年代以降，蘇州的各級官員基於振興商業、
維護社會秩序和改善都市環境等考量，開始熱烈地討論道路的改建計畫，並將
之視為現代化的最佳切入點，可以帶動社會、經濟、空間乃至政治的轉型。

　　1896年，一條長1.3哩的新馬路在蘇州護城河南邊的一塊偏僻的荒地上動
工。這個在荒地上興建馬路的動作，看似簡單，但其實和當時鐵路利權的爭奪
一樣，背後隱藏著極複雜的政治、外交考慮。柯必德詳細討論了張之洞為了防
止日本人將蘇州鬧區劃為租界的企圖，積極主導將這塊偏遠的地區發展成新工
業區，並迫使日本人接受以這塊區域作為日租界的過程。一條短短的馬路，正
好成為展示中國現代化過程中各種糾葛的櫥窗。

　　但在跳脫這些嚴肅的外交、政治考量後，街道上熱鬧、喧囂的娛樂、商業
活動，又將我們帶回似曾相識的城市印象中：茶館、酒樓、店鋪、鴉片館、妓
院，以及熙來攘往的人群。不過在這些我們熟悉的城市景觀之外，這條寬敞、
平坦、利用西方技術鋪成的現代化馬路，也確實為蘇州的城市生活帶來了嶄新
的風貌。黃包車、西式建築、紡織廠、電燈、電話、街燈，種種新興的事物，
都讓我們必須跳脫晚明城市畫的類型，來鑲拼一種新的城市圖像。

7. 傳統與現代

　　蘇州作為一個沿岸城市，在1890年代就經歷了現代化的衝擊。內陸的重慶
則遲至1920、1930年代，才體驗到現代化對城市社會生活所帶來的影響。蘇州
新馬路的興建，以張之洞為首的統治階層扮演了決定性的角色，但重慶的城市
現代化卻在相當程度上是出於對軍閥政治自我封閉的一種反叛[42]。從張瑾對整

41　引見柯必德，同上書。
42　張瑾，〈發現生活：二十世紀二、三十年代重慶城市社會變遷〉，同上書。

個城市現代化所作的系統研究中，我們知道「上海模式」——高樓大廈、電影院、咖啡屋、西餐館、轎車、路燈、照明、自來水、電話——在重慶的城市發展中，具有極大的示範作用，重慶的城市建設唯上海馬首是瞻，並以成為「小上海」而自傲。

張瑾同樣引用了一位傳教士在1936年的報導，來見證重慶的變化：

> 在我的記憶之中，1929年的重慶，是混亂、骯髒的中國城市，起伏不平的山路上任意地延伸著彎曲的小路。但現在這個城市是一個向各個方向都有蜿蜒的林蔭大道，上面快速疾行的是汽車，華麗的街燈，……堂皇壯麗的建築物。這種變遷是驚人的。並且整個城市別有一種風味，有舊金山的神韻。[43]

張瑾詳細介紹了重慶人在衣著、用品、流行等各方面的改變。但就像我們所能預測的，能夠享受這些新興事物的只是一小部分人。在這個表層之後，重慶仍然是一個「封建時代的鄉村」，隨處可見陰暗的場景。

新舊交雜，是中國現代化過程中一個最明顯的現象，馮客(Frank Dikötter)特意使用「進口貨嵌入日常生活」這個鮮明的意象，以及「文化拼湊」的觀念，來界定這種現象。比較不同的是，馮客並不認為只有社會菁英能夠享用各種新興事物，一般民眾的日常生活中也陳列了各種新的細微之物，像是照片、進口肥皂和毛巾。而除了街道上引人注目的腳踏車和巴士外，即便監獄中的罪犯也可以享受現代化的衛浴設備[44]。物質文化的滲透力，似乎又超過了我們原來的想像。

在跳脫傳統的城市圖後，最能掌握現代化城市生活風貌的，非攝影莫屬了。曾佩琳(Paola Zamperini)和馮客一樣，都注意到攝影、相片在新興事物中突出的地位。不同的是，曾佩琳是透過晚清小說中的描述，來分析攝影在新的城市生活中所引發的波瀾。人像攝影從19世紀中葉在巴黎流行開始，就與商品

43　同上書。

44　馮客(Frank Dikötter)，〈民國時期的摩登玩意、文化拼湊與日常生活〉，同上書。

文化及都會生活有密切的關係，並成為娛樂、休閒文化的表徵。肖像照引進上海後，很快地就成為男女表達情愛的媒介[45]。

除了攝影之外，曾佩琳的文章也從不同的角度處理了馮客所說的「文化拼湊」或廣泛的「傳統與現代」的問題。小說中的人物，不論是女性或男性，都勇於嘗試西方的裝扮──從太陽眼鏡、洋傘到流行的髮型。但在這些西式裝扮和外衣籠罩下的，仍是中國式瘦弱、骯髒的身體。對小說的作者而言，上海的新文明，作為一種外表、行為和身分認同，充滿了問題性。這些新的小說家，敏銳的察覺到新的上海城市文化所帶來的問題：文化、生理、感情上的疏離。「疏離」這個傳統小說不曾處理的課題，隨著現代文明的引進，成為上海城市經驗中不可分離的要素。以此作為指標，我們同樣也可以見證上海這座城市的現代性和斷裂性。用曾佩琳自己的話來說：

> 如同此處討論的小說情節所清楚闡述的，變成「文明」絕非容易、無痛的過程：它確實引起了文化、生理、感情上的疏離，這時期的作家非常有趣地描寫了這個困境。他們與他們的讀者每日在一個非常複雜的現實中過活，這個生活包含了西方技術、全球貿易、外國的存在、毒品、性，以及道德、性及社會的界線持續不斷地重整。然後我們也許可以討論現代性跟晚清小說的關聯，因為大部分的人似乎在上海經歷了這個混亂與痛苦的情況。[46]

曾佩琳從晚清新小說中看到新舊之間的掙扎以及一種全新的感受性，胡曉真則對民初上海新文化中舊小說的影響力，以及舊的文學體例中所承載的新思想，作了非常細緻精彩的分析。

從中國城市史的發展來看，上海無疑地代表了一個全新的經驗，不論是在街道、建築、景觀、基礎施設或是物質文化、感官娛樂上，都跳脫了傳統城市文化的圍限，而形成了真正的斷裂。但另一方面，如果我們過於強調上海城市

45　曾佩琳(Paola Zamperini)，〈完美圖像──晚清小說中的攝影、欲望與都市現代性〉，同上書。

46　同上書。

文化的現代性格，而忽略了傳統持續不斷的影響力，那我們勢必無法掌握現代的櫥窗之後，許多更貼近民眾生活的脈動。我曾以《點石齋畫報》和「新舞台」爲例，分析清末民初上海城市文化與傳統文化的密切關係[47]。胡曉眞的文章，則從文學史的角度，提出同樣的問題，根本立場也是要打破過去直線式的歷史觀，以爲到了五四新文化運動期間，所有的舊傳統已經根絕殆盡：

> 對持直線史觀者而言，中國舊體文學發展到晚清，已是日落西山，理應走入歷史，由新文學斬斷前緣，另立傳統，古典與現代，亦應於此截然劃分。然而，晚近的研究已改寫了這個詮釋模式，轉而求索現代文學與晚清文學甚至整個明清文化不可割裂的關係。[48]

對於晚清文學的現代性格，王德威教授曾作了最具權威性和啓發性的闡釋。他同時也用「被壓抑的現代性」這個觀念，檢視了從晚清以降，在「感時憂國」的主流論述下，整個新文學傳統被淨化、窄化的過程：

> 「被壓抑的現代性」亦泛指晚清、五四及三〇年代以來，種種不入(主)流的文藝實驗。在追尋政治(及文學)正確的年代裡，它們曾被不少作家、讀者、批評家、歷史學者否決、置換、削弱，或是嘲笑。從科幻到狎邪，從鴛鴦蝴蝶到新感覺派，從沈從文到張愛玲，種種創作，苟若不感時憂國或吶喊彷徨，便被視爲無足可觀。[49]

---

47 〈上海近代城市文化中的傳統與現代：1880至1930年代〉，收於本書中。在另一篇討論《點石齋畫報》的文章中，我也特別強調《點石齋畫報》在現代技術和新興事物之外，同時也承續了中國古老的志怪傳統。見〈走向世界？還是擁抱鄉野：觀看《點石齋畫報》的不同視野〉，《中國學術》，2002.3，總第11輯，頁287-293。

48 胡曉眞，〈新理想、舊體例與不可思議之社會——清末民初上海文人的彈詞創作初探〉。

49 王德威著，宋偉杰譯，《被壓抑的現代性：晚清小說新論》(台北：麥田出版社，2003)，頁25-26。

　　胡曉眞的文章，就在這個反抗壓抑的大前提之下，爲清末民初上海的通俗文學，作了一番「發潛德之幽光」的考掘工作。彈詞在明清時期的南方——特別是太湖流域，是最重要也最受歡迎的說唱藝術形式。太平天國期間，許多江南的世族、富商、文人與難民紛紛湧入上海避難，彈詞藝人也在這個時期進入上海，和我所研究的京劇一樣，都是上海通俗文化和民眾娛樂的重要來源。不論是改良京劇、鴛鴦蝴蝶派的小說，還是在上海流通、創作的彈詞小說，同樣受到新思潮、新文化的影響，不斷嘗試在舊瓶中裝入新酒。加在一起，這些傳統的文化形式，共同爲上海近代城市文化中傳統與現代的交雜，提供了一個令人想像不到的視野。

後記

　　本文是我爲《中國的城市生活》一書(台北：聯經出版公司，2005)所寫的序文。

桃花扇底送南朝：

斷裂的逸樂*

一、前言

在明末的中國城市中，南京具有一種特別的氣質。一方面，它雖然不像北京那樣，具有強烈的政治色彩，但由於太祖曾建都於此，而在成祖遷都北京後，南京仍保留了部分中央政府的建置，所以政治性格並未完全抹煞。在明末激烈的黨社鬥爭中，這種政治性格特別得到彰顯，爲南方的士大夫提供了重要的政治舞臺[1]。另一方面，南京又充分反映了16世紀初葉以後商品經濟的發展，提供了繁庶的物質享受和世俗逸樂。王正華對16世紀晚期開始流行的城市圖的研究，就指出以16世紀南京爲素材的《南都繁會圖》，和其他城市圖相比，無疑地具有更強的世俗性，充分展現出娛樂、消費、歡樂、繁華等特色[2]。

和其他南方城市相比，南京由於其規模和位階，而能吸引更多的物質和人力資源，以成就其城市的繁榮富庶。秦淮的妓院，更成爲南京逸樂生活的重要源頭。太學、貢院和妓院同處一地，一方面製造了更多名士風流的軼事，一方

---

* 本文曾於2005年8月於青島舉行的首屆中國近代社會史國際學術研討會，及中研院史語所的講論會上報告，我要謝謝劉志琴教授、黃進興教授和與會者的各項建議。也要特別謝謝兩位審查人的寶貴意見。

1 王鴻泰曾經對中國城市史的研究作了很好的回顧，並特別指出城市史研究有一種從政治、軍事轉向經濟，再轉向文化、生活史的趨向。見王鴻泰，〈流動與互動——由明清間城市生活的特殊性探測公眾場域的開展〉（國立臺灣大學歷史學研究所博士論文，1998），頁1-32。

2 王正華，〈過眼繁華——晚明城市圖、城市觀與文化消費的研究〉，收於李孝悌主編，《中國的城市生活》（台北：聯經出版公司，2005），頁17-42。

面也讓秦淮河成為最廣受士大夫記敘的欲望的象徵。金陵因此承載了最多甜美、放蕩的記憶，成為一個逸樂之都。

在明末南京，激烈的政治活動和放蕩的逸樂生涯，在很多士大夫的生命歷程中因緣際會地綰合在一處。舊院與秦淮的歡樂轉頭成空，個人和南京的頹廢，卻因為朝代的興亡，意外地得到道德的救贖，而顯得格外的沉痛、悲涼。這種逸樂與政治交織，頹廢與興亡以共的鉅大落差，經由《桃花扇》一劇藝術性的錘鍊，像史詩一樣流傳於後世。不但提供了一種有別於正史的歷史記憶，也讓我們能據以進入明末南京特有的城市氛圍。

就重建秦淮生活的細節和歡樂氣氛而言，余懷(1616-1696)的《板橋雜記》似乎比《桃花扇》更具參考價值。余懷，字澹心，福建莆田人。崇禎末年，游金陵，入南京兵部尚書范景文幕，為平安書記，與四方賓客交游[3]。和冒襄(1611-1693)、方以智(1611-1671)諸人聲氣相投，交往尤其密切，親身見證了南京輝煌的末世景象：「[因憶]與巢民(按：冒襄)交，在己卯、庚辰(按：即崇禎十二、三年，1639、1640)之際。余少巢民五歲，以兄事之。當是時，東南無事，方州之彥，咸集陪京。雨花、桃葉之間，舟車恆滿。余時年少氣盛，顧盼自雄，與諸名士屬東漢之氣節，談六朝之才藻，持清議，矯激抗俗。」[4]由這樣一位身與其事的人來現身說法，讓我們對城市生活的細節，能有更精確的掌握。

《雜記》一書記載的雖然是明末金陵選色徵歌的盛世景象，但作者的目光並非「惟狹斜之是述，艷冶之是傳」，而是要藉此來反映時代的動盪：「或問余曰：《板橋雜記》，何為而作也？余應之曰：有為而作也！……此即一代之興衰，千秋之感慨所繫也。」[5]這種藉由男歡女愛、舊院風流來反映時代悲劇的手法，和《桃花扇》如出一轍。不過不論是就作品的企圖、規模或流傳於世的普遍意象而言，兩者顯然有極大的差別。余懷雖然強調寫作的目的在於繫

3　袁世碩編著，〈孔尚任交游考〉，《孔尚任年譜》(濟南：山東人民出版社，1962)，頁133-134。余懷，《板橋雜記》，收於《豔史叢鈔》上(台北：廣文書局，1976)，頁9。

4　余懷，〈冒巢民先生七十壽序〉，收於冒襄，《同人集》，《四庫全書存目叢書》，集385(台南：莊嚴文化公司，1997)，卷2，頁68。

5　余懷，《板橋雜記》，〈序〉，頁11。

「一代之興衰，千秋之感慨」，但此書最大的影響，其實是在開啓了後世晚明秦淮論述的源頭，並成爲花間冶遊文學的典範作品，不僅在18、19世紀的中國被不斷複製[6]，在18世紀以降的日本也激起極大的漣漪，對日本人的秦淮想像及日本自身的風月文化，有強大的型塑作用[7]。（圖1）

《桃花扇》則因爲建立了一個宏大的規模和敘事架構，來呈現、解釋朝代的興亡，並靠著文字的渲染力和戲劇性的情節，流傳於世，幾乎取代了正史的記載，在文學、戲曲和歷史敘事等範疇都佔有極重要的位置。由於孔尚任(1648-1718)在創作過程中，曾廣泛地參考余懷等人的記載，[8]所以在本文中，我將藉著《桃花扇》搭建的舞臺，輔以《板橋雜記》和其他資料中的細節，來重現明末南京城市生活的部分場景。

6　王韜在光緒四年(1878)彙輯而成的《豔史叢鈔》一書，是最佳的代表。這套叢書以余懷的《板橋雜記》冠諸篇首，另外蒐集了《吳門畫舫錄》、《續板橋雜記》、《秦淮畫舫錄》、《白門新柳記》以及王韜自己寫的《海陬冶遊錄》等十一種性質相近的雜記小品，合爲一書。從豔史之名，可以看出這套書的性質，而王韜將《板橋雜記》置之篇首，也清楚顯示他對此書的定位，是從冶遊的角度出發，與余懷「有爲而作」的自我期許有相當大的落差。這套叢鈔中，除了王韜自己寫的《海陬冶遊錄》等文，是以上海爲背景外，其他多半與南京、秦淮有關。從選輯中，我們很容易可以看出《板橋雜記》對此後秦淮論述和冶遊文學的影響。

7　於《板橋雜記》對日本人的秦淮想像和日本自身冶遊文學的影響，大木康教授作了極精彩而有啓發性的描述。從他的研究中，我們知道《板橋雜記》一書在明和九年(1772)以中文原文和日文譯文並列的方式，首次在日本刊行。此後在1803、1814年又分別再版並更名後重新發行，「對江戶文藝的影響可說俯拾皆是」。大木康，《中國遊里空間——明清秦淮妓女の世界》(東京：青土社，2002)，頁24-26。我要特別謝謝廖肇亨教授將此書的中譯稿借給我參考，譯者是廖教授的夫人辛如意女士。我此處參考的主要是這份中文譯稿，不過因爲原稿尚未印行，引文頁數仍依日文原書。

8　據袁世碩的考證，孔尚任在寫《桃花扇》時，極可能從《板橋雜記》中吸取了不少資料，在上海圖書館藏的康熙刊本《桃花扇》卷首所附的〈考據〉中，列舉了《板橋雜記》十六個條目，就是很好的證明。見袁世碩，《孔尚任年譜》，頁135。今天通行的《桃花扇》各個版本中，多未收入上述相關資料。不過吳梅、李詳根據貴池劉氏暖紅室刻本校定重刊的本子中，在「考據」項下，則包括余澹心板橋雜記十六條，並具體列出這些條目，有長板橋、秦淮鐙船、舊院對貢院、董白死梅村哭詩、卞賽爲女道士、貴陽楊龍友、李香、寇湄字白門、曲中狎客、中山公子徐青君、丁繼之、柳敬亭、李貞麗及沈石田盒子會歌等。見《增圖校正桃花扇》(揚州：江蘇廣陵古籍出版社，1979)，頁28。

二、桃花扇註——史實與戲文

《桃花扇》雖名曰「傳奇」，但孔尚任從頭開始，就不曾把這齣戲劇作視為遊戲的小道。在全劇之前，他詳列了徵引過的一百多項資料[9]。在〈桃花扇凡例〉中，又特別強調在故事和人物方面，都有憑有據；兒女私情的部分，雖然略有渲染，卻非嚮空虛構：「朝政得失，文人聚散，皆確考時地，全無假借，至於兒女鍾情，賓客解嘲，雖稍有點染，亦非烏有子虛之比。」[10]全劇幾乎可看作南明實錄：「族兄方訓公，崇禎末為南部曹；……得弘光遺事甚悉，旋里後數數為予言之，證以諸家稗記，無弗同者，蓋實錄也。」[11]根本立意也和經史典籍無異：「其旨趣實本於三百篇，而義則春秋，用筆行文，又左、國、太史公也。」[12]

孔尚任雖然不像余懷等明遺民那樣，在明末出生、成長、任官，反因為康熙皇帝的刻意籠絡，被任命為國子監博士，展開了在新朝的仕宦生涯，可以說是一個十足的清朝人[13]。但另一方面，他從少年時在曲阜讀書開始，就已經博採遺聞，準備寫一本反映南明一代興亡的戲曲[14]。族兄的口耳之傳，固然是他重建南明歷史的重要基礎，康熙二十五年到二十八年(1686-1689)，在淮揚一帶治水期間，與冒襄、杜濬等明遺民的廣泛接觸，也讓他對晚明南京政治鬥爭和逸樂生活的細節，有了更深入的了解[15]。這些交往、接觸和資料的蒐羅、閱

---

9 孔尚任著，王季思、蘇寰中、楊德平合註，《桃花扇》（北京：人民出版社，1980），〈桃花扇考據〉，頁15-21。

10 王季思等合註，《桃花扇》，頁11。

11 孔尚任，〈桃花扇本末〉，見王季思等合註，《桃花扇》，頁5。

12 孔尚任，〈桃花扇小引〉，見王季思等合註，《桃花扇》，頁1。

13 康熙在二十三年南巡途中路過山東，到曲阜祭祀孔子，孔尚任被推薦在御前講經，得到康熙的褒獎，被任命為國子監博士。1686-1689年間在淮揚治河，1694年遷官戶部主事，1699年任戶部廣東司員外郎。1700年春天，可能因為《桃花扇》的問世而被罷官。見王季思等合註，《桃花扇》，〈前言〉，頁23-25。

14 王季思等合註，《桃花扇》，〈前言〉，頁23。

15 王季思等合註，《桃花扇》，〈前言〉，頁23。關於孔尚任在這一段期間與江南士大夫的交游，袁世碩有極詳細的考證，見袁世碩，《孔尚任年譜》（濟南：齊魯書社，1987），頁46-92。與冒襄、杜濬等人的交往，見頁257-262、頁271-

讀，在在都強化了《桃花扇》一劇的史實性格。

孔尚任將《桃花扇》比之於「實錄」與「左、國、太史公」的雄心壯志，因為《桃花扇》的風行，在相當程度內得以實踐。《桃花扇》於康熙三十八年寫成，康熙四十五、六年左右刊行[16]，此後相當長一段時間，不論是演出還是劇本本身，都風行一時。孔尚任在〈桃花扇本末〉中多次提及其盛況：「《桃花扇》本成，王公薦紳，莫不借鈔，時有紙貴之譽。」「長安之演《桃花扇》者，歲無虛日，獨寄園一席，最為繁盛。名公巨卿，墨客騷人，駢集者座不容膝。」[17]和孔尚任、洪昇相熟的金埴，也有類似的記載：「四方之購是書者甚眾，刷染無虛日，今勾欄部以《桃花扇》與《長生殿》並行，罕有不習洪、孔兩家之傳奇者，三十餘年矣！」[18]《桃花扇》剛寫完，還沒有出版，內廷就急著索取鈔本[19]，似乎甚得康熙皇帝的喜愛：「相傳聖祖最喜此曲，內廷宴集，非此不奏。」[20]

由於孔尚任的自我定位、《桃花扇》寫作過程中的考據工作，再加上劇成後受重視的程度，《桃花扇》中的敘事，輾轉流傳後，幾乎取代正史，成為一般讀者、觀眾心中的歷史事實。20世紀初，和王國維齊名的戲曲學者吳梅就認為《桃花扇》是中國第一齣經過仔細考據的傳奇創作，「東塘此作，閱十餘年之久，自是精心結撰。其中雖科諢亦有所本。觀其自述本末，及歷記考據各條，語語可作信史。自有傳奇以來，能細按年月確考時地者，實自東塘為始，傳奇之尊，遂得與詩文同其聲價矣。」[21]

《桃花扇》這種以戲曲取代信史的聲勢和趨向，讓陳寅恪和梁啟超兩位20世紀的大史學家也感到不安，而加以辨駁。陳寅恪在《柳如是別傳》中，先是

(續)——————————
277。本書為前引袁世碩同名書的增訂版。

16 王季思等合註，《桃花扇》，〈前言〉，頁24-25。

17 同上，頁6。

18 金埴，《不下帶編》，收入《筆記小記大觀》，44編（台北：新興書局，1987），頁359。

19 孔尚任，〈桃花扇本末〉，頁6。

20 引見吳梅撰，江巨榮導讀，《顧曲麈談》（上海：上海古籍出版社，2000），頁118。

21 吳梅，《中國戲曲概論》（上海：上海古籍出版社，2000，此書與前引《顧曲麈談》合刊），頁191。

為侯方域(1618-1654)在清初參加科考而受到譏諷深表不平，接下來就提到楊龍友的形象，因《桃花扇》而受損：「[二為]自桃花扇傳奇盛行以來，楊龍友遂為世人所鄙視。今據朝宗自述之文，則為阮圓海遊說者，乃王將軍。傳阮氏誣搆之言，促其出走避禍者，為楊龍友，戲劇流行，是非顛倒，亟應加以糾正也。」[22]不過陳寅恪對戲劇扭曲史事雖然感到不滿，卻不妨礙他對《桃花扇》一劇的欣賞：「寅恪近有聽演桃花扇戲劇七律一首。……聽演桂劇改編桃花扇劇中香君沈江而死，與孔氏原本異，亦與京劇改本不同也。」[23]18世紀深受帝王、公卿和各地戲園、家班喜愛的崑曲《桃花扇》，到20世紀已衍生出京劇、桂劇等不同的地方劇種，以各種不同的版本風行於世。

梁啓超對《桃花扇》更是贊譽備至，為整本劇作作了詳細的註解。但與此同時，他對《桃花扇》的錯亂史事卻深感不滿，在註文中作了許多詳細的考據。除了日期的糾繆，他對劇中一些關節如「卻奩」一事的無中生有，為阮大鋮奔走、牽線的是王將軍而非楊龍友，都詳加考證[24]。對於劇中偏袒左良玉的立場，也指出其源頭：「桃花扇於左良玉袒護過甚。」[25]「桃花扇以左、史、黃並列為三忠，……良玉在崇禎朝，擁兵養賊，跋扈已久，所謂『忠於崇禎』者安在？其東犯之動機，實在避闖寇。……云亭於良玉非惟無貶詞，如哭主齣及此處乃反極力為之摹寫忠義。蓋東林諸人素來袒護良玉，清初文士皆中於其說。……云亭亦為所誤耳。」[26]

對於楊龍友的氣節在劇中未得到伸張，梁啓超感到憤憤不平：「楊文驄仍赴蘇松巡撫任，與清兵相持，敗後走蘇州。……圖復南京。明年(丙戌，1646)七月，援衢州，敗，被擒，不屈死。事見《明史》本傳。桃花扇頗獎借龍友，乃不錄其死節事，而誣以棄官潛逃，不可解。」[27]對於孔尚任根據野史傳說，

22 陳寅恪，《柳如是別傳》，中(北京：生活・讀書・新知三聯書店，2001)，頁729。
23 同上，頁729。
24 孔尚任撰，梁啓超註，《桃花扇註》，收入《飲冰室專集》，第10冊(台北：臺灣中華書局，1972)，上，頁119-120。
25 梁啓超，《桃花扇註》，上，頁141。
26 梁啓超，《桃花扇註》，下，頁195-196。
27 同上，頁222。楊文驄(1597-1646)，字龍友，貴州貴陽人，馬士英的妹夫。

杜撰史可法在揚州城破之夜，從城頭上縋繩逃出，在往南京途中投江而死的情節，梁則多所指摘。這段情節，出現在《桃花扇》第三十八齣「沈江」一節：

> 俺史可法率三千子弟，死守揚州，那知力盡糧絕，外援不至。北兵今夜攻破北城，俺已滿拚自盡。忽然想起明朝三百年社稷，只靠俺一身撐持，豈可效無益之死，捨孤立之君。故此縋下南城，直奔儀真。幸遇一隻報船渡過江來。那城闕隱隱，便是南京了。
> 原要南京保駕，不想聖上也走了。（頓足哭介）撇下俺斷篷船，丟下俺無家犬，叫天呼地千百遍。歸無路，進又難前。
> 你看茫茫世界，留著俺史可法，何處安放。累死英雄，到此日看江山換主，無可留戀。（跳入江翻滾下）[28]

劇中史可法遙望南京城，投江自盡的場景，張力十足，但卻和具有典範意義的關鍵性史實相背離：

> 本書所演「乘白騾」「沈江」諸情節，當時本有此訛傳，李瑤《南疆繹史》勘本已博徵諸家所記以辨之矣，揚州破於四月二十五日，史公即以其日遇害。……福王之逃，在五月初九日，此皆時日彰彰鑿鑿，絕無疑竇者。若如本齣所演「今夜揚州失陷，才從城頭縋下來。」……「原要南京保駕，不想聖上也走了。」則事隔十三日（四月小），何從牽合？無稽甚矣！云亭著書在康熙中葉，不應於此等大節目尚未考定，其所採用俗說者，不過為老贊禮出場點染地耳。但既作歷史劇，此種與歷史事實太違反之紀載，終不可為訓。[29]

<hr />

（續）

　　1618年通過舉人考試，曾隨董其昌學畫，三十多歲時，畫作已名滿江南。崇禎末年任江寧縣令，1644年因被控貪瀆而免官。福王即位後，楊經由馬士英的推薦，供職兵部，後出任常、鎮二府巡撫。清師渡江，楊仍赴任，敗後走蘇州，旋死。見 Arthur Hummel, *Eminent Chinese of the Ch'ing Period*, vol. II (Taipei: SMC 南天書局, 1991), pp. 895-896.

28　梁啟超，《桃花扇註》，下，頁235、237、238。

29　同上，頁244。

梁啓超此處所謂「不過爲老贊禮出場點染地耳」，其實已多少看出孔尚任將整個劇作的主背景放在南京，以南京始、以南京終的用心和劇本自身的邏輯，這點我在下文中，還會繼續討論。不過梁此處所關心的顯然不是劇作的邏輯，而是和陳寅恪一樣，站在史學家的立場，爲歷史劇風行之後所引發的顛倒事實的副作用感到憂心。陳寅恪在前引文中，曾爲侯方域應舉大力辯解：「前一年(按：順治八年，1651)朝宗欲保全其父，勉應鄉試，僅中副榜，實出於不得已。『壯悔堂』之命名，蓋取義於此。後來竟有人賦『兩朝應舉侯公子，地下何顏見李香』之句以譏之。殊不知建州入關，未中鄉試，年方少壯之士子，苟不應科舉，又不逃於方外，則爲抗拒新政權之表示，必難免於罪戾也。」[30]梁啓超也注意到類似的辯詞，但並不接受。在《桃花扇》結尾處，劫後餘生的侯方域睹物思人，興起重續前緣的舊夢：「自從梳攏香君，借重光陪，不覺別來便是三載。」「正是，且問香君入宮之後，可有消息麼？」「那得消息來。(取扇指介)這柄桃花扇，還是我們定盟之物，小生時刻在手。」「把他桃花扇擁，又想起青樓舊夢，天老地荒，此情無盡窮。」[31]侯方域雖然隨即與李香君相遇於白雲庵中，但卻在道士張薇的當道棒喝下，勘破情緣，修眞學道：「你看他兩分襟，不把臨去秋波掉。虧了俺桃花扇扯碎一條條，再不許癡蟲兒自吐柔絲轉萬遭，白骨青灰長艾蕭，桃花扇底送南朝。不因重做興亡夢，兒女濃情何處消。」[32]

但對梁啓超而言，在現實世界中立場搖擺，而終於應新朝科考的侯方域，晚節不保，無可原諒。不能讓戲曲的演出掩蓋了眞相：

> 侯朝宗並無出家事。順治八年，且應辛卯鄉試，中副貢生，越三年而死。晚節無聊甚矣。年譜謂「當事欲按法公(朝宗)以及司徒公(恂)，有司趣應省試方解。」此事容或有之，然朝宗方有與吳梅村書，勸其勿爲「達節」之說所誤(見《壯悔堂文集》卷三)。乃未幾而身自蹈之，未免其言不作矣。「南山之南，修眞學道」，劇場搬演，勿作事

30　陳寅恪，《柳如是別傳》，中，頁729。
31　梁啓超，《桃花扇註》，下，第三十九齣「棲眞」，頁254-255。
32　同上，第四十齣「入道」，頁276。

實觀也。[33]

　　我們稍微比較一下上面幾段《桃花扇》原文的敘述和梁啓超的考據文字，就不難體會到：梁啓超的焦慮是有原因的。不論是從文字的渲染性和感人能力或故事引人入勝的程度那一方面來看，劇作家的作品都具備了取代信史記載的條件。孔尚任巧妙的結合「史」與「劇」，「確考」與「點染」的手法和功力，讓最優秀的史學大師也不得不嚴肅看待[34]。梁啓超願意大費周章地爲全本《桃花扇》作註，除了顯示他對這部劇作的鍾愛，也未嘗不是因爲《桃花扇》提供了一個宏大完整的政治史敘事架構，而希望自己零星的考據文字，能附其驥尾而流傳，多少發揮一些匡正的功用[35]。

三、明末金陵

　　除了這個宏大完整的政治史敘事，有十足的潛力取代正史中關於南明興亡的記敘之外，《桃花扇》還具備了所有其他記錄南明興亡的史籍都不曾有的質

33　梁啓超，《桃花扇註》，下，頁295。
34　王瓊玲對孔尚任寫作《桃花扇》時，將史／劇、確考／點染、虛／實、象徵／寫實融於一爐，及在劇情安排上「獨闢境界」的巧妙手法，有深入精闢的分析。見王瓊玲，〈「忖度予心，百不失一」──論《桃花扇》評本中批評語境之提示性與詮釋性〉，《中國文哲研究叢刊》，26期（台北：中央研究院中國文哲研究所，2005.3），頁192-199。
35　王瓊玲從劇情的結構入手，分析《桃花扇》如何透過情節的安排、設計，將複雜的史實貫穿成一個完整的故事，而有別於歷史事件的頭緒萬端，缺少本末、系統：「南明的每一件重大事件，如社黨之爭、新君之立、四鎮之鬥、宴游之樂等等，相對完整獨立，雖然內在具有一定的聯繫，但在一般的敘寫中，或截斷另起，或並列平行，既沒有貫穿始終，也沒有構成完整系統。《桃花扇》以生旦連綴這些相對獨立的歷史事件，以生旦離合賦予了這些事件先後的時序性與邏輯的因果性，以此達到『寫興亡之感』的目的。」「孔氏雖稟持事事確考時地的創作原則，但在情節結構的設計上，他則並非從歷史本身的發展中提煉出劇情的節奏與結構來，而是把紛繁的事實巧妙地組織貫穿起來，成就一個對稱的格局。」這些分析鞭辟入裡，極具洞見，從文學史家和戲劇學者的角度著眼，爲歷史事實和戲曲創作間的關係，提供了一個不同的視野。引見王瓊玲，〈「忖度予心，百不失一」──論《桃花扇》評本中批評語境之提示性與詮釋性〉，頁185-186。

素：那就是在朝代興亡的大論述之外，同時呈現了明末金陵的太平景象，秦淮／舊院的流風餘韻，和各色人物的頭角崢嶸。換句話說，《桃花扇》是在一本劇作中，同時記敘了一個朝代、一座城市、一條河流及浮沈其中的人物的歷史。(圖2)

　　事實上，《桃花扇》並不是第一本或唯一一本以明末南京爲主場景的戲曲創作。明清之際知名的文人，與錢謙益、龔鼎孶並稱「江左三大家」的吳偉業(1609-1671)，在順治九年至十年(1652-1653)間寫成的《秣陵春》一劇，即是以南京爲背景，「借離合之情，寫興亡之感」[36]。王瓊玲認爲孔尙任在創作《桃花扇》時，有多處明顯的承襲了吳氏布置局面的策略[37]。明遺民選擇南京作爲寄託亡國之痛的所在，除了象徵故國的明孝陵建於此地外，主要原因當然是因爲弘光小朝廷以此爲都城，清軍取下南京後，明朝覆亡的命運已經完全無法扭轉。但另外一個值得注意的現象是，南京千年以來，就和「亡國」的意象有緊密的關係。王瓊玲的觀察極具啓發性：「同時，南京又是歷史上亡國慘劇發生頻率最高的一個地方：明朝的建文、弘光，五代時期的南唐，以及三國孫吳、東晉、南朝宋、齊、梁、陳等的種種滄桑變故，迭見層出，誠所謂：『南朝自古傷心地』。因此，它既代表典雅的六朝風華，又是朝代興衰的象徵。」[38]但儘管有這樣一個悠久的「亡國論述」和《秣陵春》等劇的前導，眞正能讓亡國之痛和南京的一晌貪歡，以如此典雅、璀璨的形式，普及、流傳於後世的，仍非《桃花扇》莫屬。

36　王瓊玲對此作了極細緻的分析，見王瓊玲，〈以情造境——明清戲曲中之敘事與時空想像〉，收於熊秉眞編，《睹物思人》(台北：麥田出版社，2003)，頁148-150。王瓊玲在另外一篇文章中，對吳偉業創作《秣陵春》、《通天臺》、《臨春閣》的心境作了更深入的剖析，這三部戲都以易代之際作爲背景，是極具代表性的遺民戲。《秣陵春》一劇內容尤其複雜，既表達了吳梅村失國惆悵的興亡感慨，又傳遞了作者不忘舊主，又不得不效忠新朝的矛盾心情。見王瓊玲，《晚明清初戲曲之審美構思與其藝術呈現》(台北：中央研究院中國文哲研究所，2005)，第3章〈明末清初歷史劇之歷史意識與視界呈現〉，頁209-210。

37　王瓊玲，《晚明清初戲曲之審美構思與其藝術呈現》，第3章〈明末清初歷史劇之歷史意識與視界呈現〉，頁217。

38　見王瓊玲，〈以情造境——明清戲曲中之敘事與時空想像〉，頁146。

　　《桃花扇》的劇情是以作者本人化身的老贊禮於康熙二十三年（1684），在
北京太平園戲園觀劇揭開序幕。此後，隨著劇情的開展，背景分別設在南京、
武昌、揚州等地。但在這幾個城市中，南京無疑居首要地位。全劇伊始，原在
南京太常寺供職的老贊禮登場發爲先聲，「昨在太平園中，看一本新出傳奇，
名爲《桃花扇》，就是明朝末年南京近事。」[39]已道出全劇的主旨。接著，男
主角侯方域在曲調鏗鏘聲中上場：「公子侯生，秣陵僑寓，恰偕南國佳人。」[40]
又簡扼地點出南京、秦淮佳麗等主旋律。全劇終了，侯方域和李香君在南京城
外悟道出家，從秦淮河到白雲庵，劇情的主軸始終一致，都是以南京爲背景。

　　雖然已是兵荒馬亂、亡國的前夕，侯方域登場時的南京，依舊是春光明
媚，景色宜人：「孫楚樓邊，莫愁湖上，又添幾樹垂楊。偏是江山勝處，酒賣
斜陽，勾引遊人醉賞，學金粉南朝模樣。」[41]街上笙歌不斷，有錢的遊客攜帶
著食盒，在花間漫步、賞玩：「乍暖風煙滿江鄉，花裡行廚攜著玉缸，笛聲吹
亂客中腸。」[42]（圖3、圖4）

　　侯方域在「鶯顚燕狂」的春光中登場時，本要往南京城西的冶城道院，和
復社名人陳貞慧（定生）、吳應箕（次尾）一起賞梅花，但不巧「魏府徐公子要請客
看花，一座大大道院，早已占滿了。」[43]這位徐公子即當時南京的鉅富徐青
君，是明開國元勳徐達的後人[44]。《板橋雜記》中說他：「家貲鉅萬，性豪

39　王季思等合註，《桃花扇》，試一齣「先聲」，頁1。
40　同上，頁2。
41　同上，第一齣「聽稗」，頁5。
42　同上，頁6及12。明中葉之後，士大夫旅遊之風盛行，對「旅道」、「遊
　　具」也就格外講究。「遊具」指的是交通工具和攜帶的器具。見巫仁恕，
　　〈晚明的旅遊活動與消費文化——以江南爲討論中心〉，《中央研究院近代
　　史研究所集刊》，第41期（台北，2003），頁100-101。此處的「行廚」，即遊
　　具的一種，食盒內裝著酒食，由僕人攜帶或肩挑至旅遊之處。高彥頤書中展
　　示的「提爐圖式」，下方有火爐可供熱水、暖酒，中間有煮粥的圓鍋、茶
　　壺，上方則是盛炭用的方箱。另一「山遊提盒圖式」也分爲好幾層，可分置
　　壺、杯、筷子、大碟、小碟。見Dorothy Ko, *Teachers of the Inner Chambers:
　　Women and Culture in Seventeenth-Century China* (Stanford, Calif.: Stanford
　　University Press, 1994), p. 46. 考究可見一般。
43　王季思等合註，《桃花扇》，第一齣「聽稗」，頁5-6。
44　王季思等合註，《桃花扇》，頁13。

侈，自奉甚豐，廣蓄姬妾。造園大功坊側，樹石亭臺，擬於平泉金谷。每當夏月，置宴河房，選名妓四、五人，邀賓侑酒。木瓜佛手，堆積如山。茉莉珠蘭，芳香似雪。夜以繼日，把酒酬歌，綸巾鶴氅，真神仙中人也。」[45]

徐青君出身名門，坐擁鉅資，過的是奢華頹靡之致的生活，能夠在道院請客看花，多少也反映出士大夫雅緻品味的影響。事實上，像徐這樣身居豪宅大院，縱情於聲色逸樂者，並非單獨的個案。《桃花扇》第四齣中，就描寫了崇禎二年(1629)，因為投靠閹黨被免官而匿居南京的阮大鋮，重起爐灶後的新生活：「幸這京城寬廣，容的雜人，新在這褲子襠裡買了一所大宅，巧蓋園亭，精教歌舞。」[46]園名「石巢」，出自當時精於亭園設計、疊石堆山的知名設計師張南垣之手。前來阮宅欣賞新戲《燕子箋》的楊文驄，一眼就看出這座園林的特色和來歷：「今日無事，來聽他燕子新詞，不免竟入。（進介）這是石巢園，你看山石花木，位置不俗，一定是華亭張南垣的手筆了。」[47]宅院、園亭、笙歌、戲曲、宴飲、賞花、遊樂，在在反映了南京生活中奢華靡麗的一面。余懷在《板橋雜記》一開頭，就對南京的城市景觀和逸樂氛圍作了提綱挈領的描述：

> 金陵為帝王建都之地，公侯戚畹，甲第連雲。宗室王孫，翩翩裘馬。以及烏衣子弟，湖海賓游，靡不挾彈吹簫，經過趙李。每開筵宴，則傳呼樂籍，羅綺芬芳。行酒糾觴，留髡送客。酒闌棋罷，墮珥遺簪。

45　余懷，《板橋雜記》，頁35。

46　阮大鋮(1587-1646)，號圓海、石巢，祖籍安徽懷寧，後遷居桐城。二十九歲中進士。天啓中，官吏科都給事中。嘗諂事魏忠賢，為東林士人所不齒。崇禎元年(1628)，起光祿卿，明年定逆案，論贖徒為民，匿居南京。福王在南京建立政權後，阮因為與馬士英的舊誼，復被起用，累官至兵部尚書，對東林、復社之人立意報復。清兵南下，阮大鋮乞降，從攻仙霞關，僵撲石上死。見劉一禾為《燕子箋》一劇寫的前言，阮大鋮撰，劉一禾注，張安全校，《燕子箋》(上海：上海古籍出版社，1986)，頁1-2。

47　王季思等合註，《桃花扇》，頁29-30、34。張南垣，名漣，以疊石知名於世，吳梅村特為之傳，謂其「少學畫，好寫人像，兼通山水，遂以其意疊石。故他藝不甚著，其疊石最工，在他人為之莫能及也。」吳偉業，〈張南垣傳〉，收入《梅村集》，《景印文淵閣四庫全書》，第1312冊(台北：臺灣商務印書館，1983)，卷38，頁397-398。

　　眞慾界之仙都，昇平之樂國也。[48]

　　曾經是帝國首都的南京，保留了王公貴族、甲第連雲的氣派，卻擺脫了政治力的掌控，接續六朝金陵的傳統，營造出有別於北京的城市風格。不分階級貴賤，夜夜笙歌宴飲不斷，以至於耳環、髮簪散亂遺落的場景，充分反映了南京人恣情縱欲的頹廢生活。余懷「慾界之仙都、昇平之樂國」的描繪，可說是切中了明末南京城市氛圍的精髓[49]。（圖5）

　　徐青君的豪奢行徑和阮大鋮的家班、名園固然都是營建這個「昇平之樂園」的要素，應試舉子、落魄文人、風流名士或是個性狂放的復社儒生，也爲明末南京憑添了無數壯麗、傳奇的色彩：「蓋金陵爲自古繁華之地，明代號爲陪京，尤稱重鎮。當曼翁作記時，大江南北，名士才人，悉萃於此。如迦陵、密之、舒章、朝宗，人各踞一水樹，詩酒流連。」[50]

　　這些名士才人，除了侯方域外，陳貞慧[51]、吳應箕[52]都在《桃花扇》中多

48　余懷，《板橋雜記》，頁1。

49　山東京傳在1790年刊行的《傾城買四十八手》一書扉頁中，畫著妓女騎在鯉魚背上讀書的姿態，旁邊題詞用的也是「慾界之仙都、昇平之樂國」這十個字。大木康認爲作者山東顯然是想藉此將江戶歡場和明末秦淮的意象互相疊合。不過這十個字雖然因爲《板橋雜記》一書的風行而流傳於世，但根據大木康的考證，卻非余懷所獨創。余其實是從錢謙益〈金陵社夕詩序〉中的「海宇承平，陪京佳麗，仕宦者誇爲仙都，游談者指爲樂土」的文句，潤飾而成。而錢謙益的文字又可能來自萬曆年間曹大章所著的《秦淮士女表》的序文。更往前推，在六朝陶弘景的〈答謝中書〉一文中，已有「實欲界之仙都」的用法。詳見大木康，《中國遊里空間──明清秦淮妓女の世界》，頁25-28。

50　見淞北玉魷生（王韜）爲《板橋雜記》所寫的跋。余懷，《板橋雜記》，頁45。

51　陳貞慧（1605-1656），字定生，出自一個顯赫的士大夫家庭，先人陳傅良（止齋）是宋代知名的學者。陳氏家族原住在浙江永嘉，後遷至江蘇宜興。父陳于庭官都御使，是東林黨人，批評時政不遺餘力。崇禎十一年（1638），在陳貞慧和顧杲的主導下，由吳應箕起草的〈留都防亂公揭〉在陳的家鄉宜興問世。阮得勢後，大捕黨人，貞慧一度被逮到鎮撫司。明亡後，陳埋身土室，不入城市者十餘年。Arthur Hummel, *Eminent Chinese of the Ch'ing Period*, vol. I, pp. 82-83. 何法周主編，王樹林校箋，《侯方域集校箋》，上（鄭州：中州古籍出版社，1992），頁39。

次露面。吳應箕在「鬧丁」一齣中，率領四位復社社員和一些國子監生，在國子監的春季祀典中，公然羞辱阮大鋮。梁啓超認爲這段情節並無本事可考，然而以復社少年當時囂張的行事風格來判斷，類似的情節，也並非不可能，黃宗羲幫陳貞慧寫的墓誌銘中，就說得非常清楚：

> 此齣並無本事可考，自當是云亭山人渲染之筆，然當時之清流少年，排斥阮大鋮實極囂張且輕薄。黃梨洲所撰陳定生墓志中有云：「崑山張爾公、歸德侯朝宗、宛上梅朗三、蕪湖沈崑銅、如皋冒辟疆及余數人，無日不連輿接席。酒酣耳熱，多咀嚼大鋮以爲笑樂。」觀此可見當時復社諸子驕憨之狀。「鬧丁」一類事，未始不可有也。[53]

這些復社清流，正當少年氣盛之時，又以正義、道德的代言人自命，梁啓超用囂張、輕薄等辭彙來形容他們的行事風格，並不爲過。《桃花扇》第四齣「偵戲」是另外一個例證。這齣戲首先描繪了避居褲子襠的阮大鋮在國子監受到嘲笑、毆打之後的心情：「昨日文廟丁祭，受了復社少年一場痛辱，雖是他們孟浪，也是我自己多事。但不知有何法兒，可以結識這般輕薄。」「小子翩翩皆狂簡，結黨欺名宦。」[54]梁啓超的評語，顯然受到這段描述的影響，但不論是說白中的「輕薄」或曲文中的「狂簡」，都可以反映這批少年名士狂放的性格[55]。

(續)————

52　吳應箕(1594-1645)，字次尾，安徽貴池人。與陳貞慧、侯方域爲摯友，善今古文，意氣橫厲一時。阮大鋮得勢後，謀殺周鑣，吳應箕獨入獄探視。大鋮聞，急捕之，夜亡去。南都失守，起兵抗清，敗走山中，被獲，慷慨就死。侯方域曾寫〈祭吳次尾文〉悼之。何法周主編，王樹林校箋，《侯方域集校箋》，上，頁42。

53　梁啓超，《桃花扇註》，上，頁60。

54　王季思等合註，《桃花扇》，頁30。

55　《板橋雜記》中有一段關於方以智的記載，也可以印證這些名士年少輕狂，近乎遊俠的行徑：「萊陽姜如須，游於李十娘家，漁於色，匿不出戶。方密之、孫克咸並能屏風上行，漏下三刻，星河皎然，連袂閒行，經過趙李(註：原文誤爲「季」)，垂簾閉戶，夜人定矣。兩君一躍登屋，直至臥房，排闥開張，勢如盜賊。如須下床，跪稱大王乞命，毋傷十娘。兩君擲刀大笑。……復呼酒極飲，盡醉而散。」余懷，《板橋雜記》，頁37。孫克咸是

劇情接下來轉到陳貞慧備帖向阮商借家班，前往雞鳴埭演出阮大鋮新編的《燕子箋》。阮大鋮得知陳貞慧、方以智、冒襄這一批他千方百計想要拉攏納交的「正人君子」，對他的新戲擊節贊賞，不免喜出望外：「不料這班公子，倒是知己。」但劇情緊接著急轉直下，演出眾人酒醉後，「觀劇罵阮」的戲外戲[56]：

> (丑急上)去如走兔，來似飛鳥。稟老爺，小的又到雞鳴埭，看著戲演半本，酒席將完，忙來回話。(副淨)那公子又講些什麼？(丑)他說老爺呵！〈急三鎗〉是南國秀，東林彥，玉堂班。(副淨佯驚介)句句是贊俺，益發惶恐。(問介)還說些什麼？(丑)他說為何投崔、魏，自摧殘。(副淨皺眉，拍案惱介)只有這點點不才，如今也不必說了。(問介)還講些什麼？(丑)話多著哩，小人也不敢說了。(副淨)但說無妨。(丑)他說老爺呼親父，稱乾子，忝羞顏，也不過仗人勢，狗一般。(副淨怒介)阿呀呀！了不得，竟罵起來了。氣死我也！[57]

(續)

余懷的好友，名臨，負文武才略，「倚馬千言立就，能開五石弓，善左右射，短小精悍，自號飛將軍。」孫別號武公，好狹邪遊，下文中還會提到。見《板橋雜記》，頁12-13。文中漁於色，跪地求饒的姜如須，名垓，崇禎十三年進士。侯方域在順治九年重訪江南時，特地前往蘇州探望他，並在〈夜泊過姜如須〉一詩中，推崇他的才學和節操，說他是「當年過江第一人」。詳見何法周主編，王樹林校箋，《侯方域詩集校箋》(鄭州：中州古籍出版社，2000)，頁417-418；謝桂榮、吳玲，《侯方域年譜》，收於何法周主編，王樹林校箋，《侯方域集校箋》，上，頁612。另外值得一提的是，方以智和孫克咸狂放的遊俠行徑，固然和我們所熟悉的文弱書生的刻板印象大相逕庭，卻反映了明中葉以後士人講求武學，修習武功、武藝的新風尚。明中葉之後，邊事不斷，「北虜南倭」交相逼迫，武學成為經世濟民的「實學」的一部分。另一方面，武藝又跳脫現實層面，成為士大夫城市逸樂、任俠生活的一部分。方、孫二人持刀夜闖妓院，一躍登頂，排闥而入的戲劇性情節，為這個新的時代風尚留下最鮮明的註腳。王鴻泰的文章〈武功、武學、武藝、武俠——明代士人的習武風尚與異類交游〉，對這個課題作了非常精彩的闡發。

56 我在本書〈冒辟疆與水繪園中的遺民世界〉一文中，對冒襄等人這一段「觀劇罵阮」的史實作了一些交代。

57 王季思等合註，《桃花扇》，第四齣「偵戲」，頁32。

　　復社少年對阮大鋮不假辭色的羞辱，終於在日後受到報復。崇禎十八年[58]，被史可法派到河南監軍防河的侯方域，在高傑兵敗之後，轉往南京探訪李香君，但李香君已被選入宮，物事全非：「當年煙月滿秦樓，夢悠悠，簫聲非舊。」「三載依劉。歸來誰念王孫瘦，重訪秦淮簾下鉤。徘徊久，問桃花昔遊，這江鄉——，今年不似舊溫柔——」[59]感慨萬千的侯方域隨後來到人煙稠密的三山街書鋪廊，希望能打聽到復社老友陳貞慧、吳應箕的行止、消息：「這是蔡益所書店，定生、次尾常來寓此，何不問他一信。(住看介)那廊柱上貼著新選封面，待我看來。(讀介)『復社文開』。(又看介)這左邊一行小字，是『壬午、癸未房墨合刪』[60]。右邊是『陳定生、吳次尾兩先生新選』。(喜介)他兩人難道現寓此間不成？」[61](圖6)

　　果然如侯方域所料，在書店內碰到為科舉考試編寫教材的陳、吳二人。三人高興的在店內喝茶敘舊，不幸新陞兵部侍郎的阮大鋮剛好到三山街拜客，看到店外廊柱上的廣告「復社文開」，乃下令校尉將三人逮捕下獄，一雪闖丁、借戲之時的恥辱：「哦！原來就是你們三位！今日都來認認下官。」「堂堂貌鬚長似帚，昂昂氣胸高如斗。(向吳介)那丁祭之時，怎見的阮光祿難司籩和豆。(向陳介)那借戲之時，為甚的把燕子箋弄俺當場醜。」[62]

　　從梁啟超為本齣所作的考註，我們知道這段戲劇性的逮社情節，也是出於孔尚任的特意安排。實際上，逮人的雖是白靴四校尉，地點卻非蔡益所書店。被捕下獄的只有陳貞慧一人：「夜半遣校尉捕君與應箕，應箕亡，君出詣獄。」「先一日，侯方域聞之，逃去。」[63]

　　事實細節雖有出入，但聘請名士編選科舉教材確實是當時流行的作法。謝國楨在〈復社始末〉一文中，首先就指出明末文人結社和書鋪很有關係：「那時候對于社事的集合有『社盟』、『社局』、『坊社』等等的名稱，『坊』字

58　乙酉年(1645)，即順治二年。梁啟超註本標為崇禎十八年，王季思本逕作乙酉，此處據梁本，《桃花扇註》，上，頁112。

59　梁啟超，《桃花扇註》，下，頁115，118。

60　王季思本作「合刊」，《桃花扇》，頁184。

61　梁啟超，《桃花扇註》，下，第二十九齣「逮社」，頁117。

62　同上，第二十九齣「逮社」，頁122-123。

63　同上，頁125。

的意義不容說就是書舖，可見結社與書舖很有關係。」應試舉子需要熟讀制藝文字，書坊可以從中牟利，所以刊刻科舉相關的教材，成為書店的一項重要工作：「這種士子的八股文章卻與書坊店裡作了一批好買賣，而一般操選政的作家就成了書坊店裡的臺柱子。因此一般窮書生也可以拿來作生活維持費。」明末萬歷年間江西的艾南英、陳際泰等人都是知名的選政作家，所編的八股選本風行一時。蘇州、杭州的書坊就不惜重金，把他們從江西請來評選文章[64]。《桃花扇》中的描述完全符合實情。

孔尚任對三山書街的描述，既忠實地點出南京和三山街書市在當時出版界的地位，又能精準地捕捉住流行書市的梗概和書商典型的風貌[65]：

> 在下金陵三山街書客——蔡益所的便是。天下書籍之富，無過俺金陵；這金陵書籍之多，無過俺三山街；這三山街書客之大，無過俺蔡益所。(指介)你看十三經、二十一史、九流三教、諸子百家、腐爛時文、新奇小說，上下充箱盈架，高低列肆連樓。不但興南販北，積古堆今，而且嚴批妙選，精開善印。俺蔡益所既射了貿易書籍之利，又收了流傳文字之功。憑他進士舉人[66]，見俺作揖拱手，好不體面。[67]

64　謝國楨，《明清之際黨社運動考》(上海：上海書店，2004)，頁99。

65　南京刻書之盛，和太祖的定都及設置國子監有很大的關係。根據統計，永樂十八年(1420)，成祖北遷前，南京國子監的學生多達九千餘人，包括亞洲各地來的留學生。這樣的規模，當然有助於書籍的出版、流通。張秀民初步統計南京的書坊多達九十三家，不但高於福建建陽，也超過北京。見張秀民，《中國印刷史》(上海：上海人民出版社，1989)，頁340-348。 這些書坊出版的書籍除了儒家經史典籍外，還包括大批的戲曲、小說和醫書。《中國印刷史》，頁349-352。 胡應麟則明確指出：「凡金陵書肆多在三山街及太學前」。很多書坊因此寫上「三山街書林」或「三山書坊」等字樣。見胡應麟，《少室山房筆叢》，甲部經籍會通4，轉引自《中國印刷史》，頁352。

66　梁啓超本此處作「憑他舉人進士」(頁114)，王季思等人合註的《桃花扇》(頁183)，及王季思主編的《中國十大古典悲劇集》，下(上海：上海文藝出版社，1982)(頁886)，均作「憑他進士舉人」，此處採用王季思等合註本的文字。

67　梁啓超，《桃花扇註》，下，頁114。

復社和閹黨及馬、阮的鬥爭，是明末政治史上的主旋律。「鬧丁」、「逮
社」兩節，描寫復社文人和阮大鋮的直接衝突，固然不符合史實，卻不是完全
捕風捉影。從劇情的張力而言，這樣的安排當然有其必要。但孔尚任將兩場衝
突的場景分別安排在國子監和三山街，卻益發突顯了《桃花扇》一劇和南京城
的緊密關係。如前所述，《桃花扇》除了提供了一個宏大的政治史敘事框架，
同時也描述了一座城市的歷史。除了秦淮、貢院外，國子監與三山街書店都是
和文人／儒士密不可分的場域，也都是明末南京城引以為傲的城市地標和文化
傳承，書店和太學更可以看成儒生傳統的最佳表徵。孔尚任將「鬧丁」、「逮
社」二節的場景安排於此，固然犧牲了史事的複雜和曲折性，卻為忠／奸、正
／邪間的政治鬥爭，找到最恰當的舞臺，讓事件得以聚焦，場景有了生命。政
治鬥爭和城市特有的文化風貌環環相扣，緊密交織，意象鮮明，讓人印象深
刻。既提供了其他政治史敘事所缺少的簡扼突出的時空框架，也同時豐富了我
們對這場政治鬥爭和南京特有的城市景觀與文化風貌的記憶。

四、秦淮／舊院

除了政府機構、貢院、國子監和書店外，秦淮河和舊院是孕育南京盛名的
溫床。舊院位於南京東南方，是明代名妓聚集的區域，佔地頗廣[68]，隔著秦淮
河與貢院相對：「舊院與貢院遙對，僅隔一河，原為才子佳人而設。逢秋風桂
子之年，四方應試者畢集，結駟連騎，選色征歌。……此平康之盛事，乃文戰
之外篇。」[69]院牆外數十步，有長板橋，余懷的《板橋雜記》即由此得名。
（圖7、圖8）

《桃花扇》第五齣，描寫客中無聊的侯方域，春情難奈，前往舊院探密。
途中巧遇柳敬亭，在柳的指引下，來到李香君居住的媚香樓。對秦淮、舊院的
座落、景色，有極精要的描述：

68　參見朱偰，《金陵古蹟圖考》（上海：商務印書館，1936），頁209、211-
212。

69　余懷，《板橋雜記》，頁5。

小生侯方域，⋯⋯住六朝佳麗之場，雖是客況不堪，卻也春情難按。⋯⋯今日清明佳節，獨坐無聊，不免借步踏青，竟到舊院一訪，有何不可。(行介)〔錦纏道〕望平康，鳳城東、千門綠楊。一路紫絲韁，引遊郎，誰家乳燕雙雙。(丑扮柳敬亭上)⋯⋯侯相公何處閒遊？⋯⋯老漢無事，便好奉陪。(同行介)(丑指介)那是秦淮水榭。⋯⋯這是長橋，我們慢慢的走。(生)一帶板橋長，閒指點茶寮酒舫。(丑)不覺來到舊院了。(生)聽聲聲賣花忙，穿過了條條深巷。(丑指介)這一條巷裡，都是有名姊妹家。(生)果然不同，你看黑漆雙門之上，插一枝帶露柳嬌黃。[70]

在三月清明佳節中，侯方域信步行至南京城東，穿過千門綠楊，來到秦淮河畔。河畔上座落著各家水榭、河房。過了長板橋，望著沿途的茶寮酒舫，隨即來到條條深巷的舊院。(圖9)

舊院固然是文人／士子慾望與逸樂的夢土仙境，卻不是他們活動的惟一場域。秦淮河自身和河旁的水榭、河房也都是文人聚會、雅集不可少的去處，冒辟疆大會東林諸孤的桃葉渡，就是秦淮河上文人經常聚集的景點[71]。《桃花扇》第八齣則描寫陳貞慧、吳應箕和侯方域、李香君等人，在秦淮河畔的丁繼之水榭舉行「復社文會」，觀看端午燈船盛會的熱鬧景象。全劇從陳、吳二人旅邸抑鬱，特地到秦淮賞節開始：「貢院秦淮近。⋯⋯節鬧端陽只一瞬，滿眼繁華，王謝少人問。」[72]場景隨後跳到燈船盛會：

(雜報介)燈船來了，燈船來了。(指介)你看人山人海，圍著一條燭龍，快快看來！(眾起憑欄看介)(扮出燈船，懸五色角燈，大鼓大吹繞場數迴下)(丑)你看這般富麗，都是公侯勳衛之家。(又扮燈船懸五

70　王季思等合註，《桃花扇》，第五齣「訪翠」，頁36。

71　桃葉渡與長板橋相隔不遠，是秦淮河上的一個古渡口，遺址在貢院東原利涉橋處。從東晉王義之以來，就是文人聚會和歌詠的所在。見呂武進、李紹成、徐柏春編，《南京地名源》(南京：江蘇科學技術出版社，1991)，頁236-237。

72　王季思等合註，《桃花扇》，頁55。

色紗燈，打粗十番，繞場數迴下）（淨）這是些富商大賈，衙門書辦，
卻也鬧熱。（又扮燈船懸五色紙燈，打細十番，繞場數迴下）（末）你看
船上吃酒的，都是些翰林部院老先生們。……紛紜，望金波天漢迷
津。[73]

　　孔尚任此處企圖藉由布景、音樂的差異，來呈現公侯、富商、官員等不同
階層的遊船規模和品味，以營造出百舟競渡、萬民歡騰的景象，可謂用心良
苦。但這樣的場景，卻非他嚮空虛構。張岱對秦淮河上「讌歌弦管，騰騰如
沸」的端午節慶，就有極生動的描寫：「年年端午，京城士女填溢，競看燈
船。好事者集小篷船百什艇，篷上挂羊角燈如聯珠。船首尾相銜，有連至十餘
艇者。船如燭龍火蜃，屈曲連蜷，蟠委旋折，水火激射。舟中鐵鈸星鐃，讌歌
弦管，騰騰如沸。士女憑欄轟笑，聲光凌亂，耳目不能自主。」[74]余懷關於
「燈船畢集，火龍蜿蜒」的描述，也同樣反映出秦淮河的燈火之盛：（圖10）

　　秦淮燈船之盛，天下所無。兩岸河房，雕欄畫檻，……十里珠
簾。……薄暮須臾，燈船畢集，火龍蜿蜒，光耀天地。揚槌擊鼓，蹋
頓波心。自聚寶門水關至通濟門水關，喧闐達旦。桃葉渡口，爭渡者
喧聲不絕。[75]

從聚寶門至通濟門一帶的秦淮河，流經南京城東南，正是舊院所在的區域，也
是當時秦淮河域的精華所在。兩岸的河房和桃葉渡口，則如前文所述，是河上

73　王季思等合註，《桃花扇》，頁57。

74　張岱，〈秦淮河房〉，見馬興榮點校，《陶庵夢憶》（上海：上海古籍出版
　　社，1982，與《西湖夢尋》合刊），頁31。

75　余懷，《板橋雜記》，頁3。清初周在浚所建構的晚明金陵回憶中，也包括了
　　秦淮河的燈船之盛和耳目之娛：「『龍笛新裁二尺長，中懸畫鼓大如筐。萬
　　人喝彩燈船過，百盞琉璃賽月光。』秦淮燈船所奏皆宮中樂，樂半，吹笳喝
　　彩，其聲如雷，聞宮中元夕奏樂亦然。前朝盛時，燈船多至五七十隻。」周
　　在浚，〈金陵古跡詩〉，《續本事詩》收於李學穎標點，《本事詩．續本事
　　詩．本事詞》（上海：上海古籍出版社，1991），卷12，頁395。

活動的重要場所。

關於秦淮河畔的「河房」，張岱留下了一幅幅旖旎柔媚的圖像：「秦淮河河房，便寓、便交際、便淫冶，房值甚貴而寓之者無虛日。畫船簫鼓，去去來來，周折其間。河房之外，家有露臺，朱欄綺疏，竹簾紗幔。夏月浴罷，露臺雜坐，兩岸水樓中，茉莉風起動兒女香甚。女客團扇輕紈，緩鬢傾髻，軟媚著人。」[76]在《桃花扇》中多次登場的吳應箕也留下許多寶貴的資料：「南京河房，夾秦淮而居，綠窗朱戶，兩岸交輝。而倚檻窺簾者，亦自相掩映。夏月淮水盈漫，畫船簫鼓之游，至於達夜，實天下之麗觀也！」[77]吳應箕對當時南京衰敗的園林和傾圮的公署，有許多批評，但對河房夏月「畫船簫鼓之游，至於達夜」的盛況，卻備極贊歎。「天下之麗觀」出於這位勇於批評時政的異議者之手，更讓後人充滿了無限的想像。

在總體的評述之後，吳應箕同時對每個區域河房分佈的輪廓和各家河房的特色，作了精扼的描繪：「武定橋以上，河房漸有可觀，北岸有王氏、梅氏，但稱壯固耳！」「文德橋下有徐府河房，甚壯麗。」「過學宮則兩岸河房鱗次相競。其房遇科舉年，則益為塗飾，以取舉子厚賃」。至此，我們已進入文人舉子和秦淮佳麗密集的聚落：「過貢院南岸有齊王孫河房，垂柳成陰，最宜消夏，而又有新構者。」沿河北行，過了桃葉渡後，吳的記敘就愈發讓我們趨近《桃花扇》中所呈現的秦淮風月。首先，我們來到釣魚巷一帶的河房。釣魚巷到夫子廟的內秦淮兩岸，是六朝金粉的聚居之地。前文中提到的徐青君的先祖——魏國公徐達，就在釣魚巷一帶營建了著名的東花園[78]，而東花園正位於長板橋前[79]。《桃花扇》中春情難耐的侯方域曾狎一妓於此：「釣魚巷河房數所，皆內監王孫物。己卯歲，歸德侯朝宗偶寓於此，狎一妓。」接著，吳本人來到《桃花扇》的主場景之——丁家水榭：「近水關有丁郎中河房，丁為予貴池人，以南京河房不過以軒闌競麗耳，特出新意，於堂外設屏豎石數片，而栽

76 張岱，〈秦淮河房〉，頁30-31。

77 吳應箕，《留都見聞錄》，收於《叢書集成續編》，集部，第178冊(上海：上海書店，1994)，卷下，頁307。

78 呂武進等編，《南京地名源》，頁246-247。

79 余懷，《板橋雜記》，頁2。

竹其前，亦脩然有致。」[80]

「榭」原指臺上蓋的高屋，屋內無室。但秦淮河上的河房則已經發展得相當繁複，有的以高價出租給前來應試的舉子，有的是狎妓的所在，丁繼之水榭則成為文人雅集的精舍。根據吳應箕的記載，我們知道武定橋以北的河房多半壯麗可觀（「過淮清橋南岸，有河房廣軒巍閣，可謂宏麗」），但丁繼之為了突顯自己不同於達官、巨賈、「內監王孫」「總督書辦」「以軒闌競麗」的流俗品味，別出心裁的在堂外點綴了一些石片、竹林，而博得「脩然有致」的贊譽。

在《桃花扇》的描述中，丁家水榭地勢較高，可以「登眺」秦淮河上的景致。劇中陳貞慧和吳應箕特地來此觀賞燈船：「次尾兄，我和你旅邸抑鬱，特到秦淮賞節，怎的不見同社一人？」「想都在燈船之上。」「（指介）這是丁繼之水榭，正好登眺。（場上搭河房一座，懸燈垂簾）」丁繼之雖然外出赴燈船之會，但家中卻已備下酒席，只要有客人來，就隨時留座。吳、陳二人隨即邀請恰好乘燈船經過的侯方域、李香君和柳敬亭、蘇崑生等人上樓，飲酒賦詩，在丁繼之水榭舉辦了一場「復社文會」[81]。

「鬧榭」的下半齣描寫眾人在丁家水榭中歡樂暢飲到半夜，突見阮大鋮乘船而過。阮見岸上燈火通明，派小廝上岸打探，得知燈籠上寫著「復社會文，閒人免進」，匆忙歇笙歌、滅燈火，悄然離去。劇情的主旨雖然依舊著重在復社文人和阮的鬥爭上，卻也側筆寫出阮大鋮在狼狽中的雅緻和生活情趣：

> （雜報介）燈船又來了。（末）夜已三更，怎的還有燈船？（俱起憑欄看介）（副淨扮阮大鋮，坐燈船。雜扮優人，細吹細唱緩緩上）（淨）這船上像些老白相，大家洗耳，細細領略。（副淨立船頭自語介）我阮大鋮買舟載歌，原要早出遊賞；只恐遇著輕薄廝鬧，故此半夜才來，好惱人也！[82]

80　以上引文，見吳應箕，《留都見聞錄》，頁307-308。
81　王季思等合註，《桃花扇》，頁55-56。
82　同上，頁58-59。

如果不是因為不巧又遇上了這批輕薄的復社文人，在笙歌燈火、細吹細唱的情境中夜遊秦淮，自然也是一種雅緻的文人情趣。

陳貞慧聞得阮大鋮吹歌而至，勃然大怒：「好大膽奴才，這貢院之前，也許他來遊耍嗎？」本待上前追打，在侯方域勸阻下作罷。阮大鋮遊船遠去，眾人也拱手道別。「下樓臺，遊人盡」，侯方域護送李香君返回舊院，正所謂：「秦淮一里盈盈水，夜半春帆送美人。」[83]

丁繼之是明末金陵知名的戲曲演員和清客，和當時的名士多有往還。他所營造的水榭，也因為格調不俗，而成為文人名士聚會的場合。錢謙益曾經題詩描寫丁家河房的景致：「小闌干外市朝新，夢裡華胥自好春。夾岸麵塵三月柳，疏窗金粉六朝人。」[84]丁繼之七十歲生日時，又特地題詩四首相贈。順治十三年(1656)，又寫了寓丁家水閣絕句三十首[85]。根據陳寅恪的考證，錢謙益在清初一度被捕下獄，獲釋後蒙丁繼之收留，住在丁家河房，後來又以此為復明活動的中心[86]。由於兩人有深厚的交誼，錢謙益會多次題詩相贈，自不意外。名士的品題，又進一步襯托出丁繼之及丁家水榭在秦淮歡樂場合中所扮演的角色。

經過秦淮一里盈盈水，我們從丁家水榭來到舊院，舊院的前門對著武定橋，也就是前引吳應箕文「河房漸有可觀」之處。在這些「條條深巷」之中，

83　王季思等合註，《桃花扇》，頁59。

84　錢謙益，〈題丁家河房亭子〉，見錢曾箋注，錢仲聯標校，《錢牧齋全集》，第4冊(上海：上海古籍出版社，2003)，頁37。孔尚任在〈桃花扇考據〉中，特別列舉了錢謙益的這首詩，見王季思等合註，《桃花扇》，頁18。

85　錢謙益，〈壽丁繼之七十四首〉、〈丙申春就醫秦淮寓丁家水閣決兩月臨行作絕句三十首留別〉，見錢曾箋注，錢仲聯標校，《錢牧齋全集》，第4冊，頁182-184、280-290。陳寅恪認為錢謙益久留金陵，必有不可告人之隱情，所謂的「就醫秦淮」不過掩飾之辭，實際上是在暗中進行復明活動。見《柳如是別傳》，下，頁1096。

86　錢謙益是在順治四年年初下獄，五月出獄，仍被看管，住在青溪笛步間的丁家河房：「此類河房為南京較佳之館舍。牧齋以頌繫之身，尚得如此優待，當由丁繼之梁愼可等之友誼所致。」陳寅恪，《柳如是別傳》，下，頁937。順治十三年，錢謙益由南京大報恩寺移寓丁氏水閣，以此為準備接應鄭延平攻取南都計畫之活動中心。《柳如是別傳》，下，頁1098。

「妓家鱗次，比屋而居」，而且都是「屋宇精潔，花木蕭疏，迥非塵境」[87]。
為了爭取客人，各家妓院也都施盡全力，「爭妍獻媚，鬥勝誇奇」，利用遠傳
數里的花香和樂音，吸引遊客注意：「凌晨則卯飲淫淫，蘭湯灧灧，衣香一
室。」「停午乃蘭花茉莉，沉水甲煎，馨聞數里。」「入夜而攏笛撈箏，梨園
搬演，聲徹九霄。」[88]

　　大體而言，舊院名妓的穿著以「淡雅樸素」為主，不特別講究「鮮華綺
麗」[89]，但對於維持身體的潔淨和芳香則極為講求，晨起沐浴、午後買花乃成
為日常生常活中的大事。《板橋雜記》對於妓院的花草買賣和花香的效果有相
當鮮活的描寫：

> 裙屐少年，油頭半臂[90]。至日亭午，則提籃挈榼，高聲唱賣逼汗草、
> 茉莉花。嬌婢捲簾，攤錢爭買，捉腕捺胸，紛紜笑謔。頃之，烏雲擁
> 雪，竟體芳香矣！蓋此花苞於日中，開於枕上，真媚夜之淫葩，殢人
> 之妖草也。

在頭上、枕上固然可以戴置有淫媚之效的茉莉花，盜汗草，在紗櫥文榭等幽雅
之處，則置放劍蘭，並與佛手、木瓜「同其靜好」，以彰顯蘭花幽雅的王者之
香[91]。

　　除了亭午賣花的裙屐少年，余懷還詳細記述了一位在舊院吹簫度曲的樂師

87　余懷，《板橋雜記》，頁1。
88　同上，頁2。
89　同上，頁4。舊院名妓的穿著以「淡雅樸素」為主，很可能受到當時流行的
　　蘇州服飾——所謂的「蘇樣」——的影響。根據林麗月的研究，萬曆末年以
　　後，江南的流行服飾受到「蘇樣」的極大影響，開始強調素雅之風。見林麗
　　月，〈大雅將還：從「蘇樣」服飾看晚明的消費文化〉，收入《明史研究論
　　叢》，第6輯(合肥：黃山書社，2004)，頁194-208。
90　《艷史叢鈔》本此處作「油頭牛臂」，據他本，應為「半臂」之誤，意為短
　　袖或無袖的單上衣。參見余懷著，劉如溪點評，《板橋雜記》(青島：青島出
　　版社，2002)，頁11。《續修四庫全書》，第733冊(上海：上海古籍出版社，
　　1997)本亦作「半臂」，頁328。
91　余懷，《板橋雜記》，頁4。

的日常工作和起伏不定的一生，讓我們對妓院內部的細節有了更多了解。這位叫張魁的樂師，年輕時長得「美姿首」，和一位官南都府佐的徐公子有斷袖之好。張後來移家至桃葉渡口，與舊院為鄰，並和舊院幾位名妓往來相熟。籠中的鸚鵡每次看到他就叫道：「張魁官來，阿彌陀佛。」張魁善於吹簫度曲，打鳥投壺。每天早上到妓家樓館，「插瓶花，爇爐香，洗芥片，拂拭琴几，位置衣桁，不令主人知之。」各家僕婢對他都心存感念[92]。

舊院一帶除了茶寮酒舫和賣花少年，還有許多販賣各類精品的店舖，設施精潔，出售的物品從香囊、雲舄、名酒、佳茶、果糖、小菜到簫、管、琴、瑟等，一應俱全。為了取悅曲中名妓，來訪的客人往往不計價格，買來作為贈禮[93]。

住在條條深巷中的名妓，除了日常例行的湯浴、裝扮和鼓樂笙歌，在特別的節慶場合，也群聚為樂。侯方域在清明節當天第一次造訪李香君時，就正巧碰到香君前往汴玉京家做「盒子會」。陪同侯方域一同訪翠的柳敬亭，為侯作了背景介紹：「相公不知，這院中名妓，結為手帕姊妹，就像香火兄弟一般，每逢時節，便做盛會。」接下來的對話中，柳又為侯進一步解釋盒子會的具體內容：「是了，今日清明佳節，故此皆去赴會，但不知怎麼叫做盒子會。」「赴會之日，各攜一副盒兒，都是鮮物異品，有海錯、江瑤、玉液漿。」「會期做些甚麼？」「大家比較技藝，撥琴阮，笙簫嘹喨。」[94]「江瑤」或稱「江瑤柱」，即今日通稱的干貝，在明清江南，是極珍貴的海鮮食品，又因為蘇東坡等名士的歌頌宣揚，而具有不凡的地位。「盒子會」中，以此為下酒的異品，也可見名妓的不凡品味[95]。

《板橋雜記》中收錄了沈周為盒子會辭所寫的序，也強調聚會者競相以攜帶奇品為勝：「南京舊院，有色藝俱優者，或二十、三十姓，結為手帕姊

92　余懷，《板橋雜記》，頁33。

93　同上，頁6。

94　王季思等合註，《桃花扇》，頁37。

95　蘇東坡寫過一篇〈江瑤柱傳〉，奠定了這項稀有美食的「珍品」地位。相關的討論及「江瑤柱」在明清飲食中的特殊地位，可參考郭忠豪，〈食物製作與品饌文化——萬曆—乾隆間江南的飲食生活〉（國立暨南國際大學歷史學研究所碩士論文，2004），頁186-193。

妹。……厭厭夜飲，彌月而止。席間設燈張樂，各出其技。」[96]唯一不同的是，《桃花扇》中的盒子會在清明節舉行，沈周所記敘的則是元宵節的聚會，而且時間長達一個月。《桃花扇》中所謂「每遇時節，便做盛會」的介紹，確實掌握了盒子會的最根本特色。

但在這些同行／同性間互相鼓舞、聯絡感情和切磋技藝的時節盛事之外，名妓日常生活中最重要的工作還是為異性提供聲色之娛。她們服務的對象中，固然有像徐青君一樣「每當夏月，置宴河房，選名妓四、五人，邀賓侑酒」[97]的巨賈，但真正讓這些名妓的生活和故事流傳於世的卻是文人、名士。余懷甚至認為舊院、貢院一河之隔的特殊地理位置，原本就是為才子佳人而設：「逢秋風桂子之年，四方應試者畢集，結駟連騎，選色徵歌。」[98]

文人名妓的交往，有不同的形式。姚壯若的壯舉，是其中最誇張者：「嘉興姚壯若，用十二樓船，於秦淮招集四方應試知名之士百有餘人，每船邀名妓四人侑酒，梨園一部，燈火笙歌，為一時盛事。」[99]在方以智寓所的聚會，同樣反映了明末士人狂放的作為，但場域從秦淮河上的樓船轉到河旁的水榭，故事的主角是桐城孫克咸，寵愛的是珠市名妓王月。一般來說，珠市的妓女，無論姿色、氣勢和居住的房舍都無法和舊院相頡頏。但王月因為「頎身玉立，皓齒明眸，異常妖冶」[100]而名動公卿。在張岱的回憶中，更是「曲中上下三十年決無其比」「南中勳戚大老力致之，亦不能竟一席」的一代佳麗[101]。孫武公對她暱愛有加，「擁致棲霞山下雪洞中，經月不出」。七夕之夜，孫大集諸姬於方以智僑居的水閣：「四方賢豪車騎盈閭巷，梨園子弟三班駢演，水閣外環列舟航如堵墻。」[102]明亡後自沈於惶恐灘頭的方以智，在明末金陵的種種行徑——從引介董小宛給冒辟疆、雞鳴埭上觀劇罵阮、夜半勁裝戲耍同儕於李十娘寓所，到秦淮水閣大會諸姬賢豪——卻儼然是縱情逸樂、跌宕狂放的名士典

---

96 余懷，《板橋雜記》，頁43。
97 同上，頁35。
98 同上，頁5。
99 同上，頁32。
100 同上，頁27。
101 張岱，〈王月生〉，收入《陶庵夢憶》，頁72。王月生是王月的別名。
102 余懷，《板橋雜記》，頁27-28。

範。

和這些充滿炫耀、展演性質的聚會相比，余懷對長板橋上名士佳人攜手閒行的景致的描寫，更顯得幽雅動人：

> 長板橋在院牆外數十步，曠遠芊綿，水煙凝碧。迴光、鷲峰兩寺夾之，中山東花園互其前。……每當夜涼人定，風清月朗，名士傾城，簪花約鬢，攜手閒行。憑欄徙倚，忽遇彼妹，笑言宴宴，此吹洞簫，彼度妙曲，萬籟皆寂，遊魚出聽，洵太平盛事也。[103]

在樓船、水榭、長橋之外，名妓和文士的交遊更多是在舊院中花木扶疏、屋宇精潔的宅邸內進行。《桃花扇》的女主角雖然是李香君，但她的假母李貞麗其實也是秦淮名妓，與一般妓院中鴇母的形象完全不同。劇中李貞麗自報家門道：「煙花妙部，風月名班；生長舊院之中，迎送長橋之上，鉛華未謝，豐韻猶存。」[104]應該是如實的描述。李貞麗和在《桃花扇》中出現的明末四公子之一的陳貞慧關係非淺[105]，與楊龍友也是舊識，母女二人居住的媚香樓因此充滿了極強的文人氣息。《桃花扇》第二齣〈傳歌〉中，楊龍友前往媚香樓探視貞麗、香君母女，就對樓臺的文人氣息和周遭的無邊春色，作了極佳的鋪陳，將原本是男歡女愛的背德之地，裝點得雅緻而秀麗：

> 三山景色供圖畫，六代風流入品題。下官楊文驄，表字龍友，乙榜縣令，罷職閒居。這秦淮名妓李貞麗，是俺舊好，趁此春光，訪他閒話。來此已是，不免竟入。(入介)貞娘那裏？(見介)好呀！你看梅錢已落，柳線才黃，軟軟濃濃，一院春色，叫俺如何消遣也。(小旦)正是。請到小樓焚香煮茗，賞鑒詩篇罷。[106]

103 余懷，《板橋雜記》，頁2-3。
104 王季思等合註，《桃花扇》，頁15。
105 余懷，《板橋雜記》，頁40。
106 王季思等合註，《桃花扇》，頁16。

　　楊文驄隨即來到香君妝樓，樓壁上盡是名公題贈的詩作。最讓楊吃驚地是連張溥(天如)、夏允彝(彝仲)等知名的復社、幾社領袖也在牆壁上題贈。楊文驄自歎弗如，索性在牆上藍瑛畫的拳石旁添了幾筆蘭花[107]。藍瑛，字田叔，在《桃花扇》二十八齣中，透過楊龍友的安排，為人去樓空的媚香樓守樓，把香君平日梳妝之所當成畫室。藍瑛是浙派山水畫的代表人物[108]，他的畫作和張、夏「這班大名公」[109]的題贈，讓名妓李香君的妝樓散佈著書香氣息。

　　《桃花扇》中第五回描寫侯方域和李香君見面訂情，眾人詩酒酬唱的場景。這天正當清明時節，香君前往離自宅不遠的卞玉京家參加盒子會，侯方域訪媚香樓不遇，隨即在柳敬亭的指引下來到卞玉京的煖翠樓。媚香樓位在鈔庫街上[110]，二人走過幾條里巷、水橋，穿過柳蔭深處，在賣糖人的簫聲中來到煖翠樓，正所謂：「掃墓家家柳，吹餳處處簫，鶯花三里巷，煙水兩條橋。」[111]由於卞玉京正在樓上主持盒子會，貞麗、香君乃與侯朝宗在樓下相見：「(生見小旦介)小生河南侯朝宗，一向渴慕，今才遂願。」「(坐介)(小旦)虎邱新茶，泡來奉敬。(斟茶)(眾飲介)(旦)綠楊紅杏，點綴新節。(眾贊介)有趣有趣！煮茗看花，可稱雅集矣。(末)如此雅集，不可無酒。」[112]「煮茗看花，可稱雅集矣」的描述，精確地點出文士、名妓聚會的特殊性質[113]。侯方域與李香君晤面後，諸人隨即依院中舊例，歡飲行令。侯方域即席賦詩一首：「南國佳人佩，休教袖裏藏；隨郎團扇影，搖動一身香。」[114]侯方域在〈李姬傳〉一文中，曾描述他與香君交往互動的經過：「雪苑侯生，己卯來金陵，與相識，姬

107　王季思等合註，《桃花扇》，頁16、20。
108　梁啓超在二十八齣的註解中，為藍瑛作了一個小傳：「藍瑛，字田叔，號蝶叟，錢塘人。山水法宋元，乃自成一格，頗類沈周。人物、花鳥、梅竹、俱得古人精蘊。時浙派山水，始於戴，至藍為極。」見《桃花扇註》，下，頁112。
109　王季思等合註，《桃花扇》，頁16。
110　呂武進等編，《南京地名源》，頁253。
111　王季思等合註，《桃花扇》，頁37。
112　同上，頁38。
113　根據張岱的記載，王月遇到中意的客人，也都會選在桃葉渡的閔老子茶店聚會：「(月生)好茶，善閔老子，雖大風雨、大宴會，必至老子家啜茶數壺始去。所交有當意者，亦期與老子家會。」張岱，〈王月生〉，頁72。這個例子和侯李之會一樣，都顯示了秦淮名妓對品味的講求。
114　王季思等合註，《桃花扇》，頁39。

嘗邀侯生爲詩，而自歌以償之。」[115]這種詩歌酬唱的特殊應答方式，可以拿來和劇中「煮茗看花」的雅緻場景互相輝映，進一步突顯明末秦淮「三山景色供圖畫，六代風流入品題」的文化氣息[116]。

除了李香君因名盛於南曲，而成爲四方才士「爭一識面以爲榮」[117]的秦淮名妓外，李大娘、李十娘和顧媚的宅院，也是文人聚會的重要場所。李大娘和她的許多姊妹一樣，性豪侈，有鬚眉丈夫之氣，「所居臺榭庭室，極其華麗。」侍從十餘人，笙歌不斷。她對於自己提供的聲色之娛非常自豪，嘗謂：「世有遊閑公子、聰俊兒郎，至吾家者，未有不蕩志迷魂、沒溺不返者也。」李大娘的豪邁作風，以及讓公子、兒郎蕩志迷魂的背德能力，爲她在莫愁、桃葉之間，贏得俠妓的聲名[118]。

姿色、曲藝俱稱一時之選的顧媚，雖然端莊嫻雅，卻同樣具有讓人迷失的能力，所居住的眉樓因此被稱爲迷樓。迷樓除了耳目聲色之娛，更以精美的食物聞名遐邇：「當是時，江南侈靡，文酒之宴，紅粧與烏巾紫裘相間，座無眉娘不樂，而尤豔顧家廚食品。……以故設筵眉樓者，無虛日。」[119]

在舊院的諸多名妓中，余懷本人和李十娘交往最密切，也用了最多篇幅來描寫李十娘的個性和宅院：「性嗜潔，能鼓琴清歌，略涉文墨，愛文人才士。」「所居曲房秘室，帷帳尊彝，楚楚有致。」宅院中建構了一條長廊，長廊左邊種老梅一樹，右邊種梧桐二株，巨竹十數竿。「晨夕洗桐拭竹，翠色可餐。」余懷每有同人詩文之會，一定在十娘雅緻疑非塵境的宅院舉行。每位客人都有精婢一名，侍硯席，磨墨焚香。宴席中茶果不斷，「暮則合樂酒宴，盡歡而散。」其時天下大亂，像侯方域一樣渡江而南的北方名士不絕於途。李十

115 侯方域，〈李姬傳〉，收於何法周主編，王樹林校箋，《侯方域集校箋》，上，頁262。

116 「三山」在南京西南，長江的南岸。李白〈登金陵鳳凰臺〉詩：「三山半落青天外，二水中分白鷺洲」就是描寫這裡的景色。見王季思等合註，《桃花扇》，頁20。孔尚任透過楊龍友這位知名畫家之口，將更多的文學、藝術意涵巧妙地編織入對秦淮、舊院的敘述之中。

117 余懷，《板橋雜記》，頁27。

118 同上，頁13-14。

119 同上，頁15。

娘的秦淮院落，遂成爲談笑有鴻儒的避世之所：「於時流寇訌江北，名士渡江僑金陵者甚眾，莫不豔羨李十娘也。」[120]

五、斷裂

《桃花扇》於康熙三十八年(1699)完稿，距明亡國已超過半個多世紀。《板橋雜記》成書於康熙三十二年[121]，雖較《桃花扇》略早，書中描寫的情景、人物，多半也是半個世紀前的往事。但令人驚異的是，雖然經過半個世紀的阻絕，二人所呈現的歡樂和衰亡氣息，卻同樣強烈而鮮明。

表面上看起來，《桃花扇》有著史詩般的格局和龐大的敘事架構，《板橋雜記》描寫的秦淮歡場，則至少可以追溯到洪武建國之初。但實際上，書中記述的歡樂場景，其實爲時甚短。《桃花扇》第一齣「聽稗」的時間設在崇禎十六年(1643)，侯方域自道自去年壬午南闈下第，便僑寓在莫愁湖畔[122]。事實上，侯方域第一次南闈下第、僑寓金陵的時間是崇禎十二年[123]，並在這一年五月移寓南京後，即廣交賓客，與吳應箕、陳貞慧、方以智和冒襄等人結識，縱情於詩酒聲色之中：「時四方文士漸次雲集，方域以雄才灝氣，挾重金結交，與海內賢豪，論交把臂，馳騖于詩酒聲色之場，人人引重，無不願交恐后。」[124]十五年的秋闈，他雖然未必與試，但在秋天被叛將釋回後，再度回到金陵，像《桃花扇》中所描述的那樣，經常和陳貞慧、吳應箕等人遊逸於舟船明鏡之間：「寓南京，時南雍秋闈剛罷，與陳貞慧、吳應箕、彭賓等復社名士，把臂白門，意氣浩落，每當斜陽黌黌，青帘白舫，絡繹縠紋明鏡間，日以爲常。」[125]但不論是崇禎十二年(1639)或十五年，侯方域等少年名士在金陵的逸樂，其實

---

120 余懷，《板橋雜記》，頁11。
121 劉如溪點評，《板橋雜記》，頁1。
122 王季思等合註，《桃花扇》，頁5。
123 見梁啓超，《桃花扇註》，上，頁29、31-33。根據梁啓超的考證，侯方域此時正爲叛亂所劫，必無應試之事，《桃花扇》文中所謂「下第僑寓」云云，皆崇禎十二年事。孔尚任爲了行文便利，而顛倒時日。
124 謝桂榮、吳玲，《侯方域年譜》，頁586。
125 同上，頁593。

皆極短暫。

余懷筆下的「慾界之仙都」「昇平之樂國」，記載的基本上也是動亂前一段片晌的貪歡。余懷在金陵與諸名士密切往來，游冶於「雨花、桃葉之間」的全盛時期，在崇禎末年，其時雖然「東南無事」，但距明亡國也只有幾年的光景。也許正因為歡樂的時光為時短暫，而又正當他二十多歲的青春年少，可以全心全意的縱情揮霍。個人的青春歲月和城市臻於極至的文采風流交相輝映，讓余懷留下刻骨銘心的回憶，即使經歷了半個世紀，繁華逸樂的景緻，依然色彩斑爛，觸目可及。

但在這些鶯顛燕狂和長板橋的清風明月之外，《桃花扇》和《板橋雜記》另一個讓人揮之不去的主題則是轉頭成空的歌舞畫梁。《桃花扇》終曲的詠詩：「漁樵同話舊繁華，短夢廖廖記不差」「笙歌西第留何客，煙雨南朝換幾家」[126]點出了繁華短暫的主旨。而劇終時蘇崑生在李香君、侯方域棲霞山中入道修眞三年之後，重回南京的描述，則細述了轉頭成空的金陵殘夢：「（淨）不瞞二位說，我三年沒到南京，忽然高興，進城賣柴。路過孝陵，見那寶城享殿，成了芻牧之場」「（丑）呵呀呀！那皇城如何？」「（淨）那皇城牆倒宮塌，滿地蒿萊了。」「（副末掩淚介）不料光景至此。」「（淨）俺又一直走到秦淮，立了半晌，竟沒一個人影兒。」「（丑）那長橋舊院，是咱們熟遊之地，你也該去瞧瞧。」「（淨）怎的沒瞧，長橋已無片板，舊院剩了一堆瓦礫。」「（丑搥胸介）唉！慟死俺也。」「（淨）那時疾忙回首，一路傷心；編成一套北曲，名爲〈哀江南〉。待我唱來！」[127]

> 你記得跨青谿半里橋，舊紅板沒一條。秋水長天人過人，冷清清的落照，剩一樹柳彎腰。行到那舊院門，何用輕敲，也不怕小犬哞哞。無非是枯井頹巢，不過些磚苔砌草。手種的花條柳梢，儘意兒採樵；這黑灰是誰家廚灶？俺曾見金陵玉殿鶯啼曉，秦淮水榭花開早，誰知道容易冰消。眼看他起朱樓，眼看他宴賓客，眼看他樓塌了。這青苔碧

---

126 王季思等合註，《桃花扇》，頁261-262。
127 同上，頁258-259。

瓦堆，俺曾睡風流覺，將五十年興亡看飽。那烏衣巷不姓王，莫愁湖
鬼夜哭，鳳凰臺棲梟鳥。殘山夢最眞，舊境丟難掉，不信這輿圖換
稿。謅一套哀江南，放悲聲唱到老。[128]

　　〈哀江南〉一曲中最後的這一段文字，傳頌千古，廣爲後人所知，被視爲
人生起伏、興亡無常的典型性描敘，但我們如果將蘇崑生的前後文字合而觀
之，可以看出在朝代興亡的宏大意象之後，還層層掩映著對金陵、秦淮、青
谿、舊院、長橋等特殊時空景物的追憶和感慨。前文中提到孔尚任在創作《桃
花扇》一劇時，曾借助《板橋雜記》的許多記載，我們將蘇崑生此處重返南京
的描述和余懷《板橋雜記》的序文和相關記敘相對照，不難看出其中的關連：
「鼎革以來，時移物換。十年舊夢，依約揚州；一片歡場，鞠爲茂草。紅牙碧
串，妙舞輕歌[129]，不可得而聞也。……間亦過之，蒿藜滿眼，樓館劫灰，美人
塵土。盛衰感慨，豈復有過此者乎！」[130]

　　「長橋已無片板，舊院剩了一堆瓦礫」，固然可以說明余懷等人無以過此
的「盛衰感慨」，曾在秦淮水樹穿梭流連的各色人等的際遇，更足以見證時代
斷裂的刻痕。在孔尚任筆下雙雙入道棲眞的侯方域、李香君，在現實生活中的
歸宿，就完全無法和另一段背景相彷彿的少年名士／秦淮佳麗冒辟疆、董小宛
相提並論。

　　侯方域在南京停留的時間雖然短暫，但以二十多歲的少年，過的卻是奢靡
縱欲、狂放不羈的生活：「方域美才而豪，不耐寂寞，又解音律，在金陵日，
每侑酒必佐以紅裙。」[131]「朝宗嘗游金陵，挈其橐數千金，寓居桃葉渡上，日
夜招故人善酒者，挾妓彈琵琶縱飲，所治盤饌甚盛，費輒不貲。有膳夫忭意，

128　王季思等合註，《桃花扇》，頁259-260。袁世碩認爲〈哀江南〉一曲非孔尚任
　　　的原作，而是根據徐旭旦的《舊院有感》改寫而成。徐旭旦於康熙十八年(1679)
　　　舉博學鴻儒科，康熙二十六年至二十八年間，曾與孔尚任共事河署。不過袁所提
　　　出的論據並不夠充分，姑存其說。見袁世碩，《孔尚任年譜》(1962年，山東人
　　　民出版社版)，頁67、121-126。

129　《艷史叢鈔》本作「清歌」，頁12。

130　劉如溪點評，《板橋雜記》，〈原序〉，頁1-2。

131　謝桂榮、吳玲，《侯方域年譜》，頁588。

急叱出攦殺之，投其屍秦淮水中。是時，侯氏勢方張，見者皆咋舌不敢問，朝宗之任俠使氣皆此類也。」[132]1644年9月，侯方域一度潛入南京，正當阮大鋮大肆逮捕復社党人之際。吳應箕因爲某錦衣衛事先通報，逃離南京，陳貞慧則不幸被捕，因爲侯方域的上下打點，而得以釋回[133]。侯自身也在緹騎四出搜索時，潛匿夾牆中，逃過一劫[134]。此後，方域投身史可法幕中，至1645年，見事不可爲而逃離揚州[135]。這年年底，二十八歲的侯方域隱居故里，大部分的時間跟隨父親侯恂住在離河南商邱城南十里之遙的南園。順治八年(1651)一度被迫應鄉試，中副榜[136]。三年後，以病亡故，年僅三十七[137]。

侯方域出身貴冑，負高才重望，任俠使氣，「遇人不肯平面視」[138]。順治二年(1645)冬退隱故里後，原本尚有徐圖再舉的打算，但在江南復社文人組織的反清活動一一失敗後，與復社故友相約，終身歸隱，不再出仕[139]。在南園茅屋亭亭間，過著如野人、處士一般的生活[140]。相較於當年在金陵選妓征歌、殺人

---

132 汪琬，〈題壯悔堂文集〉，收於何法周主編，王樹林校箋，《侯方域集校箋》，上，頁627。

133 根據侯方域自己的記載，陳定生被捕後，侯出錢透過陳的好友錢禧代爲活動，自己則求援於在弘光朝先後任職戶部右侍郎及兵部尚書的練國事：「忽一日，緹校捕定生去，余倉皇出兼金付錢君禧代請間，而爲求援于練司馬公，定生得免。」侯方域，〈贈陳郎序〉，收於何法周主編，王樹林校箋，《侯方域集校箋》，上，頁98，並參見頁16。

134 謝桂榮、吳玲，《侯方域年譜》，頁596-597。

135 同上，頁599。

136 《侯方域集校箋》一書的編校者，對侯方域被迫應鄉試的經過，有較多的著墨，基本立場和陳寅恪一樣，都認爲侯恂堅拒新朝的徵詔，再加上方域自身的豪橫，得罪當道，欲以治罪，在致仕返鄉的業師大學士宋權的調停下，以方域應舉作爲有司停止究責的交換條件。見何法周主編，王樹林校箋，《侯方域集校箋》，上，〈前言〉，頁5-6；謝桂榮、吳玲，《侯方域年譜》，頁607。

137 謝桂榮、吳玲，《侯方域年譜》，頁614-615。

138 參見宋犖，〈侯朝宗傳〉；田蘭芳，〈侯朝宗先生傳〉，俱收於何法周主編，王樹林校箋，《侯方域集校箋》，上，頁559-561。

139 何法周主編，王樹林校箋，《侯方域集校箋》，上，〈前言〉，頁4。

140 侯恂在《南園記》中，特別強調要摒棄一切繁華富麗，過著心遠地偏的隱居生活：「園去城十里而遙，無所因襲，平地創修，絕去雕甍、朱檻一切繁華富麗之相，故茅屋亭亭，如野人居，如處士家。心遠地偏，寰中而有物外之況。」見謝桂榮、吳玲，《侯方域年譜》，頁602。

於市，不可一世的風流行徑，侯方域退隱後潛心古文，致力著述的鄉居生活，和《桃花扇》中入道、棲眞的精神，倒相去不遠：「[高]杰遇害，……。公子乃子身歸奉司徒公，伏處鄉園，苦無聊宅僚，惟日與二三同志，修復舊社，痛飲悲歌，以寓其牢騷不平之志焉。暇即肆力于詩、古文。自編《四憶堂詩》、《壯悔堂文》二集，各若干首。」[141]

順治二年(1645)秋天，侯方域返鄉前，曾在南京等地漫遊[142]。其後九年內，大抵居鄉不出。順治九年秋天，方域爲踐前約，應陳貞慧之邀，在明亡後首度重訪江南，這也是他最後一次南遊。首途南京，短暫停留：「嘗晨起跨一蹇驢，訪問故舊，無一遇者，盡日而歸，吞聲止于廢寺。」[143]侯此時的感慨，大概完全不下於《桃花扇》終曲中，重訪金陵，在傷心之餘編出〈哀江南〉一曲的蘇崑生。十月，侯順運河而下，過無錫，抵宜興，與當年同患難、共逸樂的陳貞慧重逢。故舊凋零，江山遺恨，侯的言語中也充滿了死生之歎，讓人無法不與他來日無多的死期聯想在一起：

> 嗚呼！人生可惜，凡所謂百年者，皆妄也。或以兵死，或以水火死，或以盜賊死，或以患難死；即幸無是數者，而昔賢所謂七日不汗，亦能死人。然則人生壯且盛者，不過三四十年耳，而余與定生忽忽已過其半，豈不痛哉！顧向時欲殺吾兩人者安在？而吾兩人猶各留面目相

---

141 胡介祉，〈侯朝宗公子傳〉，收於何法周主編，王樹林校箋，《侯方域集校箋》，上，頁563。田蘭芳的〈侯朝宗先生傳〉，也提到侯歸隱後，日與一二老儒，討論文章性道之旨，痛悔前非的轉變：「天兵渡江，始歸田里，與一二老儒，討論文章性道之指，所得往往益深，其散見于篇中，皆歷歷可考也。蓋痛懲少年果銳浮華，無所用，漸欲反身切治，以要其歸，未幾卒。」頁561。徐作肅的〈壯悔堂文集序〉中也提到侯方域晚年轉向古文，大毀曩時「整麗之作」的轉變：「侯子十年前，嘗出爲整麗之作，而近乃大毀其向文，求所爲韓、柳、歐、蘇、曾、王諸公以幾于司馬遷者。」見《侯方域集校箋》，上，頁618。根據何法周、王樹林的考證，侯方域告別「六朝選體」，大毀往昔「整麗之作」的轉變，大體上在順治六、七年左右。這個轉變反映了侯在人生和思想上的重大轉折，時間上正好是復社文人抗清活動大抵失敗，侯方域決心退隱之後。見《侯方域集校箋》，上，頁4。

142 謝桂榮、吳玲，《侯方域年譜》，頁601。

143 同上，頁609。

見，不可謂不幸也。[144]

侯方域和陳貞慧兩人逃過阮大鋮在順治元年(1644)的追殺，八年後再度聚首於江南，衡諸同時友人的際遇，自可謂不幸中的大幸，但方域對著一個年僅十歲的後生小子[145]大談死亡之道，實在有違常理。唯一的解釋是當日亂離、喪亡的經驗深刻而強烈，在與故人重逢之際，這些強烈的感覺又被召喚出來，流散不可抑遏。

爲了迎接侯方域的到訪，貞慧、其年父子及宜興名賢，傾巢而出，「釀酒爲會以觴之」。詩酒酬唱的場景，讓侯方域想起十五年前，崇禎十二年(1639)，和方以智等人同一性質的聚會，美酒依舊，故人卻已紛紛零落：

> 回憶己卯寓金陵，其時桐城方檢討曾爲燕集，徵召同人，今乃再見此舉，且十五年矣！檢討之零落，殆不可問。而一時同事者，若吳貴池之蹈刃而死，李華亭之齎志以歿，梅金吾栖遲于蘭若，張修撰歸逸于海上，風飄煙散，略已如斯，而江山之恨，禾黍之悲，從可識矣！嗚呼！夫美酒十千，述詩見志，更唱予焉和汝，以留連而寫物，此皆生逢太平安樂無事者之所爲也。諸君乃能于兵燹之後，收拾點綴，余又適幸與其間。醉顏欲酡，木葉微脫，豈復知此身在異鄉哉！[146]

---

144 侯方域，〈贈陳郎序〉，頁98-99。

145 文中的陳郎陳宗石，是陳貞慧第三子。八年前，宗石二歲時，侯方域爲逃避阮大鋮的緹騎追捕，避居宜興陳家，旋爲官府逮捕。陳貞慧送至舟中，請方域將幼女嫁予宗石。方域妻與陳夫人置杯酒訂婚約而去。侯方域，〈贈陳郎序〉，頁99。方域在八年後再一次看見已經十歲的幼婿，欣喜之餘，又想起當日兩家締結姻緣的背景和阮大鋮緹騎四出，欲置二人於死地的過往。

146 侯方域，〈陽羨燕集序〉，收入何法周主編，王樹林校箋，《侯方域集校箋》，上，頁93-94。吳應箕在南都失守後，起兵抗清，敗走山中，被獲，慷慨就死，見《明史》(台北：臺灣中華書局，1971)，卷277，頁6。李華亭即李雯，字舒章，爲諸生。父逢甲，曾官工部尚書，遭誣譎戍，李雯匍匐走京師，訟其冤。清定鼎後，大臣憐其孝，且知其才，荐授弘文院中書，丙子以父喪歸葬，事竣還朝卒。梅金吾即梅之熉，生於世卿之家，百萬一擲。明亡國後，舍妻子，削髮爲僧，佛號橘木。張修撰即張煌言。見何法周主編，王樹林校箋，《侯方域集校箋》，上，頁46、95。

　　當年在金陵「馳騖于詩酒聲色之場」[147]，如今卻認爲詩酒酬唱「皆生逢
太平安樂無事者之所爲也」。酒酣耳熱之際，想起了「江山之恨」「禾黍之
悲」，乃正色告友人曰：「然則新亭之泣，蓋終愈于〈子夜〉之歌也！嗚呼！
今之江左，視昔日又何如？諸君而繹余言，其尙亦當吟而輟，當醉而醒也
哉！」[148]「然則新亭之泣，蓋終愈于〈子夜〉之歌」的警語，出自昔日「日夜
招故人善酒者，挾妓彈琵琶縱飲，所治盤饌甚盛」[149]的侯方域口中，清楚地說
明了在這些人心中，逸樂已然斷裂，江山唯餘遺恨。

　　關於李香君在明亡後的際遇，記載不多。侯方域〈李姬傳〉雖然交待了二
人的交往過程，突顯香君過人的識見與情操，卻不及香君終曲後的下落。根據
這篇文章，侯是在崇禎十二年(1639)至南京應試時，透過復社領袖張溥、幾社
名士夏允彝及與李貞麗相交的陳貞慧等人的介紹，認識李香君。未及，方域下
第，香君爲之置酒桃葉渡，歌〈琵琶詞〉以送之，期勉之餘，兼寄離情和終始
之志：

> 公子才名文藻，雅不減中郎。中郎學不補行，今〈琵琶〉所傳詞固
> 妄，然嘗昵董卓，不可掩也。公子豪邁不羈，又失意，此去相見未可
> 期，願終自愛，無忘妾所歌〈琵琶詞〉也！妾亦不復歌矣！[150]

　　蔡邕才名當世，但因趨附董卓，官拜左中郎將，爲後人所恥。香君以此故
事寄語侯郎，並反覆致意，「願終自愛」，顯然是從前此方域幾爲大鋮所用，
而終爲自己勸阻的經驗中[151]，對侯在個性上的弱點，有深切的了解。奈何方域

147　胡介祉，〈侯朝宗公子傳〉，頁562。

148　侯方域，〈陽羨燕集序〉，頁94。〈子夜〉之歌，樂曲名，《樂府題解》中說：
　　「後人更爲四時行樂之詞，謂之〈子夜四時歌〉」，描述的多半是男女愛情、悲
　　歡離合，四時行樂之事，見何法周主編，王樹林的校箋，《侯方域集校箋》，
　　上，頁96。

149　見前引汪琬，〈題壯悔堂文集〉，頁627。

150　侯方域，〈李姬傳〉，頁262-263。

151　侯方域在〈李姬傳〉中，對這一段故事有極生動的描述：「初，皖人阮大鋮
　　者，……爲清議所斥，陽羨陳貞慧、貴池吳應箕實首其事，持之力。大鋮不得
　　已，欲侯生爲解之，乃假所善王將軍，日載酒食與侯生游。姬曰：『王將軍貧，

其後終因出處不慎，而為世所譏。香君十三歲起從蘇崑生受《玉茗堂四夢》，皆能盡其音節，「尤工〈琵琶詞〉，然不輕發也！」[152]與侯方域桃葉餞別後，「不復歌矣」，代表了香君的秦淮歲月，在此刻已隨著愛人的離去，戛然終曲。

方域在〈李姬傳〉的末尾說道：「侯生去後，而故開府田仰者，以金三百鐶邀姬一見，姬固卻之。開府慚且怒，且有以中傷姬。姬歎曰：田公寧異於阮公乎！吾向之所贊於侯公子者謂何，今乃利其金而赴之，是妾賣公子矣！卒不往。」[153]田仰是馬士英的親戚，弘光朝時出任淮陽巡撫。三百金納妾一事為李香君拒斥後，田仰認為是侯方域從中教唆，乃修書斥責，侯因此寫了一封〈答田中丞書〉，對田仰嘲諷有加。根據此文的記敘，香君卻田仰三百金一事，發生在二人分別後半年左右，並曾讓方域嘆異不已[154]。這也是我們目前所知，侯方域與李香君的短暫情緣中，最後一段插曲。

在《桃花扇》一劇中，田仰輸金三百，欲迎娶李香君為妾的故事敷衍出十七齣「拒媒」、二十二齣「守樓」的劇情，最後香君以倒地撞頭，血濺詩扇保住貞節，而由假母李貞麗李代桃僵，嫁于田仰，解決了各人的難題。濺了幾點血痕的扇面，紅艷非常，在楊龍友的枝葉裝點後，成了全劇關鍵劇情所繫的桃花扇。不過除了《桃花扇》一劇外，〈李姬傳〉和《板橋雜記》等相關記載中，到田仰輸金，香君以「妾不敢負侯公子也！」[155]辭謝後，即不知所終。《秦淮八艷圖詠》是唯一一種提及香君下落的著作：「福王即位南都，　索歌妓。香被選入宮。南都亡，隻身逃出，後依卜玉京以終。」[156]而且文中還進一

（續）─────────────────

　　非結客者，公子盍叩之？』侯生三問，將軍乃屏人述大鋮意。姬私語侯生曰：
　　『妾少從假母識陽羨君，其人有高義；聞吳君尤錚錚。今皆與公子善，奈何以阮
　　公負至交乎？且以公子之世望，安事阮公！公子讀萬卷書，所見豈後於賤妾
　　耶？』」頁262。

152　侯方域，〈李姬傳〉，頁262。

153　何法周主編本，漏一「姬」字，此處據侯必昌、侯訒校，賈開宗等評點，《壯悔
　　堂文集》（東京：汲古書店，1978），頁106。

154　侯方域，〈答田中丞書〉，收入何法周主編，王樹林校箋，《侯方域集校箋》，
　　上，頁112-113。

155　劉如溪點評，《板橋雜記》，頁112。

156　張景祈撰，葉衍蘭繪，《秦淮八艷圖詠》（清光緒十八年刊本），收於郭磐、廖東
　　編，《中國歷代人物像傳》，第4冊（濟南：齊魯書社，2002），頁3229-3230。

步提及香君覓人將染血的桃花扇送給侯方域，方域有感香君恩情而寫了〈李姬傳〉一文[157]。這段記敘和《桃花扇》的情節相彷彿，由於《秦淮八艷圖詠》出版於光緒十八年(1892)，年代甚晚，極可能取材自《桃花扇》。此處無法證實，只能聊備參考。

卞玉京知書善畫，後出家爲道士，自號玉京道人。明末爲妓時，和名詩人吳偉業一見鍾情，欲以身許，爲吳婉拒[158]。晚年歸居蘇州，依良醫鄭保御，築別館以居，長齋繡佛，持戒律甚嚴[159]。《桃花扇》中，侯李二人初次相遇，就是在卞玉京的煖翠樓中。李香君出宮後，隨同蘇崑生四出尋找音訊杳無的侯方域，最後也棲止在卞玉京主持的道觀葆眞庵中。《秦淮八艷圖詠》中說香君依卞玉京以終，就《桃花扇》中二人的關係而言，可說是合理的安排，可惜在吳梅村的卞玉京傳和其他資料中都無法得到佐證。

香君對方域用情至深，爲之懸歌守節，卻終不能締結姻緣，和顧媚、董小宛及柳如是等人相比，歸宿實不完美。但和余懷筆下的一些名妓相比，李香君的下落不明，也未始不是一個差強人意的結局。侯方域在〈贈陳郎序〉一文中的感慨：「嗚呼！人生可惜，凡所謂百年者，皆妄也。或以兵死，或以水火死，或以盜賊死，或以患難死。」[160]泰半是由親朋故舊的現實際遇而起。但事實上，名妓的慘烈收場，卻往往不下於文人名士。其中，又以被余懷和方以智的好友孫克咸相中的葛嫩與珠市名妓王月，下場最爲凄慘。

「異常妖冶、名動公卿」的王月，先與孫克咸交往，孫昵之，「擁致棲霞山下雪洞中，經月不出。」[161]後欲置爲側室，卻爲安廬兵備道蔡香君(如蘅)所奪。孫悒悒不歡，後經李十娘介紹，與曲中名姬葛嫩晤面，相見伊始，克咸曰：「此溫柔鄉也，吾老是鄉矣！」是夕定情，一月不出，卒納之爲妾。甲申之變後，克咸移家松江一帶，並受命入閩，爲監軍副使，授監中丞楊文驄軍

---

157 郭磬、廖東編，《中國歷代人物像傳》，第4冊，頁3230。

158 吳偉業，〈過錦樹林玉京道人墓并序〉一文中，描述了卞玉京的一生及兩人的交往過程，見《梅村集》，《文淵閣四庫全書》，第1312冊(台北：臺灣商務印書館)，卷6，頁62。

159 劉如溪點評，《板橋雜記》，頁51。

160 何法周主編，王樹林校箋，《侯方域集校箋》，上，頁98。

161 劉如溪點評，《板橋雜記》，頁75。

事。二人俱在浙江衢州的抗清之役中敗陣。孫克咸兵敗被執，葛嫩亦一併受縛，主將欲犯之，「嫩大罵，嚼舌碎，含血噴其面。將手刃之。」克咸見嫩抗節死，乃大笑曰：「孫三今日登仙矣！」亦被殺。楊龍友父子三人同日殉難[162]。

王月同樣死於戰亂中，下場卻更為不堪。蔡香君在重金賄王月之父，奪月以歸後，就任安廬兵備道，攜月赴任，寵愛有加。崇禎十五年(1642)五月，張獻忠破廬州府，知府鄭履祥死節，蔡如蘅被擒，「搜其家，得月，留營中，寵壓一寨。」其後，王月偶以事忤獻忠，「斷其頭，蒸置于盤，以享群賊。」[163]這位在張岱筆下「曲中上下三十年決無其比」的一代名妓，以如此淒慘的形象終局，為「秦淮一里盈盈水」的斷裂，作了最無情的註腳。

僥倖度過大亂而又有跡可尋者，在歷經戰亂、感情的波折和時間的摧殘後，人生也往往變得不堪聞問。錢謙益、吳梅村曾分別賦詩題詠的寇湄，在明亡前後的際遇就極具戲劇性。寇湄，字白門，南院教坊中女。十八、九歲時，為朱保國公娶為姬：「時令甲士五十，俱執絳紗燈，照耀如同白晝。」[164]風光一時。甲申年(1644)，京師陷，「保國公生降，家口沒入官。」[165]歌妓也次第賣人。寇白門自忖在遣售名單中，乃主動說服保國公允許她重返南中一月，以所得萬金贖身：「一日謂朱曰：『公若賣妾，計所得不過數百金，徒令妾死沙吒利之手。且妾固未暇即死，尚能持我公陰事。不若使妾南歸，一月之間，當得萬金以報公。』度無可奈何，縱之歸，越一月，果得萬金。」[166]余懷對寇白門贖身的價格有不同記載，卻對她的晚景淒涼，多所著墨：「白門以千金予保國贖身，跳匹馬、短衣，從一婢南歸。歸為女俠，築園亭，結賓客，日與文人騷客相往還。酒酣以往，或歌或哭，亦自歎美人之遲暮，嗟紅豆之飄零也。既從揚州某孝廉，不得志，復還金陵。老矣，猶日與諸少年伍。」[167]病中發現寵幸

---

162 劉如溪點評，《板橋雜記》，頁35、36。

163 同上，頁76。

164 陳維崧，《婦人集》(台北：藝文印書館，1967)，頁3a。

165 劉如溪點評，《板橋雜記》，頁79。

166 陳維崧，《婦人集》，頁3a-3b。

167 劉如溪點評，《板橋雜記》，頁79-80。毛奇齡的〈寄寇白門〉一詩，提到寇湄嫁至揚州的往事：「莫愁艇子載琵琶，慢向青溪摘藕花，舊日侯門君記否？廣陵城下邵平家。」徐釚撰，《續本事詩》，《本事詩‧續本事詩‧本事詞》，頁353。

的少年韓生背叛自己，與婢女私通，「奮身起喚婢，自箠數十，咄咄罵韓生負心禽獸行，欲嚙其肉。病逾劇，醫藥罔效，遂以死。」[168]

寇白門在明亡後重返金陵，雖然豪情依舊，卻頗有時不我予之感，吳梅村在《贈寇白門》詩序中說：「秦淮相遇，殊有淪落之感。」[169]一語道破這位被迫重作馮婦者的際遇。美人遲暮，卻依然貪戀聲色，終至身殉，倒頗有幾分壯志未酬的意味，也難怪會引起錢謙益的感慨，希望有返魂之香，來重續這位行徑豪邁的女子的未竟之志：「叢殘紅粉念君恩，女俠誰知寇白門？黃土蓋棺心未死，香丸一縷是芳魂。」[170]

和寇湄一樣性格豪邁，當年以「俠妓」之名，「聲于莫愁、桃葉間」的李大娘，晚年的遇合，也同樣令人一掬同情之淚。又名小大的李大娘曾嫁給一位「後房麗姝甚眾」的新安鉅富吳天行，生活鬱鬱不樂。施計與舊日情人胥生取得聯繫，儘以金銀相託，並在天行死後，與胥生結為夫婦。胥生本貧士，得吳氏資，漸殷富，「與大娘飲酒食肉相娛樂，教女娃數人歌舞。」其後胥生樂極而卒，垂垂老矣的李大娘流落市肆之中，靠教授女娃歌舞為生。余懷與她見面時，雖已徐娘半老，猶有風情，「話念舊遊，潸然出涕，真如華清宮女說開元、天寶遺事也。」余懷以杜牧當年在洛陽城重逢歌女張好好的詩句：「朋遊今在否，落拓更能無。門館慟哭後，水雲秋景初。斜日掛衰柳，涼風生座隅。洒盡滿襟淚，短歌聊一書。」題於素扇之上，送給李大娘：「大娘捧扇而泣，或據床以哦，哀動鄰壁。」[171]

從余懷的記敘，「大娘老矣，流落闤闠」，以教曲為生，可以看得出來，李大娘的晚景頗為淒涼。但這顯然不是她入清後惟一的歸宿。錢謙益在順治十三、四年間（1656、1657），在秦淮水亭和李大娘重逢時，雖然依稀記得她昔日如水橫流的目光：「旗亭宮柳鎖朱扉，官燭膏殘別我歸。今日逢君重記取，橫

168　劉如溪點評，《板橋雜記》，頁80。

169　吳偉業，《贈寇白門》，收入《梅村集》，卷17，頁177。

170　錢謙益，《牧齋有學集》，〈金陵雜題絕句二十五首繼乙未春留題之作〉，收於錢曾箋注，錢仲聯標校，《錢牧齋全集》，第4冊，頁417。原書的箋注中引用任昉，《述異記》中關於返魂樹、返生香的記載，標明「香丸」一典的意涵（頁418）。錢謙益此詩寫於順治十三、四年（1656-1657）年間。

171　劉如溪點評，《板橋雜記》，頁37-38。

波光在舊羅衣」，佳人卻已改作道士裝扮，法號「淨華」：「不裹宮粧不女冠，相逢只作道人看。水亭十月秦淮上，作意西風打面寒。」錢的詩作中除了不勝唏噓之歎：「分明十四年來夢，是夢如何不斷腸」，「如今老去翻惆悵，重對殘釘說往年」，就是反覆出現的宗教意像[172]。歷經滄桑的李大娘，和卞玉京一樣，在經文中找到了絲竹管絃、置酒高會所無法提供的安慰。

在這些秦淮名妓中，余懷與李十娘的來往最爲密切，「每有同人詩文之會，必主其家。」十娘有兒女曰媚姊，余懷心愛之。崇禎十五年(1642)，余懷應秋闈，李媚每日以銅錢卜問前程。發榜後，余懷不幸落第，憤鬱成疾，避走棲霞山寺中，經年不相聞。鼎革後，余懷聽說泰州刺史陳澹仙娶了一位李姓姬妾，披幃相見，才知道是秦淮舊愛李媚，「各黯然掩袂」。從兩人的交談中，我們知道李十娘雖然仍住在秦淮水閣，但已退隱從良，而昔日園林精舍，則盡爲煙塵：「問其家，曰：已廢爲菜圃。問：老梅與梧、竹無恙乎？曰：已摧爲薪矣。」[173]這些描述，爲蘇崑生的〈哀江南〉和余懷「一片歡場，鞠爲茂草」的感慨提供了第一手的佐證。

明末舊院的風流聲歌，在臻於極致之際，驟然斷裂，讓它不僅在那些躬逢其盛的亂世遺民心中留下永難磨滅的印記，連生長在新朝的文人墨客，也爲之太息不已。周亮工之子周在浚，曾久居金陵，在〈金陵古跡詩〉中，就特別描述了舊院在清初的殘破景況：「風流南曲已煙銷，剩得西風長板橋，卻憶玉人橋上坐，月明相對報吹簫。(舊院有長板橋爲最勝，今院址爲菜圃，獨板橋尚存。)」[174]這樣的記述，和孔尚任及余懷的追憶文字如出一轍，都反映了舊院景致的強烈落差。

除了文人、名妓，那些曾經協力構築出秦淮幻景的縉紳、藝人，在明亡後，人生也往往經歷了戲劇性的轉變。在冶城道院中請客看花的徐青君是最突出的例子。根據余懷的記述，徐青君在弘光朝中封爲中府都督，「前驅班劍，

---

172 錢謙益，〈秦淮水亭逢舊校書賦贈十二首(女道士淨華)〉。本詩原收於《牧齋有學集》，在《錢牧齋全集》的總目次中，題爲〈贈小李大十二首〉，恐誤，應爲〈贈李小大十二首〉。錢曾箋注，錢仲聯標校，《錢牧齋全集》，第4冊，頁402-406。

173 劉如溪點評，《板橋雜記》，頁30-31。

174 周在浚，〈金陵古跡詩〉，頁394。

呵導入朝」，榮顯一時。但在順治二年（1645），卻被削官沒籍，失去了所有的
財產、房舍和姬妾，孑然一身，流落街頭，與傭、丐爲伍，以爲人代杖爲生：
「一日，與當刑人約定杖數，計償若干。受刑時，其數過倍，青君大呼曰：
『我徐青君也。』兵憲林公駭，問左右，左右有哀王孫者，跪而對曰：『此魏
國公之公子徐青君也，窮苦爲人代杖。其堂乃其家廳，不覺傷心呼號耳。』」
江寧道林天擎查明眞相後，將徐原有的園林發還，靠販賣花石、柱礎爲生[175]。

　　徐青君承繼自先祖的東花園座落在長板橋前，原本就是金陵勝跡，再加上
他的豪奢行徑和傳奇性的遭遇，遂成就其令名，成爲戲曲和文人記敘中，見證
南朝興亡的標的之一。周在浚在悼念金陵的組詩中，將東花園的王孫風流和舊
院景物、秦淮燈船與桃葉畫樓相提並論，更進一步說明了中山故園留給後人的
印象有多麼深刻：「春草王孫沒見期，夕陽猶掛柳絲絲。世恩樓上風流事，獨有
春來蝴蝶知。（東花園，園有世恩樓，徐髯仙篆扁，今廢。）」[176]

　　吳梅村在清初路過中山故園，除了描繪其殘破景象：「即事堪心傷，開門
延我坐，破壁低圍牆，都指灌莽中，此即爲南廂。衙舍成丘墟，佃種輸租
糧」，對中山君的遭遇也頗有感慨：「重來訪遺跡，落日唯牛羊，吁嗟中山孫，
志氣胡勿昂。生世苟如此，不如死道傍。惜哉裸體辱，仍在功臣坊。」[177]而從吳
梅村另外兩篇關於女道士卞玉京彈琴歌中的記載，我們可以看出明清易幟，不
僅改變了徐青君的命運，也同樣殃及親人。在〈聽女道士卞玉京彈琴歌〉中，
梅村敘述這位明眸皓齒、嬌艷無雙的中山故女，知音律，善歌舞，一度奉詔選
入內廷，後爲人所妒，被驅遣：「側聽彈琴聲，借問彈者誰。云是當年卞玉
京。玉京與我南中遇，家近大功坊底路，小院青樓大道邊，對門卻是中山住。
中山有女嬌無雙，……知音識曲彈清商。……中山好女光徘徊，一時粉黛無人
顧。豔色知爲天下傳，高門愁被旁人妒。……可憐俱未識君王，軍府抄名被驅
遣。漫詠臨春瓊樹篇，玉顏零落委花鈿。」[178]

　　同樣淪落天涯的卞玉京，對中山故女的遭遇，尤有所感，泫然而歌：「踰

175　劉如溪點評，《板橋雜記》，頁93-94。

176　周在浚，〈金陵古跡詩〉，頁395。

177　吳偉業，〈過南廂園叟感賦〉，收入《梅村集》，卷2，頁15。

178　吳梅村，〈聽女道士卞玉京彈琴歌〉，收入《梅村集》，卷4，頁36-37。

數月，玉京忽至，……嘗著黃衣，作道人裝，……來爲生鼓一再行，泫然曰：「吾在秦淮，見中山故第，有女絕世，名在南內選擇中，未入宮而亂作，軍府以一鞭驅之去，吾儕淪落分也，又復誰怨乎？坐客皆爲出涕。」[179]

舊院中知名的曲師張魁，在甲申之後，也有頗爲起伏的際遇。他先是返回蘇州，被吳中一批搔首弄姿，「以柔曼悅人」的新進少年肆意詆毀，生活陷入困境，事爲合肥尚書龔鼎孳獲悉，念在張魁曾在愛姬顧媚昔日媚樓中出入，厚贈以金，「使往山中販岕茶，得息又厚，家稍稍豐矣。」[180]張魁雖然出身微賤，但在南朝舊院奢靡之風的浸淫下，培養出精緻、挑剔的生活品味，自云相貌低賤，但「茶非惠泉水不可沾唇，飯非四糙冬舂米不可入口，夜非孫春陽家通宵椽燭不可開眼。」[181]一付明末文士的口吻。但揮霍無度，很快就坐吃山空，一文不名。六十歲後，以販茶、賣芙蓉露爲業，讓人想到昔日舊院巷陌，提籃唱賣花草的「裙屐少年」。順治七、八年間，余懷游蘇州，寓周氏水閣，「魁猶清晨來插瓶花、爇爐香、洗岕片、拂拭琴几、位置衣桁如曩時。酒酣燭跋時，說青溪舊事，不覺流涕。」順治十四年(1657)，余懷再過金陵，歌臺舞榭已化爲瓦礫之場，破落的長板橋邊，傳來陣陣簫聲。矮屋中，一老嫗啓戶出曰：「此張魁官簫聲也。」「爲嗚咽久之。又數年，卒以窮死。」[182]

在《桃花扇》中扮演起承轉合、聯繫引導等重要功能的柳敬亭、蘇崑生，在現實生活中，除了出入公卿府第，以評話、度曲聞名於南曲，並且都曾客於左良玉幕中，備受禮遇：「左寧南駐武昌，柳以談，蘇以歌，爲幸舍重客。」[183]弘光元年(按：即順治二年，1645)四月，左良玉率師東下，病死九江[184]。蘇、柳這兩位在明末江南佔有奇特位置的民間藝人，從此也和以士紳爲主體的明遺民一樣，選擇用回憶來填塞劫後的餘生。

---

179 吳梅村，〈過錦樹林玉京道人墓并傳〉，收入《梅村集》，卷6，頁62。

180 劉如溪點評，《板橋雜記》，頁89。

181 同上。關於惠良水在明末江南飲茶者心目中的地位，從張岱的〈禊泉〉、〈閔老子茶〉二文的記敍，可窺知一二，《陶庵夢憶》，頁21、24-25。

182 劉如溪點評，《板橋雜記》，頁89-90。

183 吳梅村，〈楚兩生行并序〉，收入《梅村集》，卷5，頁48。

184 梁啓超在《桃花扇註》第十九齣「撫兵」的註文中，詳列了左良玉生平的重要事蹟，頁141-142。

　　根據吳梅村爲蘇崑生寫的小傳，「寧南沒於九江舟中，百萬眾皆奔潰。柳已先期東下，蘇生痛哭削髮入九華山。久之出，從武林汪然明。」[185]孔尚任在〈桃花扇考據〉中詳列他寫作時曾經參考的資料，在吳梅村的部分，除了〈聽女道士卞玉京彈琴歌〉和〈柳敬亭傳〉等之外，還包括這篇〈楚兩生行并序〉[186]。劇中蘇崑生陪同侯、李二人棲霞山中修道的情節，和「蘇生痛哭，削髮入九華山」的記載，不無關聯。汪然明流亡到蘇州，崑生相隨而行。吳中以音歌名海內，但卻都是些「嘽緩柔曼」的新聲，和蘇崑生的風格、心情落落不合。一日，蘇往訪梅村，請爲立傳：「吾浪跡三十年，爲通侯所知，今失路憔悴，而來過此，惟願公一言與柳生並傳，足矣！」[187]

　　曾先後爲文，悼念秦淮名妓卞玉京、寇白門的吳梅村，不負所託，將蘇崑生曲終人散的亂離之感，描寫得入木三分：

> 將軍已沒時世換，絕調空隨流水聲。……痛哭長因感舊恩，詼嘲尚足陪年少，途窮重走伏波軍，短衣縛袴非吾好。抵掌聊分幕府金，褰裳自把江村釣。一生嚼徵與含商，笑殺江南古調亡。……最是大堤西去曲，累人腸斷杜當陽。憶昔將軍正全盛，江樓高會誇名勝。生來索酒便長歌，中天明月軍聲靜。將軍聽罷據胡床，撫髀百戰今衰病。一朝身死豎降旛，貔貅散盡無橫陣。祁連高塚泣西風，射堂賓客嗟蓬鬢。羈棲孤館伴斜曛，野哭天邊幾處聞。草滿獨尋江令宅，花開閒弔杜秋墳。[188]

　　除了慷慨撰文，讓蘇崑生昔日「爲通侯所知」的聲名和其後「失路憔悴」的際遇，不致因興圖換稿而湮沒不彰，吳梅村還在康熙六年（1667），兩度修書冒辟疆，希望他能接待這位接續魏良輔遺響，「於聲音一道，得其精微」的崑

---

185 吳梅村，〈楚兩生行并序〉，頁48。
186 王季思等合註，《桃花扇》，頁19。
187 吳梅村，〈楚兩生行并序〉，頁48。
188 同上，頁48。

曲名師。與吳中新聲落落難合的蘇崑生，終於得以一展長技，在遺民川流不息
的水繪園中找到了知音[189]。

柳敬亭的說書技巧，在明末南京，冠絕群倫，即使索價甚昂，聽眾依然絡
繹不絕。在張岱眼中，只有名妓王月的聲勢、地位可以和柳並駕齊驅[190]。由於
在藝術上出神入化的造詣，再加上長期供職於左良玉幕中，和士大夫頗有交
往，所以明亡後，在遺民圈內，仍頗受敬重[191]。不過柳敬亭雖然在某些遺民圈
中仍然受到禮遇，但大體而言，他在明末江南名動公卿的輝煌歲月，早已隨著
左良玉的驟逝江中而一起付諸東流。和蘇崑生一樣，他只能鬱鬱不得志的活在
過去的記憶中：「後入左寧南幕府，出入兵間。寧南亡敗，又游松江馬提督軍
中，鬱鬱不得志。年已八十餘矣，間過余僑寓宜睡軒中，猶說〈秦叔寶見姑
娘〉也。」[192]（圖11）

---

189 參見吳偉業，〈與冒辟疆書〉，《同人集》，卷4，頁164。李孝悌，〈冒辟疆與
水繪園中的遺民世界〉。

190 「南京柳麻子，黧黑，滿面疤瘰，悠悠忽忽，土木形骸。善說書。一日說書一
回，定價一兩。十日前先送書帕下定，常不得空。南京一時有兩行情人，王月
生、柳麻子是也。」「余聽其說〈景陽岡武松打虎〉白文，與本傳大異。其描寫
刻畫，微入毫髮，然又找截乾淨，並不嘮叨。……每至丙夜，拭桌剪燈，素瓷靜
遞，款款言之，其疾徐輕重，吞吐抑揚，入情入理，入筋入骨。摘世上說書之
耳，而使之諦聽，不怕其不齰舌死也。柳麻子貌奇醜，然其口角波俏，眼目流
利，衣服恬靜，直與王月生同其婉變，故其行情正等。」張岱，〈柳敬亭說
書〉，《陶庵夢憶》，頁45。

191 梁啓超在《桃花扇註》中，介紹了柳敬亭的幾項特質和相關的文人傳記：「柳敬
亭以江湖說書技有盛名於明清間，其人在左良玉幕中最久，詼諧而任俠，故士大
夫樂與之游，諸家集中題贈詩詞極多。……皆能寫出其人與其技，其表章最力
者，則吳梅村之柳敬亭傳。黃梨洲亦為作一傳，則頗蔑斥之。」上，頁30。王士
禎曾在金陵聽柳敬亭演出，評價甚差，有可能是因為柳的技藝已大不如前，也有
可能是基於政治立場的考量。但不論如何，從王的文章中，我們可以看出在清遺
民圈中，柳敬亭仍然備受尊重：「左良玉自武昌稱兵東下，破九江、安慶諸屬
邑，殺掠甚於流賊。東林諸公快其以討馬、阮為名，而并譚其作賊。左幕下有柳
敬亭、蘇崑生者，一善說評話，一善度曲。良玉死，二人流寓江南，一二名卿遺
老，左袒良玉者，賦詩張之，且為傳。余曾識柳於金陵，試其技，與市井之瞽
無異，而所至逢迎恐後，預為設几焚香，淪芥片，置壺一、杯一。比至，徑踞右
席，說評話才一段而止，人亦不復強之也。愛及屋上之鳥，憎及儲胥，噫，亦愚
矣！」王士禎，《分甘餘話》（北京：中華書局，1997），卷2，頁52。

192 劉如溪點評，《板橋雜記》，頁99。

在梁啓超的評價中，清初各家題贈柳敬亭的詩詞，「皆能寫出其人與其技」，但「其表章最力」者，則非吳梅村的〈柳敬亭傳〉莫屬[193]。在這篇長文中，吳梅村細敘柳敬亭在左良玉幕中所受到的重視，應該是《桃花扇》中各項相關情節的張本。但在文章結尾處，吳僅以短短數行文字，就終結了柳敬亭在寧南亡故後的漫漫長路：「逮江上之變生，所攜及留軍中者亡散，累千金，再貧困，而意氣自如。……今雖復落，尚足爲生，且有吾技在，寧渠憂貧乎？迺復來吳中，每被酒，嘗爲人說故寧南事，則欷歔灑泣。既在軍中久，其所談益習，而無聊不平之氣，無所用，益發之於書，故晚節尤進云。」[194]

六、結論

太祖建都南京的歷史傳承，讓南京沿續了一定程度的政治色彩；部院等政府建置和太學、貢院等常設性機構，更使得南京成爲南方的政教中心。南方興起的黨社運動最後以金陵作爲主要的舞臺，不是沒有原因的。侯方域在給阮大鋮的信中，說自己長大後求友於金陵：「及僕稍長，知讀書，求友金陵。」[195]就很確切地反映了南京作爲政教中心的吸引力。根據謝國楨的研究，復社舉辦過的三次社員大會，第二次就是在金陵舉行，時當崇禎三年(1630)，是一時盛事。事實上，從前一年定逆案開始，金陵已經漸漸成爲文人、名士雲集的重心：「那時崇禎初立，剛定了逆案，士大夫和老百姓都想望著承平。……東林被難楊、左諸君子的孤兒全都長大了，都到金陵來趕考，還有那些豪華的公子和復社的名士都聚集在金陵。」[196]

名士雲集，讓明亡國前的南京，風雲再現。秦淮河畔的六朝金粉，也再度煥發出斑爛耀眼的色彩。從太祖建都南京，於秦淮建十六座妓樓開始，這些妓

---

193 梁啓超，《桃花扇註》，上，頁30。

194 吳梅村，〈柳敬亭傳〉，收入《梅村集》，卷38，頁397。

195 侯方域，〈癸未去金陵日與阮光祿書〉，見徐植農、趙玉霞注譯，《侯朝宗文選》(濟南：齊魯書社，1988)，頁59。

196 謝國楨，《明清之際黨社運動考》(上海：上海書店，2004年版)，頁111-112，引文見頁118。

　　院的命運就和樓臺的主人一樣，起起伏伏，「或廢或存」[197]。明末政局的演變，不但賦予金陵新的角色，也讓秦淮河獲得新生。舊院風流，一時稱盛，金陵也再次成爲慾望蔓延流動的城市。

　　但這個乍起再現的風流雲湧，卻隨著南明的覆亡，倏忽消逝。《桃花扇》中侯方域、李香君在棲霞山中歸道修眞固與史實不符，卻極具象徵性地宣示了繁華逸樂的一去不回。而在這些逸樂生活中扮演重要角色的名妓、樂師或公卿巨賈，或是及身而亡，或是經歷了個人生命中的巨大波折，更見證了一個時代、一個城市和一條河流的驟然斷裂。

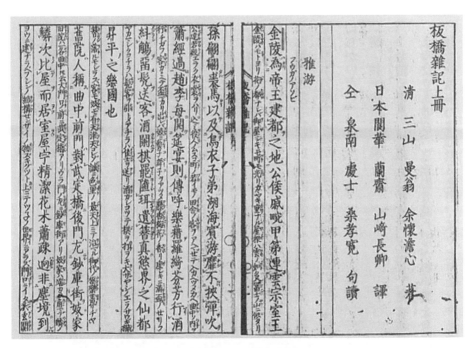

圖1　《板橋雜記》，最早的日文譯本，刊於1772年；大木康，《中國遊里空間——明清秦淮妓女の世界》（東京都：青土社，2002），頁25。

197　余懷，《板橋雜記》，頁11。

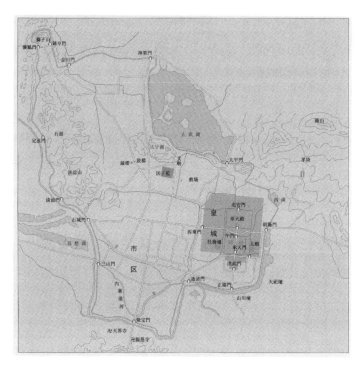

圖2　14世紀的南京市街；世界美術編集部編，《世界美術大全集》東洋篇8明
　　　代（東京都：小學館，1997-2001），頁309。

圖3　莫愁湖圖卷；世界美術編集部編，《世界美術大全集》東洋篇9清代（東
　　　京都：小學館，1997-2001），頁68。

圖4　莫愁湖圖卷；世界美術編集部編，《世界美術大全集》東洋篇9清代（東京都：小學館，1997-2001），頁69。

圖5　山東京傳，《傾城買四十八乎》扉頁插圖；大木康，《中國遊里空間——明清秦淮妓女の世界》，頁25。

圖6　三山街蔡益所書店：大木康，《中國遊里空間——明清秦淮妓女の世
　　　界》，頁111。

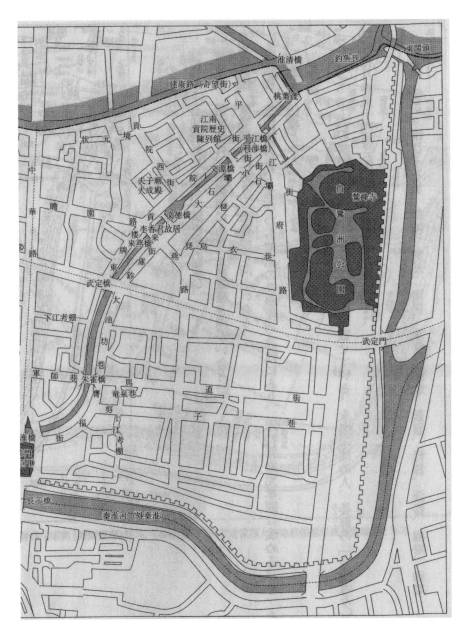

圖7　秦淮地圖：大木康，《中國遊里空間——明清秦淮妓女の世界》，頁
58。

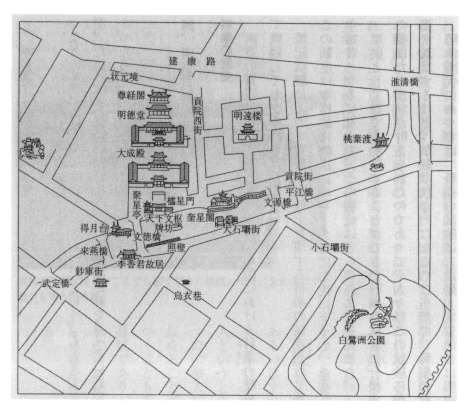

圖8　秦淮夫子廟週邊圖；大木康，《中國遊里空間——明清秦淮妓女の世
　　　界》，頁103。

圖9　〈長橋豔賞〉；明·朱之蕃撰，《金陵圖詠》，明天啟年間(1621-1627)
刊本，傅斯年圖書館善本室。冊一，頁40a。

圖10 〈青溪遊舫〉；明・朱之蕃撰，《金陵圖詠》，冊一，頁31a。

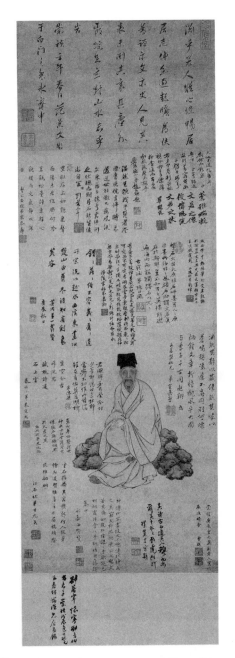

圖11 《柳敬亭小像》：圖軸，曾鯨（台北石頭書屋收藏）。

冒辟疆與水繪園中的遺民世界[*]

　　明亡之後，士大夫面臨了嚴苛的考驗。首先，他們要在生死之間作一個最根本的抉擇[1]，選擇活下來的人，則又面臨了仕清或退隱的難題。從王汎森的研究中，我們知道當時固然有不少士人「快快樂樂地追逐新朝功名」，但也有一批遺民，「因爲亡國而產生反省、追憶、悔恨、捨棄的意識」，因而出現了大量士人不入城、不赴講會、不結社的現象[2]。

　　在明末江南享有盛名的冒辟疆(1611-1693)，明亡時只有三十四歲，卻斷然選擇放棄昔日少年名士、風流貴冑的身份，退隱到江北故鄉的水繪園中，度過半生的遺民生涯。冒襄雖像其他遺民一樣，對明末金陵的聲華和故國的淪喪充滿了追憶、悔恨之情，但和那些採取強烈棄離手段的士大夫不同的是，冒辟疆很快地就在廣闊的水繪園中，構築出一個極園亭聲伎之盛的世外桃源。他一方面利用有限的資財，賑濟鄉里，並多次拒絕清廷的徵詔，忠實地履行儒生的志業；一方面又在水繪園中廣納賓客，縱情於耳目聲色之娛與山水詩文之樂，恢復了明亡後江南的風雅之盛。這種繫聲華、風雅與名節、操守於一身的特色，和那些悲苦卓絕的17世紀遺民相比，確實引人注目[3]。

---

[*]　我要特別謝謝蘇州大學的季進教授惠賜資料，並專程帶我拜訪了水繪園和冒氏故居。

[1]　參見何冠彪，《生與死：明季士大夫的抉擇》(台北：聯經出版公司，1997)。

[2]　王汎森，〈清初士人的悔罪心態與消極行爲──不入城、不赴講會、不結社〉，收入周質平、Willard J. Peterson編，《國史浮海開新錄：余英時教授榮退論文集》(台北：聯經出版公司，2002)，頁405-456，引文見頁406。

[3]　王利民、丁富生、顧啓等人合著的《冒辟疆與董小宛》(北京：中華書局，2004)一書中，專節討論冒襄在明亡後的抗清活動，認爲他頻繁往來於南京、揚州、儀征、泰州、蘇州之間，和明鄭等抗清活動有關，並曾在水繪園中接待多名南明抗清人士。而爲了掩飾自己「參加通海復明活動的行迹」，乃「從事于葯爐經卷之

　　和18世紀以園林之盛著名的袁枚(1716-1798)相比，水繪園中的文人世界和隨園中豐富的文化生活無寧有更多的類同。但袁枚的盛世悠游歲月，卻顯然缺少了亂世遺民所特有的悲憤之情和今昔之感。從這個角度來看，冒辟疆的水繪園似乎可以看成是17世紀明末士大夫文和18世紀盛清時期士大夫文化間的橋樑。在這個亂世桃源中，冒辟疆一方面找到了寄託性命、成就令名的據點；一方面也藉著豐富的士大夫園林生活，在另外一種時空環境中，重演昔日金陵的繁華歲月。

（續）─────────────────────

間，並與道士僧侶往來擺出一派蕭然塵外，離世圖全的生活態度」，頁144-149。吳定中編著的《董小宛匯考》(上海書店，2001)也認為冒襄參與了錢謙益所領導的抗清活動，在前期是對反清志士黃毓祺的協助，在後期則為對鄭成功「奇兵浮海，直指金陵」行動的接應。但吳定中也強調冒的抗清活動出於忌諱，文獻多所缺略，不易稽考。吳並引用冒襄二十世族孫冒廣生(1873-1959)的說法，來說明此點：「巢民徵君國變後，奉先憲副杜門，兩世稱遺老，但知屢瀕門戶之禍，而記載絕無。」頁94-95。由於我並沒有看到冒襄抗清活動的任何新資料，所以在本文中，對這個部分將不予討論。陳寅恪在《柳如是別傳》(北京，三聯書店，2001)(下)，第五章「復明運動」中詳細的考證了順治五年錢謙益因為黃毓祺舉兵案而被逮至南京下獄的經過，以及為了順治十六年鄭成功攻取南都計畫所做的各種籌備。在這個過程中，錢頻頻往來於虞山、金陵之間。金陵的大報恩寺和丁繼之水閣都是錢謙益抗清活動的中心，其中丁氏水閣尤居關鍵位置：「鄙意牧齋所以於丙申(按：即順治十三年)春初由大報恩寺移寓丁氏水閣者，以此水閣位於青溪笛步之間，地址適中，與諸有志復明之文士往來，較大報恩寺為便利。由是言之，丁氏水閣在此際實為準備接應鄭延平攻取南都計畫之活動中心。」頁1098。《冒辟疆與董小宛》一書中提到順治十四年冒襄帶著兩個兒子也居住在丁氏水房，並大會亡友子弟，頁145。不過陳寅恪的考證中，並沒有提到冒襄。王利民等人認為冒襄將水繪園易名為庵，不過是「一種韜晦的姿態、生存的策略」(頁149)，是為了遮掩自己的復明活動，這和陳寅恪對錢謙益各項文化活動的本意的論斷相同：「蓋當日志懷復明諸人，往往託跡方外。──其言與禪侶研討內典，恐不過掩飾之辭。後來牧齋再往金陵，亦嘗棲止於報恩寺，仍是為順治十六年己亥鄭延平大舉攻取南都之準備也。」「牧齋順治十一年至蘇州，陰為復明活動，表面則共諸文士遊宴，徵歌選色，斯不過一種煙幕彈耳。」引文分見《柳如是別傳》(下)，頁1058、1074。我在本文中，將水繪園視為遺民世界的縮影，在第一層意義上，就是要說明冒辟疆藉此對人生的去取、進退作了最根本的抉擇。但卻不能因此而過度引申，認為冒在水繪園中的交游和文化活動，純粹只是一種掩人耳目的煙幕彈。冒襄對精緻生活的享樂和耽溺，和他的情操、志節與儒生行徑一樣，同樣的真實強烈而引人側目。

一、少年風流

明室覆亡，對於冒襄慷慨激昂、名動公卿的前半生，當然是一個無可彌補的巨大斷裂。仕途、舉業和經世濟民的雄心壯志，都因爲冒襄的決意引退而一去不返。水繪園的構築，則讓冒襄在理想、功名的斷裂之外，很快地就在日常生活中，重新建立他和昔日江南以及金陵士大夫文化間的臍帶關係。這樣的悠游歲月，固然使得冒襄在下半生中仍然能充分享受傳統士大夫文化中最精緻、美好的事物，而不致像其他遺民那樣，過著棄絕塵世的貧瘠生活。但在這些美好的現實生活之外，水繪園其實還充滿了冒辟疆對昔日風流歲月和英雄行徑的追憶，從冒自己和友人大量的記敘文字中可以看出，追憶前生，在冒襄的退隱生活中，佔據了重要的位置；林木蓊鬱的水繪園，則是製造回憶的最佳場域。現實生活的美好，顯然並不能彌補巨大的斷裂所造成的虛空，喪失了金陵這個權勢和聲囂構成的舞台之後，冒辟疆只能在幽僻的水繪園中，追憶自己中道崩殂的少年志業，和猝然遠去的城市生活中的風流聲華。而隨著水繪園的日漸凋零、愛姬董小宛的早逝、個人財力的困窘和晚年的幾次劫難，回憶更成爲生活中的重要活動。少年種種，也因而成爲水繪園世界中不可切割的一部份。

冒襄，字辟疆，號巢民，萬曆三十九年(1611)生於揚州府如皋縣，記載中說他「幼有神童之譽」，十三輒能賦詩[4]。乍看之下，這些陳述似乎是一種習見的飾辭。但從當時知名文士的背書和冒的交游，我們卻不難想像他早熟的才華如何贏得眾人的稱譽，以至於在十四歲時，就以詩作見賞於知名的文人／畫家董其昌和陳繼儒，由兩人作序的詩集隨即刊刻印行[5]。崇禎九年(1636)，冒襄參加鄉試，年邁的董其昌爲了表示對愛徒的期待，花了兩個月的時間畫了一幅山水畫：

> 今秋得辟疆冠冕南國，眞足再造文運，覓佳縑作畫，以待高捷爲賀。

4　見冒廣生編，《冒巢民先生年譜》收於《北京圖書館藏珍本年譜叢刊》，第70
　　册，頁379、376。以下簡稱《年譜》。

5　《年譜》，頁378-379。

> 五日一山，十日一水，八十八老人竭兩月經營之力，必有以抒寫生
> 平，足當巨眼，且留作藝林佳話。[6]

董其昌這段動人的真情記敘，正反映出冒辟疆在他心中的分量。

和冒辟疆後來結識的清初詩人王士禎相比，冒在科舉、仕途上的表現，雖然充滿了挫敗，但他在明末文壇所受到的肯定，卻很容易讓人想起王士禎在清初享有的盛名。冒在二十九歲時的自白，應非虛言：「時襄以老泉發憤之年，五困場屋，無能自致於親。謬以虛名，受知當世海內名流，詩文書畫不脛駢集。」[7]但在詩文書畫上的表現，並不是冒襄在明末江南奠立聲名的唯一因素，他痛批時政的儒生風範和慷慨激昂的俠義行逕，再加上風流蘊藉的舉止裝扮，合在一起，才成就了他在明末金陵的貴冑傳奇。

冒辟疆的墓誌銘作者韓菼對冒在明末混亂的政局中所佔有的地位，有很好的概述：

> 故明熹廟時，璫禍大作，黃門北寺之獄興，諸賢相繼逮繫笞掠死，六
> 君子其最著也。而國是淆於上，清議激於下，名流俊彥，雲合風驅，
> 惟義之歸。高自題目，亦如所謂顧廚俊及者。當是時，四公子之名籍
> 甚。四公子者，桐城方密之以智、陽羨陳定生貞慧、歸德侯朝宗方域
> 與先生也。[8]

冒辟疆有感於朝政的混亂，繼東林黨人之後，加入士大夫清議的行列，並因而和方以智等人並入明末四公子之列。這四個人雖然個性不同，但都高自標置，對現實政治有強烈的關懷，因而樹立了卓越的名聲。和冒等人同輩的吳偉業，對冒的個性有如下的描述：

6　《年譜》，頁391-392。《同人集》，收於《四庫全書存目叢書》，集385，（台南：莊嚴文化，1997），卷四，頁135。《同人集》中作「八十二老人」，而非「八十八老人」，見《同人集》，卷4，尺牘，頁135。

7　《年譜》，頁399。

8　韓菼，〈冒潛孝先生墓誌銘〉，此文附於前引《冒巢民先生年譜》之後，頁499。

往者天下多故，江左晏然，一時高門子弟，才地自許者，相遇於南
中，列壇坫立名氏。陽羨陳定生負早歲盛名，與辟疆爲至交，皆貴公
子。定生爲人儀觀偉然，雄懷顧盼。辟疆舉止蘊藉，吐納風流。視之
雖若不同，其好名節，持議論一也。以此深相結，義所不可，抗言排
之，品覈執政，裁量公卿，雖甚強梗，不能有所屈撓。[9]

　　冒辟疆議論時政，不畏強權的作風，在對阮大鋮的攻擊上表現得相當清
楚。阮大鋮於萬曆十五年中進士，熹宗天啓年間，因爲諂事魏忠賢，爲東林士
人所不齒。崇禎二年，魏忠賢一夥被定爲逆黨，阮大鋮被判刑，輸贖爲民，匿
居在南京。由於魏忠賢在天啓年間曾派出緹騎到江南一帶逮捕東林黨人，而引
起江南人民的強烈反抗[10]，阮既列名奄黨，原就是江南士大夫批評的對象。崇
禎十一年(1638)，馬士英被朝廷起用，開始對匿居南京的阮大鋮施以援手。阮
大鋮勢力的復甦，立刻招致包括黃宗羲在內的天啓遺孤和東林子弟的激烈反
應，顧杲、陳定生、吳應箕、侯朝宗等人首倡驅逐阮大鋮的〈南都防亂揭〉，
冒辟疆因爲對吳應箕等人所撰揭文提出修改意見，又列名在一百四十個署名者
當中，被阮大鋮視爲必欲除之的禍首：

子方、次尾、定生、朝宗首倡逐懷寧之公揭，合數十百人鳴鼓而攻，
懷寧即強項，是秋奔竄幾無所容。申酉報復，欲一網打盡其禍首，及
定生、朝宗與余者，謂此揭乃三人左右之也。[11]

9　吳偉業，〈冒辟疆五十壽序〉，《梅村集》，卷26，《景印文淵閣四庫全書》，
　　(台北：臺灣商務印書館)，第1312冊，頁，271。
10　參見楊國楨、陳支平著，《明史新編》(台北：雲龍出版社，1995)，頁455-
　　458，550。
11　《年譜》，頁402-403。錢穆在黃梨洲的傳略中，也對〈南都防亂揭〉的前因後
　　果，有扼要的敘述，中間雖然沒有提到冒辟疆，卻讓我們對冒所身處的時代背景
　　有較清楚地掌握：「崇禎十七年，甲申，北京陷，福王立於南京。先是，戊寅，
　　馬士英起用，欲漸援阮大鋮，宜興陳貞慧、寧國沈壽民、貴池吳應箕諸人，作
　　〈南都防亂揭〉，斥大鋮。東林子弟推無錫顧端文孫杲居首，天啓被難諸家，推
　　公(按：指黃宗羲)居首，餘以次列名。及是，大鋮柄政，遂按揭中一百四十人名
　　氏，欲盡殺之。會清兵至，得免。」錢穆，《中國近三百年學術史》，上冊，

　　崇禎十二年，觀劇罵阮的插曲，更讓冒、阮之間的嫌隙，無法挽回。根據陳定生的遺孤，長期住在水繪園的陳其年的回憶，這一年，二十九歲的冒辟疆，以一種近乎招搖的姿態，來到歌舞昇平、不知大亂之將至的南京：「時先人與冒先生來金陵，飾車騎，通賓客，尤喜與桐城嘉善諸孤兒游，游則必置酒，召歌舞。」[12]

　　阮大鋮精於戲曲創作，《燕子箋》一劇是傳世的佳作。他的家班也是遠近馳名，曾在阮家裡看過阮氏家班演出的張岱，就對之贊頌不已[13]。在南京與東林黨人遺孤交游的冒辟疆，在置酒筵、召歌舞的場合，無巧不成書地觀賞了阮大鋮刻意派遣家班演出的《燕子箋》，而上演了一齣醉罵奸臣的戲中戲：

> 金陵歌舞諸部甲天下，而懷寧歌者為冠，所歌詞皆出其主人。諸先生聞歌者名，漫召之，而懷寧者，素為諸先生詬屬也。日夜欲自贖深念，固未有路耳，則亟命歌者來，而令其老奴率以來。是日，演懷寧所撰燕子箋，而諸先生固醉，醉而且罵，且稱善，懷寧聞之殊恨。[14]

（續）

　　　（台北：臺灣商務印書館，1976），頁22。錢杭等人則對〈南都防亂揭〉的寫作背
　　　景和始末有更詳細的討論，見錢杭、承載，《十七世紀江南社會生活》，（台
　　　北：南天書局，1998），頁77-86。冒襄曾在崇禎九年，於南京秦淮河上的桃葉渡
　　　大會東林諸孤，事見《年譜》，頁392。顧杲、黃宗羲都曾與會，錢杭認為十一
　　　年的公揭事件，即是此次桃葉渡集會的延續。見前引書，頁85。

12　陳維崧，〈恭賀冒巢民老伯暨伯母蘇孺人五十雙壽序〉，《同人集》，卷2，頁
　　　46。

13　「阮圓海家優講關目，講情理，講筋節，與他班孟浪不同。然其所打院本，又皆
　　　主人自製，筆筆勾勒，苦心盡出，與他班鹵莽者又不同。故所搬演，本本出色，
　　　腳腳出色，齣齣出色，句句出色，字字出色。」張岱，〈阮圓海戲〉，《陶庵夢
　　　憶》（台北，金楓，1986），卷8，頁111。

14　陳維崧，前引〈五十雙壽序〉，頁46。《桃花扇》第四齣「偵戲」中，對觀劇罵
　　　阮的情節，有極精彩生動的描述，中間特別提到陳貞慧與方密之、冒辟疆在雞鳴
　　　埭上吃酒，要看阮大鋮新編的《燕子箋》，乃由陳貞慧具帖借戲。見王季思、蘇
　　　寰中、楊德平等人合註《桃花扇》，（北京：人民出版社，1980）頁30。根據袁世
　　　碩的考證，孔尚任在康熙二十五年(1686)認識了時年76歲的冒辟疆，相談甚歡。
　　　第二年九月，冒還特地從如皋到興化孔尚任的住所，「同住三十日」。冒襄很可
　　　能趁此向孔尚任詳盡地講述了弘光小朝廷的故事，對《桃花扇》的寫作提供了極
　　　大的幫助。見袁世碩，《孔尚任年譜》（附《孔尚任交游考》)(山東：人民出版
　　　社，1962)，頁35-36，132-133。

原本想乘機贖罪的阮大鋮，經此羞辱，懷恨在心。日後福王在南京建立南明政權後，阮大鋮乘機報復，大興黨人之獄，冒辟疆幾乎因此而蹈不測。弘光小朝廷雖然不旋踵即灰飛煙滅，但《燕子箋》一劇卻未隨之俱亡，反而在清初各地及水繪園中不斷搬演。而一直到二十多年後，冒襄在南京觀賞《燕子箋》時醉罵奸臣的一幕，依然在冒氏的遺民圈中激起強烈的回響。這一點，我們在下面還會進一步敘及。

年少氣盛的冒辟疆除了參與政治活動，對阮大鋮多所抨擊，並熱心參與地方事務，忠實地履踐士紳的職責。崇禎末年，天下大亂，「大江南北率苦饑」，災情在崇禎十三年尤其嚴重，穀價大漲，人多相食，冒辟疆在如皋縣的城門設立了四個粥廠，請亭長和地方耆老協助賑務。四、五個月下來，在城內城外全活了幾十萬人。冒的作為，自然讓地方民眾感激不已，第二年，他赴南嶽省親時，「督賑四耆老率飢民數千人相送河干」，場面壯觀[15]。類似大規模的賑災活動，以後還舉辦了幾次，冒辟疆因而染上疫疾，幾度濱臨死亡的邊緣，卻都靠著宗教的力量，死而復生。冒辟疆對這些玄妙的死生過程，有著充滿怪力亂神的仔細描述，讓整個水繪園的隱逸生活，充滿了魔幻寫實的鄉野氣息，也讓我們對一位傳統士紳複雜、飽滿的個性和生活面相有更多的了解[16]。

冒襄的父親冒起宗進士出身，崇禎十二年補官襄陽。十五年，襄陽被李自成、張獻忠率領的部隊攻破，形勢危殆。從襄陽省親回來的冒辟疆，想到身陷殘疆的父親，「歸而不入寢」，背著家人泣血上書。在朝廷任官的幾位同鄉「翕然咸頌公子才而嘉其孝，力為之爭」，冒起宗因此得以移節寶慶，隨即乞骸骨飯。回鄉後不到兩個月，襄陽復破[17]。冒辟疆泣血上書、保全父命的情節，雖然不像黃宗羲為了替父親報仇，在刑部公堂上，用鐵鎚擲向殺父的奄黨頭頭那麼悲壯、戲劇化，卻都在亂世中實踐了儒生的倫理規範。

到明亡為止，冒辟疆一直不曾取得舉人頭銜，但卻有幾次任官的機會。一

15　《年譜》，頁415-416。
16　關於冒襄的宗教活動及儒生信念與宗教救贖間的關係，我在本書〈儒生冒襄的宗教生活〉一文中，有詳細的討論。
17　《年譜》，頁419。

次在崇禎十五年，冒三十二歲，總督漕運的史可法知道辟疆的才行，特疏奏薦
爲監軍。巡漕御史、巡江御史、督學御史等人也交章疏薦，冒皆不就。另一次
在崇禎十六年，以恩貢擢用爲台州司李官，未及赴任而亂作[18]。根據侯方域的
侄兒侯玄涵的說法，冒之所以辭謝史可法等人的辟薦，是因爲以前曾隨著父親
監軍各地，「窺中原大勢，無可迴挽」[19]，所以固辭不就。

南京之所以成爲冒辟疆日後水繪園中夢縈魂牽的所在，除了因爲他多次前
往應試、大會東林遺孤，並因觀劇罵阮而成爲一時傳奇外，當然還因爲南京有
豐富的文化生活和秦淮河畔的舞榭歌台。更重要的，是在這裡，他初次結識了
後來陪他渡過九年黃金歲月的一代名妓董小宛。崇禎十二年(1639)，也就是觀
劇罵阮的同一年，二十九歲的冒襄在吳次尾、方密之、侯方域的極力推薦下，
第一次看到董小宛：

> 己卯，應制來秦淮。吳次尾、方密之、侯朝宗咸向辟疆嘖嘖小宛名。
> 辟疆曰：未經平子目，未定也。而姬亦時時從名流讌集間，聞人說冒
> 子，則詢冒子何如人。客曰：此今之高名才子，負氣節而又風流自喜
> 者也。……辟疆同密之屢訪，姬則厭秦淮囂徒之金閶。」[20]

此後，兩人的交往歷經許多波折。先是冒辟疆的另一位吳門愛姬陳圓圓爲
豪門所奪[21]，董小宛也正處於喪母病危的人生關口，在河上「月夜蕩舟、四處
飄泊」的冒辟疆，舟行至半塘同橋內，「見小樓如畫，闃閉立水涯」，詢問岸
邊人，知道是秦淮董姬的處所。「辟疆聞之驚喜欲狂，堅叩其門始得入。比登
樓，則燈　無光，葯鐺狼藉。啓帷見之，奄奄一息者小宛也。姬忽見辟疆，倦
眸審視，淚如雨下。」欣喜之餘，董小宛的病幾乎好了一半，並願以身相許。
倒是冒辟疆反而有了各種顧慮，以向需稟告人在襄樊的父親爲由辭別董姬。第

---

18 《年譜》，頁421-423。

19 侯玄涵，〈祝冒辟疆社盟翁先生雙壽序〉，《同人集》，卷2，頁51。

20 張明弼，〈冒姬董小宛傳〉，《同人集》，卷3，頁104。

21 關於冒辟疆與陳圓圓的交往，見王利民等合著，《冒辟疆與董小宛》，頁81-
84。

二天,「姬靚妝鮮衣,束行李,屢趣登舟,誓不復返。」二人因此相偕遊歷各
地,當董小宛穿著薄如蟬紗的西洋布退紅輕衫和冒辟疆「觀渡于江山最勝處」
時,「千萬人爭步擁之,謂江妃攜偶踏波而上征也。」這二十七天四處遊歷期
間,辟疆二十七度要辭別,董痛哭失聲。最後,冒答應小宛在金陵鄉試完畢
後,攜家完婚[22]。(圖1、圖2)

　　癡情的董小宛於是返家杜門茹素。八月初,孤身從蘇州買舟江行,到秦淮
河上等候秋闈結束,兩人才得以重逢,距離冒辟疆上次赴金陵鄉試,初識董小
宛,正好三年。而就像三年前觀劇罵阮一樣,《燕子箋》一劇又一次在冒襄生
命中足資銘記的高潮事件中,粉墨登場:

> 一時應制諸名貴,咸置酒高晏,中秋夜觴,姬與辟疆于河亭演懷寧新
> 劇燕子箋。時秦淮女郎滿座皆激揚歎羨,以姬得所歸,爲之喜極淚
> 下。[23]

　　接著,又由錢謙益、柳如是出面規畫、張羅,幫董小宛解決董父欠下的數
千金債務,並集結遠近,爲小宛餞別後,買舟歸如皋:

> 虞山宗伯聞之,親至半塘,納姬舟中,上至薦紳,下及市井,纖悉大
> 小,三日爲之區畫立盡,索券盈尺,樓船張宴,與姬餞於虎膠,旋買
> 舟送至吾皋。[24]

　　經過三年的曲折起伏,董小宛終得如願入歸辟疆。小宛買舟入如皋,固然
爲水繪園的遺民世界憑添了無許顏色,另一方面,也極具象徵性地爲冒辟疆在
南京等地的俠客豪情和名士風流劃下一個句點。明末金陵冠蓋雲集,群賢畢至
的局面,也至此落幕。曾藉著《板橋雜記》一書,細敘明末南京風流舊事的余

22　張明弼,〈冒姬董小宛傳〉,《同人集》,卷3,頁104-105。

23　同上,頁105。

24　冒襄,《影梅菴憶語》,《續修四庫全書》(上海:上海古籍出版社),第1272
　　冊,頁236;張明弼,〈冒姬董小宛傳〉,頁105。

懷，以充滿溫情的筆調，追憶那個屬於他們的大時代和冒辟疆突出的形象：

> 當是時，東南無事，方州之彥，咸集陪京，雨花桃葉之間，舟車恆
> 滿。余時年少氣盛，顧盼自雄，與諸名士屬東漢之氣節，掞六朝之才
> 藻。……巢民以兀傲豪華，睥睨一世。[25]

崇禎九年夏天，透過方以智的介紹，和冒辟疆訂交的陳名夏，對冒的才情同樣佩服不已，認爲是「天下才」：

> 時辟疆以終軍弱冠之年，擅羽獵長揚之譽，嶽峙淵停，玉映霞舉。南
> 中自三事以下，皆式盧倒屣，即吾黨稱辟疆與密之、子一鼎足文苑，
> 亦咸目其爲天下才也。[26]

冒辟疆的才華、儀表、風姿、好客，讓他很自然地成爲明末江南眾所矚目的人物。後來在得全堂中觀賞《燕子箋》演出，悲泣不已，不能終席的陳瑚，崇禎十五年在揚州第一次見到辟疆，更是被他的風采震攝而驚歎爲神仙中人：

> 昔崇禎壬午，于遊維揚，……因得識冒子。冒子飾車騎、鮮衣裳、珠
> 樹瓊枝，光動左右，予嘗驚嘆以爲神仙中人。[27]

生活在物質文化鼎盛的明末，冒辟疆就像張岱等江南士大夫一樣，充分享受世俗生活中的各種美好事物，並在日常的食衣住行中，展現出對精緻品味的講究。他就是以這樣一種「飾車騎、鮮衣裳」「光動左右」的形象，告別明末江南，在水繪園中開始下半生的遺民生涯。

---

25 余懷，〈冒巢民先生七十壽序〉，《同人集》，卷2，頁68。
26 陳名夏，〈冒辟疆重訂樸巢詩文集序〉，《同人集》，卷1，頁25。
27 陳瑚，〈得全堂夜讌記〉，《同人集》，卷3，頁85。

二、水繪園

　　明清之際，天下大亂。順治二年，江淮盜賊蜂起，如皋城「外有竈戶，內有中營，白晝殺人，縣門火徹夜不絕。」冒襄舉家逃往鹽官，歷經艱難，僅以身免，「生平所蓄玩物及衣具靡子遺」[28]。第二年返回如皋，隨即爲新朝官員所舉薦。冒襄「扶病哀籲，俱不就。」在幾位素不相識，但知道冒氏生平的定鼎大臣的保護下，冒氏得以返鄉定居。再加上老友龔鼎孳的維護，冒襄開始了下半生四十多年的隱逸生涯[29]。

　　冒襄的先人累世爲官，在如皋建立了相當的基業，水繪園就是辟疆在這個基業上經營而成。水繪園原爲冒襄曾叔祖冒一貫於萬歷、天啓年間營建的別業，順治十一年(1654)歸入冒父起宗名下[30]。嚴格說來，冒辟疆與水繪園之間的牽連，應該從這一年算起。他一生大半的時間，事實上並不住在城東北的水繪園內，而是住在集賢街祖宅(即後日的冒家巷)和其他兩處居所[31]。與董小宛依依徘徊的影梅庵則是建於縣城南郊的別業[32]。但我在本文中，採用了較寬泛的標準，將水繪園當成冒襄1644年後整個隱逸世界的代名詞，有下面兩個原因。第一，也是最主要的原因，在於水繪園之名早就存在，並不始於順治十一年；而在後人的記載中，水繪園之名幾乎等同於冒辟疆。可以說，水繪園因爲冒辟疆在明末清初之際所享有的盛名，以及接掌水繪園之後的積極經營和文化活動，才得以流傳後世，成爲一代名園。而冒辟疆八十多年精彩、起伏的一生，則因爲水繪園的存在，而找到最佳的再現載體。在後世的記載中，冒一生的志業和形象都可以化約到水繪園中，乃至與董小宛的姻緣，也與水繪園勾連

28　《年譜》，頁433-435。

29　《年譜》，頁436-437。

30　見吳定中編著的《董小宛匯考》一書中，所引用的冒襄二十世族孫冒廣生(1873-1959)的記述，頁14。王利民等人所著的《冒辟疆與董小宛》一書則將冒起宗得水繪園的年份訂爲順治九年(1652)，頁149，不知所據爲何。

31　見吳定中前引書內冒廣生的記載，頁10。

32　見冒廣生，〈影梅庵憶語〉跋，收於冒廣生輯，《如皋冒氏叢書》，清光緒至民國間刊本，第15冊。

在一起。

　　冒辟疆與水繪園密不可分的關係，不論是在方志還是正史中都說得非常清楚。《如皋縣志》中一再將水繪園與冒辟疆的隱逸生活劃上等號：「水繪園在城東北隅中禪、伏海寺之間，舊為文學冒一貫別業，名水繪園。後司李冒襄棲隱於此，易園為庵。……一時海內鉅公知名之士，咸遊觴咏嘯其中，數傳存荒址。」「即當年水繪園也！園固為巢民先生隱居，一時文人學士燕會贈答。今越數十年而情形宛在，使予流連不忍去。」[33]《清史列傳》在略述冒襄生平時，也特別標舉出水繪園的一時盛況：「國變後，遂無意用世。性喜客，家故有水繪園，擅池沼亭館之勝，四方名士，招致無虛日。」[34]水繪園在後人的記憶中，被視為冒辟疆營建遺民世界和文化活動主場景的印象，可說是鮮明突出而牢不可破。

　　將水繪園和冒襄等同的第二個原因，在於冒家祖業逸園和冒一貫原有的水繪園，其實是經由洗缽池連在一起，全盛時期的水繪園就包括了逸園和洗缽池。在康熙詩壇頗負盛名的施潤章，就把逸園中著名的放生池和水繪庵一體對待：「水繪庵前一池水，花發芙渠香十里，冒家三世皆放生，水族波臣不可紀。」[35]而即使在冒襄於順治十一年擁有冒一貫的水繪園之前，冒辟疆和董小宛也常以逸園和洗缽池為遊憩之地。冒襄老友陳焯的〈影梅庵憶語題詞〉所說：「辟疆相邀入雉皋，至者館余逸園，……蓋即辟疆與宛君小艇遊泳地。……辟疆時時出其畫閣中茗碗香瓣，啜且爇之，俱屬宛君手供，迥異凡味。」[36]和杜濬悼董小宛詩句中的：「洗缽池邊明月夜，香魂當面化為雲。」[37]都是證明。在嘉道時期的文人記述中，也往往將董小宛與水繪園相提並論。陳文述〈董小宛小像〉中的：「射雉城南秋草綠，水繪園荒濺寒瀑。羅裙已作彩雲飛，畫里依然人似玉。」和郭麐同題之作中的：「前身應是董雙成，略向人

33　見楊受延等修，馬汝舟等纂《如皋縣志》（三），嘉慶十三年刊本（台北，成文出版社，1970），卷二十二，古蹟，頁2150-2151。

34　《清史列傳》（上海：中華書局，1928），冊70，頁7a-7b。

35　施潤章，〈逸園放生歌〉，《如皋縣志》，頁1991。

36　陳焯，〈影梅庵憶語題詞〉，收於冒廣生輯，《如皋冒氏叢書》，第15冊。頁4a。

37　引自吳定中前引書，頁58。

間證舊盟。水繪園荒桑海換，瑤天鶴返太淒清。」[38]是很好的例子。所以用水繪園這個鮮明的意象來概括冒辟疆的下半生，其實是再妥適不過。

　　繪者會也，由於「南北東西，皆水會其中」，而園中林巒花卉掩映若繪畫，故名水繪[39]。諸水匯集，構成了水繪園的基本風貌，而洗　池又是這個「地富水竹」的園林的核心：「水繪菴以水勝，其瀰漫屑瑟，碧澄而深窈者，爲洗　池。」[40]洗　池佔地十畝，原爲郭兵憲所有[41]，很可能是冒襄的祖父奉直公冒夢齡買來作退休之用。天啓三年(1623)，冒辟疆十三歲時，奉直公和伯祖先後致仕歸里，就在洗　上建立逸園，佔地兩畝。兩個老人喜歡喝酒，請來的賓客也多善酒，從床頭到門外都放滿了酒具，常常到半夜還聽到兩個老人鬧酒的聲音[42]。冒襄本人雖不好酒，卻顯然繼承了祖父在園中款待賓客的傳統。

　　洗　池出口處有一紅橋[43]，紅橋外又有錢京兆廢池五畝，也被冒家購得。整個加起來，水繪園的面積有幾十畝。根據冒辟疆等人的描述，我們大致可以掌握水繪園的地理位置和分佈如下：古代的水繪在縣城北，冒辟疆向南開拓延長幾十畝，西邊看去，是「崢嶸而兀立」的碧霞山，由碧霞山向東行七十步，有小橋、茅亭。穿過茅亭「芙蕖夾岸，桃柳交陰而蜿蜒者，曰畫堤。堤廣五十尺，長三十餘丈」，畫堤盡頭就是水菴門，門上水繪菴三字，由冒襄自書。進了門後，走百餘步，是一片妙隱香林。然後有兩條路，一條到枕煙亭，一條到寒碧堂：「堂之前，白波浩淼，曰洗　池。蓋自宋尊宿洗　于此，因以名焉」「洗　池前控逸園，右亘中禪寺，寺有曾文昭隱玉遺跡，綠樹如環」，更折而北曰小浯溪，由浯溪再折而西曰鶴嶼，過去常有白鶴築巢於此。冒襄將之改建

38　陳文述是嘉慶年間舉人，郭麐是嘉慶年間貢生。二人生平簡介及此處所引詩文，俱見吳定中前引書，頁19，68，70。

39　〈水繪庵記〉，作者不詳，《同人集》卷3，頁83-84。

40　冒襄，〈水繪菴六憶小記〉，《巢民文集》，收於《叢書集成三編》(台北：新文豐)53，卷4，頁628。

41　袁允美，〈如皋冒氏逸園祠堂碑記〉，《同人集》，卷3，頁87。

42　《年譜》，頁368，377-378。

43　王士禛在〈水繪園修禊詩〉中有「谽谺一徑略約紅」之句，說在廣大的澗谷中，有一條紅色的獨木橋，指的正是此橋。見〈上巳辟疆招同邵潛夫陳其年修禊水繪園八首〉，收在李毓芙、牟通、李茂肅整理的《漁洋精華錄集釋》(上海：上海古籍出版，1999)(上)，頁485。

爲亭，曰小三吾[44]，於順治十年(1653)冒43歲時建成[45]，冒襄與友人唱和的小三吾詩，即由此亭而來。

　　朝代興亡，雖然切斷了冒襄的仕途舉業和經世宏圖，卻也讓他能全心全意享受生活，經營出一個充滿雅緻、逸樂氣息的世外桃源。在現實政治世界中遭到重大創痛的冒辟疆，不但在水繪園中爲個人找到慰藉，也迅速在蕭殺蕭索的氛圍中，爲江南的士大夫重建一片文化的樂園。在明末南京與冒辟疆緣慳一面的葛雲芝，於冒五十歲生日時，如此評論水繪園的文化意義：

> 吾觀有元之季，賢人志士，抑鬱不平，輒寄之飲酒賦詩以自娛，而其時必有賢豪長者以爲之主。……今世所傳玉山草堂、月泉吟社諸集，可覆而按也。十餘年間，大江以南，蕭然颯然，向所稱風台月榭、歌樓舞館之屬，皆已蕩然無有。而一、二賢人志士感感然，如蟄蟲寒蟬之不鳴不躍而已。世所傳玉山月泉之風，疑于化人之國，華胥之域，聞其名而莫之信也。今辟疆捐棄一切，而獨與友朋耽詩酒，園亭絲竹之盛，視昔有加。[46]

　　這段評論將水繪園中的聚會和元末抑鬱、苦悶文人的詩酒結社相比，而盛讚其絲竹之盛。另一位作者則藉著曾參與小三吾唱和的友人的描繪，看出水繪園在金陵煙消雲散之後的地位：

> (水繪菴)環以荷池，帶以柳隄，亭台掩映，望若繪畫。江北無山，巢民性好石，積之數十年，曲而爲洞，折而爲渠，疊而成峰，凌空插虛，有雲氣生其上。巢民與同志讀書賦詩其中，暇則飲酒清談，絲竹襍進。……嘻，斯世寧有是哉？夫天下占形勝、治亭榭，爲人物所聚以極遊覽之娛者，江以北曰揚州，江以南曰金陵。然金陵爲帝王都會，申酉以後，兵火尤烈，雖江山如故，而馬嘶草暗，雲慘塵飛，欲

44　〈水繪菴記〉，《同人集》，頁84。
45　《文集》，卷2，頁603。
46　葛雲芝，〈五十雙壽序〉，《同人集》，卷2，頁51。

尋烏衣繡春舊處，不可復識。……抑天之望巢民也遠，愛巢民也深，
獨留此煙霞竹石魚鳥林泉，全其孤潔耶！[47]（圖3、4、5、6、7、8、
9、10）

　　這段序文中提到，人物和景物是揚州和金陵能成爲天下勝景的重要原因，
而水繪園正好是二者兼具，在「馬嘶草暗」的大亂之後，猶能保有一片洞天，
可謂得天獨厚。從下面兩段記載中，我們可以清楚地看出水繪園車水馬龍，訪
客川流不息的盛況：

家故饒亭館之勝，有水繪、三吾、匿峰、深翠山房諸處，皆具林巒富
煙水。四方賓至如歸，自所稱四公子外，若東林、幾社、復社諸先達
及前後館閣台省，下逮方伎隱逸緇羽之倫，來未嘗不留，留未嘗輒
去，去亦未嘗不復來。[48]

如皋冒氏水繪菴，累石屹立，有攬取五岳之勢。垣墉不設，環以碧
水，竹樹蓊鬱，群鴉聚于此者萬計。菴四周多林園，鳥不止他屋而止
水繪。先生於其中徵歌逸伎，無朝非花，靡夕不月。海內賢士大夫
未有不過從，數數盤桓不忍去者。負販之交，通門之子，雲集于是，
常數年不歸，主人爲之致饎，不少倦。名賢題詠水繪，積至充棟。四
十載賓朋之盛，甲於大江南北。[49]

　　冒辟疆從崇禎九年，二十六歲起，就在金陵大會東林諸孤。而爲了招待來
自四方的同人，甚至「出百餘金，賃桃葉河房前後廳堂樓閣凡九，食客日百
人。」[50]充分展現了疏財仗義，慷慨豪邁的俠士風格。這樣的個性，從南京到
水繪，數十年如一日，直到床頭金盡，水繪園日漸傾頹爲止。這些往來的賓
客，上至達官貴人、風流名士，下到方伎隱逸、貧賤子弟，無所不包，因此讓

47　孫朝讓，〈五十雙壽序〉，《同人集》，卷2，頁50。
48　《年譜》，頁448-449。
49　鄧林梓，〈匿峰廬記〉，《同人集》，卷3，頁89。
50　《年譜》，頁394。

水繪園這個清初的世外桃源，憑添了不少舊日金陵熱鬧繁盛的氣象。

這些往來的賓客，有的是短暫過訪，有的經年累月，而像杜茶村、陳其年更是長年居住[51]。陳其年從順治十五年(1658)，冒辟疆四十八歲起，在水繪園中一直住了十年[52]，和冒的兩個兒子一起讀書其中，又結識了冒心愛的歌童紫雲，締造了一段風流韻事。他經歷了康熙四年(1665)和王士禛等人修禊水繪園的盛事，又目睹水繪園一步步由興旺走向衰敗，感觸良多。

康熙四年的修禊，在王士禛的記敘中充滿了狂歡的色彩，美酒、佳餚、絲竹管絃和山光水色，將水繪園中的賞心樂事作了一次最完美的展現。這一次的修禊，不論是對水繪園或清初的文化界，都是一個值得銘記的里程碑。在王士禛充滿文化符碼的詩句中，短短幾天的集會，簡直就是一次臻於極緻的文化展演[53]。但事實上，這次活動的內容，平常就以不同的強度、密度和組合方式，在水繪園中頻繁的進行：「每當月明風細，老夫與佳客各刺一舟，舟內一絲一管一茶灶，青簾白舫，煙柁霜蓬，或由右進，或自左入，舉會食於小三吾下。」[54]以一種較恬靜的方式，呈現園中日常生活的閒適、雅逸。「陳子為余言水繪菴之勝，樹木掩映，亭榭參差，曲水環流，山亭獨立，嘗於其中高會名流，開尊張樂。其所教之童子，無不按拍中節，盡致極妍。紫雲善舞，楊枝善歌，秦簫雋爽，吐音激越，能度北曲，聽者淒楚。冒子之樂，蔑以加矣。」[55]則儼然一付歌舞昇平的盛世景象。

大江南北，賓客往來不斷，水繪園和冒辟疆的聲名，也因此不斷傳遞開

51　冒襄，〈己巳端陽詩序〉，《同人集》，卷1，頁43。

52　陳維崧〈蘇孺人傳〉中說：「余之游東皋也幾十五年，其居我伯母家者又幾十年，蓋所見東皋冒氏盛衰枯菀之故，亦多矣！」《同人集》，頁103。此處所指的伯母，即蘇孺人，是冒襄的元配，死於康熙十一年。冒廣生也認為陳其年在水繪園讀書十年：「廣生謹案：其年自順治戊戌讀書水繪，前後凡十年。」《文集》，卷2，頁604。《冒辟疆與董小宛》一書說陳其年僻居如皋八年(頁157)，恐誤。

53　見拙文，〈士大夫的逸樂：王士禛在揚州〉，《中央研究院歷史語言研究所集刊》，第76本，第1分(台北：中央研究院歷史語言研究所集刊編委會，2005)，81-116，亦收入本書。

54　《文集》，卷4，頁628。

55　王揆，〈五十雙壽序〉，《同人集》，卷2，頁52。

來。從《同人集》中搜集的一些〈五十雙壽序〉的文章，我們知道有些作者根本不曾到過水繪園，甚至沒有見過冒辟疆，但也透過朋友的轉敘，開始傳頌水繪園中的景物之盛和冒辟疆儒雅好客的種種作為。此後一直到冒辟疆七十多歲垂暮之年，類似的記敘還是不斷反覆出現。此時水繪園雖已傾頹，昔日車水馬龍的盛況卻被不停地複製著：

> 士君子之遇于時，有幸有不幸，何可強也！世不乏懷才有道，磊瑰雄偉之彥，而內無金張之援，外無李郭之譽。即縉紳子弟，席豐處厚，其所以娛賓悦志者，或不減于巢民，乃足不出乎里閈，名不達乎鄉國，以視巢民，其遇不遇為何如也。余雖托籍京華，而往來于淮揚吳越間者獨最數，所接冠蓋之倫以及布衣韋帶之士，無不翕然稱巢民不置口。[56]

冒辟疆雖然不能以功名富貴顯達於世，卻能獲得超越這些人的聲名，在大江南北受到眾人稱揚。在明遺民中，可說是少有的特例。

　　從冒和友人的記敘中，我們知道水繪園大約在辟疆七十歲左右時已傾頹。但從陳其年簡略的記載來看，他可能在五十多歲時，已不經常到水繪園中遊賞晏客。其年在父親死後兩三年間初抵水繪，當時辟疆經常性地造訪自己苦心經營的世外桃源。康熙四年和王士禛修禊水繪園時，辟疆五十五歲，可能已是奮力為之，其後則顯得意興闌珊：「始余至東皋茲園也，風月之晨，煙雲之夕，冒先生未常不至，余未嘗不從。其後則歲或十數至矣，又其後，則四五至矣，甚者或一二至。」[57]

　　其中的一個重要原因，是經濟資源日漸匱乏。冒氏一族雖然累世為官，到辟疆時應累積了一定的資財，但幾次賑災，耗費不少。再加上十幾年間賓客川流不息，到其年赴水繪園卜居時，辟疆的經濟狀況已大不如前：「即余比歲居東皋，而冒先生者，其家實不如平時。」[58]不過即使家境不如平時，辟疆仍未

56　楊周憲，〈冒巢民先生七十有二壽言〉，《同人集》，卷2，頁74。
57　陳其年，〈水繪菴乙巳上巳修禊詩又序〉，《同人集》，卷1，頁37。
58　同上。

閉門謝客。康熙十四年，辟疆六十歲，仍然招待從虞山來的戴洵在水繪園中住了一陣子。三月既暮，戴洵至得全堂向冒襄辭行，冒襄卻擔心戴囊中金盡，希望他留下來。戴洵的回答則再次道出冒的困窘和心境：

> 先生爲逸民，爲遺老，酒闌歌罷，徜悅不樂，余知其有所思。知雄守雌，知白守黑，間有言囁嚅不出口，余知其有所感。食指什百人，賓朋滿座，微歌度曲，夜以繼日，床頭金或不給，余知其有所憂。[59]

此後，辟疆先後經歷了火災、盜賊，再加上祖父致仕後卜築的逸園被奸人巧取豪奪，連基本的門面也無心經營，水繪園遂爲之傾頹。康熙二十一年(1682)，冒辟疆七十二歲，友人登門造訪時，驚見水繪園的殘敗，感慨萬千：

> 壬戌春仲，余有事于崇川，過雉皋，巢民招飲于匿峰廬，理廢舫，相與泛擢于昔之所稱水繪園者。惟見欹台跛榭與衰藤危石掩映于頹垣落照間。是園創自巢民，膾炙人口。及一人之身，不數年而廢興如此，他何怪乎？折而南，欲求其所爲逸園之所在，巢民則搖手鳴咽而不能語。……以故任水繪之荒落而足不一及者，實不忍逸園之在望也。[60]

在三十多年內，這個曾經爲大江南北風華聲教之所繫的名園，以「掩映于頹垣落照間」的命運收場，多少象徵了一個遺民世代的結束。

三、親密關係

董小宛於崇禎十五年(1642)嫁入如皋冒氏之門。其時，冒襄三十三歲，正當飛揚跋扈之年，董小宛則只有十九歲。順治八年(1651)春，董小苑「以勞瘁死」[61]。冒辟疆撰萬言長文〈影梅菴憶語〉以悼之。就像我們透過冒辟疆鉅細

---

59 戴洵，〈贈別冒巢民先生序〉，《同人集》，卷1，頁38。

60 楊周憲，〈冒巢民先生七十有二壽言〉，《同人集》，卷2，頁74。

61 《年譜》，頁442。

靡遺的描述,而得以進入他奇幻的宗教世界一樣,冒對細節的偏好,再一次帶我們進入一個看似熟悉,卻無法窺其底蘊的才子佳人的世界。這個頹廢的才子佳人的世界,就像冒襄的宗教信仰一樣,是建構傳統士大夫文化的重要基石,卻同樣在五四新文化運動的主流論述中遭到拆解。因此冒襄提供的種種繁富的細節,就不僅是我們在重新拼湊明末文人士大夫生括圖像時的重要憑據,也同時具有文化、思想史上的意涵。

從Hershatter對20世紀上海妓女的研究中,我們知道五四時代的新婚姻觀,基本上是對傳統士大夫納妾習俗和士大夫、妓女親密關係的直接挑戰。在這套新論述中,婚姻被視爲地位平等的男女間的伴侶關係。而這種知識、情感上的伴侶角色,在傳統士大夫文化中,基本上是由妓女,而非正室扮演。士大夫和正室、元配的關係多出於媒妁之言,而非自由抉擇,結合的目的在傳宗接代,強化家庭的產業和地位。和妓女的交往,則除了傳宗接代的需求外,還多了男歡女愛的戀情、肉體的吸引,以及知性的對話[62]。

冒襄和董小宛的姻緣,正好爲士大夫、名妓間這種知識、感情上的伴侶關係作了最淋漓盡致的闡述。冒襄因爲明遺民的敏感身份,大量著作在清代都被列爲違禁書刊,鮮人聞問,唯獨這一篇悼亡文字,不僅一刊行就廣爲流傳,「一時名士,吳園次以下,無不賦詩以贈」[63],並在後世產生極大的影響,成爲悼亡或描寫男女閨情之作的鼻祖。

冒襄追憶董小宛的文字,之所以在當時和後世引起極大的迴響,倒不是因爲這樣的題材乏人問津。事實上,從冒襄幾近憤怒的導言中,我們知道當時有許多無聊文人和好事之徒,都喜歡描摹想像閨中情事,「侈譚奇合」,讓西施、卓文君、薛濤等千古奇女子,一下子變成家家戶戶都可以複製的庸俗之物:「遂使西施、夷光、文君、洪度,人人閣中有之,此亦閨秀之奇冤而噉名之惡習已。」[64]

冒襄的憤怒,基本用意在突顯董小宛超絕塵俗、世間少有的殊異性,無聊

62　Gail Hershatter, *Dangerous Pleasures: Prostitution and Modernity in Twentieth-Century Shanghai* (University of California Press, 1997), pp. 20, 120.

63　《影梅庵憶語》後的附錄,頁248。

64　冒襄,《影梅庵憶語》,頁233。

文人和好事之徒複製、量產的「麻姑幻譜」、「神女浪傳」[65]，在冒襄看來，簡直是對「千萬人爭步擁之，謂江妃攜偶踏波而上征也」[66]的董小宛和董、冒二人殊世情緣的莫大褻瀆。

冒襄的憤怒和焦慮充分地反映了明中葉以後，士大夫和文人苦心經營出的精緻品味和風雅文化不斷被複製，而引發出的雅俗之間的辯證關係[67]。士大夫所擅長乃至壟斷的文字書寫，這時也有「日趨下流」的情形，祭文的盛行和普及就是一個例子。明中葉以後，求取墓誌銘的社會儀俗大為盛行，以至於「其屠沽細人，有一碗飯喫，其死後必有一篇墓誌。」[68]一般有錢的商人或非文人出身的地方人士，為了慶祝自己或父母的壽辰，流行出資邀請文人撰寫壽序。明中葉浙江天台人夏鍭的夫子自道，「吾邑禮俗，鄉之富人，或壽筵或居室，皆有求於予，予亦欣然起答之。」就是一個很好的證明[69]。壽序的俗世化，在明清兩代都引起士大夫的批評[70]。放在這個脈絡下來考量，我們可以理解到冒

65　同上。

66　這是崇禎十五年(1642)，董小宛決意委身冒襄之後，二人在鎮江金山前觀看江上端午競渡的場景，見前引張明弼〈冒姬董小宛傳〉一文，頁105。

67　相關的研究，見巫仁恕，〈晚明的旅遊活動與消費文化─以江南為討論中心〉，《中央研究院近代史研究所集刊》，41期(2003)；王鴻泰，〈閒情雅致─明清間文人的生活經營與品賞文化〉《故宮學術季刊》，第22卷第1期(台北，故宮博物院，2004)。我在〈明清文化史研究的一些新課題〉一文中，有更一步的討論，收於《中國的城市生活》一書中(台北：聯經出版公司，2005)。

68　唐順之，《荊川先生文集》，卷六〈答王遵嚴〉，相關的研究見費絲言，《由典範到規範：從明代貞節烈女的辨識與流傳看貞節觀念的嚴格化》，(台大文史叢刊，1998)，頁131-132。

69　夏鍭，《夏赤城先生文集》，《四庫全書存目叢書》，集部第45冊，卷16，〈衍慶堂記〉，頁385。

70　邱仲麟對明清慶壽文化的世俗化及士大夫的批評，作了相當全面的研究：「在明清的慶壽文化中，文字、圖像、演劇等內涵，本為士大夫慶壽文化中極具『自我獨特性』的『歸屬性特徵』，但在社會變遷中，卻受到挑戰。其中士大夫對於慶壽文字的攻擊最為強烈，這顯示出其對自我群體文化內涵(壽序、壽詩)受到侵犯的不滿。士大夫自視為雅的壽序、壽詩，在物質化之後，『俗人』(如商人及一些非士大夫群體的地方人士)只要有錢就可以獲得，不論熟識與否；而且，任何人都可以寫……則其『雅』的內涵，已淪為『俗物』的奴隸。」邱仲麟，〈誕日稱觴──明清社會的慶壽文化〉，《新史學》，11卷3期，(2000年9月)，頁101-154。此處的引文，分見頁125-126，151。

裏的憤慨之辭，絕非無的放矢，而是反映了一種相當普遍的文化現象。

但在這些大量複製的芸芸西施、文君中，只有冒辟疆的〈影梅菴憶語〉，真正能流傳於後世，並產生極大的影響。董小宛的聲名和冒董二人的戀情，因此而傳世不朽，成為李香君、侯方域之外，明末文人／名妓傳奇中最為人所稱道者。20世紀初的一些評論者，甚至認為這篇悼亡的長文，是冒襄諸多著述中，真正具有不朽價值者：

> 悼亡文字寫成瑣屑的憶語，是清初如皋名士冒辟疆所創。冒氏在明末四公子中，風流文采，不下於侯方域。他和董小宛的一段哀豔歷史，較之《桃花扇》上所敘方域與名妓李香君的戀愛，也是銖兩悉稱。……這實是悼亡文字中別開生面的一種作品。幾百年來，辟疆所遺留的等身著作，只有這部《影梅菴憶語》可說是膾炙人口，具有不朽的價值。因之，一般文人，遇到悼亡，最喜摹擬他格式，寫些表抒哀感的文字。[71]

《影梅菴憶語》是一種最動人的作品，作者冒辟疆是明末清初的一位大才人。不過，他雖著作等身，而流傳後世，膾炙人口的，卻單剩了這部《影梅菴憶語》。他的樸巢、水繪諸集，固然不能說是已經散佚，但是從來沒有人注意搜求，或者得到原書後，把牠重行刊印。在這裡，我們就得承認，凡有特殊價值的文字，自會永久流傳，那是不期然而然的[72]。

根據朱劍芒所作的考證，陳斐之(小雲)在道光四年所寫哀悼亡妾王子蘭的《香畹樓憶語》，以及蔣坦在咸豐年間所寫，記述蔣氏與愛妻關鍈閨閣情事的

71　朱劍芒，〈香畹樓憶語考〉，頁1。收於《足本浮生六記等五種》(台北：世界書局，1962)。朱劍芒(1890-1970)，江蘇吳江人，南社社友。早年曾與劉大白為世界書局合編了一套五十冊的《初中世界活葉文選》。三十年代任上海國學整理社編纂，將《陶庵夢憶》、《影梅庵憶語》、《浮生六記》、《香畹樓憶語》、《秋燈瑣憶》等十種作品匯為《美化文學名著叢刊》，由世界書局於1936年出版，見陳玉堂編著，《中國近現代人物名號大辭典》(杭州：浙江古籍出版社，1993)，頁156-157。此處所引楊家駱主編的版本，應該就是1936年版的複製。

72　朱劍芒，〈影梅菴憶語校讀後附記〉，頁1。收於楊家駱主編，前引書。

《秋燈瑣憶》[73]，都明顯可以看到〈影梅菴憶語〉的身影。沈復在乾嘉年間陸陸續續寫成的《浮生六記》一書，經過俞平伯、林語堂等人的品點、英譯，更成爲描述傳統中國夫妻生活情趣和人生況味的最佳代表作品。《浮生六記》雖然在近代被視爲閨房記事的典範之作，但其「瑣瑣屑屑，均家常之語」的風格[74]，顯然和〈影梅菴憶語〉一脈相承。事實上，早在同治十三年(1874)，《浮生六記》一位痴情的讀者就已經指出二者之間的關係：「是編合冒巢民《影梅菴憶語》、方密之《物理小識》、李笠翁《一家言》、徐霞客《游記》諸書，參錯貫通，如五侯鯖，如群芳譜。」[75]

這種瑣屑的敘事手法，正是《影梅菴憶語》、《浮生六記》等閨閣情事作品的最大特色。在《影梅菴憶語》的千古知音朱劍芒眼中，這本書的特殊價值，除了傳主是絕世美女董小宛之外，就在於這些眞情流露的瑣屑之語：

> 《影梅菴憶語》是悼亡文字中一種特創的作品，古今不少悼亡文字，也許有情眞語摯，寫得非常生動，但像《影梅菴憶語》所載，瑣瑣屑屑，和普通的小傳、家傳、事略、事述等截然不同，實在算得是悼亡文的創作。冒氏作此憶語，原爲了小宛是個姬妾，比不得正妻，所以專就追憶所及，記些片段的瑣事，並不鄭重其事的做什麼家傳。那知，惟其他隨憶隨寫，不加雕琢，反而眞情暴露，成了一部古今絕妙的作品！……歷來不少名家，爲其亡妻或亡妾做的傳記，無論如何細膩，如何刻畫，總不及憶語文字來得自然。[76]

冒辟疆在《影梅菴憶語》一開頭，就對當時文人描摹想像，向空虛構的幻譜、浪傳表示出強烈的厭惡、不屑之情。眞情流露，不加緣飾，可說是冒襄爲這篇文章所作的最根本的定調：「愛生於暱，暱則無所不飾，緣飾著愛，天下

73　二書俱收於楊家駱主編，前引書。

74　見傅昌澤，《浮生六記注》，前言(北京：北京師範學院出版社，1992)。本書由俞平伯校點，傅昌澤注釋。

75　近僧，〈浮生六記序〉，收於傅昌澤，前引書，頁109-113。

76　朱劍芒，〈影梅庵憶語校讀後附記〉，收於楊家駱主編，前引書。

鮮有真可愛者矣！」「每冥痛沉思姬之一生，與偕姬九年光景，一齊湧心塞眼，雖有吞鳥夢花之心手，莫克追述，區區淚筆，枯澀黯削，不能自傳其愛，何有於飾？」[77]和朱劍芒同時的鴛鴦蝴蝶派作家趙苕狂似乎格外能體會冒襄這些悲切之語，認為本文之所以能流傳於世，主因正在於其中真實、豐富的感情：

> 《影梅菴憶語》，是明末清初時人冒辟疆(巢民)所作的；它在當時，已是傳誦一世；到了現在，更在筆記類中佔得了一個位置，成為多數人所歡喜讀的一種書了。考其所以能得多數人的歡喜讀它，其原因全在它的文字裏面，還涵有一種極豐富的感情，在給人們讀到的時候，一顆顆的心，自然而然的，會都給它深深的抓住了的！而且，這《憶語》裏所敘述的各椿事情，都是實實在在的，併不是出之於嚮壁虛造：這尤其是可貴的一點了！加以作這《憶語》的冒辟疆，他自己既是一個才子，而成為憶語中主體的董小宛，又是在當時秦淮樂籍中卓負盛名的一個美人；時代不論她是怎樣的在變遷著，關於才子和美人的奇情艷事，總是人所樂聞的；這部書的所以能不脛而走，此又是它的一端了。至於，文字的優美，尚祇能說是餘事。[78]

才子、美人的傳奇，再加上喧騰不已的董小宛即清世祖內寵董鄂妃的傳說，固然增添了《影梅庵憶語》一書的知名度，卻不足以呈現二人九年鄉居生活的全貌。《影梅庵憶語》的貢獻之一，正在於在世俗想像的男歡女愛和秦淮名妓的刻板形像外，同時呈現了董小宛嫁為人婦後，在世俗生活中溫良恭儉、果斷堅毅的一面。就如同我們在冒辟疆身上看到少年名士、地方士紳及現世儒生等不同的面相一樣，我們在冒襄的追憶文字中，也看到了董小宛作為秦淮名

77　冒襄，《影梅庵憶語》，頁233。
78　趙苕狂，〈影梅庵憶語考〉，頁1。收於楊家駱主編，前引書。趙苕狂(1892-1952)，浙江吳興人，和朱劍芒一樣，都是南社社友。曾任大東書局《游戲世界》編輯，是鴛鴦蝴蝶派作家，擅寫偵探小說，自號門角落里福爾摩斯。見陳玉堂編著，前引書，頁636。

妓和賢淑少婦的多重角色。

董小宛賢淑婦人的一面，是嫁到冒家之後才顯露出來，大概連冒辟疆都始料未及：「入吾門，智慧才識，種種始露。凡九年，上下內外大小，無忤無間」「佐余婦，精女紅，親操井臼。以及蒙難、遘疾，莫不履險如夷，茹荼若飴。」[79]而董小宛之所以願意「卻管絃」「洗鉛華」，過一種「茹荼若飴」的妾婦生活，根本原因在於厭倦了酒色徵逐的歡場歲月：「謂驟出萬頃火雲，得憩清涼界，回視五載風塵，如夢如獄。」[80]

根據冒辟疆的描述，董小宛在幾個月內，就學會了各種女紅，而且技藝出神入化：「針神針絕，前無古人已。」[81]在侍奉親長時所表現出的恭敬周到，也同樣令人深刻：「而姬之侍左右，服勞承旨，較婢婦有加無已。烹茗剝果，必手進。開眉解意，爬背喻癢。當大寒暑，折膠鑠金時，必拱立座隅，強之坐飲食，旋坐旋飲食，旋起執役，拱立如初。」冒襄的母親、大婦及親眷也都對董眷顧有加：「謂其德性舉止，迥非常人。」[82]

在日常飲食外，董小宛也精於財務管理：「余出入應酬之費，與荊人日用金錯泉布，皆出姬手。」[83]崇禎十七年，甲申之變的消息傳開後，江淮一帶盜賊蜂起，如皋城內也是風聲鶴唳，董小宛協助冒辟疆留守家園，鎖上內室，「經紀衣物、書畫、文券，各分精粗，散付諸僕婢，皆手書封識。」[84]在亂世中，展現出運籌、治家的能力。思密周慮，有條不亂的作法，讓冒襄逃難中的父親大為驚訝：

> 先從間道微服送家君從靖江行。夜半，家君向余曰：「途行需碎金，無從辦。」余向姬索之，姬出一布囊，自分許至錢許，每十兩可數百小塊，皆小書輕重於其上，以便倉卒隨手取用。家君見之，訝且歡，

79　《影梅庵憶語》，頁233。
80　同上，頁238。
81　同上，頁238。
82　同上。
83　同上。
84　《影梅庵憶語》，頁243。

謂：「姬何暇精細及此？」[85]

除了禮敬親長、操持家務，董小宛在冒辟疆身陷危疾時的傾心扶持，也足以顯現她和冒辟疆一樣，充份履踐了儒家核心的道德信念，善盡嫁為人婦的職責。冒辟疆一生中至少經歷過四次幾乎致命的疾疫，其中三次——順治二年、四年、六年——都發生在冒董兩人相處的九年內[86]。

順治二年，冒襄為了逃避兵險，和家人遷往鹽官。逃難途中，冒襄因為飽受驚悸，「復迫飢寒」[87]，大病一百五十天，到第二年春天才稍微痊癒。這段期間，董小宛同樣以超乎尋常的舉止行徑，「體貼」入微地照顧情緒常處於失控狀態的冒辟疆：

> 姬僅捲一破席，橫陳榻傍，寒則擁抱，熱則披拂，痛則撫摩，或枕其
> 身，或衛其足，……凡病骨之所適，皆以身就之。……湯藥手口交
> 進，下至糞穢，皆接以目鼻，細察色味，以為憂喜。[88]

崇禎十二年(1639)冒襄應制金陵時，方以智第一次向他提到董小宛的名字，稱譽有加：「秦淮佳麗，近有雙成，年甚綺，才色為一時之冠。」其後，冒辟疆幾經周折，終於和董晤面，見小宛「香姿玉色，神韻天然」而驚愛之[89]。以這樣一位才色冠絕一時的江南名妓，在嫁為人婦後竟願意「糞穢皆接以目鼻」，並落到「星靨如蠟，弱骨如柴」[90]的地步，其間的轉變，著實鉅大。董小宛對「如夢如獄」「五載風塵」的妓院生活的深惡痛絕，和對世俗男女關係的渴望，固然都是她願意作出如此犧牲的動源，但如果沒有強烈的愛情驅力作支撐，恐怕難以做到如此超乎尋常的地步。《牡丹亭》中，杜麗娘在繁花似錦

---

85 同上。
86 另外一次在順治九年，冒襄四十二歲時，並引發了冒襄深刻而神秘的宗教體驗，
　　見〈儒生冒襄的宗教生活〉一文。
87 《年譜》，頁434。
88 《影梅庵憶語》，頁245。
89 同上，頁233。
90 同上，頁245。

的後花園中，爲情而死，爲情而生的戲劇性情節[91]，對水繪園的主人而言，自然是再熟悉不過的愛情故事，但在現實生活中，冒董二人卻以更切近人生的細瑣與難堪，將這種「生死以之」的愛情故事，重新搬演一次。根據冒襄的記敘，冒的母親及妻子每見董小宛「星靨如蠟，弱骨如柴」，即「憐之感之」，而願意「代假一息」，但董小宛卻擺明了以身殉夫的決心：「竭我心力，以殉夫子，夫子生而余死猶生也。脫夫子不測，余留此身於兵燹間，將安寄托？」[92]冒襄成爲董小宛跳脫風塵後唯一的寄托和救贖。

順治四年、六年的兩次奇疾，雖然不像順治二年這麼嚴重，但也都有致死的危險。董小宛也同樣晝夜不離的伺于枕邊。冒辟疆所謂：「余五年危疾者三，而所逢者皆死疾，惟余以不死待之，微姬力，恐未必能堅以不死也。」[93]應是切乎實情的蓋棺定論。而董小宛一直到自己罹病將亡時，心中掛念的依然是冒襄的安危：「而永訣時，惟慮以伊死增余病，又慮余病無伊以相待也。」這樣生死以之的愛情，難怪會讓冒襄感到無限痛惜：「姬之生死爲余，纏綿如此，痛哉！痛哉！」[94]發而爲文，寫出一篇眞情摯愛關注其間的悼文，讓董小宛超乎尋常的行爲舉止，和杜麗娘一樣，流傳千古。

除了在婦德上淋漓盡致的展現，董小宛和冒辟疆的生活中還充滿了一般夫婦關係中少見的雅趣。不論是文辭書畫，還是飲食器用，冒董二人的家居生活，都將明清士人與秦淮名妓的閑雅文化發揮到極至。

作爲士大夫文人的情感伴侶，名妓除了精擅曲藝，不少還能舞文弄墨。柳如是和余懷筆下的秦淮名妓都是很好的例子[95]。董小宛雖然不像柳如是那樣，

91　相關的研究，可參考鄭培凱，《湯顯祖與晚明文化》(台北：允晨文化公司，1995)，頁222，277。

92　《影梅庵憶語》，頁245。

93　同上，頁246。

94　同上。

95　陳寅恪在《柳如是別傳》中說：「寅恪嘗謂河東君及其同時名妹，多善吟詠，工書畫，與吳越黨社勝流交遊，以男女之情兼師友之誼，記載流傳，今古樂道」，(上)，頁75。柳如是特別以書法和詩文見長。幾社的陳子龍在當時被視爲才子而兼神童，與陳子龍有一段情侶關係的柳如是則以才女而兼神女。《柳如是別傳》，(上)，頁66，140-141。余懷，《板橋雜記》，收於《艷史叢鈔》上(台北：廣文書局，1976)，卷中，頁9-30。

以詩文創作見稱於世，但在古典文學上的造詣，也已經到了足以和文士冒襄坐
而論學的地步。冒襄有幾年費心搜集唐詩，董小宛就成了最好的助手：「姬終
日佐余稽查抄寫，細心商訂。永日終夜，相對忘言。閱詩無所不解，而又出慧
解以解之。尤好熟讀楚辭、少陵、義山、王建、花蕊夫人、王珪三家宮詞，等
身之書，周迴座右。午夜衾枕間，猶擁數十家唐詩而臥。」[96]

　　抄寫商訂之餘，董小宛也協助冒襄編了一套以閨閣奇僻之事為主軸的書
稿：

> 乙酉，客鹽官，嘗向諸友借書讀之，凡有奇僻，命姬手抄。姬於事涉
> 閨閣者，則另錄一帙。歸來與姬遍搜諸書續成之，名曰「奩豔」。其
> 書之瑰異精秘，凡古人女子，自頂至踵，以及服食器具、亭臺歌舞、
> 針神才藻，下及禽魚鳥獸，即草木之無情者，稍涉有情，皆歸香麗。
> 今細字紅箋，類分條析，俱在奩中。[97]

這套手稿整理完成後，董小宛的秦淮至戚顧媚和龔鼎孳曾經借閱品讀，「極讚
其妙」。王士禛之兄王士祿則將之收入他所編撰的《然脂集》中[98]。我們雖然
不確知本書最後是否如冒襄所規劃的「忍痛為之校讎鳩工，以終姬志」，但書
中收錄的各種條目，從服食器具、亭臺歌舞到針神、才藻、草木等，卻在在都

96　《影梅庵憶語》，頁239。

97　同上。

98　《然脂集》全書共有二百三十餘卷，花了王士祿十五年的時間才大體完成。不過
　　因為卷秩浩繁，並未印行，《四庫全書》中只收集了王寫的〈然脂集例〉一卷。
　　見《叢書集成續編》（上海：上海書店，1994），集部，第156冊，頁101-102。王
　　士禛特別提到這套書中收錄了董小宛的《奩豔》三卷：「先兄西樵先生撰古今閨
　　閣詩文為《然脂集》，多至二百卷。詩部不必言，文部至五十餘卷，自廿一史已
　　下瀏覽采摭，可謂宏博精縠，而說部尤創獲，為古人所未有，今略其書目，載于
　　此：……董白《奩豔》上中下三卷，……。其全書今藏篋笥，無力刻行也。」王
　　士禛，《香祖筆記》，卷八，（上海古籍出版社，1982），頁161-162。在王士禛
　　為王士祿寫的年譜中，則說這套書有二百三十餘卷：「今先生著書，惟《然脂
　　集》二百三十餘卷條目粗就。」，見《王考功年譜》，收於《王士禛年譜》，
　　（北京：中華書局，1992），頁94。陳其年也提到王士祿的著述中，參考了董小宛
　　的作品。見吳定中，前引書，頁19。

是冒董二人現實生活的反映[99]。

　　由於董小宛在詩文書畫上的造詣和投入，使得二人的婚姻生活充滿了交集，冒襄也得以在退隱的園林中，充分享受讀書著述的樂趣。不過在這些知識性的活動外，真正最能體顯明末文人頹廢生活風格的，則是二人對飲食和不急之務的耽溺。董小宛雖然像柳如是一樣善飲[100]，但因為冒襄不勝酒力，乃以茶代酒。從冒襄的相關記述中，我們可以看出二人對茶文化的講究，完全不下於同時代的張岱(1597-1689)[101]，也都忠實地反映出文震亨(1585-1645)《長物志》中所呈現的明人文化的遺緒[102]。

---

99 今天通行的《奩史》是清乾隆、嘉慶時一位蘇州生員王初桐所編纂，卷帙浩繁，共有一百卷。從作者的編目可以看出，全書性質是一種以女性為主題的類書，而不像董、冒二人輯錄的《奩艷》，精挑細選，完全反映出二人自身的關懷和品味。參見王初桐輯，《奩史》，收於《續修四庫全書》(上海：上海古籍出版社)，1251-1252冊；李永祜主編的《奩史選注——中國古代婦女生活大觀》(中國人民大學出版社，1994)。

100 柳如是不僅善飲，更會釀酒，可參見陳寅恪，《柳如是別傳》(上)，頁101-106。

101 張岱在茶道上的造詣，可以從〈閔老子茶〉一文的記述中一窺究竟。文章中，張岱說一位友人對南京桃葉渡閔紋水烹製的茶水讚不絕口，特地在崇禎十一年(1638)前往嚐試。閔姓老人自恃茶藝過人，姿態甚高，對茶葉的產地和煮茶之水的來源，刻意欺瞞，以試探來者的能耐。在張岱一一說出正確答案後，老人大為折服，而與之定交：「周墨農向余道閔汶水茶不置口。戊寅九月至留都，抵岸，即訪閔汶水於桃葉渡。日晡，汶水他出，遲其歸，乃婆娑一老。方敘話，遽起曰：『杖忘某所。』又去。余曰：『今日豈可空去？』遲之又久，汶水返，更定矣，睨余曰：『客尚在矣？客在奚為者？』余曰：『慕汶老久，今日不暢飲汶老茶，決不去。』汶水喜，自起當罏，茶旋煮，速如風雨。……燈下視茶色，與瓷甌別無而香氣逼人，余叫絕。余問汶水曰：『此茶何產？』汶水曰：『閬苑茶也。』余再啜之，曰：『莫給余，是閬苑製法而味不似。』汶水匿笑曰：『客知是何產？』余再啜之，曰：『何其似羅岕甚也。』汶水吐舌曰：『奇！奇！』余問：『水何水？』曰：『惠泉。』余又曰：『莫給余，惠泉走千里，水勞而圭角不動，何也？』汶水曰：『不敢復隱。……』又吐舌曰：『奇！奇！』言未畢，汶水去。少頃持一壺滿斟余曰：『客啜此。』余曰：『香撲烈，味甚渾厚，此春茶耶？向瀹者是秋採。』汶水大笑曰：『予年七十，精賞鑒者無客比。』遂定交。」張岱，〈閔老子茶〉，收於《陶庵夢憶》，頁39-40。

102 《長物志》撰成於天啟年間(1621-1627)，較冒襄幽游林下的歲月早了二、三十年。書中關於花木、水石、書畫等事物的描述，都可以和冒董二人的現實生活相呼應。卷十二「香茗」部分的文字，尤其可以在二人的生活實踐中找到最佳的詮釋。

　　兩人最喜歡的茶葉是岕片，正是《長物志》中認爲品質最佳的茶種：「品之最優者，以沈香、岕茶爲首。」[103]岕的原意和嶰相同，指的是兩山之間。岕茶則特指產於浙江長興、江蘇宜興一帶山間的茶葉[104]。從冒襄的記述中，我們知道產於長興，由一位羅姓隱士所種植的「羅岕」，在當時最爲風行[105]。其中的洞山岕，品質尤佳，被視爲仙品[106]。冒襄不僅對岕片的產地和品質作精密的區隔，對摘採的時間和節氣也十分挑剔，這些都反映了他溺於小道的程度：

> 岕中之人，非夏前不摘，初試摘者，謂之開園。采自正夏，謂之春茶。……往日無有秋摘，近七八月重摘一番，謂之早春，其品甚佳，不嫌少薄也。
>
> 茶以初出雨前者佳，惟羅岕立夏開園。吳中所貴梗粗葉厚，有蕭箬之氣，還是夏前六七日如雀舌者佳，最不易得。
>
> 岕茶雨前精神未足，夏後則梗葉太粗，然以細嫩爲妙。須當交夏時，時看風日晴和，月露初收，親自監采入籃。如烈日之下，又防籃內鬱

103　文震亨著，海軍、田君注釋，《長物志圖說》（濟南：山東畫報出版社，2004），卷十二，頁473。

104　同前，頁475的注釋。范金民在對江南商業的研究中，提到江蘇宜興的岕茶：「常州府宜興縣盛產茶葉，品類不一，總稱爲岕茶。」「每當初夏，商賈駢集，官給茶引，方敢出境。」「京邊各商至山採買。」見范金民，《明清江南商業的發展》（南京大學出版社，1998），頁18。冒襄則專門介紹了浙江長興的岕茶產地：「環長興境產茶者，曰羅岕，曰白巖，曰烏瞻，曰青東，曰顧渚，曰篠浦，不可指數，獨羅嶰最勝。環嶰境十里而遙爲嶰者，亦不可指數。」見冒襄，〈岕茶彙鈔〉，收於冒廣生輯，《如皋冒氏叢書》，（清光緒至民國間如皋冒氏刊本），第14冊，頁2a。

105　前引張岱，〈閔老子茶〉一文中，張岱喝的就是羅岕。證諸冒襄的記載：「江南之茶，唐人首稱陽羨，宋人最重建州。……近日所尚者，惟長興之羅岕。」喝羅岕茶大概當時時人的時尚。冒襄，〈岕茶彙鈔〉，頁2b。關於羅岕的得名，冒襄解釋如下：「（羅岕）疑即古之顧渚紫筍也。介於山中，謂之岕，羅隱隱此，故名羅。」同前。

106　「嶰而曰岕，兩山之介也。羅氏居之，在小秦王廟後，所以稱廟後羅岕也。洞山之介，南面陽光朝旭，夕曛雲瀹霧浮，所以味迥別也。」「產茶處山之夕陽勝於朝陽。廟後山西向，故稱佳，總不如洞山南向，受陽氣獨專，足稱仙品。」〈岕茶彙鈔〉，頁2a。

蒸，須傘蓋至舍，速傾淨薄攤，細揀枯枝病葉。[107]

在董小宛嫁入如皋之前，冒襄長年委請一位熟於陽羨茶山的柯姓茶商入山，精挑細選十餘種岕茶，用竹籠攜來：「其最精妙，不過斤許數兩，味老香淡，具芝蘭金石之性。」[108]小宛來歸後，「則岕片必需半塘顧子兼，黃熟香必金平叔，茶香雙妙，更入精微。然顧、金茶香之供，每歲必先虞山柳夫人，吾邑隴西之舊姬與余共宛姬，而後他及。」[109]「茶香雙妙」的說法，正體現了《長物志》中將香、茗並列的精神。而每年由專門代理商優先提供精品的作法，也進一步彰顯了柳如是、董小宛、冒辟疆等名妓、文人的非凡品味。

這些經過精挑細選，「具有片甲蟬翼之異」的上等岕片，董小宛必親自洗滌、煎製。從茶具的清洗、茶葉的反覆滌蕩，到烹調時機的掌握，在在都反映出兩人如何以專業生活家的姿態，全心全力投入生活中的細瑣之物：「烹時先以上品泉水滌烹器，務鮮，務潔。次以熱水滌茶葉，水太滾，恐一滌味損。以竹筯夾茶於滌器中，反覆滌蕩，去塵土，黃葉老梗，盡以手搦乾，置滌器內。蓋定少刻，開視，色青香洌，急取沸水潑之。夏先貯水入茶，冬先貯茶如水。」[110]

一般招待客人時，茶壺以小為貴，而且必須「一客一壺，任獨斟飲」，才能領略到飲茶的樂趣[111]。但與董姬對飲，則是另一種光景。每當花前月下，二人靜試對嘗之際，茶香四溢，「如木蘭沾露、瑤草臨波」[112]，為水繪園中的遺民生活憑添了無數的閑情雅趣。冒辟疆說自己「一生清福，九年占盡，九年折盡」[113]，證諸《影梅庵憶語》中種種關於生活細節的描述，誠非虛妄之言。

---

107 同上，頁2b-3a。

108 同上，頁4b。

109 同上。

110 同上。《長物志》香茗卷中提到洗茶、候湯、擇器，皆各有法，而只有守正之人和風雅之士，才能用心考究焚香、煮茶的各種方法：「第焚煮有法，必貞夫、韻士，乃能究心耳。」《長物志圖說》，頁473，482。可以和冒襄的記述相參照。

111 〈岕茶彙鈔〉，頁4b。

112 《影梅庵憶語》，頁240。

113 同上。

在明末士大夫的世俗享樂中，美食和聲色都是重要的一環。《影梅庵憶語》中關於飲食部分的記載，雖然篇幅簡短，無法和袁枚《隨園食單》的鉅細靡遺相比擬，但其考究和技藝，卻能讓人一窺明清飲食文化的堂奧。劉志琴在討論明代飲食文化時，將《影梅庵憶語》中的相關記載，和其他大部頭的飲食著作相提比論，充分說明了董小宛的烹飪技巧[114]。就像《奩艷》一書中對閨閣之事的求索一般，董小宛對各種食譜和四方名廚的技藝都細加考察、訪求，並巧施慧手，求精求變，作到火肉無油，有松柏之味、風魚有麂鹿之味、醉蛤如桃花、醉鱘骨如白肉、蝦鬆如龍鬚、烘兔酥雉如餅餌、腐湯如牛乳的地步[115]。董小宛對花草植物有超乎尋常的感情和喜好，也因此使得她烹調的飲食洋溢著秦淮名妓特有的芳香：「(他如)冬春水鹽諸菜，能使黃者如蠟，碧者如苔。蒲藕、筍蕨、鮮花、野菜、枸蒿、蓉菊之類，無不採入食品，芳旨盈席。」[116]

董小宛製作的甜點，採用各色鮮花、水果，充滿了個人風格：

> 釀飴爲露，和以鹽梅。凡有色香花蕊，皆于初放時採漬之，經年香味、顏色不變，紅鮮如摘，而花汁融液露中，入口噴鼻，奇香異豔，非復恆有。最嬌者爲秋海棠露，……味美獨冠諸花。次則梅英、野薔薇、玫瑰、丹桂、甘菊之屬。至橙黃、橘紅、佛手、香櫞，去白鏤絲，色味更勝。[117]

這些花露甜點，不僅色彩斑斕，令人垂涎欲滴，而且具有解酒的效果，「酒後出數十種，五色浮動白瓷中，解酲消渴。」[118]在董小宛的巧手妝點下，「五色浮動白瓷中」之類的安排，適足以反映時人在美學和品味上的講求。

明中葉以後，士人閒雅文化的主要特色之一，就是對無益世道人心的瑣細玩物的沈緬耽溺。伍紹棠對這些長物的具體內容，作了精扼的說明：「有明中

114 劉志琴，〈明代的飲食思想與文化思潮〉，收於《晚明史論——重新認識末世衰變》一書中(南昌：江西高校出版社，2004)，頁242-278。
115 《影梅庵憶語》，頁242。
116 同上。
117 同上。
118 同上。

葉，天下承平，士大夫以儒雅相尚，若評書品畫、淪茗焚香、彈琴選石等事，無一不精。」[119]冒辟疆和董小宛對「焚香」一事的考究，和飲茶一樣，爲這種閑隱文化提供了最好的例證。

「姬每與余靜坐香閣，細品名香。」[120]細而分之，這些香包括了橫隔沉、蓬萊香、眞西洋香、黃熟、生黃香、女兒香等不同名目。在撩人的幽香中，退隱水繪園一隅的少年名士冒辟疆，一寸一寸地消蝕掉一生中最美好的時光：「又有沉水結而未成，……名蓬萊香，余多蓄之。每慢火隔砂，使不見煙，則閣中皆如風過伽楠，露沃薔薇……之味。」沉香和以肌香，共築出消魂之鄉：「久蒸衾枕間，和以肌香，甜豔非常，夢魂俱適。」[121]

黃熟取自茶根，樹根糾結處的各種斑點，「可拭可玩」。夜半天寒，二人獨處室中，幃簾四垂，毛毯覆疊，「燒二尺許絳蠟二三枝，設參差台几，錯列大小數宣爐，宿火常熱，色如液金粟玉。細撥活灰一寸，灰上隔砂，選香蒸之，歷半夜，一香凝然，不焦不竭。」甜熱的香味中間雜著梅花和蜜梨的氣味，曾經是二人生活中縈繞不去的記憶：「憶年來，共戀此味、此境，恆打曉鐘，尚未著枕。……我兩人如在蕊珠眾香深處。」如今也已煙消雲散，空留餘憾：「今人與香氣俱散矣！安得返魂一粒，起于幽房局室中也。」[122]

四、戲曲

水繪園中除了美食、好茶、詩文酬唱和金石書畫的鑒賞外，絲竹管絃的演出，也是極一時之盛，爲觀者留下難以忘懷的經驗。

明代士大夫酷愛戲曲演出，戲劇成爲生活中不可或缺的一部份。而從萬曆年間開始，私人備置家樂唱曲演劇的作法大爲盛行，蔚爲風氣。除了張岱、阮大鋮外，申時行、鄒迪光、錢岱、何良俊、屠隆、包涵所、祁豸祥等人宦養的

---

119 伍紹棠，〈長物志跋〉，海軍、田君注釋，《長物志圖說》，頁497。王鴻泰對明清文人的閑雅文化，作了相當精彩的分析，見王鴻泰，〈閒情雅致──明清間文人的生活經營與品賞文化〉，頁69-97。
120 《影梅庵憶語》，頁240。
121 同上。
122 引文俱見《影梅庵憶語》，頁240。

家班都名聞一時[123]。冒襄雖然退隱園林，卻無法忘情於他所承續並成長於其中的明末江南士大夫文化，在水繪園中也建立了自己的家班，娛人娛己。前述的紫雲、楊枝，都是冒氏家班中著名的歌童。

由於水繪園「以水勝」的特殊景致，家班在洗鉢池上泛舟時的小曲清唱，就成爲水繪園迎賓活動的要項。前述冒襄「與佳客各刺一舟，舟內一絲一管一茶灶」[124]的形式簡單而隨興，王士禎水繪修禊時的場景，則略爲熱鬧：「登舟，泛洗鉢池。明窗盡開，水雲一色，一小晴蚍載清吹數部尾其後，歌絲爲水聲所咽，繚繞久之。」[125]對這種池船之上經常性的小規模演出，從康熙四年起就和陳其年一樣長住在水繪園中的杜濬(茶村)[126]，有更仔細的描繪：

> 余是時方客辟疆所，日從辟疆自受月堂前放舟過樸巢，飽閱奇幻，歸至逸園，歷洗鉢池、水繪園，涉霞山，登其後阜，下遊臨流旗亭，聽絃索數弄，然後回船。則夕陽一抹，林水蕩漾無邊際，紫瀾小史吹洞簫佐酒，其韻冷絕而悠長，與水曲折，覺海天茫茫，去此不遠。余心樂之，訂辟疆余一日留，則一日來此耳。」[127]

在這種經常性的池上演出外，冒氏家班更會在寒碧堂、得全堂內正式演出昆曲大戲[128]。王士禎水繪園修禊時，冒辟疆就特命歌兒開寒碧堂，演出紫玉釵、牡丹亭等劇，以迎佳賓[129]。宴會的主角雖然是風流倜儻的少年新貴，在笙歌鼓樂聲中，時光卻好像回流到明末江南的太平歲月。

---

123 關於明代私人家樂的盛行，王安祈作了非常詳盡的描述，見《明代傳奇之劇場及其藝術》(台北：學生書局，1986)，頁94-115。

124 冒襄，〈水繪菴六憶小記〉，《文集》，頁628。

125 《漁洋精華錄集釋》，(上)，頁484。

126 見冒襄，〈己巳端陽詩序〉，《同人集》，卷1，頁43。杜濬(1611-1687)，字于皇，晚號茶村，屢試不第，馬阮用事後，絕意仕徒。和吳應箕、吳偉業、方以智等人多有交往，是一位有詩名而爲人尊重的遺老。見袁世碩，前引書，頁106-107。

127 杜濬，〈樸巢文選序〉，《同人集》，卷1，頁26。

128 寒碧堂座落於水繪園中的洗鉢池畔，得全堂則位於冒氏故居集賢巷內，是冒襄的祖父冒夢齡的別業。見楊受延等修，馬汝舟等纂《如皋縣志》(三)，卷22，頁2159。

129 《漁洋精華錄集釋》，(上)，頁482。

　　但在這些盛世之音的背後，卻隱然寄託著亡國遺民者的哀淒。順治十七年，冒的舊識陳瑚因為講學路過如皋，冒辟疆特地在得全堂開樽夜讌，令伶人演出耶鄲夢[130]。在明亡後十七年間，「倦觀歌舞」的陳瑚記載了當夜演出時主、客的反應：

> 伶人者即巢民所教之童子也。徐郎善歌，楊枝善舞，有秦簫者解作哀音，每一發喉，必緩其聲以激之悲涼。倉兄一座欷歔。主人顧予而言曰：嗟乎！人生固如是夢也，今日之會，其在夢中乎？予仰而嘆，俯而躊躇久之。[131]

　　邯鄲夢一劇固然對士大夫「好功名、嗜貴富如青蠅、如鶩鳥」的末俗頹風充滿了嘲諷[132]，而充分反映了這批遺民觀眾的心聲，但真正激起陳瑚強烈反應的則是前一天晚上，在得全堂演出的《燕子箋》一劇。

　　《燕子箋》是阮大鋮在崇禎初年罷官後避居南京時所作，以唐代扶風秀士霍都梁、曲江妓女華行雲及宦家小姐酈飛雲的愛情故事為主軸。劇中一部分的情節雖然脫胎自《牡丹亭》，卻以大團圓的喜劇收場。由於情節曲折動人，文詞典雅清麗，一推出就受到熱烈的歡迎。連那些看不起阮的文人士大夫，都對之讚譽有加[133]。

　　對於娶得名妓為妾的冒辟疆來說，這齣戲更有著不同的意義。不論是二十九歲時的觀劇罵阮，或三十二歲那一年的中秋之夜，和董小宛一起在秦淮河畔接受應制文士和秦淮名妓的祝福，《燕子箋》一劇都像是命運的主旋律一般，適時響起。

130　根據王利民等人的考證，陳瑚是在順治十七年夏天帶領學生從太倉北遊江北，經過興化後到達水繪園。《冒辟疆與董小宛》，頁171。陳瑚，字確庵，是與陸桴亭齊名的理學家。陳瑚八十歲時。冒辟疆特地寫了一篇壽序，敘述陳的生平和兩人的交往。陳瑚在崇禎十五年中鄉試，冒也在同年中副車，二人交同莫逆。冒裏，〈壽陳太公八十序〉，《文集》，頁604-605。

131　陳瑚，〈得全堂夜讌後記〉，《同人集》，卷3，頁86。

132　同上。

133　見劉一禾注，張安全校，《燕子箋》（上海：上海古籍出版社，1986），前言。

董小宛病逝後，當日和愛姬觀賞《燕子箋》時的「樓台煙水，新聲明月」，種種情景，又歷歷浮上心頭，思之惘然：

> 秦淮中秋日，四方同社諸友感姬爲余不辭盜賊風波之險，間關相從，因置酒桃葉水閣。時在坐爲眉樓顧夫人、寒秀齋李夫人，皆與姬爲至戚，美其屬余，咸來相慶。是日新演燕子箋，曲盡情艷，至霍、華離合處，姬泣下，顧李亦泣下。一時才子佳人，樓台煙水，新聲明月，俱足千古。至今思之，不異游仙枕上夢幻也。[134]

也許就是爲了追思這些「俱足千古」的前塵往事，在五十歲這一年，冒襄在得全堂上再度搬演《燕子箋》一劇款待賓客，不意卻勾起陳陳瑚深切的亡國之痛和今昔之感。

陳瑚個性強烈，對於明末的風流聲華記憶深刻，卻不忍回顧：「予之倦觀歌舞也，十有七年矣！客歲館太原王氏，其家有伶人張者，年七十五，能唱大江東曲，主人召之，爲予歌，不勝，何戡舊人之感。」[135]而《燕子箋》一劇，由於背負了更多舊日美好時光和少年豪情的回憶，更令陳無法正視：

> 昔崇禎壬午，予遊維揚。……冒子飾車騎、鮮衣裳，珠樹瓊枝，光動左右，予嘗驚嘆以爲神仙中人。時四方離亂，淮海晏如，十二樓之燈火猶繁，二十四橋之明月無恙。予寓魯子戴馨家，魯子爲予置酒，亦歌燕子箋。一時與予交者，冒子魯子而外，尚有王子螺山、鄭子天玉。諸君皆年少心壯，氣豪自分，掉舌握管，驅馳中原，不可一世。曾幾何時，而江河陵谷，一變至此。[136]

崇禎十五年壬午，冒辟疆三十二歲。當時天下雖已大亂，大江南北一帶依然是燈火繁盛，歌舞聲囂。陳瑚除了在此遇見衣馬光鮮的冒辟疆，並在寄居的

---

134 冒襄，《影梅庵憶語》，頁237。
135 陳瑚，〈得全堂夜讌記〉，《同人集》，卷3，頁85。
136 同上。

友人處觀賞《燕子箋》的演出。十八年後，在得全堂再度看到《燕子箋》，陳
瑚感傷得不能終曲：「昔年之故人，死者死，而老者老矣！予揚州雜感有曰：
春衫夜踏瓊花觀，綺席新歌燕子箋，撫今追昔，能不泫然。」[137]

辟疆聽完陳瑚的悲切之辭，仰天而嘆，然後笑著對客人說出自己心中更沈
重的哀痛：

> 君其有感于燕子箋乎？予則更甚。不見梅村祭酒之所以序予者乎？猶
> 憶金陵罵座時，悲壯激昂，奮迅憤懣，或擊案，或拊膺，或浮大白，
> 且飲且詬詈，一時伶人皆緩歌停拍，歸告懷寧，而禍且不旋踵至矣。
> 當是時，燕子箋幾殺予。

迄于今，懷寧之肉已在晉軍，梨園子弟復更幾主。吾與子尚俯仰醉天，偃
蹇濁世，興黃塵玉樹之悲，動喚宇彈翎之怨，謂之幸耶，謂之不幸[138]？

巨變之後，物是人非，辟疆猶能在這樣一個雅緻的林園中撾笛宴客，保全
氣節，究竟是幸還是不幸，是造訪的友人和辟疆自己不斷發出的感慨。但根據
冒辟疆對陳瑚所作的表白，在這些看似溫柔靡麗的演出背後，其實還隱涵著悲
壯的烈士情懷：

> 予之教此童子也，風雨蕭蕭則以為荊卿之歌，明月不寐則以為劉琨之
> 笛，及其追維生死、憑弔舊游，則又以為謝翱之竹。[139]

荊軻刺秦，以為燕國復仇。劉琨(270-318)是晉朝的大將軍，和祖逖友
善，雖一度降敵，卻有志恢復中原。謝翱(1249-1295)做過文天祥的參軍，文
天祥死後，謝翱悲慟不已，在浙水釣台設天祥神主以祭，並作楚歌招之。三人
的事蹟都牽涉到亡國遺恨。冒襄藉此向陳瑚闡述曲中的微言大意，一定程度上
反映了遺民間共有的心情。也就是這樣蒼涼悲憤的遺民心情，讓水繪園中的戲

---

137 陳瑚，〈得全堂夜讌記〉，《同人集》，卷3，頁85。
138 同上。
139 同上。

曲演出，有別於明末江南文化中的繁華靡麗，而透露出巨大的斷裂後，無法填補的虛空。

事實上，不僅冒辟疆自己訓練的歌童會發出悲涼的哀音，一些應邀而至的知名樂師也往往沾染著舊時代的痕跡。康熙六年，吳偉業連寫了兩封信，向冒襄推薦曾在左良玉幕中行走的崑曲名師蘇崑生。根據吳梅村的說法，蘇崑生「於聲音一道，得其精微」，在明末曾受到戲曲專家的高度讚揚，說是「魏良輔遺響，尚在蘇生。」時移勢轉之後，蘇氏所代表的「古道」乏人問津，大江南北，也只有冒辟疆可以賞識並「振拔之水繪園中」：

> 古道良自愛，今人多不彈。昔年知交，大半下世，淪落江湖，幾同挾瑟齊王之門矣！方今大江南北，風流儒雅，選新聲而歌楚調，孰有過我老盟翁者乎？弟故令一見左右。……嗟乎！士方窮苦，扁舟鐵笛，風雪渡江，以求知己。倘無以收之，將不能自還。幸開名園，延上客，朗歌數曲，後日傳之，添一段佳話也？[140]

蘇崑生明末金陵大有來歷，和說書藝人柳敬亭齊名，善度曲，曾經待在左良玉幕中。左良玉死後，流寓江南，一度在阮大鋮家班中供職，後來投身妓院，成為名妓李香君的崑曲教習。在《桃花扇》中他緊接著柳敬亭之後，在第二齣粉墨登場，指點香君習練《牡丹亭》[141]。吳偉業對這位赫赫一時的崑曲名師備極推崇，曾經和柳敬亭合寫了一首歌送給他[142]。隨著《桃花扇》中的幾位要角侯方域、陳貞慧一一謝世，蘇崑生幾乎淪落到無以為繼的地步，吳偉業只好向冒辟疆這位碩果僅存的昔日江南名士求援了。

康熙九年冬天，另一位受到吳梅村高度稱許的琵琶藝人白玘也來到水繪園中，為冒襄和訪客演奏。先是，吳梅村一日信步來到太倉名宦王炯客家的南園，被短垣叢竹間忽然傳出的琵琶聲所吸引，進門探聽，知道是「善琵琶，好

---

140 吳偉業，〈與冒辟疆書〉，《同人集》，卷4，頁164。

141 孔尚任，《桃花扇》，收於王季思主編，《中國十大古典悲劇集》（上海：上海文藝出版社，1982）（下），頁785-787。

142 吳偉業，〈與冒辟疆書〉，頁164。

爲新聲」的白玨所彈。「須臾，花下置酒，白生爲予朗彈一曲，洒先帝十七年
以來事，敍述亂離，豪嘈凄切。坐客有舊中常侍姚公，避地流落江南，因言先
帝在玉熙宮中，梨園子弟奏水嬉過錦諸戲。……自河南寇亂，天顏常慘然不
悅，無復有此樂矣！相與哽咽者久之。」[143]白生的演奏，述說崇禎遺事，勾引
起在座故明遺臣對宮中演戲的回憶。

白玨的琵琶演奏似乎特別容易挑起這些明遺民的內心情緒，在水繪園的演
出和南園一樣，令人淚垂：

> 白生名玨，字璧雙，琵琶第一手，吳梅村爲作琵琶行。一日，抱琵琶
> 至冒巢民水繪庵撥絃按拍，宛轉作陳隋數弄。陽羨生又賦摸魚兒一
> 闋，倚絃歌之，聽者皆淒然泣下。[144]

水繪園全盛時期，笙歌不斷，冒氏家班的聲名也不脛而走。但七十歲之
後，辟疆歷經種種劫難，先人留下的墓田、房舍，爲豪家盡奪，被迫「鬻宅移
居，陋巷獨處」，靠著賣文和家班演出爲生：

> 每夜燈下寫蠅頭數千，朝易米酒家生。十餘童子，親教歌曲成班，供
> 人劇飲，歲可得一二百金，謀食款客。

八十歲那一年，甚至連這種基本的局面也無法維持：「今歲儉，少宴會，經年
坐食，主僕俱入枯魚之肆矣！」[145]

昔日「飾車騎，鮮衣裳」的少年名士，至此走到一個山窮水盡的荼藨苦
境。

---

143 吳偉業，〈琵琶行并序〉，《梅村集》，卷4，頁33。
144 《年譜》，頁472。白玨演奏當天，大雪紛飛，辟疆以茶、酒、飲食、書畫招待一
同觀賞的友人：「庚戌冬，淮揚之間，雪花如掌，他人方擁被僵臥，……先生獨
與孝威、散木、……坐湘中閣，烹芥炙鱉……浮大白，觀董思翁向所爲擘窠大
書，聽白三彈琵琶聲，慷當以慨。程可則，〈水繪菴詩文二集小引〉，《同人
集》，卷3，頁98。
145 冒襄，〈附書邵公木世兄見壽詩後〉，《同人集》，卷3，頁117。

五、憶往／今昔

順治八年春，董小宛病逝，爲水繪園中的隱逸生活投下了第一個陰影。此後，水繪園大致還維持了十幾年的榮景，訪客頻仍，晏飲、雅集、遊園、觀劇活動不斷。到冒襄六十歲時，小規模的聚會和演出活動雖未斷絕，但回憶和感歎卻逐漸佔據了生活中最醒目的位置。

康熙三年，冒辟疆五十四歲時，王士禎因事赴南京，公餘之暇，乘機遊覽了雞鳴山、烏龍潭等名勝，及靈谷寺與金陵城南諸名刹，隨即寫了八篇遊記，合爲《金陵遊記》一書刊行，再次勾起了冒襄的金陵殘夢：

> 嗟乎！青溪桃葉之間，余數十載舊遊地也，紅板橋頭、烏衣巷口，都成陳跡，祇益悲來。每當夢回酒醒，歷歷追憶，不覺失聲欲慟。今觀先生諸記，神明煥發，頓還舊觀。衰年展卷，以當臥遊，眞令山靈禪喜，千秋生色矣。[146]

此後，現實生活日漸窘迫，追憶平生更成了抒發悲情的重要管道：

> 辟疆名父子，自年十四五時，即走尺書納交董文敏諸公間，俊邁日聞，所交盡天下奇士。士之渡江而北，渡河而南者，無不以雉皋爲歸，請謝問遺，交羅於塗，殆數十年。及家日貧，猶不敢謝客，而身則皤然一老矣！……辟疆得名久而年又高，念故人零落，生平勝賞豪舉，皆如夢幻，時時追述，以抒其悲。[147]

冒辟疆五十歲生日時，友人壽辭的重點集中在冒氏濟賑鄉人的各種善行義舉，和水繪園的園亭聲伎之盛。到七十歲生日時，壽序卻往往著意描述辟疆沿

---

146 冒襄，〈金陵遊記序〉，《漁洋山人集七種》（乾隆年間刊本，史語所傳斯年圖書館），（七），頁4a-b。

147 劉體仁，〈悲咤一篇書水繪菴集後〉，《同人集》，卷3，頁113。

滔不絕，與訪客把酒暢談的場景。這些議論雖然上下古今、無所不包，但最能勾起冒襄興趣的，仍然是前明遺事及自己的少年風流。即使講到酒闌燈盡，聽眾昏昏欲睡，仍不肯罷休：

> 先生已病足，兩豎扶以出見客，然渥顏美髯鬢，飄飄如神仙中人。談論今古，指畫時務，如金石之鏗擊，江河之縣注，英氣勃勃，猶在眉宇間。居恆召客，壺觴絲竹，必盡座客歡。或談及啓禎遺事暨江左冶遊諸細故。雖酒闌燈炧，坐客頭觸屏欲睡，尚娓娓不肯少休。[148]

水繪園雖已傾頹，但冒襄賴以維生的家班，似乎仍然絃歌不斷，為主人和訪客的聚談提供了舒適的場景。而辟疆的談興，尤其令人印象深刻。講到慷慨激昂之處，甚至讓人潸然落淚：

> 余辱與先生交最久，每相見，必把酒論文，極生平歡。先生頗喜談當日壇坫詩文清溪冶遊諸勝，當酒酣時，客多探之，使言聽者心情駘宕，樂不可支。先生亦喜見顏色。然雖當劇談正快時，或間叩以啓禎門戶事，先生必變色改容，欷噓太息，具述所以。中及賢奸傾軋，國事敗裂，無可如何，輒鬚髯倒張，目眥怒裂，音辭悲壯憤激。坐客無不悄然肅然，悲恐交集，或有泣數行下，不能仰視者。[149]

述說和回憶，成了冒辟疆遲暮之年的一大寄託，也為充滿頓挫的日常生活帶來一波波短暫的高潮和歡愉。但不論是對旁觀的友人或冒襄自己來說，今昔的對比卻是強烈而不堪：

> 余之游東皋也，幾十五年，其居我伯母家者，又幾十年，蓋所見東皋冒氏盛衰枯菀之故亦多矣。中問汝南之車騎，大異囊時，扶風之絲

---

148 徐倬，〈恭祝大徵君前司李辟翁冒老伯七哀榮壽序〉，《同人集》，卷2，頁59-60。
149 許承宣，〈恭祝大徵君前司李巢翁冒老年台先生七十大壽序〉，《同人集》，卷3，頁67-68。

竹，都非昔日。趙壹著疾邪之賦，劉峻錄絕交之書。靈夢驚濤，靡日蔑有。先生坐愁行歎于其家，穀梁、青若淪落不得志於其外。孺人則日望其子之歸，又慮子之早歸，而詫無所成就也。[150]

陳其年長年在水繪園讀書，和冒辟疆的兩個兒子穀梁、青若情同手足，對冒家的興衰、子弟的科場失意和母親的矛盾心情，有生動的描繪。而冒襄自己在六十歲時寫給友人的書信中，更對今昔之間的巨大落差和對比，有著刻骨銘心的描述：

數十年來，多少死生之約、車笠之盟、貧賤患難之友，既往者無論已。今茲交遊頗多富貴，乃昔譽我爲殊才異稟，今指爲尚愚矣！昔尊我爲老成耆舊，今揶揄爲老而無用矣！昔稱我爲經世、爲清流、爲千古高誼，今群笑爲不合時宜矣！昔訪詢我以前賢往事，謬許我爲巋然靈光，今則憎以爲不識忌諱。甚者訕誚爲妄誕無稽矣！昔一諾許我千金，片言許我平生，今則掉臂不相顧，交口爭下石矣，甚者以是爲非，反德作儷。……弟七年爲人所構，詐辱百端，兩兒三年喪妻，傾家累債，弟雖皮骨俱盡，只是不肯向人乞憐，乃譖者以爲富，而友朋不察，亦疑爲富焉，甚有將平日赴緩急之高誼，今竟悔爲誤用者矣！[151]

面對「老而無用」「不合時宜」等種種冷嘲熱諷，冒辟疆乾澀的筆下充滿了憤慨無奈，幾乎讓我們難以從中辨識出任何風流儒雅、少年名士的痕跡。和冒襄相交三十年，在清初文壇和官場都位居顯要的龔鼎孳，則以華麗的文學性敘事，綜述了老友六十年中所經歷的巨大變化：

辟疆東都名士，秦川貴游，風流映坐，聲華被物，名都美人，更相迭和。指囷割宅，傾身弗給。客來萬里，歌豔四時，固賢豪之勝概，亦

---

150 陳維崧，〈蘇孺人傳〉，《同人集》，卷3，頁103。
151 冒襄，〈答南海程周量書〉，《文集》，卷3，頁621-622。

文人之福澤矣！而今乃紙牕雪夜，梵林清晝，獨與二三高人衲子，寒
吟淒詠於殘香活火、疎燈薄醉之中，如理么絃，如扣哀玉，如幽蘭之
過雨，如秋城之送砧。蓋其結習豪情，剷除淨盡，霜降水落，澄懷味
道，故能撥棄一切，披寫天眞。[152]

　　水繪園中有中禪寺，在冒氏營建園林之前就已存在。辟疆在退隱水繪園之
前，就有一些玄妙的宗教經驗，決定退隱後，自分「將與黃冠緇侶遊」，所以
和園中的僧侶約言：「我來是客，僧爲主」，隨即「更園爲庵」，水繪庵之名
此後就與水繪園交互使用[153]。此時，歷經風華的冒襄，「梵林清晝，獨與二三
高人衲子」遊，果然應驗了「將與黃冠緇侶遊」的前言。

六、結論

　　冒襄的晚年雖然歷經各種挫折、困頓，並且需要靠著賣文和家班演出爲
生，但和同時代一些知名的文人/士大夫相比，他能同時保有遺民的氣節和精緻
的文化生活，卻無疑是一個突出的特例。以和他並列明末四公子的來說，在明
末金陵放浪形骸的方以智(1611-1671)，在1671年自沈於惶恐灘[154]。陳貞慧
(1605-1656)在1644年一度因爲參與〈留都防亂揭〉的寫作而被捕下獄，明亡
後，「埋身土室，不入城市者十餘年。遺民故老時時向陽羨山中一問生死，流
連痛飲，驚離弔往。」[155]和冒襄一樣與秦淮名妓發生過浪漫戀情的侯方域
(1618-1654)，在順治八年(1651)應鄉試，雖然和冒襄崇禎十五年的鄉試一
樣，僅中副榜，卻賠上一世英名，換來「兩朝應舉侯公子，地下何顏見李香」
的譏諷[156]。

---

152 龔鼎孳，〈水繪庵文二集題詞〉，《同人集》，卷3，頁110。
153 不著撰人，〈水繪庵記〉，前引文，頁83。
154 參見余英時，《方以智晚節考》(台北：允晨文化公司，1986)；〈方以智自沈惶
　　恐灘考〉，《中國思想傳統的現代詮釋》(台北：聯經出版公司，1987)，頁487-518。
155 趙爾巽等撰，楊家駱點校，《清史稿》(台北：鼎文書局，1981)，第17冊，卷
　　501，列傳288，頁13851。
156 見陳寅恪，《柳如是別傳》(中)，頁729。陳寅恪對侯方域的應舉大力辯解：

　　方、陳、侯三人之外，我們也可以進一步拿冒襄和文震亨及張岱作一個簡單的比較。這兩個人都和冒襄一樣，出身官宦、書香世家，都曾在科考中受到挫折[157]，也都因爲對晚明精緻文人文化的論述，而在文化史的研究上佔有極重要的地位。但在明亡後，文震亨聞剃髮令下而投河自盡，雖爲家人救起，最終仍選擇絕食殉國[158]。張岱則在明亡後，經過四年多的逃難、流亡，最後卜居在紹興城郊的快園，度過近二十年「布衣蔬食，常至斷炊」的貧困至極的生活[159]。

　　這些人都曾在明末的江南，恣情縱欲於一個發展到極致的士大夫文化，但在明亡後，或以身殉，或則避世，過著清苦孤寂的生活；再不然就像侯方域一樣，偶一不愼，即引起非議。沒有一個人可以像冒襄一樣，氣節與生活享樂二者兼得。和侯方域不同，冒襄對新朝採取了一種斷然的態度，屢屢拒絕徵詔，而得以成全其令名[160]。但他又不像方以智或文震亨那樣，採用激烈的行動來表達對明朝的效忠。當文震亨以身殉國，張岱長期處於三餐不繼的地步時，冒襄卻在水繪園中重建了一個笙歌不斷、訪客川流的樂土，讓明末江南的風華聲教得以賡續，實在是亂世遺民中少有的歸宿。

　　水繪園中所呈現的中種種關於美好生活的記述，固然可以和《長物志》及

(續)

　　「前一年，朝宗欲保全其父，勉應鄉試，僅中副榜，實出於不得已。」見同前。但梁啓超卻認爲侯方域應新朝科考，是晚節不保，「無聊甚矣！」梁啓超，《桃花扇註》(上)，《飲冰室專集》，第十冊(台北：臺灣中華書局，1972)，頁295。

157 文震亨少爲諸生，鄉試屢挫，天啓五年(1625)舉恩貢。他的曾祖父是知名的畫家文徵明，官至翰林院待詔。祖父、父親也都是書畫名家，兄長文震孟是天啓二年的狀元，官至禮部尚書、東閣大學士。見海軍、田君注釋，《長物志圖説》，頁2。張岱也同樣來自一個顯赫的家族，從高祖到祖父，三代進士，累世通顯，讓他能夠在前半生過盡繁華靡麗的生活。張岱也和冒襄一樣，從小被目爲神童卻屢試不第，遂絕意仕徒。見陳萬益爲《陶庵夢憶》寫的導讀，頁1-2。胡益民，《張岱評傳》(南京：南京大學出版社，2002)，頁31，38-39，57-59。

158 《長物志圖説》，頁2。

159 明亡後二十多年間，是張岱生活最困苦的階段，經常衣食不繼。七十歲以後，雖然依舊相當清貧，但因爲兒女漸次長大，生活狀況略微好轉。見陳萬益爲《陶庵夢憶》寫的導讀，頁1-2。胡益民，《張岱評傳》(南京：南京大學出版社，2002)，頁31，38-39，57-59，73。

160 《清史稿》中説：「襄既隱居不出，名益甚。督撫以監軍薦，御史以人才薦，皆以親老辭。康熙中，復以山林隱逸及博學鴻詞薦，亦不就。」《清史稿》，頁13851。

《陶庵夢憶》中勾勒的情景相呼應，卻多了一層時代的意義。不論是《長物志》內所綜結的園林文化，或《陶庵夢憶》中對江南生活的追憶，呈現的都是明末江南及士大夫精緻、逸樂文化的精髓與極致發展。水繪園中所進行的種種文化活動，固然都可以視為明末江南士大夫文化的延伸，但在這個重新複製的逸樂文化的背後，卻瀰漫著明遺民的悲憤與悼亡氣息。不同於明末江南，水繪園中的逸樂交織著亡國的陰影，文化的延續和日常文化中的賞心樂事，因為鉅大的政治斷裂，而有了深沈的悲劇色彩。

　　水繪園這種揉合遺民與逸樂、延續與斷裂的特殊氛圍，一方面可以放在明末的文化脈絡下來考察，一方面也提供了極佳的據點，來連結盛清之世的士大夫文化。乾隆十三年(1748)，距冒襄營建水繪園約一個世紀之後，袁枚在南京城外小倉山的隨園，建立了另一個具有代表性的退隱文人的園林。在袁枚的全力經營下，隨園詩文宴集不斷，很快就成為四方文士聚集的重鎮：「四方士至江南，必造隨園投詩文，幾無虛日。君園館木竹水石，幽深靜麗，至檻檻器具皆精好，所以待賓客者甚眾，與人流連不倦」[161]。一時盛況，讓我們想到水繪園「四十載賓朋之盛，甲於大江南北」的景象。唯一不同的是，這個在南京重新建立起來的逸樂文化，既少了一份明末金陵特有的激盪頹廢的末世之風，也已跳脫了水繪園中傷逝悼亡的暗影。

---

161 姚鼐，〈袁隨園君墓誌銘〉，轉引自王鏡容，〈從小眾到大眾：「隨園」的文化圖景〉，《中極學刊》，第二期(南投：暨南國際大學中文系，2002)頁173。本文對隨園的文化活動有極精彩的描述。

圖1　董小宛像；郭磬、廖東編，《中國歷代人物像傳》（濟南：齊魯書社，
　　 2002）冊四，頁3236。

圖2　冒襄像；張耀銘著，《娼妓的歷史》（北京：北京圖書館出版社，2004），
　　　頁244。

圖3　桃渡臨流；朱之蕃(明)撰，《金陵圖詠》(明天啟年間[1621-1627]刊本，
　　　傅斯年圖書館善本室)，冊1，頁13a。

圖4 長干春遊；朱之蕃(明)撰，《金陵圖詠》，冊1，頁21a。

圖5 報恩寺塔：朱之蕃(明)撰，《金陵圖詠》，冊1，頁35a。

圖6　秦淮漁唱；朱之蕃（明）撰，《金陵圖詠》，冊1，頁4a。

圖7　烏衣晚照：朱之蕃(明)撰，《金陵圖詠》，冊1，頁6a。

圖8　昇州圖考：朱之蕃（明）撰，《金陵圖詠》，冊2，頁17b。

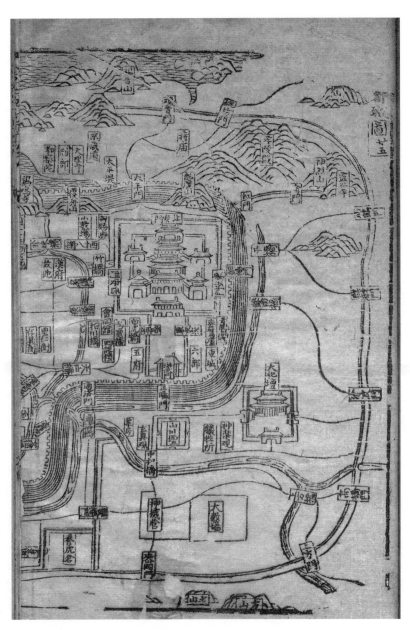

圖9　國朝都城圖；朱之蕃（明）撰，《金陵圖詠》，冊2，頁25a。

圖10 國朝都城圖；朱之蕃(明)撰，《金陵圖詠》，冊2，頁25b。

儒生冒襄的宗教生活

一

我在上一篇文章中[1]，曾仔細地描繪冒襄（1611-1693）這位明清之際的江南文人，作為一位少年名士、風流貴冑、及縱情於耳目聲色之娛與山水詩文之樂的亂世遺民的不同面貌。但另一方面，我也特別強調，除了風流名士這個讓人印象深刻的面向之外，冒襄同時也是一位議論時政、不畏強權的士大夫和忠實履踐經世濟民志業的地方士紳。更有意思的是，正是在忠實地扮演現世儒生這個角色的同時，冒襄以驚人的細節，展現了他狂亂而超現實的宗教信仰。儒家的道德信念、士紳的現實關懷、超自然的神秘信仰，極耳目聲色之娛的山水、園林、飲食、男女與戲曲，共同構成了冒襄生活的整體面貌。

從冒辟疆自己的記敘和他人的相關記載中，我們至少可以發現四次奇特的宗教體驗，分別關涉到冒的曾祖母、母親、冒本人以及他和董小宛的戀情。其中曾祖母和董小宛的部份，記載簡略而又與冒襄的儒生志業沒有太大的關係。母親和冒本人的部分，記敘鉅細靡遺，並與冒襄作為一位孝子和地方士紳的角色，環環相扣、密不可分。不過由於前者對我們了解冒襄所從出的宗教環境和他一貫所奉持的宗教信仰有很大的幫助，我也將在本文中一併論及。

1　〈冒辟疆與水繪園中的遺民世界〉一文，見本書上一章。

二

　　冒襄對神祕的宗教經驗的體認，至少從四歲時就已經開始。這一年(萬曆42年，1614)，曾祖母沙太孺人病重達半載之久。在江西會昌擔任縣令的祖父冒夢齡，因為政績卓著，博得「神君」的稱頌。出於對縣令的擁戴，萬民代為祈禱，沙太孺人因而得以痊癒，並出現異癥：「萬民代禱，得痊。痊後有髮黑齒生之異。」[2]冒襄從兩歲起，就隨著祖父一同前往會昌，對於「萬民代禱」，曾祖母由危轉安，乃至「髮黑齒生」的種種場景，一定留下深刻的印象。

　　四歲這一年的經驗，固然可以看成冒辟疆宗教生活中第一次戲劇性的高峰，但根據他在二十八歲時寫的〈夢記〉一文的記敘，冒襄的宗教生涯幾乎與生俱始：「余自幼師事關帝，屢有異徵」「弟子虔事帝君二十八年」[3]，對關聖帝君的信仰，不但在他最危急的死生之際產生關鍵性的救贖力量，並且在日常生活中，持續發揮撫慰心靈、指點迷津的功能。順治三年，冒襄婉拒了新朝官員的舉薦，決意退隱至如皋故宅。在此後九年內，備嘗了人情冷暖和世態炎涼，靠著每天早晚兩次祭告關帝君來紓解鬱悶的心懷：「丁亥(按：順治四年)讒口鑠金，……余胸墳五嶽，長夏鬱蟠，惟蚤夜焚二紙告關帝君。」[4](圖1)

　　在日常的頌禱之外，每年元旦，冒襄也一定會在關帝君前卜卦求籤，以預測未來一年的運勢[5]。崇禎十五年(1642)元旦，冒襄循例祝禱，所得的籤詩以驚人的靈驗性，預示了冒辟疆與董小宛纏綿而短暫的亂世情緣，這一年，政局雖已陷於危殆之境，年甫三十二歲的冒襄卻仍是胸懷壯志。自認「名心甚劇」的他，很可能為了秋天將在金陵舉行的鄉試而忐忑不安，卜祝於帝君之前，但

2　冒廣生編，《冒巢民先生年譜》(以下簡稱《年譜》)，《北京圖書館藏珍本年譜叢刊》：70，頁373。

3　冒襄，《巢民文集》(以下簡稱《文集》)，收於《叢書集成三編》，53(台北：新文豐出版公司，1997)，卷4，頁624、625。

4　冒襄，《影梅庵憶語》，收於《續修四庫全書》，1272(上海：上海古籍出版社)頁247。

5　同上。

得到的籤詩，卻隱晦難解，與心裡想的功名仕途無涉：「余時占玩不解，即占全詞，亦非功名語。」[6]這個謎團，一直要到順治八年(1651)董小宛過世後才完全解開。

崇禎十二年(1639)，冒辟疆應制金陵，在吳應箕、方以智和侯方域等人的極力推薦下，第一次看到董小宛。此後歷經千迴百轉，一直到崇禎十五年，董小宛才如願嫁入如皋冒氏之門。九年之後，年僅二十七歲的董小宛「以勞瘁死」，「辟疆作影梅庵憶語二千四百言哭之」[7]細繹前塵，籤詩中玄祕而不祥的預言，一一應驗。

籤詩中第一個字就以「憶」開頭，註定了兩人的姻緣終將以一生的追憶作結尾：「嗟乎！余有生之年，皆長相憶之年也！」[8]整首詩也明確揭露出兩人曲折的交往始末：「憶昔蘭房分半釵，如今忽把信音乖，痴心指望成連理，到底誰知事不諧。」

冒辟疆在崇禎十二年元旦求得這首籤詩時，還不認識董小宛，秋天相遇於秦淮河後，兩人又各有不同的際遇。十五年春，冒赴蘇州，打算履踐與陳圓圓的婚約，但陳卻在不久前被豪強萬金劫去。辟疆鬱憤之極，夜遊滸墅，在河邊小樓上再次尋訪到病危的董小宛。董小宛驚喜之餘，願意以身相許，冒襄在關鍵時刻反而猶豫起來。冒急著買棹歸去，董一路苦苦相隨，端午節二人觀濤於金山後，董小宛在冒襄的不斷勸說下，終於答應暫時離去，並相約在秋闈之後，於南京討論婚嫁。董小宛返回蘇州後，杜門謝客，吃齋茹素。其後歷經了種種波折，終於在這一年冬天，在錢謙益、柳如是的大力支援下，嫁給了鄉試不中的冒辟疆[9]。

從十五年春的再度相逢到年底如願嫁入如皋，董小宛的積極追求和堅持不懈，無疑是成就這段姻緣的主要動力。冒辟疆雖然一直到成婚的前一刻，都採

6　《梅影庵憶語》。

7　《年譜》，頁442。

8　同上。

9　張明弼，〈冒姬董小宛傳〉一文，對冒、董二人的交往有詳細的描述，見《同人集》，《四庫全書存目叢書》，集385，(台南，莊嚴文化，1997)，頁104-105。王利民、丁富生、顧啓合著的《冒辟疆與董小宛》(北京：中華書局，2004)，雖然以通俗的筆調和格式寫成，卻包含了豐富而值得參考的細節，見頁84-96。

取猶疑迴避的態度，但此後九年，卻充分享受著神仙眷侶的生活。籤詩的四句
文字雖然反映地多半是董小宛的心境，但破題的第一個「憶」字，就點出縈繞
冒襄下半生的主旋律，而「到底誰知事不諧」一句，固然可以看成是對董小宛
苦心追求的戀情的終極詮釋，也未嘗不能解釋為冒辟疆無力的哀惋。

　　更詭異的是，同一首籤詩，先由冒辟疆在年初卜得，接著又出現在董小宛
的虔心祝禱之中。秋闈之後，兩人在秦淮相遇，友人代卜於西華門，得到的仍
然是同一支籤。冒襄的追憶雖然簡短，卻充分反映了兩人對這個揮之不去的不
祥預言的驚恐與憂懼：

> 金山別去，姬茹素。歸，虔卜於虎丘關帝君前，願以終身事余，正得
> 此籤。秋過秦淮，述以相告，恐有不諧之歎。余聞而訝之，謂與元旦
> 籤合。時友人在坐，曰我當為爾二人合卜於西華門，則仍此籤也。姬
> 愈疑懼且處，余見此籤中悷，憂形于面。[10]

　　從十五年元旦，「名心甚劇」之際，求得一個「占玩不解」「全詞亦非功
名語」的天外之音，到蘇州重逢、金山別去、茹素虔卜，命運的圖譜一頁頁展
開，直到九年之後，「到底不諧」的宿命終於得到最後的驗證。除了無盡的思
念，冒辟疆剩下的，只有對籤詩預知能力的反覆嗟嘆：

> 乃後卒滿其願，蘭房半釵，癡心連理，皆天然閨閣中語，到底不諧，
> 則今日驗矣！嗟乎！余有生之年皆長相憶之年也。憶字之奇，呈驗若
> 此。[11]

　　從每歲元旦必卜一籤到「早夜焚二紙告關帝」，冒辟疆的宗教信仰可說是
超乎尋常的虔敬，但衡諸當時的士大夫文化，冒襄的關帝崇拜卻並非突兀的個
案。和他時相往來的清初詩人王士禎，順治十五年(1658)考中進士後，也特地

10　《影梅庵憶語》，頁247。
11　同前。

前往京師前門「夙稱奇驗」的關帝廟求籤，希望知道自己會被派到什麼樣的職位。剛抽到籤詩時的王士禎，同樣也無法猜透其中的玄機。幾個月後，新職發佈，王才有了初步的答案。五年後，詩文的第二句也得到印證。康熙十九年（1680），王士禎受皇帝拔擢爲國子監祭酒，謎底全部揭曉，籤詩中的預言一一印證，距離求籤之日，已隔了二十二年。王士禎不由得感歎道：「諺云，飲啄前皆定，詎不信夫？」王在關帝信仰的實踐上，也許不像冒襄那樣強烈，但神怪之說在他個人／家族歷史及整體著作中所占的比重，卻毫不遜色[12]。

三

冒辟疆一生中最戲劇性的兩次宗教體驗，一在二十八歲，一在四十二歲。都是在生死關頭，因爲超自然力量的介入，而改變了個人和家族的命運。爲了行文敘事的方便，我將先討論四十二歲那一年的經歷，再回過頭來檢視二十八歲時的經驗及其意涵。

順治九年，冒襄四十二，「歲大飢」，冒襄「日行道殣中，亦病且殆」[13]。事實上，這並不是冒襄第一次賑濟家鄉的災民。崇禎十三年，同樣是「歲大飢」，冒襄即全力投入救災的行列。長期在水繪園冒家讀書的陳其年，對這一次的飢荒，有如下的描述：

> 崇禎末年，大江南北率苦飢，而庚辰尤甚。斗米估值錢千貫，麥錢四百，他蕎花麥梗，價幾與米穀等，甚有不得食者。人多相食，先生憂之，則爲粥於路，以食飢者，因門設粥廠四，分請亭長及邑中文學治之。蓋自臘月朔，至明年四月杪，全活數十萬餘人，又糶米五百三十餘石。他所買藥餌、雜碎之物稱是，而城外若⋯⋯諸場堡，全活又不

12　我在〈士大夫的逸樂：王士禎在揚州(1660-1665)〉一文中，對關帝廟的籤詩、王士禎的宗教信仰和神怪之論，有更詳細的討論，見《中央研究院歷史語言研究所集刊》，第76本，第1分(台北：中央研究院歷史語言研究所集刊編委會，2005)，頁81-116。

13　《年譜》，頁443-444。

下十餘萬人，咸冒先生力。[14]

這一年「飛蝗蔽天，赤地千里」的災情才稍稍紓減，第二年又碰到旱災，冒襄同樣傾囊周濟之：「歲大旱，上官才先生委以賑其邑人，條法甚具，全活無算。不足自鬻產，出簪珥繼之。」[15]

冒襄慷慨而有效率的作為，除了贏得官府的信任，也受到災民的愛戴。災後他赴衡陽探視在當地任官的父親，「督賑四耆老率飢民千人相送河干」[16]。順治九年飢荒再度發生時，地方人士很自然地以「濟斯民於水火」的責任相期許，冒辟疆也一如以往地彈精竭慮，全力以赴：

> 雉皋一邑，餓莩載途。邑之人皆以巢民為可出之于死者，而巢民亦奮然兩任之而不辭。周給賑施，委曲詳盡，卒至鬻產典衣，奔走省視，焦頭爛足不少悔。[17]

不同的是，這一次卻因為「力竭神疲」而「抱痾伏枕，瀕于危殆」。接下來，壽序作者華乾龍以小說家的筆法，記載了一段恍如隔世的際遇。根據華的記敘，冒襄臥病之際，同里中一位感染疫疾，行將過世的居民，看見陰司勾攝牌上寫了五十多個人的名字，包括錢某、許某及某某，冒襄之名也赫然在列。沒有多久，錢、許等名列勾魂牌者一一下世。相繼死亡者，前後達數萬人。

但同樣名列陰籍的冒辟疆，卻有了神奇的經歷，他「獨神遊瀚海，身入諸天，布霖雨于四方，暢清歌于床簀」，並且「忽然而醒，霍然而起」，像他的曾祖母一樣瀕死而復生。和冒襄一起從事賑災工作的十六個家僕也都「死而復生」[18]。袁枚在《子不語》一書中，以虛實莫辨的筆法，記載了和他並列「乾隆三大家」的蔣士銓，在夢中隨著陰司衙役神遊地府，和閻君發生激烈爭執，

14　陳維崧，〈恭賀冒巢民老伯暨伯母蘇孺人五十雙壽序〉，《同人集》，卷2，頁46-47。

15　《年譜》，頁415-416。

16　《年譜》，頁416。

17　華乾龍，〈冒巢民先生暨配蘇孺人雙壽序〉，《同人集》，卷2，頁54。

18　同上。

最後靠著唸誦大悲咒而逃過一劫的經過[19]。冒、蔣二人的經歷，雖然在細節上有許多差異，在主題上卻有不少類同之處。不同的是，蔣士銓的故事被記入怪力亂神的筆記小說，冒襄的奇遇卻被當成事實一樣傳頌，並隻字不漏的寫入年譜之中。

華乾龍在壽序的結論中，將冒襄的死而復生看成是上天的意旨，並進而從修德勸善的角度，推衍出天意之所以然：「巢民之命在天，天之意則曰子能生皋之死，吾不能生子之死，將謂修德不效，而作善未必降祥也！」[20]冒襄以一介凡夫儒生，而能全活眾人之命，並因此陷入危篤之境，掌人禍福性命的超自然力量若不能適時介入，勢將無法張顯天理之昭彰。

華乾龍的天意還是一個較抽象的存在，年譜中的另一段記載：「邑令陳泣禱於神，死三日而蘇」[21]則有了較具體的指涉。邑令陳的名字叫陳秉彝，泣禱的神明是城隍。在〈告城隍文〉中，他先提到自己登門拜請冒襄參與賑災，接著描述了救災工作的細節：

> 每晨水米不沾，便凌風雪，給粥之外，多帶家僮，躬查遠近。瘞死亡、扶老幼、拯病危，傾屢歲家食之糧，散數百金娶媳之聘，罄竭施濟，任勞三月有餘，延救難計其數。[22]

但全力救災的結果，反而是將自己推向絕路：「忽然染疫，已絕生理，現今就木，而隨賑垂死者十六人。」

在接下來的祭文中，縣令動之以情，說之以理，並以當時人普遍相信的因果感應之說，祈求神明作立即而有效的介入：

> 若冒襄者，父母既老，二子甚幼。即冥數已盡，亦當鑑其救人血心，

---

19 袁枚，〈蔣太史〉，《子不語》，卷9。我在本書〈袁枚與18世紀中國傳統中的自由〉一文中，有較詳細的討論。

20 華乾龍，〈冒巢民先生暨配蘇孺人雙壽序〉，《同人集》，卷2，頁54。

21 《年譜》，頁444。

22 陳秉彝，〈告城隍文〉，《同人集》，卷3，頁108。

延紀益算。況裏半生孝友，文名德澤，中外共稱。此人若死，是無天
道。……伏乞體上帝好生之仁，昭積善延年之理，立賜回生。庶爲善
之報，如影隨形。感應之誠，直通呼吸矣！[23]

　　不論是華乾龍壽序中關於勾攝牌或死而復生的描述，還是陳秉彝〈告城隍
文〉中延紀益算、因果感應的說法，都忠實地反映了當時人共有的一些宗教信
念。但真正對這些信念作出最淋漓盡致地闡述的，還是冒襄本人。

　　冒襄在這一年的三月十七日因爲賑災而一病不起，種種怪異的傳言也開始
不脛而走。二十八日，縣令陳秉彝根據這些傳聞，主動寫了這一篇〈告城隍
文〉，在廟前禮拜焚祭。而就在這一天午後，縣令焚燒祭文之後不久，冒襄在
病床上喃喃自語道：「歸矣」「遇赦而返」。整個事件因此被渲染得不可收
拾，「人遂謂有所感召而然，遠近喧傳，說神說鬼」。爲了免除逢人便需反覆
陳說的困擾，冒襄索性寫了一篇長文，細敘賑災致病以及起死回生的經過[24]。

　　這篇〈答丁菡生詢回生書〉環繞著賑災、神怪兩個主題，對冒辟疆作爲一
位儒生的俗世業和作爲一位十七世紀傳統士大夫的心靈世界，作了極其珍貴
的資料，值得我們細加論述。根據冒的記載，這一次的災荒其實從順治八年十
二月已經開始。冒襄和父親冒起宗循往年之例，在城門開設粥廠。冒襄負責離
住處甚遠，災民最多的西門。每天例行的工作是黎明即起，「凌冰衝風」，與
同志僕從「詣廠與諸鄉耆嘗粥糜之厚薄，量米數之出入，覈飢民之多少，稽眾
役之勞怠。」對物資、人力進行管理工作。而除了每天接觸這些人數超過三千
的災民，冒襄還要對縣內「竄者、瘠者、老者、幼者與真疾病者」，一一親自
登門訪察，只要訪察後合乎實情，就按日或按月分給米錢。

　　在西門設廠賑災和實際登門探訪後，冒襄對災民們不同的遭遇，作了更仔
細的描述：

有一人至粥廠，家有老幼數人餓且病，不能扶曳出門者。有數人餓病

23　同上。
24　冒襄，〈答丁菡生詢回生書〉，《文集》，卷3。此處引文見頁614。

于一室，而死生相半，橫陳于赤地者。呼號之急、形狀之慘、氣味之
臭、死亡之怪異，必親歷聞見，庶施與埋葬，死生實實沾被。尤不忍
者，幼兒痘疹盈面，載風雪，裏伏道途。老病人數十里就食而來，衝
寒勞傷，立地倒死。即有懸絲之息，夜無假蔭，僵死更多。[25]

為了讓這些遠來就食的災民不致因「夜無假蔭」而僵死於戶外，冒襄特地
在廠旁蓋了一座小屋，以蘆草為煖室，並請了一批僧人在夜裡加粥一餐，「繼
以薑湯熱水」。但死者卻不降反增，施賑的僧眾也「觸穢咸死」。原因之一是
原來還可以將死者散填於溝壑之中，但隨著災情的擴散，死者愈來愈多，最後
只能將屍首棄聚於一角。即使是天寒地凍，屍體無法妥善處置所造成的後果也
不容小覷，「眾僧人亦觸穢咸死」正顯示了問題的嚴重性。冒襄及其僕從也隨
即陷入險境。

順治九年二月，冒襄因為南門的賑災工作不得力，所以轉往馳援。二十八
日在南門散米時，碰到大風雨，已經覺得「頭目岑岑」。冒襄的父親和友人都
認為他「每早犯霜雪，觸穢氣，斷非弱質所宜」，應該減少賑災活動[26]。冒
襄一方面出於「我輩飽煖，何忍見其飢寒」的同情心，一方面又抱著和華乾
龍、陳秉彝同樣的「上天理應庇佑善人」的邏輯和盲目的信心，用「救人飢寒
之死，豈我之身反有死理」[27]的說辭武裝自己，積極投入南門的賑災。

三月初，疫病大作。冒襄將長子娶妻的聘禮二百金全部換成銅錢，在全城
內佈施：「四日一周，日走一門，日以二萬錢散極貧極病者，於是三門貧病人
交聚于僕所到之一門。」[28]

三月十七日，千金散盡的冒辟疆終於為疫病所染，而且一發不可收拾。照
他自己的說法，簡直可以說是萬毒攻心：

吾蓋前此三月餘，日與二三千人俱。按日計數，與穢病之夫晨夕哭

25　冒襄，〈答丁藥生詢回生書〉，頁612。
26　同上。
27　同上。
28　同上，頁613。

泣，告訴相對，踰二十餘萬。此二十餘萬人飢寒疫厲之氣，皆吞吐于
我之心口間。既以空心受諸惡味，又日枵腹至午後始歸，每至溢食。
飢飽不均，脾弱難化，安得不病，安得一病不憤。[29]

至此為止，冒辟疆可以說是用自己的生命，營造出一個最佳的「人飢己
飢、人溺己溺」的儒生典範。但也就在這個現世的關注臻於極至之際，在迷離
幻境之中，冒襄向我們展示了另一個由神仙、鬼怪、天堂、地獄與魔法巫術所
構築成的不可測度的世界。當經世濟民的儒家觀念將冒襄帶到山窮水盡之途
時，神仙鬼怪隨即登場，將一絲懸命的冒襄引渡出無邊的現世苦海。

雖然在文章開頭，冒辟疆似乎想以一種平靜、理性的口吻，來糾正盛傳一
時的鬼神之說：「人之疾病死生，本無奇異，僕此番病狀揚說溢實，遂致四方
傳誤，盛譚鬼神不可測度。」[30]但在三千多字的長文中，他幾乎花了三分之二
的篇幅，繪聲繪影地描繪了魔幻世界的每一個細節，不但看不出任何糾謬的意
圖，反而是對各種怪異之說，作了最權威而有條理的背書。

冒辟疆在三月十七日病倒，三月二十八日「遇赦而返」。在十幾天上天下
地的奇幻際遇中，有下面幾點值得特別標舉出來，和如皋三個多月慘酷的現實
世界作對比。

冒辟疆異想世界的第一站是天宮與蓬萊。十七日病倒後，冒大半時間是高
燒臥床，不省人事。偶爾醒來，看到的都是數以千計的飢民，「攀衣呼泣，索
食索錢」，就在這樣死而不已，無所遁逃的困境中，冒襄得到三個多月來的第
一次慰藉：「二十二夜，忽見偉丈夫，自稱山東人，來與僕游，詢何往，則云
天上有天宮，絢爛可觀，隨之冉冉上，但見宮闕崔巍，樓台觀閣，環抱繚
繞，……皆純是黃金雕鏤築造，中間點飾翡翠，赤日黃金光芒四射，雙目欲
掩。」這個被稱為「善見」的三十三天中央城，用純金翡翠打造，對此時已散
盡千金的冒襄來說，格外顯得耀眼。遊歷了天宮之後，冒襄又隨使者渡大海、
登蓬萊，目光所及之處，盡是秀麗的林木花草和人間難見的飲食器具[31]。

29　冒襄，〈答丁藥生詢回生書〉，頁613。
30　同上，頁612。
31　同上，頁613。

在短暫的喘息後，念茲在茲的冒襄又有了新的任務：登山造雨。根據冒的自述，他在二十六日早上再度清醒，睜著眼看到二十幾個神仙向他鞠躬：「啟眼見有朝衣朝冠，執象板者，兩列嚮余鞠躬，凡二十餘輩，其人面如傅粉，皆神仙中人。」下面還有二十幾個面色稍黑，鼻眼凸凹，口上長著兩根長鬚的人，同樣衣冠象板，執禮甚恭。冒襄對這些人的來意、出處感到困惑，仔細詢問之下，原來是因爲後山苦旱，特地恭請辟疆前往行雨。冒在驚異之餘，慨然應允：「許之聲始出，眛後牆門洞開，四十餘輩人戴僕於首，騰空直去。」一行人來到一處僅容一人的萬山峰頂，冒獨坐峰頂，四十幾位神仙、怪人，則用不知所以的辦法群侍左右。冒襄詢問眾人行雨之具爲何，諸人云：「明公但直伸兩手，舒其掌，我輩自有物隨公掌而下。」一試之下，「見山腰冰雹夾大雨如拳如瀑四垂，頃刻萬山盡騰雲霧」。冒襄雙手不停地伸展了兩天兩夜，終於大功告成[32]。

根據冒襄事後的解釋，從二十六日早上到二十七日晚上前往行雨的，是他已經出竅的靈魂。二十八日縣令陳秉彝焚文籲神前，冒起宗先到城隍廟相候，冒襄的魂魄一路相隨，陪著父親進入廟旁的道士房。其間，忽有一穿孝服者闖入，和眾人群坐吃齋，隨即消逝，冒起宗心生狐疑，認爲是不吉之兆。由於印象特別強烈，冒起宗在冒襄病癒後，特別談到當時的種種細節，冒襄也才驚訝地發現父親所言，和自己當天的魂遊經歷無不　合[33]。

在夢遊天宮、蓬萊和飛魂行雨的同時，被疫癘所摧毀的現實身軀也進入最後的彌留之境。如果冒襄的記敘可以信賴，他顯然在病中就已經對自己魂飛魄離的狀態有所體認，並試著對肉體的作爲和靈魂的作爲作一區分。在肉體的部分，彌留之際種種突兀的舉措，冒襄都盡量予以合理化的解釋，看成是現實關懷的延伸與高潮：「凡生平有所怖、有所負、有所害、有所瞻顧不肯露，至此如火迸發，毫不可飾。僕數十年來，……推物及人往往不遺餘力，至筆墨花月聲音諸逸事頗用精神，故垂死時，心之所發，即此數者。」[34]但只要一涉入信仰，冒襄生於其中、長於其中的誌怪傳統，就會如洪水猛獸一般四處流竄，擊

32　冒襄，〈答丁葮生詢回生書〉，頁613。
33　同上，頁615。
34　同上。

潰了他辛苦建立起來的理性的藩籬。對於昏亂之際朗頌佛經、高呼關帝救命的
究竟是本尊還是分身，冒襄已經失去判別的能力；一旦遇到陰司攝魂，他更是
從我們刻板印象中所界定的儒生立場完全撤守。

　　華乾龍在壽序中曾經簡單地提到冒辟疆為陰司所赦，死而後生的插曲。冒
襄的自敘中，則指名道姓地將這段遭遇作了更具體的鋪陳。表面上對他去過地
府，見過城隍的傳言加以否認，實際上則為「說神說鬼」、「遠近喧傳」的鬼
怪之說加油添醋、推波助瀾。由於有了地名、人名和更多的細節，勾魂之說變
得更加可信：

> 同時里中患疫將死者，往往先云牌上見僕名。又有南街宣化門開紙扎
> 店姓張者，至僕門問云：爾家主人有病乎？家人答曰然。張云吾弟亦
> 患此症，昨夜忽云親見冥司勾攝一牌，凡五十餘人，而我與冒辟疆、
> 錢敬谷、許一水之名在焉。家大人聞此驚怖欲絕。

　　張姓店主登門詢問的第二天，錢敬谷和張的弟弟相繼過世。沒有多久，許
一水也隨之而去。張死時，幾次提到冒辟疆已經坐在他的身旁，相約偕往[35]。

　　同時，離縣城一百三十里掘港場一位管姓人士，在病中看見城隍門外掛了
一個牌子，上面用硃筆寫著：「冒襄准保，仍著用心為善。」另外一位石姓人
家的僕人，則接到城隍的指令：「冒襄家多病人，爾應日運水十擔，送其家，
令病者飲之。」[36]依照故事的脈絡來推斷，城隍顯然是接受了縣令的籲請，用
神蹟回報冒襄的善行，並透過凡夫俗子的見證、傳誦，來強化因果感應的信
仰。

　　在這篇文章中，除了虛無飄渺的海上仙山與迷離幻境之外，超自然力量的
展示其實是和儒生德行的實踐有著極密切的對應，地方的守護神城隍則在天人
的感應中扮演了樞紐地位。對於一年前才因為董小宛的謝世，而對神力的效驗
有著深刻體認的冒辟疆來說，順治九年三月這一段起死回生的經歷，再一次證

35　冒襄，〈答丁薗生詢回生書〉，頁614。
36　同上。

明了神祕力量的無所不在。不同的是，關帝君的籤詩揭示的是姻緣前定、宿命難逃；城隍的開赦則說明了天意是可以因爲人的積極努力而改變。

四

　　對於如皋當地的士紳鄉民來說，冒襄與家僕死而復生的故事，當然是一個值得不斷書寫、傳頌的鄉里怪譚。但對冒襄而言，天人感應的神奇效力，卻早在十四年前，冒襄二十八歲時的一次家庭變故中，以「離奇幻異，令人不可測」[37]的方式展現出來。也許因爲事涉喪子的隱痛，冒襄對這次事件的記敘一直到二十六年後，五十四歲時(康熙三年)才公諸於世。冒決定將〈夢記〉這篇舊稿付梓，主要的原因是幼弟冒裔此時正在刊刻〈太上感應篇〉，希望將〈夢記〉一文作爲篇後的證例[38]。由於〈夢記〉全文講的就是功過感應之理，用來作爲〈太上感應篇〉的註腳，可說是名正言順。〈太上感應篇〉一文從南宋初年出現後，就受到統治階層的重視，不斷有帝王士紳爲之刊刻、作序、註解，冒襄的父親冒起宗據傳在萬曆年間入學讀書時，即虔誦此篇，後發願增註，因而考中進士[39]。這段過程由於極具戲劇性，又富教化寓意，在清代兩種流通甚廣的〈感應篇〉注本──順治十四年(1657)輯刻的《感應篇圖說》及乾隆四十六年印行的《感應篇匯編》──中，都特別用爲證案[40]。清順治十二年，在世

37　冒襄，〈夢記〉，《文集》，頁626。

38　同上。

39　冒起宗的註文尚未得見，但他的著作中確實有《太上感應篇箋注》一書，見王利民、丁富生、顧啓著，《冒辟疆與董小宛》，頁18。

40　《感應篇圖說》最早是由松江許纘曾所刻，其後二百年內，經過多次改刻重訂。我這裡根據的是民國十七年的刻本，收在《藏外道書》，第27冊(成都：巴蜀書社，1992)。《感應篇匯編》的作者不詳，根據乾隆四十六年彭芝庭所寫的殘序，我們只知道是長洲陳生「酌損舊本」而成。民初的印光大師對這一部書有極高的評價，認爲是「雅俗同觀之最上善本」，見周邦道爲林立仁整編的《太上感應篇註講證案彙編》(台北縣，板橋，正一善書，1993)所寫的序，頁1-2。我這裡根據的即是林立仁整編的版本。關於這兩部著作的刊刻經過，可參考游子安，《勸化金箴：清代善書研究》(天津：天津人民出版社，1999)，頁28-30。《彙編》一書對冒起宗誦讀、註解〈感應篇〉的經過，記載如下：「明冒起宗，萬曆丙午入學讀書，稍暇即虔誦此篇，戊午登鄉榜。是科臨場，因病幾危。及入

祖的大力提倡下，〈感應篇〉的刊刻、註解和流通又出現了新一波的高峰[41]。所以不論是從時代背景還是家族傳統來說，冒裔在康熙三年重新刊刻〈太上感應篇〉，冒襄同意將自己親身經歷的感應事蹟列為證案，都是再恰當不過。

和傳說中冒起宗在友人的神奇一夢後，如願及第的快樂場景相對照，冒襄的〈夢記〉顯得格外陰森恐怖。

崇禎十一年(1638)五月十七日深夜，冒襄夢見祖父冒夢齡歸坐中堂，呼冒言曰：「今日何日，乃正月十五也。爾母一生事我純孝，……今不可得也！」冒襄隨後回到大廳，見母親盛飾纓珠，欲他赴，冒抱母痛苦而醒。事實上，在十年多天，冒襄就曾請人妄推母命，結論是「今歲不吉」。所以十一年元旦，他特別到縣裡各個神明前祈禱，願意以自己的功名、壽算和兩個兒子的生命來代替。沒想到五月十七日又得此夢，就像日後關係冒董二人姻緣的籤詩反覆出現一樣，不祥的主旋律開始不斷浮現。

(續)————

闈，四肢困倦，目不見卷格，不知何處下筆。出闈後，所作之文，不記一字。及中式後，見原卷，字字端楷，始知闈中若有神助。己未下第，復發願增註〈感應篇〉，博引旁考，無不詳盡。書成，即中進士，歷官布政。」林立仁整編，前引書，頁7。根據這段記載，冒起宗從萬曆34年(1606)入學讀書後，即虔誦〈感應篇〉，四十六年(1618)的鄉試，因此而中式。第二年會試不中，又發願增註〈感應篇〉，而終於在崇禎元年(1628)書成後考中進士。

這一則傳說在《感應篇圖說》中也予以登錄。不同的是，在《彙編》中，冒的經歷是放在正文之前，作為全篇基本命意——感應之驗——的一個具體例證。編者並並之鑿鑿的強調這些個案的真實性：「感應之驗，古今所載，不能盡述，今略舉以上諸案，皆確本見聞，信而且顯者，以證感應之定理。《彙編》，頁7。在《圖說》中，則被放在正文中「見他色美，起心私之」的條目下加以演繹。根據這裡的記載，我們知道冒起宗發願增補的〈感應篇〉中，至少對這個條目下了很多功夫：「己未春官下第歸，發願增註感應篇。念好色損德尤甚，士人多忽，於見他色美二句下，備列古今貞淫報應，稿脫，則焚之神前。」崇禎元年，冒襄的業師，幫助冒起宗一起編寫〈感應篇〉註文的羅憲嶽突得一夢，從黃衣老翁口中獲悉起宗即將中第。榜揭後，冒果然如願中第。為整本圖說作案語的徐白舫太史在結論中，將冒起宗兩次神奇的科場經歷，完全歸功於他二十多年內在〈感應篇〉上所下的功夫：「徐太史曰：沈疴臨闈，身且不保，何有於名。冒似非戊午鄉榜中人也！中矣！而蹭蹬公車者十年，冒又似非戊辰會榜中人也。乃一於闈中神助，一於榜前夢示，非由二十年刻屬持經，初終不怠之為轉移哉？益信文帝云：士子有志功名，不僅在幾篇文字用力也！」《感應篇圖說》，頁219-220。

41 順治對〈感應篇〉的重視以及清初〈感應篇〉的註釋、流通，可參考游子安，前引書，頁26-30；40-41。

　　五月十七日得夢之後，冒襄早起，向觀音、關帝前密禱，重申元旦時的許諾，「堅以身及兩兒請代」。五月十八日午夜，警示再度出現：「忽見異物，長丈餘，披髮赤身，面雜粉墨小點，逼立帳前，以目射余。」榻下另有一異物，面容與此相彷彿。兩個怪物提到冒襄以身相代的諾言，頗有前來索命的意味。冒襄再次夢哭而醒，反覆悲思：「人孰無親人，孰無死。余獨見此怪異，且明示以期，意余實罪戾痛天。」[42]就在憂思不已的同時，冒母馬恭人「即日乳忽生巖，醫者危甚。」眼見夢中惡兆成真，冒襄決定在祝禱祈願之外，採用一套更現實的辦法，利用功德的累積為母親延壽益命：「從五月十八日起，每月勉行千善，計十月限完萬善，行善格以蓮池大師、了凡先生為主，小為增減。」[43]

　　六月中，冒襄因為物力不濟，善行不足，半夜又夢見帳中人前來示警，一方面勸他不要戀惜財物，一方面又語帶威脅地說道：「且冥府已令一判二卒，日指爾所，行毋懈。」過了幾天，冒襄偶然經過城隍廟，突然想到自己拜過觀音、關帝和各個神明，卻獨漏了這個地方的守護神。拜過城隍後，當晚果然又得一夢：「夜旋夢全身如神者，坐余宅，云人能行善一擔，便可延壽一紀，況盈萬乎！」冒襄沒想到自己稍一起念，拜了城隍，晚上立刻就有反應：「余因一言一動，感通之捷如此，遂不敢稍懈。」

　　到這一年年底，冒襄努力行善已經有七個多月，累積了七千餘善的功德，馬恭人的病也漸漸痊癒。但就在十二月六日這一天，長子冒袞突然出水痘，十天之後暴殤。同時，冒起宗在關帝廟內求得一籤，得「祈求戶內保嬋娟」之句。冒父不解，冒襄卻知道自己在關帝和神明前所發的誓願已經應驗。長子暴斃，母親的性命卻得以保住：「余固密自色喜，忍痛含辛，戒妻子毋灑淚，余婦亦知之，向隅小泣而已。是日，胸中頓移五嶽。」[44]

　　冒襄雖然年初在神前「請減身功名、壽算及兩兒以代」而絕意功名，但在雙親的堅持下，仍然在十二月二十日勉強出門應試。在船上熟睡之際，五月十七日晚上的夢境又再度出現：「夢吾祖仍歸坐中堂。復云：正月十五之事，爾

42　冒襄，〈夢記〉，頁624。
43　同上。
44　同上。

忘之耶？淒然如故，闔家淩蓬之狀，如治喪者然。」[45]冒襄在船上絕食三天，三天中密呼上帝數十萬聲，並決定在一月十五大限來臨之前的二十五天內，把剩下的三千善行補足。雖然是在旅途中，冒襄仍然四處借貸，施捨衣食。

同時，他聽說福緣菴得宗和尚「能言人未來」，馳往見之：「僧之淺深不可測，菴中則儼然大士關帝在也！僧云：爾欲急完三千善，我能三日為君圓滿。嚴冬風雪，此地飢民萬餘絕食，或百金，或二百五十金，可濟目前矣！」[46]二十八日，冒襄方入門，次子也出痘病危，「其怪異之症、之狀、之聲色，絕類亡兒。」醫生斷定無可救藥。冒襄「無地可入，無天可控，惟晝夜哀籲於關帝前」，說明以兩子代母，雖係先前所許之願，但如果次子也如願而死，恐怕自己的母親無法承受，也熬不過上元之期。事情如果發展到這個地步，自己也斷不能獨活，「則三世俱斬」。

一月三日，次子怪症忽退，自云「我匿關帝室中，今歸矣！」辟疆此時雖甚困窘，仍七貸於人，得金一百五十，遣使星馳福緣菴，用這筆錢供養了兩千多名僧人和八千多貧民。至此，崇禎十一年五月十八日所立行萬善的誓願，圓滿達成，馬恭人也成功地度過上元的劫難。令人悚然的是，冒襄一位十七歲的堂嬸，忽然在十二年元旦得痘，並於上元日病逝。冒襄長子夭殤時，「面痘黑陷，家人以粉和藥塗之，死時髮結不可梳」，堂嬸死時面目和冒兗一模一樣。冒襄這時才恍然大悟，五月十八日夢中「長丈餘，披髮赤身，面雜粉墨小點」的兩個異物，原來分別是長子和堂嬸。顯然，堂嬸成了冒襄次子禾書的代罪羔羊，同以身代。冒襄的妻子曾經六度小產，卻在十一年夏天懷孕，並在十二年三月，懷孕八個月產下一子，「面目酷似亡兒」，顯然是上天有意以此補償代母死去的愛子[47]。

〈夢記〉中種種不可思議的情節和巧合，完全不下於袁枚《子不語》之類的筆記小說，但放在冒襄個人的生命歷程和當時的文化傳統下來考量，卻毫不突兀。從四歲起曾祖母在萬民祈禱聲中，死而復生的場景開始，冒襄的一生就和神祕的宗教力量有著密不可分的關係。冒起宗科考過程中種種神怪的傳說，

45　冒襄，〈夢記〉，頁623-624。

46　同上，頁625。

47　同上，頁625-626。

是否得到本人的認可，我們不得而知。但順治十四年《感應篇圖說》開始流傳時，冒襄正值壯年，又是江南一帶交遊廣潤的文人，再加上冒起宗本人也寫過《太上感應篇箋注》一書，我們有充分的理由可以假設冒襄對書中關於其父的各種神怪傳說，知之甚詳。父親的神怪經歷倒底對他的宗教信仰有多麼深遠的影響，我們很難精確的評斷，但從〈答丁菡生詢回生書〉和〈夢記〉這兩篇充滿了細節的魔幻寫實文字來看，我們完全可以把冒襄的夫子自道當成冒起宗神話的續篇，一起寫入〈感應篇〉的證案之中。冒家的家族歷史和冒起宗的科考傳說對冒襄的宗教信仰顯然發生過一定程度的影響，冒襄的個人歷史和重回現場的親筆記敘，又反過來，讓我們對家族傳說的真實度，有了不同的體認。更精確的說，對冒襄乃至整個冒氏家族來說，個人「真實」的生命歷程其實是和看似虛妄的神怪傳說緊密地糾結在一起。我們如果要用現代人的理性、科學觀點去切割明清士大夫生命中的真實與虛幻、歷史與傳說，勢必無法進入這些人的心靈世界。

在〈夢記〉一文中，關帝信仰扮演了極突出的角色，幾乎出現在每一個轉折和場景中，連冒起宗祈求的籤詩和次子的死而復生，都展現了關帝君無所不在的神力。和前述〈影梅庵憶語〉中的記敘合而觀之，我們不難發現關帝信仰在冒襄的生命歷程中所佔的關鍵性地位。

明亡國前，冒辟疆積極參與時政。崇禎六年(1633)，二十三歲時加入復社，幾次在金陵大會東林諸孤，並參與〈留都防亂公揭〉的連署、起草，被阮大鋮當成必欲除之的主要政敵。明亡後，參與抗清活動，對地方賑災不遺餘力，並幾度拒絕清廷的徵召，以遺民終老，可說是充分實踐了儒家經世濟民的理念和儒生忠孝節義的氣節。但與此同時，他又虔事關帝，在每一個疑難危急的關口上，都要訴諸神明的救濟。除了對文學藝術和戲曲的興趣外，關帝在他生命中所佔有的地位，和儒教幾乎無分軒輊，甚至猶有過之。Duara的研究指出：1725年，雍正皇帝下令，從各縣所有祭祀關帝的道觀、寺廟中，挑選最具規模者作為官方的關帝廟，即所謂的武廟，這些武廟又統歸位階最高的京師白馬寺管轄。如此一來，關帝祭祀和祭孔一樣，成為全國性的崇祀系統，文廟、

武廟的制度也於焉確立[48]。冒襄的關帝信仰，雖早在文廟、武廟並列國家重大祀典確立之前，卻已充分反映出在一個儒生的生命歷程中文／武交相爲用的有趣趨向。

〈夢記〉和〈答丁菡生詢回生書〉兩篇文章，還有另一個值得一提的主題，就是對夢境的細緻描述以及對夢的預示效應的重視。夢在傳統文學中是一個重要的題材，湯顯祖的《玉茗堂四夢》、蒲松齡的《聊齋志異》、袁枚的《子不語》，都是和冒辟疆所身處的時代較切近的例子。但和這些文學、戲曲創作以及筆記小說的誌怪傳統不同的是，冒辟疆夢中的警訊和情境往往與現實生活中發生的事實遙相呼應，並成爲具體行動的重要依據。現實成爲夢境的延伸，神啓則變成實踐的源頭。《子不語》中的許多故事雖然虛實相間，但因爲是在筆記小說的框架或文類中建構出來，不免給人姑妄言之的印象。而冒襄的記述雖然也充滿夢幻、怪異的細節，但卻被作者慎重其事、如泣如訴地當成個人的歷史記錄下來。

夢境對個人的歷史產生影響，主要是透過「感應之理」這套機制，但除了一般我們所熟悉的天人感應、陰騭延壽的語彙之外，〈夢記〉一文其實還強烈地反映出時代的印記。袁黃(了凡)功過格的影響在此清晰可見。功過格的起源雖然甚早，但一直要到明末才成爲一種流行的善書類型，袁了凡則是讓這種新型態的善書風行一時的關鍵人物[49]。

根據袁黃在〈立命篇〉中的自敘，他原來相信人的壽殀、功名、子息都有定數，他求學過程中的經歷，更是絲毫不差的印證了命者的預言。穆宗隆慶三年(1569)碰到雲谷禪師後，才了解到定數可以轉移。袁於是開始依照雲谷禪師傳授的功過格，積累善行，以期改善定命。他首求登科，願以善事三千條回報，十餘年後，善行完畢，袁也如願在隆慶四年(1570)中舉。次求生子，也以三千善事回報，萬曆九年(1581)長子出生，袁黃開始以五年的時間完成三千善行。接下來，他提出更大的要求：如果進士及第，願以一萬善行回報。萬曆十

48　Prasenjit Duara, "Superscribing Symbols: The Myth of Guandi, Chinese God of War," *The Journal of Asian Studies*, 47, no. 4 (Nov. 1988), pp. 778-795.

49　Cynthia J. Brokaw, *The Ledgers of Merit and Demerit: Social Change and Moral Order in Late Imperial China* (Princeton University Press, 1991), p. 26.

四年(1586)，袁進士及第，並開始爲了如何累積一萬功的善行而傷神，後來還是根據夢中神人的指點，合縣減糧，嘉惠萬民而圓滿完成誓願[50]。

袁黃在1601年發表〈立命篇〉後，在讀書人間引起極大的迴響。在17、18世紀之間，各種名目、版本的功過格不斷出現，條目也更趨繁複[51]。但基本上，所有的功過格都分成功過兩個部分，並按照善行、惡行的大小，給予如一、五、十、百、千功(過)等的獎懲。這一套將功過轉換成數字，並據以爲獎懲標準的思想，在《抱朴子》已見雛型：「欲求仙者，要當以忠孝和順仁信爲本」「行惡事大者，司命奪紀，小過奪算，隨所犯輕重，故所奪有多少也。」「人欲地仙，當立三百善；欲天仙，立千二百善」「又月晦之夜，灶神亦上天白人罪狀。大者奪紀，紀者，三百日也。小者奪算，算者，三日也。」[52]但到了明末，原來簡單的數字與功過的換算，發展成更繁複的數字與德行的對應關係。〈夢記〉一文寫於1638年，距離袁黃發表〈立命篇〉有三十多年，其影響隨處可見，除了「行善格以蓮池大師、了凡先生爲主，小爲增減」外[53]，連禪

50　袁黃，《了凡四訓》，收於藍吉富主編，《大藏經補編》，28(台北：華宇出版社，1986)，頁805-809。《了凡四訓》分爲四篇，以〈立命之學〉開端。

51　雲谷禪師傳授給袁了凡的功過格，其具體內容爲何，我們無法確知。但因爲〈立命篇〉的影響，功過格卻往往和袁了凡劃上等號。陳宏謀(1696-1771)在乾隆初年所編的《五種遺規》中，就收集了一部所謂的《袁了凡當官功過格》，按照吏戶禮兵刑工等六個範疇，條列了一百多項具體的功過內容，作爲《從政遺規》的一種，見陳宏謀，《五種遺規》(上海：中華書局，1939)，冊五，頁7b-14b. 這一類被歸爲袁黃所著的當官功過格在明末清初甚爲流行，和雲谷所傳授的功過格顯然屬於不同的系統，是否眞爲袁黃所著，也難以確認。相關的考證，見酒井忠夫，《中國善書的研究》，(東京：國書刊行會，1960)，頁375-376；393-394。我這裡參考的是許洋主的譯文，〈功過格的研究〉，收於劉俊文主編，《日本學者研究中國史論著選譯》(北京：中華書局，1992)，卷7，頁513-515；532-533。

52　葛洪，〈抱朴子·內篇〉，卷6，此處根據的是王明，《抱朴子內篇校釋》(北京：中華書局，1985)，頁53，125。

53　蓮池大師即明末知名的僧人雲棲袾宏，他寫的《日知錄》一書，大體上是以目前所知最早的一本功過格《太微仙君功過格》(1171)爲基礎，加以刪改增補，易名而成。見酒井忠夫，許洋主譯，前引文，頁513-517。袾宏早在年少未出家時就讀過《太微仙君功過格》，並在欣喜之餘，免費爲之刊刻印行。不過值得注意的是，經過刪改而在萬曆三十二年(1604)，袾宏七十歲時出版的《日知錄》，已經將原書中的儒／道色彩轉化成儒／釋取向，條目也大爲擴充，善門有202條，過門有279條。于君方對此書有詳盡的介紹、分析，見Chun-fang Yu, *The Renewal of*

師開示、夢中神人指點迷津等情節，都有類同之處。由此我們不難歸納出明清士大夫生活經驗中的一些共同要素。

在〈夢記〉中最能反映功過格精神的莫過於對數字細節的記敘。除了移植〈立命篇〉行三千善與行萬善的基本架構外，冒襄對數字的講求，可以說是「青出於藍，而更勝於藍」：「貸得錢六千文，施乞者。又貸錢十八千六百文，施乏食獄人。貸銀二十六兩，買舊棉衣一百一十九件，施僵臥雪中者」「買米麵易錢齋僧二千餘人，濟貧八千餘人。計余前七閱月所行之事，救患難疾病冤獄十三命，施布被棉衣裙褲共二百零七件，棺二十口，藥三千餘服，茶四十一日，米麥六十三石零，放生二千七百餘命，焚化路遺字紙二十九斤四兩。誦經施食與賑濟乞丐、獄囚、貧不能婚嫁、旅人流離不能歸者，共銀一百一兩七錢，錢五十二千零，合之為萬善圓滿。」[54]原本恍兮惚兮的感應之理和宗教體驗，在此卻用精確無比的數字和計算轉換成極度功利的交易。(圖2)

五

〈夢記〉和〈答丁菡生詢回生書〉顯現出兩種不同的天人感應的模式。前者是由夢兆、命相等超自然的現象啟動感應的機制，然後再經過一套特定的信仰體系，藉由俗世的善行來感動神明，化解了超自然力量所預示的危機。後者則在表面上是以儒家的道德理念──不管是不忍人之心、良知良能或經世濟民──為基點，在現實世界積極行善，並在實踐的過程中引發危機，由此啟動感應機制，藉著超自然力量的協助得到救贖，雖然在這一套模式中，善行的驅動力本身可能已經摻雜了果報的宗教成份，但基本取向卻符合儒家的道德理念，行動的內容也忠實地反映了我們對地方士紳的期待。

但不論啟動的機制是儒家的道德理念還是超自然的宗教信仰，在整個如夢似幻的感應過程中，冒辟疆作為儒生的現世關懷──特別是孝道與經世濟民──和超自然的神祕力量這兩個主旋律卻是始終相隨，緊密地交織在一起。

(續)──────────────

Buddhism in China: Chu-hung and the Late Ming Synthesis (New York: Columbia University Press, 1981), pp. 101-137; 233-259.

54 〈夢記〉，頁625。

　　我在這裡所強調的儒生與宗教、道德與神怪、現實與超自然以及善行與神蹟的對應關係，無疑地是冒辟疆生命歷程中一個極其突出的特色，但卻不意謂著宗教體驗在冒辟疆的生活中不具有獨立自足的存在空間，而必須完全依附於儒家的現世道德關懷，以感應的形態出現。揭示了冒辟疆、董小宛亂世姻緣的關帝籤詩就是一個很好的例子，籤詩反覆預示的命運固然同樣玄妙、靈驗，卻是獨立運行，無法藉由任何人為的力量來改變。而從「余自幼師事關帝，屢有異徵」「弟子虔事帝君二十八年」[55]「又高呼關帝君，弟子虔奉尊神三十年，生平自審無過，惟神知我」[56]「余每歲元旦，必以一歲事卜一籤于關帝君前」[57]等記敘來看，關帝信仰根本就已融入冒襄的生命之中，成為日常生活的一部分，不需要等到非常的危急關口，藉由超凡感應來特別彰顯其存在。

　　由於冒襄對日常生活和神祕的宗教體驗的細節，有著超乎尋常的偏好與記憶，我們也因而得以藉著這些豐富的資料，去重新建構一位18世紀文人／儒生的生活歷史。冒襄的個案，對我們了解宗教在明清士大夫文化中所扮演的角色，應該是一個極有意義的參照點。

55　〈夢記〉，頁624，625。
56　〈答丁藹生詢回生書〉，頁614。
57　《影梅庵憶語》，頁247。

圖1　關羽彩塑；王朝聞總主編、鄧福星副總主編，《中國美術史》（濟南：齊
　　　魯書社：明天出版社，2000）明代卷，頁394。

圖2　冒家巷現景；作者自攝。

士大夫的逸樂：

王士禛在揚州（1660-1665）

　　王士禛是清初文壇的領袖人物。他的門人在爲他作傳時，說他「詩歌爲當代稱首，維持風雅數十年」[1]，代表了當時人普遍的看法。在最近的研究中，王士禛在清初詩壇的盟主地位[2]，或是對廣陵詞壇的影響[3]，仍然是學者研究的重點。由於王是一位知名的文人，從文學史的技術性問題出發，討論他的貢獻和成就，或是對他的主要詩歌創作理論「神韻說」提出批判和疏解，自然就成爲王士禛研究中的主要課題[4]。

1　黃叔琳，〈漁洋山人本傳〉，見《漁洋山人精華錄訓纂補》，收入孫言誠點校，《王士禛年譜》（以下簡稱《年譜》）（北京：中華書局，1992），頁112。王士禛之名，雍正時因避諱改爲士正，乾隆三十九年(1774)考慮到士正與原名相去甚遠，後世易生誤解，復詔改爲士禛。所以在不同時代的記載中，王士禛之名，以不同的形式出現。見前引書，孫言誠的點校說明，頁3。本文原則上都使用原名王士禛。

2　蔣寅在《王漁洋與康熙詩壇》（北京：中國社會科學出版社，2001）一書中，分析了王士禛如何受到錢謙益的啓發、獎掖，最後取代錢成爲清初詩壇的盟主。頁1-23。

3　李康化，《明清之際江南詞學思想研究》（成都：巴蜀書社，2001），頁187-201。

4　「神韻說」基本上是指一種沖和淡遠的創作風格，講求飄逸的情境和意在言外的文字。王士禛的理論和詩作雖然在清初有極大的影響力，但在當代就已經引起一些批評，批評最力的是和他同時的詩人趙執信。趙執信在康熙十八年(1679)中進士，才十八歲。但二十八歲時因爲在國喪期間搬演《長生殿》一劇而貶官。此後一生抑鬱，詩作充滿了悲憤之氣。趙四十八歲時，寫成《談龍錄》一書，正式向王士禛的「神韻說」提出挑戰。詳細的討論，見嚴迪昌，《清詩史》（台北：五南圖書出版有限公司，1998），上冊，頁585-630。徐振貴對趙、王二人的差異有比較持平、簡扼的分析。他認爲「清遠爲尚」並非神韻說的全部內容，神韻說也不是漁洋的全部詩論，漁洋詩中也有一些寫實性的作品，見〈趙執信與王士禛詩及詩論評辨〉，《齊魯學刊》1995.2：91-96。近來的其他研究也指出王士禛的神

　　但對歷史學者來說，王士禛豐富的詩作和筆記小說，其實也爲文化史的研究，提供了極佳的素材。梅爾清(Tobie Meyer-Fong)的研究，就是很好的範例[5]。她仔細分析了王士禛如何透過紅橋修禊等文化活動及在江南各地的旅遊，來建立自己的威望。同時，揚州和紅橋的聲名也因爲王的詩文和地位而提高[6]。

　　我在這篇文章中，則試圖從生活史的角度出發，檢視王士禛在揚州五年仕宦生涯的細節：從就任前的猶疑、在公務上的努力與挫折、官員與詩人兩種角色的轉換、絡繹於途的訪客，到日常的詩酒酬酢、對揚州與江南山光水色的流連，以及與文人故交的宴飲狂歡，都將一一觸及。在習慣了從思想史、學術史或政治史的角度，來探討有重要影響的歷史人物後，我們似乎忽略了這些人生活中的細微末節，在型塑士大夫文化中所扮演的重要角色。其結果是我們看到的常常是一個嚴肅森然或冰冷乏味的上層文化。缺少了城市、園林、山水，缺少了狂亂的宗教想像和詩酒流連，我們對明清士大夫文化的建構，勢必喪失了原有的血脈精髓和聲音色彩。我曾經以鄭板橋爲例，討論一個半生賽塞的文人／藝術家對揚州生活的回憶[7]。王士禛以其過人的才華、精力和聲名，在物質生活相對匱乏的清初揚州，營造出一幅大異其趣的生活景象，值得細加品味。

一、揮淚下揚州

　　順治十五年(1658)，年僅二十五歲的王士禛通過殿試，成爲新科進士。前一年，他才因爲在濟南明湖和諸名士唱和，以四首〈秋柳詩〉譽滿士林。如今

(續)————————————————

　　韻説並不排斥「沉著痛快」的美學特徵。他的詞雖然以婉約派爲不祧之宗，但也不鄙薄、排斥豪放派，見張少康，〈董其昌的畫論和王漁洋的詩論〉，《蘇州大學學報》(哲學社會科學版)1995.2：43-46；蔣寅，〈王漁洋與清詞之發靭〉，《文學遺產》1996.2：91-99。

5　Tobie Meyer-Fong, "Making a Place for Meaning in Early Qing Yangzhou," *Late Imperial China* 20.1(1999): 49-84. 本文由董建中譯爲中文，〈綠楊城郭是揚州——清初揚州紅橋成名散論〉，《清史研究》2001.4。

6　Tobie Meyer-Fong, 前引文, pp. 53, 58.

7　李孝悌，〈在城市中徬徨：鄭板橋的盛世浮生〉，收入《中國的城市生活》(台北：聯經出版公司，2005)，頁207-228。

又以弱冠之齡，進士及第[8]。想像著錦繡般的前程，這時的王士禎，應該是躊躇滿志的。但第二年的揚州推官之任，卻讓他有著英雄氣短之慨。

　　按照原來的規定，進士二甲及第可以留在京師任職，但順治十五年起，卻改成外放。對這樣的改變，王士禎雖然顯得失望，卻也極認命地接受。原來在發表這個官職前幾個月，他特地前往京師前門「夙稱奇驗」的關帝廟求籤，得到如下的籤詩：「今君庚申未亨通，且向江頭作釣翁。玉兔重生應發跡，萬人頭上逞英雄。」剛看到這個籤時，王士禎完全無法猜透其中的玄機。等到選中揚州推官，才了解所謂的「未亨通」是什麼意思。根據王自己的解析，他在順治十七年(1660)——也就是庚子年——正式赴揚州任官，在當地待了五年，直到甲辰年(康熙三年，1664)十月才遷爲禮部主客司主事。籤詩第一句「庚申未亨通」，指的就是從庚子到甲辰年。揚州在江邊，所以說「江頭作釣翁」。至於「玉兔重生」，是說王士禎在崇禎七年（1634）閏八月出生，到庚申年(康熙十九年，1680)的閏八月，受皇帝拔擢爲國子監祭酒。所謂庚申、江頭、玉兔重生的種種預言，均一一應驗。他因此結論道：「諺云：飲啄前皆定，詎不信夫？」[9]

　　王士禎顯然對發生在自己身上的這次神祕經驗深信不疑，不但在帶有筆記小說性質的《池北偶談》中提及，在自己寫的《年譜》中，也慎重其事地正式記載下來，可見他對這些奇怪可異議之論的重視。對怪力亂神之說的喜好，是中國士大夫著述中的一大特色，筆記小說則是最常使用的文類。和王士禎一樣以詩詞稱霸清代文壇的袁枚，就是很好的例子。他在《子不語》和《續子不語》中，以虛實相雜的筆法，將一些知名官僚士大夫的生平事跡，寫得神出鬼沒，讓人半信半疑[10]。王士禎不同之處，是一方面在筆記中，以簡約而近乎史實的筆法，記敘神怪的事跡；另一方面，在較正式的行狀、傳記中，也不避談神怪之事。《年譜》的一開頭，就以一種魔幻的筆法，追溯了自己家族的起源

8　《年譜》，頁13-14。

9　《年譜》，頁15-16。王士禎，《池北偶談》（北京：中華書局，1997），下冊，卷22，〈籤驗〉，頁528。

10　我在本書下一章〈袁枚與18世紀中國傳統中的自由〉一文中，有簡單的討論。

和興盛之由[11]。晚年評論王氏三代在舉業、仕途上的輝煌成就時，也歸因於祖父在選擇先人墓地時的洞見。神祕的經驗，成為王氏生活中不可切割的一部份[12]。

順治十七年初，王士禛啟程前往揚州，他的母親孫太夫人對他「少年為法吏」，心存畏懼，但因為揚州是王的祖父舊游之地，所以勉勵他「務盡職守，

---

11 《年譜》一開頭，王士禛記述自己的先人瑯琊公在元末避居新城，為某大姓傭作。「一日大風晦冥，有一女子從空而墮。良久既霽，公於塵坋中得之，云即諸城縣初氏女也，晨起取火，不覺至此」。瑯琊公遂與天降的初氏女結為夫婦。「兩百年來科甲蟬連不絕，皆初夫人所出也」。見《年譜》，頁1。

12 王士禛對科舉、功名和神祕力量間的關係，有很大的興趣。在談到自己這一房在舉業上的輝煌成就時，認為都是因為祖父王象晉選擇了一塊「吉壤」來埋葬先人。相反的，伯祖王象乾雖然也篤信風水，並常常在家裡招待堪輿師，卻因為選錯了地方，竟致無後：「先祖方伯贈尚書府君與伯祖兵部尚書太師府君為胞兄弟，太師篤信堪輿，家常有數輩在客舍，方伯常非之。自卜兆域於高祖忠勤公塋之西，恆語先贈尚書初，至此地，覺足下步步如登高然，然實平地耳。心以為吉壤，即決意用之葬兩祖母夫人。而太師所擇在淄川縣北，距新城六十里，竟無後。方伯子孫眾多，愚兄弟同胞四人，三人成進士。府君初贈戶部左右侍郎，累贈刑部尚書，皆帶經筵講官。」見王士禛，《分甘餘話》（收入《文淵閣四庫全書》〔台北：臺灣商務印書館，1983〕，第870冊），頁551。
《居易錄》中也記載了一個學生的先人，致力挑選風水的過程：「人家科第在積學種德，堪輿之說非所論也，然亦有灼然可信者。」他的門人吳禺就是一個很好的例子。吳禺的曾祖吳體泉為了替他自己的父親找一片洞天福地安葬，特別請了一位通風水的福建人簡堯坡到家裡，給予豐富的酬勞。簡堯坡尋覓了三年都找不到好的地點，幾乎就要放棄。後來在一個叫陳家市的酒樓喝酒，「倚檻遠眺，久之，罷酒起曰：『異哉！吾遠近求之，三年不得，乃在此乎？』」兩度前往探視後，簡高興地歡呼：「天賜也，得此地足報君矣！」並預言：「至孫乃大發，發必兄弟同。對面文峰秀絕，發必鼎甲。然稍偏，未必鼎元，或第二、第三人。亦不僅一世而止。」後來果然一一應驗。王士禛聽了學生的故事，讚歎道：「簡之術亦神矣！」王士禛，《居易錄》（收入周光培編，《清代筆記小說》〔石家莊：河北教育出版社，1996〕，第66冊），卷10，頁387-388。
除了在筆記中記載學生顯赫神奇的家世，他也在墓誌銘中，記敘自己的同僚山西道監察御史傅宸（彤臣）的特異能力和經驗：「公平生多神異。諸生時，有巫覡為社鬼所憑，公至即避去。曰：傅公，正人也。辛亥冬，公得寒疾，危甚，夢觀音大士，以甘露灑其頂曰：君至孝格天，當延壽一紀。已而脫然，又十二年而公歿。」王士禛，〈敕授文林郎掌山西道事山西道監察御史彤臣傅公墓誌銘〉，見《漁洋山人文略》（以下簡稱《文略》。收入《叢書集成三編》〔台北：新文豐出版公司，1997〕，第54冊），卷8，頁179。

以嗣前烈」[13]。與親人賦別的詩文中，充滿了傷感之情：「靡靡即長道，鬱鬱難具陳」、「昨宵一堂宴，明日千里人」、「登車不成別，淚下如懸絲」[14]。淚如雨下的場景，固然因離別而發，也未必不是一種對未亨通的仕途，和帶有疑懼的前程的鬱悶之情的投射。

孫太夫人擔心王士禛年少氣盛，無法勝任法吏的重擔。已經以詩作揚名的王士禛，反而擔心沒有辦法繼續寫詩。根據他的老友汪琬(1624-1690)[15]的敘述，在聽到推官的任命後，「王子愀然有憂色。客或謂予曰：王子之憂也，憂夫以吏治之故而廢其詩也」。汪琬對這樣的憂慮不以為然，認為以王士禛的才華，不但能使吏治清明，而且絕對不會因公廢詩：「然則居刑官之職，何嘗至於廢詩而不暇以為哉？王子可以無憂矣！使誠能以清靜治之，吾見王子之才必加優，其簿牒必加少，國中之盜賊亦必加衰止，如是而曰不能為詩，吾不信也。」[16]

事實證明，王士禛的擔心確實是多餘的，雖然原因並不在他採用了汪琬所建議的清靜無為之治。揚州五年任內，他不但創作了大量的詩詞，還進一步奠定了在清初文壇的領袖地位。一位傳記作者反而擔心王在詩詞上的表現，會讓人忽略了他的政績：「耳食者徒以公為有明三百年來詩人之冠，不知其清風政績卓卓如是者。」[17]對不明就裡的「耳食者」來說，這樣的擔心當然有道理。大量的文學作品、川流不息的訪客和頻繁的酬唱、宴游，都讓人懷疑他是一位不勠力本業的文人。但對和王士禛有深切交誼的當代俊彥來說，王最令人羨

13　王士禛的祖父王象晉，崇禎年間曾任揚州兵備副使，見《年譜》，頁4, 16。

14　王士禛，〈灑水上留別家兄太液禮吉子側暨諸猶子二首〉，見《漁洋詩集》（收入《四庫全書存目叢書》[以下簡稱《四庫存目》。台南：莊嚴文化公司，1997]，集部第226冊），卷7，頁612。

15　汪琬和王士禛同在順治十二年中進士，以古文名家，詩學宋調。但他性嚴屬，不輕許可。所以人多舍汪而就王，謂「如坐春風中也」。參見蔣寅，《王漁洋事跡征略》（以下簡稱《征略》。北京：人民文學出版社，2001），頁34。宋犖，〈誥授資政大夫經筵講官刑部尚書阮亭王公暨元配誥贈夫人張夫人合葬墓誌銘〉，見《年譜》，頁110。蔣寅的《征略》是到目前為止最好的一本關於王士禛的年譜，對王漁洋的事跡、交友、作品有詳贍的整理考證，對本文的寫作有極大的助益。

16　汪琬，〈贈王貽上序〉，見《鈍翁前後類稿》（收入《四庫存目》集部第227冊），卷24，頁614。

17　〈漁洋山人本傳〉，見《年譜》，頁114。

慕、稱許之處，正是他在刑官與詩人兩種角色間優游裕如的轉換。不過在進入這個主題前，我覺得有必要交待一下王士禎在推官任內的表現和挫折，以便對他生活、情感的各個面向，有比較全面的了解。

先是，順治十六年(1659)，王士禎到任前一年，鄭成功率領的軍隊進犯長江沿岸，直抵鎮江、包圍金陵，東南人士群情振奮。明鄭軍失敗後，清廷開始追查江南各府州縣之迎降鄭成功者，株連極廣[18]。順治十八年（1661），清廷派出戶部侍郎、刑部侍郎等官員到江寧負責審理這些通敵的重大案件：「辭所連及，繫者甚眾。監司以下，承問稍不稱指，皆坐故縱抵罪。」王士禎則以審慎的態度，將沒有證據的官員、人犯釋放，將隨意告訐他人的奸宄之徒下獄，因此活人無算[19]。

王士禎公正不阿的辦案態度，由此可見。這種敢於堅持己見，不怕忤逆上司的作風，雖然在這一次的事件中並未引起任何不良的反應，卻在第二年招致降級的處分：「山人居官公正嚴肅，不畏強禦。每疑讞重獄，據案立決，牘無留滯。時失出法嚴一事，被部駁輟至鐫級。」對這樣的挫折，《年譜》中只平淡地記敘了孫太夫人的勸勉：「人命至重，汝但存心公恕，升沉非所計也。」王士禎似乎也默默地接受了母親的勸勉，一本良知地平反了許多冤案[20]。

但從他和冒辟疆的往來書信中，我們卻可以猜測這次懲處，讓王士禎感到極度的沮喪。事實上，早在前一年，他就因為一項「極沒要緊事」，被部議罰俸一年，而發出「弟本無宦情，只得浮沉任之耳」[21]。壬寅年（康熙元年，1662)他被降級處分後，更覺得人生了無生趣：「弟近況益惡，非筆札所能悉其萬一。庾子山云：『此樹婆娑，生意盡矣』。老世翁橋梓愛我最深，何以教之。棧豆寧復可戀，甘作駑駘，豈不可笑。」[22]同一年冬天的另一封信，說

18　張宇聲，〈王漁洋揚州文學活動評述〉，《淄博師專學報》1996.1：50。

19　《年譜》，頁17-18。

20　《年譜》，頁20。

21　冒辟疆，《同人集》（收入《四庫存目》集部第385冊），卷4，頁73a-b，總頁170。

22　這封信下註為辛丑(順治十八年，1661)，似乎是降級前二年的事。但這封信的前一封信標明為壬寅九月，下封標明為壬寅秋。所以我推測這一封信可能也是壬寅年寫的。見《同人集》，卷4，頁75a-b，總頁171。

「爾來諸事拂鬱，無復人理」[23]。短短幾個字，仍然透露出他極端不滿的情緒。同樣的怨懟，在康熙三年又出現了一次：「邇來事事拂逆，告貸無門。殆如少陵所云：心死作寒灰，無復人理。」[24]此處所說的事事拂逆，可能和長兄士祿作考官時監督不周，因而下獄有關。王士祿是順治九年(1652)的進士，康熙二年，「充河南鄉試正考官，以磨勘罣吏議，逮下獄」[25]。士禛因為不能代兄赴京申冤而感到無限的愧疚，這點下文還會提及。

　　另一封寫於康熙元年五月的書信顯示，王士禛不但感到人生了無生趣，甚至和妻子及二哥士祜(字子側)一起開始長齋事佛：「弟與子側及內人悉已長齋奉佛，鶴柴竹亭，蕭然僧舍。」[26]雖然這封信並未說明吃長素的理由，但從時間來推斷，很可能和仕途上的挫折有關。對王氏兄弟來說，在仕途遇到困頓時吃齋禮佛，似乎成了標準的應對模式。康熙三年，王士祿被罷官議處時，王士祜正好因為省試下第，留在京師。一家人過著疑懼困窘的生活，「皆震怖雨泣」。只有士祿坦然以對，每天靠著寫經和茹素維持心理的平靜。他還寫了一首長齋詩，說明因由：「我從憂患來，每食惟茹素。」又特別請人畫了一幅「長齋繡佛圖」[27]，在苦難中表達出虔誠的宗教信仰。

二、官員／詩人的角色轉換

　　王士禛的挫折感固然真實而強烈，但和自己的兄長、同僚，或是揚州歷史上的知名人物(如鄭板橋)相比，王的仕途其實相當平坦順暢。從私人信函中，我們看到他偶爾宣洩的幽暗情緒。但在眾人的描述中，他卻總是以一種從容、

23　《同人集》，卷4，頁76b，總頁171。

24　這封信標明為甲辰年作，見《同人集》，卷4，頁79b，總頁173。

25　〈王士祿傳〉，收入《清史列傳》，卷70，引見《年譜》，頁132。王士祿的年譜，則較詳細地記載了他在康熙三年所受的懲處：「三月，以禮部掯撦試文語句指為有疵，考官例奪俸三月，而是時功令加峻，遂送下先生吏部。五月，移刑部。」見王士禛，《王考功年譜》，收入《年譜》，頁76。明清的科舉考試，禮部依規定會派人對鄉試、會試的試卷，進行覆核，檢查詞句書法是否符合規定，謂之磨勘。

26　《同人集》，卷4，頁74b，總頁170。

27　《王考功年譜》，見《年譜》，頁76-77。

優雅的姿態，出入在兩個不同的場域。在這個人人讚歎的公眾形象中，我們看不到一絲前述的陰霾情景。他的長兄王士祿所說的：「貽上蚤負夙惠，神姿清徹，如瓊林玉樹，朗然照人。」[28]可以說是對這種公眾形象最恰當的詮釋。（圖1）

為了避免大量詩詞作品和頻繁的酬唱宴游所可能引起的誤解，王的讚譽者在描述他的文化活動時，必先強調揚州的難治和他在政務上的傑出表現。惠棟首先就在《年譜》中記錄了王士禛為彌補揚州積欠朝廷稅賦所作的努力。從順治二年(1645)到十七年，揚州積欠的稅款有兩萬多兩，許多官員和官員的親族因此下獄，「囹圄填溢」。王士禛看到這些多半因為株連下獄的人「鳩形鵠面」，心中不忍，行文他的上司、下屬，希望藉眾人之力，彌補這些虧空。這些人多半曾經在順治十六年鄭成功、張煌言的軍隊攻打長江下游時，無辜牽連入獄[29]，因為王的搭救而平反，所以慷慨解囊，協助將揚州積欠的稅款繳清，繫獄的人犯也因此得到釋放。惠棟藉此來說明揚州推官的難為：「山人官揚州，比號繁劇」[30]。

冒辟疆則用鮮活、誇張的筆調——所謂「侍史十餘人手腕告脫」——描述王士禛異乎尋常的辦案效率：

28　見《年譜》，頁23。王士禛生前的自撰年譜，記事比較簡約。雍正年間，他的門人惠周惕的孫子，知名的考據學者惠棟也寫了一本《漁洋山人年譜》，對王的生平事跡作了許多補充。後來兩本年譜合而為一，成為今天看到的《王士禛年譜》，本文中引敘的一些讚譽之詞，都是惠棟後來補敘的。

29　《年譜》中對此事的記載是：「先是海寇犯江上，宣城、金壇、儀真諸邑有潛謀通賊者。朝命大臣讞其獄，辭所連及，繫者甚眾。監司以下，承問稍不稱指，皆坐故縱抵罪」，頁17-18。

30　《年譜》，頁27。雍正年間正式提出「衝、繁、疲、難」四個標準，作為判斷府州縣和地方官員缺等級的依據：「地當孔道曰衝；政務紛紜曰繁；賦多逋欠者曰疲；民刁俗悍，命盜案多曰難。」用這個標準來看，王士禛居官時的揚州，至少具備了衝、繁、疲三個標準。事實上，在順治十二年對府州縣所做的三等區劃中，揚州也因為「政事殷繁」、「地方拓要」，而和其他二十九個府並列全國一百多個府缺中的「最要者」。相關的討論，見劉錚雲，〈「衝、繁、疲、難」：清代道、府、廳、州、縣等級初探〉，《中央研究院歷史語言研究所集刊》64.1(1993)：176, 178。惠棟說的「山人官揚州，比號繁劇」，或其他記載中的「廣陵為江南劇郡」，顯然都不是文學修飾之辭。從「羽書旁午，征檄雨至」之類的描述和揚州所積欠的稅款，不難看出揚州被視為「劇郡」的原因。

廣陵爲江南劇郡，大吏有疑難事下之藩臬，藩臬復下之李官。黎明坐
堂皇，羽書旁午，征檄雨至。公左右裁答，酬應若流，侍史十餘人手
腕告脫。嘗以數月完欽件數千，一時齰指，推爲神異。夜分入寢食，
燃巨燭剖析案牘，不少休。[31]

更讓人羨慕的是，王士禛在繁劇的公務外，又同時扮演了一個出色文人的
角色。在到揚州赴任前，對他多所鼓勵的汪琬，在爲其詩集作序時，不只一次
地稱讚他的絕才：「貽上自蒞廣陵以來，凡至白門者再矣。一以庚子歲同考試
官，一以讞大獄。皆當奔走不遑之日，而貽上獨出其暇力，訪三山之名勝，弔
六代之故墟。凡爲詩若干篇，既敏且工，而吏事亦得以不廢，此非有絕人之
才，不能至也。」「以廣陵之凋敝，刑官之冗襍多事，此雖日勤其職，猶懼有
所不給。顧貽上方用政事自奮，而又能飾以風雅，有登臨獻歌之樂。吾然後知
其才之絕人也。」[32]

從康熙元年到康熙三年，王士禛在三年間寫了三百多首詩，數量驚人。陸
圻在爲這三年的詩集作序時，也一再將他在政事上的表現和「卓爾不群」的詩
作相提並論。王士禛在廳堂上手題唐人的詩句「流水聲中視公事，寒山影裡見
人家」，來表明自己的風格，陸圻進一步引申，說他「雖案牘旁午，常有手揮
五絃，目送飛鴻之致」。正是因爲詞人兼法吏的雙重角色，才使王士禛的詩作
成就，超乎一般的尋常文人[33]。

陸圻認爲王士禛的許多詩作都是在公餘後，「吏散人稀」之際，在一種
「焚香掃地，門逕蕭然」的幽靜環境中寫成[34]。但其他的記載，多顯示王是在

31　《年譜》，頁28。

32　汪琬，〈王貽上石門詩集序〉，收入《鈍翁前後類稿》，卷29，頁3b-4b，總頁
　　651。

33　陸圻，〈阮亭壬癸甲詩總序〉，收入王士禛，《漁洋山人集七種》（乾隆年間刊
　　本，台北：中央研究院歷史語言研究所傅斯年圖書館藏），（一），《阮亭壬寅
　　詩》，頁1a-1b。

34　同上，頁1a。尤侗的序中，也特別強調王士禛在公事之餘的幽雅步調：「揚州東
　　南一大都會也，官其地者，車馬相撞，板笈相接，判事之不遑，何遑高賦哉？乃
　　阮亭岸幘嘯詠，終日不輟，一似杜門卻軌，幽居無事者之所爲。」尤侗，
　　〈序〉，《漁洋山人集七種·一·阮亭壬寅詩》，頁2b。

與賓客酬酢宴飲的熱鬧場合中揮灑成篇。惠棟的《年譜》在描述完王繳清揚州的積欠後，緊接著說：「山人官揚州，比號繁劇。公事畢，則召賓客汎舟紅橋、平山堂。酒酣賦詩，斷紈零素，墨瀋狼藉。」他並同意吳梅村（偉業，1609-1671）的描述：「貽上在廣陵，晝了公事，夜接詞人」，是如實的記載[35]。

吳梅村「晝了公事，夜接詞人」的形容，簡捷有力地點出王士禛五年揚州生涯的梗概。同樣以詩作稱雄文壇的吳偉業，此時雖然已是遲暮之年，但他和錢謙益一樣，對這位後生晚輩的才華，給予高度的推崇。他在另一個場合，對王士禛白天／夜晚的兩種角色，作了更詳細地記載：

> 吾友新城王貽上爲揚州法曹，地殷務劇，賓客日進。早起坐堂，目覽文書，口決訊報，呼譽之聲沸耳，案牘成于手中。已而放衙，召客刻燭賦詩，清言霏霏不絕，坐客見而詫曰：「王公真天材也！」[36]

在眾人的交相傳頌之下，王士禛「刻燭賦詩」的浪漫不羈，就和他日理繁劇、酬應若流的神異能力一樣，成爲揚州城的一種傳奇。而他顯然也樂於日以繼夜地在兩種身分間流轉。在現有的記載中，大概只有兩三次因爲公私繁忙，而露出疲態。一次在順治十六年，他說自己「三四日來應酬判牘之外，聽斷日至十餘件，寢食不遑」[37]。一次在康熙四年（1665）春天，他到如皋參加眾人在冒辟疆水繪園舉行的修禊盛會，先是因爲有堆積如山的公務要處理，而婉拒冒辟疆的邀約：「昨夕暢聆樂君之論，不獨聲色絲竹之妙也，謝謝。連日簿牒如山，稍一料理，以便明日赴曲水之招，甘金谷之罰。今日萬不能躡屣，奈何！」接著，在四個晚上的徹夜清談和白天繁忙的公務後，因爲體力不支，頭腦混沌，只好再次告假：「連日夜坐幾于達旦，又以公事迫促，幾不成寐者四夕矣。今日佳招，本擬趨命，并踐鑒賞書畫之夙約，乃頭目岑岑，殊不可耐。辭則非情，赴又不能勉強，奈何！奈何！」[38]

35　《年譜》，頁27-28。
36　這是吳偉業爲程康莊《自課堂集》寫的序，引見蔣寅，《征略》，頁124。
37　《同人集》，卷4，頁72a-b，總頁169。
38　這兩封信都收在《同人集》，卷4，頁81b-82a，總頁174。

　　因為公務的需要，王士禛在揚州任內，有不少機會往來於鄰近的城市。即使在這樣來去匆匆的旅程中，他也不忘同時扮演好官員／詩人兩種角色。像水繪園修禊這種「頭目岑岑」的狼狽光景，只能算是特例。多半時候，他都能利用公出之便，好整以暇地遊山玩水：「予自少癖好山水，嘗憶古人身到處，莫放過之言，故在揚州日，于金陵、京口、梁谿、姑蘇諸名勝，皆于簿書期會中，不廢登臨，而公事亦無濡滯者。」[39]「每讞事畢，輒肩輿往烏龍潭、靈谷瓦官諸寺，城南高座、長干諸古刹，探幽訪古，而公事未嘗廢也。」[40]這些在揚州境外「探幽訪古」的活動，成為王士禛此時詩作的主要內容之一[41]。像是《過江集》、《入吳集》等結集的詩篇，都是這個時期遊覽的成績。康熙三年十月，王士禛「有事於江寧」，事後遍訪金陵一帶的名山古刹，並寫了許多篇遊記和記敘文字。劇作家尤侗在為這一卷題名《金陵遊記》的文集作序時，盛讚王的文字成就超越了謝靈運、柳宗元。他的旅遊原本只是自己公餘之暇的賞心樂事，但他的文字記敘卻成為山川的幸運：

> 山川文字每有不相遇者，豈非恨邪。獨阮亭使君官于揚州，既領竹西瓜步之勝，而金陵鐵甕襟帶左右，江聲山色應接不暇。使君以參衙餘日，扁舟兩屐相羊其間，搜幽剔險，一一載之子墨，蓋兼謝、柳所不能兼者，使君之樂，江山之幸也。[42]

39　《居易錄》，卷4，頁156-157。像王士禛這種利用公餘之暇遊山玩水的作法，並非特例。根據巫仁恕的研究，從晚明開始，旅遊之風大盛，地方官利用公餘之暇四方官游的現象，成為士大夫旅遊文化中的一個主要模式。詳見巫仁恕，〈晚明的旅遊活動與消費文化——以江南為討論中心〉，《中央研究院近代史研究所集刊》41(2003)：98-103。

40　《年譜》，頁18。

41　王士禛在〈阮亭壬寅詩自序〉中，説自己自丙申(1656)到辛丑(1661)六年之內，共寫了一千二百多首詩，詩中記載了這六年的「居處、游宴、友朋、贈答、山川之流峙、宮闕之偉麗、風煙草樹、江湖霜雪之變態。」見《漁洋山人集七種·一·阮亭壬寅詩》，頁1a。

42　尤侗，〈金陵遊記序〉，見《漁洋山人集七種·七·金陵遊記》，頁5a-b。

三、士大夫的逸樂

　　除了暢遊江南的名山古刹，和文士故交的宴飲雅集也是王士禎開逸生活中不可或缺的一部份。而康熙三、四年的紅橋修禊和水繪園修禊，更成爲王士禎五年仕宦生涯中值得特別銘誌的重大事件。修禊之所以不同於一般經常舉行的文人聚會，不僅因爲它是偶一爲之的盛事，同時也因爲它營造出一種情境，讓酬酢、宴飲和其他的藝文活動，能以一種更精粹而密集的方式，紛然並陳。參與者或是因爲活動的規模[43]，或是因爲活動的強度，好像真的經歷了一次洗禮，留下畢生難忘的經驗。而透過文字的記敘、傳頌和後人的追憶、渲染，這些文人雅集的意義，又從個人生活中的高峰擴展成清初文化史上的盛事。

　　水繪園是冒辟疆在揚州府如皋縣長期經營的祖傳園林，地富水竹，入其中者如遊深林大壑[44]。在王士禎的記敘中，美酒、佳餚，共絲竹管絃、山光水色，讓這一次告別江南的盛宴蕩漾無限狂歡的色彩。雖然這八首詩像是一句一典的奧義之書，將所有不諳符碼規則或經典傳統的外邦人摒除在門牆之外，但透過像惠棟這樣淵博的考據學者的導引，我們卻仍然能夠穿越華麗、炫耀的文字迷宮，進入清初士大夫極度雅緻的文化世界之堂奧。重重屏障的符碼一旦破解，三百多年前的歡愉立刻毫無窒礙地躍湧而出。在對詩作的時空背景作了簡單的交待後，（「今來三月青春深，洺溪窈窕桃花林」），王士禎毫不遮掩地引用明儒楊愼酒後「胡粉傅面，作雙丫髻插花」、「諸妓捧觴，遊行城市」的典

43　由兩淮鹽運使盧見曾在乾隆二十二年(1757)所主持的紅橋修禊，據說有七千多人參與。戴震、惠棟等知名的考據學家都是座上客。李斗，《揚州畫舫錄》（北京：中華書局，1997），卷10，頁229-230。Tobie Meyer-Fong認爲盧見曾以同樣在揚州任官的王士禎爲楷模，不斷藉著修禊、詩文出版等活動來強化他和王的同一性，見*Building Culture in Early Qing Yangzhou*（Stanford: Stanford University Press, 2003), p. 74. 盧見曾對王士禎的認同，和下面即將討論到的王士禎對蘇東坡的認同遙相呼應，揚州的文化傳承和系譜透過這些知名的官員／士大夫而綿延不絕。

44　金鎭，《揚州府志》，引自王士禎著，李毓芙、牟通、李茂肅整理，《漁洋精華錄集釋》（以下簡稱《集釋》。上海：上海古籍出版社，1999），上冊，頁478。

故[45]，爲暮春三月的這場狂歡定了基調。而這種痛飲狂歌的少年之遊，必定會在眾人各奔前程之後，留下鮮明的記憶：「春衣明歲杜陵遊，憶汝狂歌拓金戟。」[46]

水繪園中雖然吃不到洛陽的羊肉、乳酪，卻有南方初春的時鮮菜蔬：「未傳洛下羊酪法，且醉淮南櫻筍廚」[47]，更重要的，有著新造的醇酒佳釀：

> 暮春三月爲水嬉，棠梨葉大山禽啼。田家社酒壓缸面，雪白橙香玉練槌。夜聽醉頭滴春雨，曉報提壺如潑乳。醉鄉大户百分空，起喚花奴自摑鼓。[48]

對王士禛來說，至此而不醉，那簡直辜負了滿園的春光。而賓主展卷靜觀之際，千年前王羲之蘭亭修禊的場景，彷彿在水繪園中再度展演：

> 西豪里中訪老友，況復陳生與我厚。辟疆園啟羅群賢，大兒小兒唱銅斗。煙際鸂鶒一隻飛，吳歌水調欲沾衣。風光如此不成醉，帽影鞭絲何處歸。[49]

---

45 楊愼(用修)酒醉後種種狂癲的作爲，引起友人的側目，加以規勸，他回答道：「聊以耗壯心，遣餘年，所謂老顚欲裂風景者，良亦有之，不知我者不可聞此言，知我者不可不聞此言。」王士禛據此而寫道：「不怪老顚裂風景，名園上日相逢迎。」詳見惠棟的考證，〈上巳辟疆招同邵潛夫陳其年修禊水繪園八首〉，《集釋》，頁481。

46 見《集釋》，頁481。

47 同上，頁480。

48 根據惠棟的註釋，「缸面」即初熟酒，「玉練槌」則是唐朝美酒：「唐時造甘醴，名玉練槌，入口香美」。「潑乳」指的是酒，惠棟在註釋中引用梁·張率，〈對酒詩〉：「如花良可貴，似乳更堪珍。」岑參，〈青門歌送東臺張判官〉詩則說：「花樣玉缸酒如乳」。「大户」指的是盧構醉鄉中的「有飲材者」。「花鼓」的典故也來自唐朝，根據金榮的註，典出南卓，《羯鼓錄》：「明皇嘗聽琴，未終，遽止之曰：『速令花奴持羯鼓來，爲我解穢』」。見《集釋》，頁484-485。

49 惠棟對風光一句的註釋是：張謂，〈湖上對酒行〉：「風光若此人不醉，參差辜負東園花。」「帽影鞭絲」則典出陸游，〈齊天樂左綿道中〉詞：「寒月征塵，鞭絲帽影，常把流年虛占。」見《集釋》，頁482-483。

迴溪綠淨不可唾，碧蘿陰中棹船過。落花遊絲春畫閒，獨許先生此高
臥。劇憐風物共披襟，蕭然絲竹皆清音。永和三日今千載，坐使清風
滿竹林。(時出文衡山《蘭亭卷》同觀。)[50]

從詩後的自註中，我們知道主客一行在園中觀賞了以蘭亭修禊爲主題的畫
作。收藏這幅作品的冒辟疆在〈水繪菴修禊記〉中，則有更進一步的描述：
「枕煙亭几上有文待詔〈蘭亭修禊圖記〉一卷，卷素朱黝碧隱，茂林修竹，罯
罿婳娟，展玩如與王、庾諸子弟捉塵面談。」[51](圖2)

茂林修竹、山水清音[52]和寬廣的園庭，爲士大夫的雅緻文化提供了不可或
缺的時空氛圍[53]。不過在雅靜的藝術鑑賞和蕭然絲竹外，悠揚的樂音——不論
是吳歌水調或銀箏、琵琶伴奏的戲曲演出——同樣是水繪園雅集的要素。冒辟
疆對水上泛舟時的清吹數部和在園內寒碧堂中的戲曲演出，都有詳細的記敘：

登舟，泛洗缽池。明窗盡開，水雲一色。一小蜻蛉載清吹數部尾其
後，歌絲爲水聲所咽，繞繞久之。[54]
時日已將暝，乃開寒碧堂，爰命歌兒演《紫玉釵》、《牡丹亭》數
劇，差復諧暢。漏下二鼓，以紅碧琉璃數十枚，或置山顛，或置水
涯，高下低昂，晶熒閃爍，與人影相凌亂。橫吹聲與管絃拉雜，忽從
山上起，栖鴉簌簌不定。阮亭曰：「此何異羅星斗而聽緱笙也？」

50　見《集釋》，頁484。

51　同上。

52　根據惠棟的註釋，這裡的絲竹清音典出左思，〈招隱詩〉：「非必絲與竹，山水
　　有清音。」見《集釋》，頁484。

53　王鴻泰曾分別從時間和空間兩種向度，對士大夫如何據以建立一個和庸俗、流行
　　的俗文化相區隔的雅文化，作了極精闢的分析，見〈明清士人的生活經營與雅俗
　　的辯證〉，發表於「中國日常生活的論述與實踐」學術研討會(紐約：美國哥倫
　　比亞大學，2002)，待刊。他另外有一篇文章專門討論城市園林和文人文化的關
　　係，見〈美感空間的經營——明、清間的城市園林與文人文化〉，收入《東亞近
　　代思想與社會》(台北：月旦出版社，1999)，頁127-186。

54　見《集釋》，頁484。

在這樣一個管絃拉雜的狂歡之夜，難怪王士禎要發出痛飲十石的豪語[55]。

相較於水繪園修禊更具士大夫精英色彩的雅緻、考究，以揚州爲背景的紅橋修禊，則除了旖旎的春光外，還多了一份對城市生活的描繪。(圖3)

紅橋修禊先後舉辦過兩次。康熙元年，王士禎和陳其年等人修禊紅橋，並將酬唱詩文編成《紅橋唱和集》。康熙四年，再次舉行同樣的聚會，王士禎並賦成〈冶春詩〉二十首[56]。在這些詩作中，首先映入眼簾的便是將三月的春光點綴得無限柔媚的桃花和垂楊：

> 今年東風太狡獪，弄晴作雨遣春來。江梅一夜落紅雪，便有夭桃無數開。
> 野外桃花紅近人，穠華簇簇照青春。一枝低亞隋皇墓，且可當杯酒入脣。
> 三月韶光畫不成，尋春步屧可憐生。青蕪不見隋宮殿，一種垂楊萬古情。[57]

同樣是隋宮和帝塚，在鄭板橋的詩作中呈現的是荒蕪衰敗的景象；在王士禎的筆下，卻用來爲千古名城不變的春光，做了文化和歷史的裝點。在青春似火的桃紅外，如錦繡般盛開的海棠，更讓他不可自抑地在花前痛飲：

> 海棠一樹淡胭脂，開時不讓錦城姿。花前痛飲情難盡，歸臥屏山看折枝。[58]

55　見《集釋》，頁481-482。
56　《漁洋詩集》中收集了原詩二十首，但在《漁洋精華錄》中，王士禎從二十首中選出十二首，成爲今日習見的〈冶春絕句十二首〉。
57　《集釋》，頁386-387。
58　從惠棟和金榮的考釋中，我們知道海棠開花時，如胭脂點點，而成都的海棠又艷冠群芳。下面是三條相關的記載：放翁，《渭南文集》：「故蜀燕王宮海棠之盛爲成都第一」。《格物叢話》：「唐《李贊皇集》：花木以海爲名者悉從海上來，海棠是也。花五出，極紅，胭脂點點，其有色而香者，唯蜀中嘉州爲然。」放翁，〈見故屏風海棠有感詩〉：「成都二月海棠開，錦繡裏城迷巷陌。」見《集釋》，頁389。

在與世隔絕的水繪園中，王士禎和遺老、名士把玩名畫，撩撥管絃，一幅晚明士大夫的頹廢景象。〈冶春詩〉則在韶光春色中勾勒出紅男綠女的身影，讓我們據以想像清初揚州的城市風情：

> 紅橋飛跨水當中，一字闌干九曲紅。日午畫船橋下過，衣香人影太匆匆。[59]
> 揚州少年臂支紅，桃花馬上柘枝弓。風前雉雊雕翎響，走馬春郊如卷蓬。[60]

而市井中小販叫賣蜜糖的景象，也一定會像江城花事一樣，長留在回憶中：「東風花事到江城，早有人家喚賣餳。他日相思忘不得，平山堂下五清明。」[61]

紅橋富於山光水色、亭榭園林，原本就是一般遊客必定造訪的勝景：「遊人登平山堂，率至法海寺捨舟而陸，徑必出紅橋下。」王士禎也幾度登臨，哀喜莫名：「予數往來北郭，必過紅橋，顧而樂之。登橋四望，忽復徘徊感嘆。當哀樂之交乘于中，往往不能自喻其故。」[62]而經過兩次紅橋修禊和文士唱和，不但紅橋聲譽鵲起，成為象徵揚州的名勝景觀，王士禎個人的姿容、才情，更被渲染成足以踵式前賢的傳奇。《年譜》中對康熙元年第一次紅橋修禊後造成的轟動有如下的記敘：「山人作〈浣溪紗〉三闋，所謂『綠楊城郭是揚州』是也。和者自茶邨而下數君，江南北頗流傳之。或有繪為圖畫者，于是過揚州者多問紅橋矣。」[63]

王士禎的哥哥王士祿在第二次紅橋修禊後所作的評論，不僅對王士禎傳

---

59 見《集釋》，頁386。
60 這首詩並未收在後來選定的《漁洋精華錄》中，而是原來〈冶春絕句二十首〉中的一首，見《漁洋詩集》，頁666。
61 惠棟對「餳」一字，同樣作了淵博、有趣的考據。包括了《孔氏正義》傳：「其時賣餳之人吹簫以自表也。」史游，〈急就篇〉：「棗、杏、瓜、棣、饊、飴、餳。」陸德明，《經典釋文》：「餳，夕清反，蜜也。又音唐。」《方言》曰：「張皇反，即乾餹也。」見《集釋》，頁388。
62 引文俱見王士禎，〈紅橋遊記〉，收入《年譜》，頁21。
63 《年譜》，頁20-21。

奇的出現有著動人的描述，事實上也是型塑這項傳奇的一環：

> 西樵先生云：「貽上蚤負夙惠，神姿清徹，如瓊林玉樹，朗然照人。
> 爲揚州法曹日，集諸名士于蜀岡、紅橋間，擊缽賦詩。香清茶熟，絹
> 素橫飛，故陽羨陳其年有：『兩行小吏艷神仙，爭羨君侯斷腸句』之
> 詠。至今過廣陵者，道其遺事，彷彿歐、蘇，不徒憶樊川之夢也。」[64]

王士禛在揚州推官任內的政績，固然爲日後近四十年亨通的仕途奠下重要的基石，但在陳其年的回憶中，王爲人艷羨不已的聲名，其實是在繁花盛開，充滿了頹廢氣息的詩酒流連中建立起來的：

> 官舫銀鐙賦冶春，廉夫才調更無倫。玉山筵上頹唐甚，意氣公然籠罩
> 人。[65]

四、對蘇東坡的認同

尤侗「使君之樂，江山之幸也」的說法，雖然有一定的客套成分，卻不是純然的飾辭。至少在揚州，王士禛尋幽訪勝的文化活動和文學記敘，確實爲山川古蹟帶來了實質的貢獻。梅爾清對紅橋因爲王士禛的傳頌而名垂青史的分析，是一個很好的例證。禪智寺的蘇軾殘碑，因爲王的造訪和品題而重現生機，則是另外一個例子。

在紅橋之外，隋帝國的殘跡、歐陽修的平山堂，都是清人的揚州記敘中最常見的文化符碼。藉著這些眾所周知的象徵符號，士大夫階層建構了一個對揚州城的共同記憶，並得以超越時空的障礙，和這座古城千年的歷史流變中，最輝煌的銘記接軌。但在一些共享的歷史記憶和文化符碼外，我們發現個別的文人、士大夫，因爲個人的特殊際遇和性情，常常會選擇某一組符碼或人物來投

64　《年譜》，頁23。
65　同上。

射自己的感懷。鬱鬱不得志的鄭板橋，在紅橋、平山堂外，特別偏好隋朝古塚、遺跡所蘊含的荒涼、滄桑之感，正反映了自己的落魄和對盛世揚州的疏離。相形之下，才氣縱橫的王士禛，選用蘇軾來彰顯他對這座城市的特殊情感時，不但反映了個人的性情和自我期許，也顯示他企圖藉著對蘇軾的認同，來重新書寫這座歷史名城的文化系譜[66]。

王士禛雖然出生在明崇禎年間，但明室覆亡時，他只有十一歲。他的整個仕宦生涯，完全是在清朝建國之後展開。他雖然和一些知名的前明遺臣建立密切的私人關係，我們卻不能據此假設他必然會面臨到政治或種族認同的問題。這一點，我在下面還會進一步討論。這裡要強調的是，透過文化系譜的建立，或是對各朝各代名公鉅卿的認同，像王士禛這種處在政權交替時期的士大夫，其實可以很容易地跳脫政治、族姓的紛擾，經由歷史、文化的傳承，為自己當下的情境和存在，創設出更豐富的意義。

王士禛到揚州後第二年(順治十八年)的上元節，和友人一起遊覽平山堂，順便到城東北蜀岡上的上方禪智寺探訪蘇東坡寫的一塊殘碑。上方禪智寺一名竹西寺，隋煬帝曾經夢到自己遊兜率天宮，聽彌勒佛說法，醒來後就把自己的離宮施捨為寺，即上方寺[67]。宋元祐七年(1092)，蘇軾知揚州時，和宗親蘇伯固陪同即將出使嶺南的李孝博，一起遊蜀岡。蘇軾寫了〈次韻伯固游蜀岡送李孝博奉使嶺表〉一詩，並刻在上方寺的石碑上[68]。王士禛造訪時，上距蘇軾出掌揚州，已經近六百年，「寺荒廢，而碑復零落剝蝕於頹垣敗瓦間」。王士禛訪求到斷碑後，「拂拭出之，摩娑三嘆，如與公晤言，酬唱于當日」，並和其

66　孫康宜教授也注意到蘇軾在王士禛心目中的偶像地位。她認為王有一種「焦慮」，想和古代的巨擘及經典作家建立一種聯繫，一種平等化的「競爭」。另外很重要的一點是，王士禛反對以朝代為基礎的門戶之見，他標舉唐詩，也推崇宋代詩人。他廣涉六朝之詩，也不反對明詩。孫康宜，〈典範詩人王漁洋〉，收入陳平原、王德威、商偉編，《晚明與晚清：歷史傳承與文化創新》(武漢：湖北教育出版社，2002)，頁553。

67　見惠棟為王士禛〈上方寺訪東坡先生石刻詩次韻〉所作的註釋。惠棟註，《漁洋山人精華錄訓纂》(收入《四庫存目》，集部第226冊)，卷1下，頁7b，總頁26。

68　〈蜀岡禪智寺唱和詩〉，見《漁洋山人集七種‧六》，頁1b。

韻，刻石於斷碑之側[69]：

> 昔出蜀岡道，黃葉鳴秋蟬。今来上方寺，綠荸破春煙。坦步寶帶側，
> 延眺隋城巔。古刹龍象寂，殘碣蛛絲懸。緬思峨嵋人，文采眞神
> 仙。……空堂響人語，怖鴿飛聯翩。後遊慨今昔，憑弔當同然。[70]

　　上方禪智寺在王士禛首次造訪時，已經破敗到鴿子聯翩飛舞，殘碑上也結滿了蜘蛛網，但卻絲毫不妨礙他對這位「文采眞神仙」的先賢的仰慕之情。在摩娑三嘆的感懷之後，稱霸清初詩壇的王士禛，似乎不必遙想千古的風流，就可以進入蘇軾當年的世界，把酒言歡。

　　王士禛除了賦詩憑弔外，還將原碑的殘石放置在禪智寺的寺壁間[71]。此後四年內，他常常想將原碑「屏當補綴，俾還舊觀」，但一直沒有空處理。康熙四年冬天，王士禛確定自己即將內遷禮部，「行有日矣」，對修碑一事「耿耿于心」，特別在第二年春天命學生宗元鼎將東坡詩刻在禪智寺壁上[72]。

　　王士禛上任後不久，特地前往傾頹的古寺尋訪破碑的舉動，贏得他的老友汪琬的讚揚：「萑影蟬聲戀徑長，髯翁遺墨冷斜陽。游人盡愛迷樓景，誰訪殘碑躑蜀岡。」[73]如果不是出於對蘇東坡的特別情感，王士禛大概是不會捨樓景而踏蜀岡的。他在即將升遷到京城爲官之際，猶念念不忘補綴殘碑的宿願，並終於在告別揚州前完成，可以進一步佐證他對蘇東坡的認同。

　　這個時候，上方寺的住持是從靈隱寺來的碩揆上人。清明節當天，石碑刻成，王氏兄弟和碩揆上人賦詩紀事，冒辟疆、陳其年等諸名士唱和，成爲一時文化盛事。江南一帶士人並將王士禛和碩揆間的唱和，比於蘇東坡和了元和

69　王巖，〈蜀岡禪智寺唱和詩序〉，見《漁洋山人集七種・六》，頁1a。王士禛，
　　〈次蘇公韻〉，見《漁洋山人集七種・六》，頁3b。

70　王士禛，〈上方寺訪東坡先生石刻詩次韻〉，見《漁洋山人精華錄訓纂》，卷1
　　下，頁7a-b，總頁26。

71　蔣寅，《征略》，頁59。

72　王士禛，〈答碩公〉，見《漁洋山人集七種・六・蜀岡禪智寺唱和詩》，頁4b-
　　5a。

73　《鈍翁前後類稿》，卷3，頁3b，總頁462。

尚的故事[74]。

一方殘碑固然可以用作建立揚州文化系譜的介面，兄弟間的別離和仕途的挫折，也可以在蘇東坡的詩文和人生歷程中找到投射。康熙二年除夕，士禎將過去一年的詩作編次成卷，在序言的一開頭，就提到兒時和幾個哥哥在家鄉讀蘇東坡集，悲傷得不能終卷：

> 嘗讀東坡先生集，云少與子由寓居懷遠驛，一日秋風起，雨作中夜脩然，始有感慨離合之意，嗣是宦遊四方，不相見者十八九。每秋風起，木落草衰，輒淒然有所感，蓋三十年矣。故其述舊詩曰西風忽淒屬，落葉穿戶牖，子起尋裌衣，感嘆執我手。……予每循覽，愴然不能終卷。[75]

不過當初讀的時候雖然不能終卷，但因為並未體驗過離別之苦，所以「未

---

74 蔣寅，《征略》，頁123-124。事實上，上方寺殘碑並不是王士禎在揚州五年間唯一修過的蘇東坡遺跡。他上任之後，四處泛舟遊覽，曾經過高郵的文游臺，產生了修葺殘臺的念頭。文郵臺在高郵城東，相傳蘇東坡曾與秦觀、孫覺等人同遊，論文飲酒於此。郡守因築臺名文游，以紀其勝。王士禎除了登臺賦詩，並發願重修故人勝游之地，在地方官紳的協助下，從順治十八年開始到康熙三年終於修成。在〈重修文游臺記〉中，王士禎追述了蘇軾貶謫後浪跡江淮的經過。並希望藉著故跡的修復，讓東坡的風流，在五、六百年後依然映照流傳：「考公生平蹤跡，多在江、淮，又嘗與孫莘老、秦少游、王定國革遊處最善。而孫、秦二君子者，皆高郵人，故郵樂得公而顯。而文游臺在城東北里許，即公與三君子所嘗遊眺者也。……余以順治十七年來李廣陵，文書之暇，多泛小艇往來三十六湖之上，因登是臺而弔之。嗟其頹廢荒落，謀諸州守及州之士大夫，思所以修葺而振起之者，始辛丑迄甲辰，閱四歲三守而臺之工以成。方公泊三君子，以直道不容於世，放跡湖海，登是臺以嘯詠，發抒其無聊不平之氣。自宋及今，閱五六百載，所謂僉壬者，其人與骨皆已朽，而斯臺巋然，公之風流照映於無窮，然則公不可謂不幸也。」《集釋》，頁354，359。

75 〈癸卯詩卷自序〉，《文略》，卷3，頁21a-b，總頁119。王士禎將自己兄弟兩人的感情和蘇軾、蘇轍兄弟對比，是有充分理由的。蘇轍（1039-1112）出生時，長姊、長兄均已夭折，所以和大他兩歲多的仲兄蘇軾感情特別好。《宋史・蘇轍傳》說：「轍與兄（軾）進退出處，無不相同。患難之中，友愛彌篤，無少怨尤。近古罕見。」曾棗莊，《蘇轍評傳》（台北：五南圖書公司，1995）中，對蘇氏兄弟二人幼時一起讀書、成長的歷程，有詳細的描寫。見頁3-12。

知此語之可悲也」。等到弱冠以後，「以世網奔走四方，回憶曩時家園之樂不可得，然後知兩蘇公之詩之可悲，有什倍於疇昔者」[76]。

兄弟別離，讓王士禛想到蘇軾、蘇轍兄弟感慨離合的應答之作。康熙三年，士祿因禮部磨勘案下獄，也馬上讓士禛想到蘇東坡的湖州詩案[77]，並爲自己不能像蘇轍那樣代兄赴闕訟冤感到愧疚：

> 家兄平地波瀾，魂飛湯火，不啻子瞻湖州詩案。而弟曾不能舍此雞肋，如昔子由赴闕訟冤，以身請代，而猶且飽食安居，偃仰在床，豈復可靦顏人世乎哉？[78]

王士祿作爲事件的當事人，也分享了王士禛對蘇氏兄弟的強烈認同：「念予兄弟即才具名位不逮兩蘇公，然其友愛同，其離索同，其不合時宜同，其轗軻困踣爲流俗所指棄又無不同。」[79]

王士禛服官揚州的經歷、在清初文壇的崇高地位，再加上對蘇東坡的自我認同，很容易就建構出他和蘇軾在文化系譜上的傳承關係，並進而獲得其他人的認可[80]。在這個建立認同和認可的過程中，禪智寺殘碑的探訪和唱和，扮演

76　〈癸卯詩卷自序〉，《文略》，卷3，頁21a-b，總頁119。

77　湖州詩案發生在宋神宗元豐二年 (1079)，一般通稱「東坡烏臺詩案」。蘇軾在熙寧年間，因爲反對王安石的變法新政，被排擠出朝。王安石罷相後，黨爭益發嚴重。元豐二年二月罷徐州任，改知湖州。四月底到任後，才三個月，就被朝廷派人逮捕。原因是他在〈湖州謝上表〉上寫了兩句牢騷文字，得罪了推行新法的人。這些人蒐集了蘇東坡的一些詩文，並加以註解，來坐實蘇東坡包藏禍心、怨望皇上、訕謗謾罵的罪名。這一件烏臺詩案是北宋有名的文字獄，蘇軾幾乎因此喪命。後來因爲王安石等人的營救，才得以幸免。蘇轍也特地寫了〈爲兄軾下獄上書〉給神宗皇帝，爲從小相依爲命的哥哥請命：「臣早失怙恃，惟兄軾一人相須爲命，今者竊聞其得罪，逮捕赴獄，舉家驚號，憂在不測。……不勝手足之情，故爲冒死一言。」詳見曾棗莊等著，《蘇軾研究史》(南京：江蘇教育出版社，2001)，頁17-23。

78　《同人集》，卷4，頁79a-b，總頁173。

79　王士祿，《十笏草堂辛甲集》，卷首，〈拘幽集自序〉，引見蔣寅，《征略》，頁114。

80　嚴迪昌認爲王士禛一生的詩作從來不曾超越出「大音希聲」的唐韻，他中年以後「越三唐而事兩宋」的說法，是爲了要「權宜順應時風趨勢」。而所謂的時風趨

了重要的功能。王巖在〈蜀岡禪智寺唱和詩序〉裡，就首先將蘇、王二人等量齊觀：「先生政事不減蘇公，而文章風雅，遠被江淮，不減蘇公之在揚。」[81]被比爲了元和尚的碩揆，則對二人的共通之處，作了更淋漓盡致的闡述：

> 自坡公迄今六百餘年，何以獨至阮亭而始和之？阮亭文章詩詞，爲當代所宗尚，與東坡同。其任揚州也，廉愛精敏，百姓食其德，與東坡同。見一善如己有，而獎訓士類，有古賢公卿下士之風，復與東坡同。雖古今時代不一，然究不以時代分古今也。

作爲一名講求因果輪迴的禪師，碩揆認爲士禎不僅和東坡精神相通，根本就是東坡的轉世：

> 阮亭初蒞揚時，即艤舟步往，尋公遺蹟。微阮亭至，則蘇碑已與寺俱毀。苟非精神相通，微顯一致，何以若此？曾謂阮亭非髯後身乎？[82]

碩揆這段爲唱和詩所作的闡釋文字，寫在康熙四年清明。王士禎禳了卻綴補殘碑的宿願後，去了一趟如皋，參加冒辟疆的水繪園修禊，隨即從揚州束裝北上，到京師就任新職。碩揆的結論，無疑是爲他揚州任內所建立的文化系譜，作了最有力的背書。

(續)————————————

勢，是指當時一些詩選的編輯者雅好蘇軾、黃庭堅等宋人的作品，王士禎因此「和光同塵」地與各方面詩藝奉持之人相周旋。見氏著，《清詩史》，頁449-450。但從我在這一節的敘述，可以看出嚴氏的說法，嚴重地偏離史實。王士禎對蘇東坡的愛好、認同，是從少年時代就開始的，在揚州任官時更發揮得淋漓盡致。說他中年開始，爲了趨炎附勢而改宗宋詩，是一種極不負責任的說法。我們從士禎門人俞兆晟引用王晚年的夫子自道，說自己論詩凡數變，「少年初仕時，惟務博綜該洽，以求兼長」，也可以進一步印證他在揚州時，對唐宋的詩歌傳統，並不曾用時代作取捨的判準。王士禎，〈《漁洋詩話》序〉，收入《清詩話》(北京：中華書局，1963)，上冊，頁163。他在揚州時期的神韻詩，雖以唐音爲主要基礎，但也可以看到蘇軾、陸游等人的影響，確實反映了他自己說的博綜該洽，見張宇聲，〈王漁洋揚州文學活動評述〉，頁56-57。

81　王巖，〈蜀岡禪智寺唱和詩序〉，《漁洋山人集七種·六》，頁1b。

82　釋元志(碩揆)，〈唱和詩〉，《漁洋山人集七種·六》，頁8b-9a。

五、交游

　　順治二年，王士禛十二歲時，南下的清軍用飛炮轟擊揚州城西北隅，攻陷東、西二城，並大肆屠殺。揚州從明萬曆以來所營造出的富甲天下的榮景，遭到慘重的打擊[83]。王士禛在劫亂之後十五年前往揚州任官時，社會秩序雖然已經恢復，但下距鄭板橋賣畫揚州時(雍正元年，1723)[84]鉅商雲集的榮景，還有很長一段距離。王士禛在揚州五年的交游和文化活動中，不見鹽商的蹤影，適足以說明此時物質生活的相對匱乏。

　　但是揚州的交通樞紐地位，以及王士禛在文壇日漸竄起的聲名，卻使他迅速建立起一個包括遺民、文人、官員以及下層士人的交游網絡。這些人因為補官上京、罷官南歸、返鄉葬父或是旅遊、路過、專程造訪等各種理由，路過揚州。其中除了少數人像朱彝尊一樣，與王士禛錯身而過[85]，其他多和他在不同的場合見面。

　　在官員中，汪琬和王士禛有極深的情誼，汪琬過訪，自不能等閑視之。根據蔣寅的考訂，汪琬在順治十八年秋天，從刑部員外郎一職罷官後返回蘇州故里，中間經過揚州，阻風逗留。王士禛得到消息，特地出城相迎：「蕪城暮雨聞君到，急訪扁舟出郭來。」[86]從汪琬自己的記敘，我們可以想見眾人高談宴飲的場景：「朱筵接席坐，紫陌聯鑣騰。雄文誇藝苑，高論摧談僧。」[87]在第三天的宴席上，王士禛因為「揚州之鶴甲天下」，而自己剛好養了十隻，就將其中兩隻送給汪琬，來襯托他耿介孤高的特質。汪琬原本固辭，在同席的冒辟

83　王振忠，《明清徽商與淮揚社會變遷》(北京：三聯書店，1996)，頁77。

84　鄭燮從雍正元年起，展開「十載揚州作畫師」的生涯，可參考我在〈在城市中徬徨〉一文的討論。

85　根據蔣寅的考訂，朱彝尊在康熙三年閏六月下旬往雲中謁見侍郎曹溶，道過廣陵，但因為王士禛剛好去南京，不克相見，留詩感懷。王在得到詩後，也立刻以詩相報。見蔣寅，《征略》，頁113。

86　蔣寅，《征略》，頁76。

87　汪琬，〈揚州留別貽上二十八韻〉，見《鈍翁前後類稿》，卷3，頁4a，總頁462。

疆、陳其年力勸下，欣然接受[88]。

汪琬返回蘇州故里後，沒有閑置太久，第二年春天又補官上京。清明節後，再度路過揚州，和王士禛短暫會晤後，王士禛因公北上淮陰，邀請汪琬一起到邵伯湖泛舟，然後各奔前程[89]。這個時候，王士禛雖然還沒有因為審案過嚴而遭到降級處分，但大概頗為公事煩心。在送汪琬入京的詩中，他除了追憶汪琬兩次路過揚州時，兩人在寒煙細雨中共遊的情景，以及贈鶴、賞梅的近事，也表達了無限的離情和感激之意：「淼淼江湖春水生，淮南風景過清明，故人恰向愁中至，感激真從難後平。竹外寒煙瓜步鎮，花時細雨廣陵城，謝公埭下通宵語，酒冷香殘十載情。」「南徐載鶴橫江去，西磧看花壓帽歸，此去故人京雒少，莫教遠道尺書稀。」[90]

除了偶爾親自出訪老友外[91]，對像汪琬這樣在仕途遭到挫折的同儕，王士禛也從不怠慢。就在汪琬罷官南歸之後沒有多久，和王同一年考上進士的丘象升由翰林侍讀貶到瓊州府擔任通判，王在平山堂為之餞行；丘象升在十五年後回憶起來，還有無限的感懷：「高會平山十五年，燕雲楚水各風煙。兩家兄弟還相憶，霜后持螯晚菊天。」[92]王士禛面對老友「夕貶潮陽路八千」的境遇，雖然有著人世滄桑的感觸，還是勉力予以道德上的勸勉：「學士文章洛下尊，嶺南此別愴離魂。舟浮瓊海于重浪，春到梨人第幾村」、「相逢寄語江陵子，放跡珠厓是主恩」[93]。

王士禛雖然從二十多歲起，就展開了順遂的仕宦生涯，但他的交游圈卻未劃地自限，落入「談笑有鴻儒，往來無白丁」的窠臼。在揚州五年期間，他或是主動出擊，在尋幽訪勝之際，對困居陋巷的下層文人施予援手；或是用誠意

88　汪琬，〈載鶴記〉，收入《同人集》，卷3，頁20a，總頁92。

89　蔣寅，《征略》，頁83-84。

90　王士禛，〈送苕文之京二首〉，見《漁洋詩集》，卷13，頁2a-b，總頁652。王在小註中，特別提到載鶴、探梅，「皆余與苕文近事」。

91　作過侍郎的李敬，是王士禛任官揚州前，在北京結識的忘年之交。順治十八年，李路過揚州，王親自造訪於舟中，討論當代詩人的成就。王士禛，〈李侍郎〉，收入《池北偶談》，下冊，卷13，頁317。

92　丘象升，《南齋詩集》，引自蔣寅，《征略》，頁77。

93　王士禛，〈送丘曙戒侍講謫判瓊州兼寄姚子上推官二首〉，見《漁洋詩集》，卷11，頁3b，總頁639。

感動鄰近區域的文人，專程至揚州致意。

在這些往來的不仕文人中，丁胤是比較特殊的一位。他少習聲伎，對南曲有特別的造詣。由於居住在秦淮河畔，對妓院風流也知之甚詳。順治十八年，王士禛到南京時，就住在他家裡。他帶領王士禛漫游秦淮，並爲他解析曲中遺事，成爲漁洋《秦淮雜詩》的素材[94]。丁胤是錢謙益的老友，由於他的慫恿和居間傳話，王、錢二人得以建立一段文字因緣。

相對於丁胤風流雅緻的生活模式和交游，邵潛大概更符合我們對布衣的想像。邵潛是通州處士，「性傲僻不諧俗，好嫚罵人，人多惡之」。五十歲娶了第二位妻子，「嫌其貧老，棄去，一婢又爲勢豪所奪，遂隻身客如皋城西門」。這樣一個性情古怪傲慢，連自己的妻子都不屑一顧的窮酸書生，卻受到王士禛的抬愛。康熙四年，王赴如皋，專程造訪。由於邵潛居住的巷道過於狹窄，不容車騎，王特別下車徒步入蓬門。在這個茅屋三間，「黝黑如漆」的陋室中，他發現邵潛刻的書版佔滿了整個房間。邵爲了招待貴客，出市買酒，士禛幫他斟滿酒杯，「盡歡而罷」。如皋縣令聽到王士禛造訪邵潛的消息後，立刻下令免除其徭役[95]。

骨子裡仍有幾分年少輕狂氣質的王士禛[96]，大概對邵潛的狂傲不馴，有特別的契合之感。在登門拜訪後，還特別邀請他參與在冒辟疆水繪園的修禊活動[97]。

林古度(1580-1666)是著名的遺民詩人，和丁胤交游甚密。萬曆年間，他在北京結識了王士禛的先祖，一起討論寫詩的門徑。順治十八年，丁胤爲王士禛導覽秦淮風光時，年過八十的林古度應邀作陪，見到了故人之後。王將自己

94　《年譜》，頁18。

95　王士禛，〈邵潛〉，收入《池北偶談》，下冊，卷18，頁434。《居易錄》，頁150。

96　王士禛自己記載順治十八年，二十八歲時，有事於吳郡，處理完公事後，照例四處遊山玩水：「舟泊楓橋，過寒山寺，夜已曛黑，風雨雜遝。山人攝衣著屐，列炬登岸，徑上寺門，題詩二絕而去，一時以爲狂。」見《年譜》，頁18。雖然比起張岱夜閣金山寺，在大殿中盛張燈火演戲的作爲稍顯收斂，王士禛顯然對自己列炬登岸，半夜在名寺中題詩的行徑頗感自豪。張岱的記述見〈金山夜戲〉，收入《陶庵夢憶》(台北：金楓出版社，1986)，卷1，頁10。

97　《年譜》，頁14。

的詩作送請林古度過目，林備極讚歎，認為他將家學門風發展到極致：「先生妙年高第，履官從政，如寶劍之出新型，瓊花之吐鮮蕚，其一片精銳之力，森秀之才。」[98]兩人雖然在年齡上相差了半個多世紀，但因為對彼此詩作的賞識，很快就建立起頻繁的互動關係。林幾次專程從南京到揚州拜訪王士禎，並參與了紅橋修禊和平山堂的宴集。

康熙三年，林古度將他從萬曆三十二年(1604)以來六十年的詩作，帶到揚州請王士禎刪定。王選了其中一百五十六首「清新婉孌，有六朝、初唐之風」的作品。路過揚州的友人讀到王士禎為林古度揀選的作品，驚嘆道：「世幾不知此老少年面目矣，子真茂之知己也。」第二年，王士禎在南京碰到林古度時，他兩眼已經失明，「垂涕而別」，不久後亡故[99]。這位前明遺老，在生命的最後幾年結識了王士禎這位少年知己，畢生的心血之作，也因為王的品題而為當代人所矚目[100]。

以王士禎此時在詩壇的地位，受到他讚揚的人，想必會有「一字之褒，榮於華袞」的感覺，泰州布衣吳嘉紀就是一個典型的例子。王在為另一位詩人汪楫的詩集所寫的序言中，對他如何經由汪的輾轉引介而得以認識吳嘉紀這位貧困隱晦的詩人，有動人的描繪：

> 予居揚州三年，而後知海陵吳嘉紀。嘉紀貧士，所居濱海斥鹵之地，老屋敗瓦，苦竹數畝，蔽虧之。蛇虎蒙翳，猩鼯啼嘯，人跡畫絕，四方賓客之所不至。嘉紀苦吟其中，不求知於人，而名亦不出百里之外。廣陵去海陵百里，嘉紀所居去海陵又百里，雖見其詩而無由見其人。[101]

居住在這樣一個白天都不見人跡的濱海鹽鄉，即使空有詩名，如果不是因為名

---

98 見林古度為王士禎《入吳集》所寫的序，收入《漁洋山人集七種・五》，頁1b。
99 《池北偶談》，下冊，卷13，頁295。
100 同樣的意思，王士禎在《居易錄》中如此記載：「施愚山(閏章)見之曰：吾與林翁久游處，非君選不知其本色，乃如是，君之功林翁大矣。」王在刪揀時，特別挑選林早年的詩作，因而使得他的特色格外凸顯。見《居易錄》，頁150。
101 王士禎，〈悔齋詩集序〉，收入《文略》，卷2，頁21a，總頁108。

士的品評，吳的聲名大概永遠不會傳播到百里之外，甚至連他的家人和鄉親也不會了解：「才如嘉紀，天下之人不知之，鄉曲之人不知之，即其妻孥亦且駭異唾棄之。」[102]經由汪楫的推薦，吳的詩才被曾任戶部侍郎的周亮工所知。周在讀完吳的《陋軒詩》後，許爲近代第一，並立即刊刻。康熙二年初，周亮工路過揚州，將他請人刊刻的《陋軒詩》送給王士禎。[103]王在寂靜的雪夜拈燈品讀後，自動幫他寫了序言，並在第二天遣人飛書致意：「一夕，雪甚，風籟窅窱，街鼓寂然。燈下簡篋中故書，得嘉紀詩，讀且嘆，遂爲其序。明日，遣急足馳二百里寄嘉紀於所居之陋軒」[104]。吳嘉紀接到王的天外來函，「大喜過望，買舟至廣陵謁謝，遂定交」[105]。

這些折節下交的故事，當然可以解釋成一種刻意的策略和姿態，以營造出氣度恢宏、兼納百川的公眾形象。但王歷歷如繪的動人描述，直到今天讀來，仍能充分感受到其中的誠意[106]。個性上的慷慨寬厚和詩壇祭酒的鞏固地位，讓

---

102 〈悔齋詩集序〉，收入《文略》，卷2，頁21a，總頁108。

103 蔣寅，《征略》，頁77、74。

104 〈悔齋詩集序〉，收入《文略》，卷2，頁21a，總頁108。

105 《居易錄》，頁152-153。

106 嚴迪昌認爲王士禎不可能在揚州任官三年後才認識吳嘉紀，因此推斷他從一開始就對吳嘉紀存有輕慢之心，並進而引王在《分甘餘話》中的評論來證明他對吳的讚美果然是一種飾詞。見《清詩史》，頁134。《分甘餘話》是康熙四十三年(1704)王士禎罷官之後的回憶，距離他和吳嘉紀初次結識已經超過四十年。王在晚年對吳的評價顯然已經有極大的轉變，認爲他被引進揚州社交圈後，因爲「與四方之士交游唱和，漸失本色」、「其詩亦漸落，不終其爲魏野楊樸。」見《分甘餘話》卷四，頁592。從王晚年的評論來論斷他早年的讚美，是一種不具誠意的掩飾之詞，顯然有失公允。事實上，王一開始對吳的賞識，就是因爲他詩文的古澹高寒，晚年對吳的批評，也是因爲一個「冰冷底吳野人」，被儕輩「弄做火熱」，喪失了野樸的本色。王在康熙二年讀了《陋軒詩》後，特地爲新刻的詩集寫了序文，將吳詩比爲「郊島」者流，嚴迪昌認爲是一種貶抑，其實是誤讀了全文。王士禎正因爲對當時流行的拾六朝牙慧、空飾詞藻的作法感到極度不滿，所以才會被吳「古澹高寒」的詩風所吸引：「披讀一過，古澹高寒，有聲出金石之樂，殆郊島者流。近世之號爲詩人者眾矣，掇拾漢魏，捃摭六朝，以獻酬標榜爲名高，以類函韻藻爲生活，此道鞟穢榛蕪久矣，如君白首藜藿，戢影窮海之濱，作爲詩歌，托寄蕭遠，若不知有門以外事者，非夫樂天知命，何以至此？」王士禎，〈陋軒詩序〉，收入《續修四庫全書》(上海：上海古籍出版社，2002)，第1403冊，頁391。

他可以揮灑自如地以詩歌爲橋樑，跨越階層、地域、城鄉的疆界，建立起一個以揚州爲基地的交游網絡。

在官員和處士之外，王士禛與一些知名的明遺臣或遺民，也有程度不等的接觸。其中像是錢謙益、吳梅村，因爲輩份、年齡的差距，和王士禛並沒有不拘形跡的密切交往[107]，但都對他的成就讚譽備至。特別是錢謙益，不但在詩風上對王有極大的影響，對他詩壇盟主地位的奠定，也發揮了關鍵性的作用。不過從蔣寅的研究中，我們知道兩人的交往曾經過一番曲折。王士禛初抵揚州時，雖與其他遺民頗多往來，但對錢謙益的負面形象卻有所忌憚。一直到第二年（1661），錢謙益八十歲生日時，透過丁胤的傳話，讓他感受到王士禛的善意與眷念，兩人才開始有良性的互動。錢首先幫《漁洋山人集》作序，又寫了一首五言古詩在扇面上，託丁胤交給王士禛。在附帶的信中，錢對王明確地表達了推崇的意思：「微斯人，其誰與歸？」「余八十昏忘，值貽上代興之日，⋯⋯豈不有厚幸哉！」[108]因爲受到這樣的推許，所以之後每當有人攻擊錢謙益時，王士禛就出來加以維護，在往來書信中，也表達了對他的敬愛。但王士禛後來居官京師，地位日益崇隆，對錢謙益貳臣的惡名又愈發忌憚，開始盡力與他畫清界限，並對他的創作觀點多所批評[109]。

王士禛對與錢謙益交往的遲疑、反覆，相當程度上是出於對社會與士人公論的顧忌，並不能反映他在政治認同上的立場。他和夙負清譽，名列明末四公子之一的冒辟疆的往來，就說明了他並不畏懼和拒不仕清的明遺民建立緊密的私人情誼。

順治十八年，冒辟疆和朱克生一起到揚州拜訪王士禛，一行人飲於公署，酬唱到夜半：「王郎齋閣晚香焚，相對題詩坐夜分。」[110]碰到端午節慶或王士

---

107 對吳梅村，王士禛以師禮待之，在《居易錄》中提到：「吳梅村師謂予在廣陵日了公事，夜接詞人。」見《清代筆記小說》第66冊，頁157。

108 蔣寅，《王漁洋與康熙詩壇》，頁2-6。王士禛在《年譜》中，也特別提到錢謙益在序言中「與君代興」的期許。頁19。

109 蔣寅，《王漁洋與康熙詩壇》，頁7-21。

110 這首詩是朱克生寫的〈同冒辟疆飲阮亭署中憶苕文西樵石臞〉，引見蔣寅，《征略》，頁78。

禛的生日，冒辟疆也經常遣人致送賀禮或賀儀[111]。康熙四年春天，王士禛在公事之餘，參與了冒辟疆在水繪園中舉辦的修禊活動[112]。四個晚上不眠不休地宴飲暢談，更說明了王和這位明遺民代表人物的情誼。

除了和在世的前朝名士維持良好的關係，王士禛也不吝對採取激烈抗清手段的貞烈之士加以頌揚。清兵南下時，被史可法任命爲揚州知府的任民育全力拒敵，終以身殉。王在爲任民育寫的小傳中，對他的殉城有著動人而戲劇性的描述：「天兵大至，民育乘城守禦，日夜綦嚴。……會天雨，城圮，遂入之。民育緋衣坐堂皇，天兵至，諭降，民育不可，飲刃死。揚人聞之，皆泣下。先一日，星隕於署，櫪馬皆驚。」[113]對一個壯烈殉明的官員作這麼正面的描述，不但反映了時代氣圍的相對寬容，也顯示王可以自由出入兩種政治認同中而略無扞格。

在另外一篇文章中，王士禛則記載了家鄉濟南新城一位張處士的生平概略：「處士生萬曆中，時海內無事，不樂仕宦，獨喜賦詩飲酒。以善醸聞鄉里。……中更世變，益屏跡逃俗，褒衣博帶，婆娑田野，以終其身。……自言生平不入城市，不謁官府。」[114]這篇文章大概寫在康熙二十四年(1685)，張處士亡故之後，王的官職則是翰林院侍講學士。以這樣的身分公然讚揚一位誓不入城的處士，讓我們對清初的政治氣氛和王跨越疆界的特質，再一次留下深刻的印象。

冒辟疆也許正像梅爾清所說的那批遺民一樣，固守對明文化價值的信念，並透過各種文化活動(如紅橋修禊)，來重建他們對晚明文化的想像[115]。但是對王士禛來說，政治認同的歧異顯然不是問題，而他和明遺民的交往，有多少是出於對明文化刻意的懷念、追憶或收編，也是一個值得進一步探究的問題。

---

111 順治十八年端午，冒襄(辟疆)派兒子冒丹書專程從如皋送來賀禮。第二年、第三年八月，冒襄也分別致送賀儀和壽詩。康熙三年五月，陳其年赴揚州，冒辟疆託陳轉致冒妻製作的紈扇、約屨等端午節禮。分見蔣寅，《征略》，頁84、88、109、116。

112 《年譜》，頁24-25。

113 王士禛，〈任民育揚定國傳〉，《文略》，卷5，頁5a，總頁139。

114 王士禛，〈張處士傳〉，《文略》，卷5，頁21a-b，總頁147。

115 Tobie Meyer-Fong, *Building Culture in Early Qing Yangzhou*, pp. 51-53.

　　雖然王的一位伯父王與允在甲申年「闔門自經」，而他自己在順治十四年
(1657)寫的四首〈秋柳詩〉也被某些人視爲「弔明亡之作」，但沒有任何證據
可以顯示明亡時才十一歲的王士禛，會像他交往的那些明遺民一樣，有政治認
同的困擾[116]。另一方面，王雖不忌憚和明遺民交往，卻不意謂他天眞地缺少政
治敏感度。嚴迪昌就指出：「凡遺民野老們帶有濃重政治色彩的雅集活動絕不
介入」[117]。張宇聲也認爲：「漁洋在揚州與遺民詩人的交往中，往往稱論其詩
藝，稱引一些寫景名句，而避開了那些政治傾向鮮明的詩作。」[118]從這些研究
中，我們可以看出，一旦牽涉到敏感的政治立場問題，王士禛會謹慎地保持
距離。但只要不跨越這條最後的紅色警戒線，他仍然可以自由地出入兩個不同
的世界。他一方面和在北京一同參加科考，隨後仕宦各地的同僚及其他新朝官
員，維持溫暖密切的情誼，一方面又和拒不仕清的名士、布衣建立起良好的關
係。雖然他的神韻詩風和遺民詩人哀怨蒼涼、激楚悲慨的詩風迥然不同，卻不
妨礙他們的傾心相交[119]。王士禛在不問出身、背景、立場的廣泛交游時，保持
適切的取決和謹慎，是完全可以理解的，但據此而認爲「漁洋山人的詩學學術
交遊或唱和酬應活動，實在是多與權術心機相輔而行的」[120]，顯然是有失公允
的偏頗之說[121]。

　　　作爲清初詩壇的盟主和廣陵詞派的領袖，王士禛的交游圈中，自然也吸引

116　嚴迪昌對這組詩的意涵有扼要的分析。他認爲王士禛兄弟都是主動入仕新朝，而
　　王在寫〈秋柳詩〉時，正向進士之路邁進，少年得志，毫無必要以「弔明亡」之
　　題招惹是非。見《清詩史》，頁420-423。

117　《清詩史》，頁428。

118　張宇聲，〈王漁洋揚州文學活動評述〉，頁52。

119　同上，頁52-53。

120　嚴迪昌，《清詩史》，頁430。

121　嚴迪昌作這個論斷的主要證據是王士禛在《居易錄》中有一大段自述生平交遊的
　　文字，其中提到的全是官宦鄉紳詩人，卻略而不提廣陵時期的布衣遺逸之交。見
　　《清詩史》，頁429-430。從文章的前後脈絡來看，「庚子之官揚州，揚州衣冠
　　輻輳，論交遍四方，又數之金陵、姑蘇、毘陵，所至多文章之友，從遊者亦眾」
　　的表述方法，極爲自然，絕無將眾多的從遊者和四方之交一一排列的必要。事實
　　上，王在《居易錄》中其他地方，對他和丁胤、邵潛、林茂之、孫枝蔚、吳嘉
　　紀、杜濬等遺民、布衣的交往，有頗詳細的記載，見頁149-154。晚年自撰的
　　《年譜》，或自選的詩集中，也完全沒有抹煞掉與這些人的交往。嚴氏這種選擇
　　式抉取證據的說法，實不具說服力。

了一些在詩詞戲曲上有特別興趣或成就的文人。李漁、尤侗等人都前來揚州向
他致意[122]。但最引人注目的則是與名詞人陳維崧（其年，1625-1682）的交往。
陳其年的父親陳貞慧，和冒辟疆同列為明末四公子。由於這樣的故人之情，陳
得以和冒辟疆寵愛的男伶徐紫雲在水繪園結識、熱戀。冒辟疆得悉兩人的戀情
後，慷慨地將紫雲送給陳其年作禮物，用來交換他的一百首詠梅絕句。陳因此
和這位名動公卿的男伶雲郎，維持了十幾年的同性戀情[123]。

　　陳其年和伶人紫雲的愛情，在當時江南的文化圈是一件眾所矚目的艷事。
紫雲後來離開陳其年，結婚成家，不久去世。兩人的交往始末和文士的題詠，
後來結集成《九青圖詠》與《雲郎小史》兩本小冊子，流傳於世[124]。

---

122 蔣寅，《征略》，頁97、131。

123 Sophie Volpp（袁書非），〈如食橄欖——十七世紀中國對男伶的文學消受〉，收
　　入陳平原、王德威、商偉編，《晚明與晚清：歷史傳承與文化創新》，頁291-
　　293。

124 Sophie Volpp，〈如食橄欖〉。《雲郎小史》為冒襄的後人冒廣生（鶴亭，1873-
　　1959）所輯，將陳其年與紫雲交往的各種相關資料級集成書。徐紫雲，字九青。
　　陳其年在水繪園中和他相遇後，曾為之畫像，並四處請人題詠，成《九青圖詠》
　　一卷。兩書俱收入張江裁（次溪）輯，《清代燕都梨園史料續編》（1937年雙肇樓
　　排印本，台北：中央研究院歷史語言研究所傅斯年圖書館藏），卷1。冒襄在其年
　　死後寫的悼亡詩中，還特別提到此事：「水繪詩千首，園林景物添，……選聲極
　　豪髮，圖畫楚腰纖」，「其年密畫紫雲小像，遍求題詠成卷」，見冒襄，〈哭陳
　　其年太史倡和詩〉，收入《同人集》，卷9，頁41b，總頁396。
　　根據〈雲郎小史序〉，徐紫雲生於崇禎十七年（1644），死於康熙十四年（1675）。
　　陳其年在順治十五年（1658）入水繪園讀書時與紫雲定情，康熙七年（1668）其年
　　進京，攜紫雲同行。見張次溪，〈雲郎小史序〉，見《雲郎小史》，頁1a。〈九
　　青小像〉一名〈雲郎出浴圖〉，為之題詠的有七十多人，包括冒襄、王士禛、林
　　古度、吳嘉紀、孫枝蔚等知名的文人士大夫；詩詞一百五十多首。見《雲郎小
　　史》，頁7a-b。此後這本書在雍正、乾隆、光緒年間都還有人翻刻、藏購、品
　　題。由下列的相關記載中，我們不難看出陳其年和紫雲的同性戀情是如何不斷被
　　頌揚和渲染：「先生後舉鴻博官檢討，康熙壬戌辛於京師，今且五十年矣。忽有
　　賈人子持此圖售諸市，余購得之。……乃裝潢而藏之，復為詩一章，書於卷末，
　　時雍正辛亥夏五月也。」（《九青圖詠》，頁18a）「此卷吳公得諸市中，裝輯成
　　卷，持贈金棕亭教授，棕亭轉以贈余。……今藏之篋中且十年矣，不知後日誰復
　　得此者，願世世寶之，可耳。」（《九青圖詠》，頁19b-20a）「乾隆乙卯五月發園
　　侍讀倩廣陵羅山人聘重摹副本以藏之。原卷題詠燦如日星，迄今無人抄寫。嘉慶
　　庚午，長夏逭暑，七里塘友人出觀是卷，囑為重錄於尾。……此後又附同聲館倡
　　和雲郎詞三十首，……又卷耑有百穀山農序一首。」（《九青圖詠》，頁19a）

　　王士禎對陳其年和歌郎紫雲的同性戀情當然知之甚詳。康熙四年和冒辟
疆、邵潛、陳其年等人修禊水繪園時，王士禎特別要求用詩作交換紫雲捧硯：
「余與諸名士修禊冒辟疆園，分體賦詩。余戲謂其年曰：『得紫雲捧硯乃
可。』紫雲者，冒歌兒，最姝麗，爲其年所眷。許之，余坐湘中閣立成七言古
詩十章。」[125]

　　冒辟疆爲了得到陳其年的百首絕句，將寵愛的歌童送給陳其年作禮物。其
他的文人、士大夫爲了維持與陳其年這位名詞人的關係，對他和歌郎間的風流
韻事，也不停地加以頌揚、渲染[126]。在這一方面，王士禎和其他士大夫並沒有
什麼差別。但值得注意的是，王和這位以男風知名於世的詩人間，卻維持了一
種較其他往來文人更強烈、更濃郁的情感。兩人在描寫彼此的交往和感情時，
也都使用了超乎尋常的表現手法。

　　王士禎初到揚州的第一、二年，陳其年就和他建立了良好的關係：「始庚
子、辛丑間，余在維揚，日與王先生阮亭游。……日與覽平山、紅橋諸勝，酒
酣樂作，仰而賦詩，頗極杯酒倡酬之盛。」[127]此後，陳其年就不斷地往來於揚
州、如皋與陽羨之間，或是幫冒辟疆傳送端午賀禮，或是前來慶賀王士禎的生
日，再不然就是參與王的紅橋修禊或〈冶春詩〉的唱和。從「兩行小吏豔神
仙，爭羨君侯斷腸句」、「玉山筵上頹唐甚，意氣公然籠罩人」等詩句中，我
們不難看出他對王的風采和才華的仰慕[128]。

　　王士禎對和陳其年的相處，也充滿了依戀之情。康熙元年(1662)，王士
禎二十九歲生日時，陳其年到揚州流連三、四日，「明燭連茵，頗極纏綿之
致」[129]。這年冬天，王說自己「日坐愁城苦海中」，希望能得到冒辟疆的書
信，並期盼冒辟疆的兒子能和陳其年一起來探視他：「其年、青若不來，虛我

（續）
　　　「《九青圖詠》（即《出浴圖題詠》）揚州舊有刻本，光緒中沈太侔覆刻入《拜鵞
　　　樓四種》中，余爲補撰〈紫雲小傳〉。」（《雲郎小史》，頁8a）
125 《年譜》，頁25。《漁洋詩話》，收入《清詩話》，上冊，頁168。
126 Sophie Volpp，〈如食橄欖〉，頁293。
127 陳維崧，〈《南芝堂集》序〉，引自蔣寅，《征略》，頁53。
128 《年譜》，頁23。
129 《同人集》，卷4，頁74b，總頁170。

十許日夢想。上元前，能把臂妙絕！」[130]康熙三年夏天，陳其年再度到揚州看望王士禎：「其兄在此流連，極歡，無日不相見。」[131]在王士禎廣泛的交游圈中，大概很少有人像陳其年那樣，和他維持如此頻繁、深刻的互動關係：「其年與弟交，若有夙因，其淡漠之情，纏綿之致，別後令人夢寐不忘，歲杪歸陽羨，幸必取道邗江，一申契闊。」[132]

康熙四年，王士禎參加水繪園修禊後，束裝北返，結束在揚州五年的仕宦酬唱生涯。臨行之際，冒辟疆、陳其年等人相送於河岸，並且賦詩惜別。陳其年在詩中對兩人的情誼，作了更細膩傷感的描述：

> 念彼王瑯琊，于我夙所敦。目我爲上流，憐我非寒門。對床啖茗粥，促坐敷棐尊。當其纏綿時，能不銷人魂。憶昨曲水戲，款款情彌溫。十日九見詣，延眺窮郊園。……臨水傷情多，願契前達言。人生非麋鹿，焉得同朝昏。[133]

詩文酬唱，固然往往借用一定的格套或誇張的修辭，將喜怒哀樂的情緒，作過度或程式化的陳述。但王士禎重複使用「纏綿之致」或「虛我夢想」、「夢寐不忘」的語句來描述兩人的交誼，卻顯然超過了他自己或一般酬唱文字中常見的格套。而陳其年的詩句，除了印證兩人的情投意合，更透露出無比的愛戀。在最後一首告別詩中，其年壓抑不住滿腔的傷痛和綿綿無絕的悵惘，追憶起兩人在揚州共同度過的輕狂歲月。這些美好的回憶，讓一生爲多情所困的陳其年，更無法接受故人在秋涼時節所帶來的訊息：

> 王君三十何堂堂，出李維揚耀朱襮。兩人相見便抵掌，坐上狂歌歌自若。馬矟清談街鼓動，哀絲豪竹春燈落。作官祇辨設茗荈，對客何曾噉蒜酪。六年游處無事無，口不能言記猶昨。今秋七月涼風盛，王君

---

130 《同人集》，卷4，頁78b，總頁172。

131 同上，頁80a，總頁173。

132 同上，頁76b，總頁171。

133 同上，卷7，頁3a-b，總頁286。

告我適京洛。雲帆破浪誰不羨，況復同舟載花萼。嗟余一生情苦多，別人每作數日惡。矧君與我比膠漆，此意誰能喻輕薄。昔游翻悔識君非，茫茫從此無歸著。[134]

王士禛認爲他和陳其年的交往，「若有夙因」。陳則認爲六年無事不與的交往，讓兩人建立了如膠似漆的感情。一般的別離，也許帶來短暫的傷痛。但他對王君阮亭的用情之深，反敎他後悔起「相見便抵掌」以來，相知相惜的種種因緣。

「神姿清徹，如瓊林玉樹」的王士禛，固然可以和陳其年建立纏綿悱惻的情誼，卻未必是陳其年所期待的那種強烈的同性戀情。但另一方面，陳其年天下皆知的同性戀情，卻沒有對二人的交往帶來任何障礙。陳雖較王年長十歲，但和父執輩的冒辟疆或七、八十歲的錢謙益、吳梅村、邵潛、林古度比起來，在年齡、氣質上，顯然更容易和王士禛建立起純粹酬唱之外的私密情誼。

六、小結

作爲一名推官，王士禛「公正嚴肅、不畏強禦」，給人一種立場堅定、是非判然的森嚴之感。但一旦走出這種特定的情境，王士禛卻是一個最能打破對立，超越藩籬、疆界的浪漫詩人和風流名士。對詩文、酬唱、宴飲、遊覽的喜好，讓他可以超越政治認同，以及朝代、地域、階層、年齡、城鄉、貴賤和性向的差異，建立一個以揚州爲基地的交游網絡。這種勇於跨越疆界的個性和寬廣的交游圈，對他建立全國性的聲名，顯然大有助益[135]。

---

134 陳維崧，〈贈別王主客阮亭〉，見《湖海樓詩集》（收入《陳迦陵文集》[台北：臺灣商務印書館，1965]），卷2，頁254-255。

135 蔣寅特別從王士禛和江南遺民所建立的關係著眼，分析了揚州五年的經歷，在王士禛一生仕途中所扮演的關鍵性地位：「揚州的仕宦經歷，沒有給王漁洋增加多少政治資本，但他贏得了江南遺民詩人群的支持，這是他日後仕途順達和聲名顯赫的重要資本。江南遺民詩人群強大的輿論背景，對於他贏得當世第一的詩名，並藉此進入翰林院，走向文壇的中心，有著不可估量的影響。」蔣寅，〈王士禛與江南遺民詩人群〉，發表於「王士禛及其文學群體」學術研討會(台北：中央

　　王士禎才華洋溢，人生面向豐富，具有全國性的知名度，是一個典型的「圓型人物」（round character）。我們當然不能用他的生活經驗來概括那些個性、才具平庸的文人、士大夫──所謂的「扁平人物」（flat character）[136]。但和冒襄、袁枚或鄭板橋一樣，王士禎的生活經驗提供了極佳的例證，讓我們能據以重建一個和現代世界不同的文化風貌和生活型態。在這個和現代世界斷裂的文化氛圍中，年輕熱情的詩人王士禎不僅成功地履踐了作爲士人、儒生的現世使命，更以他日夜浸淫於其中的詩歌、文化傳統爲基礎，跨越了各種疆界，營造出豐富而爲人傳頌的生命歷程。透過王的記述和惠棟等乾嘉學者的考據，我們不但得以想像暮春三月，揚州城繁花盛開的景象，更找到了一個進入明清士大夫文化世界的津渡。

　　一旦穿透了由精鍊的文字和符碼所建構的迷障，進入明清士大夫文化的堂奧，我們就會發現在面對這些複雜的「圓型人物」時，傳統的分析範疇或學術取徑──不論是學術史、思想史、政治史或文學史──之不足。這些專精的學術視野，固然解決了各個領域內的技術性問題，也對明清士大夫的某些面向做了深入精密的剖析，但也同時模糊了這些士大夫的整體面貌，將淋漓飽滿的人物切割成斷裂的單元。生活史的研究看似細瑣，卻往往能夠提供一個完整的橫切面和統合點，來重新架構一套具有特色的傳統文化風貌。當「士大夫文化」一詞被廣泛、普遍的使用，卻鮮少人願意停下來，想一想士大夫文化中的「文化」究竟指的是什麼時，我們對士大夫日常生活中細節的描述，也許就有更大的參考價值。

（續）────────────────────
　　　研究院中國文哲研究所，2004年5月27日）。
136 我在此借用的是英國小說家E. M. Forster 的概念。Forster 認爲小說中的人物可以分成扁平和圓形兩種。扁平人物「有時被稱爲類型或漫畫人物」，「在最純粹的形式中，他們依循著一個單純的理念或性質而被創造出來」，「眞正的扁平人物十分單純，用一個句子就可使他形貌畢現」。圓形人物則無法用一個簡單的語句描繪殆盡，他們往往變化不斷，繁複多變。Forster 此處指的雖然是小說中的人物，但我覺得這套觀念對我們用來研究歷史上的人物也極具啓發性。在對歷史人物──特別是一些重要的人物──進行解釋或重建時，如何避免掉入類型化的窠臼，是我們必須面對的課題。Edward Morgan Forster, *Aspects of the Novel*, 原書未見，我此處用的是中文譯本。見佛斯特著，李文彬譯，《小說面面觀：現代小說寫作的藝術》（台北：志文出版社，1973），頁92-94。

後記

　　這篇文章曾在中研院史語所和文哲所的討論會上報告，我要特別謝謝胡曉真教授和許多同事所提供的寶貴意見，讓我能據以加強文中的某些論點。我也要謝謝王鴻泰教授和郭忠豪先生在資料蒐集上給予的協助。同時十分感謝兩位審查人仔細地讀完全文，提供了許多具體的修改建議。此外，本文也曾於2002年，在中研院主題計畫「明清的社會與生活」與美國哥倫比亞大學東亞系合辦的"Discourses and Practices of Everyday Life in Imperial China"會議中宣讀，會中高彥頤教授關於「日常」與「非常」的討論，對我後來的研究，有很大的啟發，特此致謝。

圖1　王士禛像；華人德主編，《中國歷代人物圖像集》（上海：上海古籍出版
　　　社，2004）下冊，頁2011。

圖2　蘭亭修褉圖；劉人島主編，《中國傳世人物名畫全集》（北京：中國戲劇
　　　出版社，2001），頁266-267。

圖3　明・《程氏墨苑・修褉圖》；文震亨（明）著，海軍、田君注釋，《長物
　　　志圖說》（濟南：山東畫報出版社，2004），頁103。

引用書目

一、傳統文獻

王士禛，〈陋軒詩序〉，收入《續修四庫全書》（上海：上海古籍出版社，
　　2002），第1403冊。

———，《分甘餘話》，收入《文淵閣四庫全書》（台北：臺灣商務印書館，
　　1983），第870冊。

———，《池北偶談》（北京：中華書局，1997）。

———，《居易錄》，收入周光培編，《清代筆記小說》（石家莊：河北教育
　　出版社，1996），第66冊。

———，《漁洋山人文略》，收入《叢書集成三編》（台北：新文豐出版公
　　司，1997），第54冊。

———，《漁洋山人集七種》，乾隆年間刊本，台北：中央研究院歷史語言研
　　究所傅斯年圖書館藏。

———，《漁洋詩集》，收入《四庫全書存目叢書》（台南：莊嚴文化公司，
　　1997），集部第226冊。

———，《漁洋詩話》，收入《清詩話》（北京：中華書局，196)3，上冊。

王士禛著，李毓芙、牟通、李茂肅整理，《漁洋精華錄集釋》（上海：上海古
　　籍出版社，1999）。

王士禛著，孫言誠點校，《王士禛年譜》（北京：中華書局，1992）。

王士禛著，惠棟註，《漁洋山人精華錄訓纂》，收入《四庫全書存目叢書》，
　　集部第226冊。

李斗，《揚州畫舫錄》（北京：中華書局，1997）。

汪琬，《鈍翁前後類稿》，收入《四庫全書存目叢書》，集部第227冊。

金鎮，《揚州府志》，引自王士禛著，李毓芙、牟通、李茂肅整理，《漁洋精
　　華錄集釋》，上冊。

冒廣生輯，《雲郎小史》，收入張江裁(次溪)輯，《清代燕都梨園史料續

編》，1937年雙肇樓排印本，台北：中央研究院歷史語言研究所傅斯年圖書館藏。

冒襄(辟疆)，《同人集》，收入《四庫全書存目叢書》，集部第385冊。

張岱，《陶庵夢憶》，台北：金楓出版社，1986。

陳維崧，《九青圖詠》，收入張江裁(次溪)輯，《清代燕都梨園史料續編》。

陳維崧，《湖海樓詩集》，收入《陳迦陵文集》(台北：臺灣商務印書館，1965)。

二、近人論著

Meyer-Fong, Tobie(梅爾清)

1999 "Making a Place for Meaning in Early Qing Yangzhou," *Late Imperial China* 20.1: 49-84. 董建中譯，〈綠楊城郭是揚州——清初揚州紅橋成名散論〉，《清史研究》2001.4。

2003 *Building Culture in Early Qing Yangzhou*(Stanford: Stanford University Press).

Volpp, Sophie(袁書非)

2002 〈如食橄欖——十七世紀中國對男伶的文學消受〉，收入陳平原、王德威、商偉編，《晚明與晚清：歷史傳承與文化創新》(武漢：湖北教育出版社)。

王振忠

1996 《明清徽商與淮揚社會變遷》(北京：三聯書店)。

王鴻泰

1999 〈美感空間的經營——明、清間的城市園林與文人文化〉，收入《東亞近代思想與社會》(台北：月旦出版社)。

2002 〈明清士人的生活經營與雅俗的辯證〉，發表於「中國日常生活的論述與實踐」學術研討會，紐約：美國哥倫比亞大學，待刊。

佛斯特(Edward Morgan Forster)著，李文彬譯

1973 《小說面面觀：現代小說寫作的藝術》(台北：志文出版社)。

巫仁恕

2003　〈晚明的旅遊活動與消費文化──以江南爲討論中心〉，《中央研究院近代史研究所集刊》41：87-143。

李孝悌

2002　〈袁枚與18世紀中國傳統中的自由〉，收入《戀戀紅塵：中國的城市、欲望與生活》(台北：一方出版公司)。

2005　〈在城市中徬徨：鄭板橋的盛世浮生〉，收入《中國的城市生活》(台北：聯經出版公司，2005)。

李康化

2001　《明清之際江南詞學思想研究》(成都：巴蜀書社)。

孫康宜

2002　〈典範詩人王漁洋〉，收入陳平原、王德威、商偉編，《晚明與晚清：歷史傳承與文化創新》(武漢：湖北教育出版社)。

徐振貴

1995　〈趙執信與王士禛詩及詩論評辨〉，《齊魯學刊》1995.2：91-96。

張少康

1995　〈董其昌的畫論和王漁洋的詩論〉，《蘇州大學學報》(哲學社會科學版)1995.2：43-46。

張宇聲

1996　〈王漁洋揚州文學活動評述〉，《淄博師專學報》1996.1。

張江裁(次溪)輯

1937　《清代燕都梨園史料續編》，雙肇樓排印本，台北：中央研究院歷史語言研究所傅斯年圖書館藏。

曾棗莊

1995　《蘇轍評傳》(台北：五南圖書公司)。

曾棗莊等

2001　《蘇軾研究史》(南京：江蘇教育出版社)。

劉錚雲

1993　〈「衝、繁、疲、難」：清代道、府、廳、州、縣等級初探〉，《中央研究院歷史語言研究所集刊》64.1：175-240。

蔣寅

　1996　〈王漁洋與清詞之發軔〉，《文學遺產》1996.2：91-99。

　2001a　《王漁洋與康熙詩壇》（北京：中國社會科學出版社）。

　2001b　《王漁洋事跡征略》（北京：人民文學出版社）。

　2004　〈王士禎與江南遺民詩人群〉，發表於「王士禎及其文學群體」學術研討會，台北：中央研究院中國文哲研究所，2004年5月27日。

嚴迪昌

　1998　《清詩史》（台北：五南圖書公司）。

袁枚與18世紀中國傳統中的自由[*]

一、中國傳統與自由主義

　　20世紀中國知識份子對自由主義的討論和提倡，主要著重在政治和制度面上的自由，希望藉著對言論、思想、結社等基本權利的保障，來對抗任何壓制性的政治統治。張佛泉的《自由與人權》一書，就是這種論點的最佳代表。在全書的開頭，他明確地將自由的指稱分為兩個範疇：一是政治方面的保障，一是「人之內心生活的某種狀態」。這兩種意義的自由，屬於兩個獨立的「意義系統」。前者指的是政治自由，一些可以具體條列的基本人權；後者則是比較籠統、抽象的道德自由、意志自由。而他在這本書中所關心的就是第一種意義下的自由[1]。

　　在張佛泉看來，第一種講求人權的政治自由，在中國傳統中，一直未能形成。第二種意義的道德或精神上的自由，卻很早就在中國出現，在孔子的言論和禪宗思想中，都可以找到這種意義下的自由[2]。張佛泉從基本人權的關懷出發，論證政治自由在中國的匱乏，對一般讀者來說，是很容易理解或接受的。但他同時指出自由的第二種意義，並簡略地提到中國傳統與第二種自由的關涉，相較於五四時代激烈攻擊舊傳統的言論，不能不說是一種進步。雖然對他

---

[*]　　本文曾在2001年，香港中文大學中國文化研究所當代中國文化研究中心舉辦的「中國近現代思想的演變學術研討會」中宣讀。

[1]　　張佛泉，《自由與人權》（香港：亞洲出版社，1955），第二章，特別是頁11、15、21、23。

[2]　　同上，頁21-22。

來說，這種自由並不是論述的重心。

作為一種對抗壓迫性政治統治——不管是傳統的專制皇權、軍閥統治、國民黨的獨裁、威權統治或共產黨的極權統治——的行動哲學，20世紀中國／台灣關於自由主義的論述，無可避免地偏向爭取基本人權的政治自由。這種針對性極強的行動哲學，固然有其產生的歷史背景和道德正當性，但在論述形成、推衍的過程中，卻不可避免地產生所有行動綱領、指針所可能產生的問題——就是對歷史和傳統的簡化。放在中國20世紀的歷史脈絡來看，這種簡化一方面發生在對自由主義自身的詮釋上，一方面則發生在將自由與傳統對立的過程中。由於五四新文化運動是自由主義的重要開端，五四運動對中國傳統的激烈抨擊，往往使得自由主義以一種西方的、現代的、進步的思潮，及中國的、傳統的反命題而存在。

張佛泉的分疏，看似簡略，卻隱約點出了問題的複雜性。在以人權清單為自由的基本要義的同時，他對兩種自由的陳述，至少讓我們看到中國的某些傳統與自由的某些意涵相吻合，中國的傳統與西方的自由並非截然對立的兩種實存。

但如果我們細究文獻，會發現即使在同時身兼激烈的反傳統導師和自由主義的代言人兩種角色的胡適身上，西方自由主義和中國傳統也並非兩個完全對立的命題。早在民國十九年寫的一篇學術性文章〈談呂氏春秋〉一文中，他便對《呂氏春秋》中重視自我的個人主義有極高的推崇：

> 呂氏春秋的第一紀的第一篇便是「本生」，第二篇便是「重己」；第二紀的第一篇便是「貴生」，第二篇便是「情欲」。這都是開宗明義的文字，提倡的是一種很健全的個人主義，叫做「貴生主義」。[3]

在胡適等人看來，儒家思想或宋明理學中「存天理、去人欲」的主張，根本就是吃人的禮教，必需全力撻伐。相反地，《呂氏春秋》主張政府的運作要

3　胡適，〈讀呂氏春秋〉，《胡適文存》第三集(台北：遠東圖書公司，1983)，頁229。

滿足人的情欲，所以受到胡適的極力頌揚：

> 呂氏春秋…竟老實承認政治的運用全靠人有欲惡，是政治的紀綱；欲
> 望越多的人，越可得用；欲望越少的人，越不可得用；無欲的人，誰
> 也不能使用。所以說：「善為上者能令人得欲無窮，故人之可得用亦
> 無窮也。」（〈為欲〉）
> 這樣尊重人的欲惡，這樣認政府的作用要「令人得欲無窮」，便是一
> 種樂利主義的政治學說。[4]

而所謂的「樂利主義」，其實就是邊沁、穆勒等人所提倡的功利主義：

> 故健全的樂利主義的政治思想必須建築在健全的貴己貴生的個人主義
> 的基礎之上。(近世的樂利主義[utilitarianism]的提倡者，如邊沁，如
> 穆勒，皆從個人的樂利出發。)呂氏春秋的政治思想在使人民得遂其
> 欲，這便是一樂利主義。[5]

我們都知道，穆勒對邊沁所提倡的功利思想中蘊含的庸俗和齊一式的傾
向，有所不滿，轉而提倡重視個人差異的自由主義。但對胡適來說，這樣的差
異顯然不是問題的重心，他重視的無寧是功利主義作為一套激進的政治思想，
將個人置於國家之上，將個人的享樂作為統治的基礎。相對於中國主流的(儒
家的)統治哲學，胡適在《呂氏春秋》中發現了同樣令人興奮的激進成分。這
種從個人主義和對情欲的肯定出發，尋找中國傳統和現代西方主流價值接筍的
努力，和本文的主旨，在前題上雖然有別，取徑卻相仿彿，我在下面會有更多
的描述。

在民國十九年發表的這篇文章中，胡適還只是針對一種特定思想，尋找中
國傳統中自由思想的成分。民國三十八年三月，胡適到達台灣。二十七日，在

4　同上，頁236-237。
5　同上，頁237。

黃朝琴、傅斯年的陪同下，在中山堂作了一次公開演講，演講的題目是〈中國文化裏的自由傳統〉。在這裡，中國傳統簡直就成了自由思想的寶庫。他首先表明「自由」這個名詞，並不是從外面來的，不是洋貨，而是中國古代就有的：「中國從古以來都有信仰、思想、宗教等自由，但是坐監牢而犧牲生命以爭取這些自由的人，也不知有多多少少。」

接下來，他以極大的篇幅討論諫官和史官制度，將之看成論自由、思想自由的最佳表徵。此外，老子的「無爲政治」，孔子對教育的重視和教育平等的主張，孟子的「民爲貴、君爲輕」的思想，都被解釋成自由主義的傳統。王充、范縝、韓愈、王陽明各種批判的言論，也被看成爭取思想自由的例子[6]。一個曾經以激烈批判中國傳統而躍居思想界領袖的代表人物，現在反過來在中國主流傳統中，找尋具有時代意義的元素，確實是一個有意思的轉變。這樣的轉變，很可能和胡適戰鬥的對象轉向共產黨有關。爲了對付日益嚴重的赤化危機，傳統中可以用來彰顯批判和自由精神的案例，都被羅掘出來。胡適這種寬鬆的比附是否有意義，自然是一個問題，但將自由的傳統，從非主流的呂氏春秋擴及一些主流思想和人物，卻是值得觀察的指標。這一方面顯示傳統的複雜性和豐富的內涵，漸漸受到重視；一方面也顯示傳統的許多成份，不管是主流還是非主流，都合乎現代的價值標竿。

激進的西化派代表，在哥倫比亞大學接受哲學訓練的胡適，在中國傳統中找出自由主義的成分。三十多年後，在哥倫比亞大學講授中國哲學的狄百瑞，在擔任錢穆講座時，同樣以中國的自由傳統爲題，作了更深入的闡述。以研究新儒學享譽美國學界的狄百瑞，最早的研究興趣是由黃宗羲和《明夷待訪錄》一書所引起。黃宗羲對君主制度的嚴厲批判，從19世紀末以來，就被視爲中國本土民主思想的先鋒，狄百瑞則把黃的主張視爲本土自由傳統的重要代表。但另一方面，他又強調，黃的思想其實並非偶發的個案，而是延續了新儒家悠久的自由傳統。

胡適從孔子的「有教無類」思想和御史、史官等制度來探討中國的自由傳

6　胡頌平編，《胡適之先生年譜長編初稿》，第六冊(台北：聯經出版公司，1984)，頁2078-2081。

統，狄百瑞則在御史、史官之外，提到經筵、書院制度和朱熹的教育思想中的自由意涵[7]。

胡適的說法，對習慣從現代／西方的觀點批判中國傳統的讀者而言，已經顯得有些突兀。狄百瑞將焦點完全放在從五四以來被批判得最嚴厲的宋明理學，並且在這個學術傳承中，發現了一個偉大的自由主義的傳統，對一般人來說，可能更無法接受。但我的目的，並不在論證狄百瑞所建構的自由傳統的有效性，或確切的意義所在。我只是要指出，胡適和狄百瑞這兩位立場不同的學者的立論，都爲我們開啓了一個重新審視中國傳統與自由主義的關係的不同視野。

二、政治自由之外

事實上，就像張佛泉所說的，即使在西方自由主義的傳統中，自由的意涵倒底包括那些東西，也是眾說紛紜。近代自由主義的代表人物之一，法國政治思想家康士坦(Benjamin Constant)曾經在1819年的一次演講中，將自由分爲兩個類別。一是古代的自由，一是近代的自由。古代自由以希臘爲代表，意謂著「積極而持續的參與集體權力的運作」。近代自由則是「平靜的享受個人或私密的獨立」[8]

作爲一名在後拿破崙時代(1815-1830)積極爭取公民自由和議會政治的活躍份子，康士坦其實目睹了現代自由的危險：那就是過度沈浸在自我獨立的享樂以及個人特殊利益的追尋中，會讓人忘了參與政治事務的職責。而這種政治生活的萎縮或去政治化的發展，往往會助長了君主的暴虐統治，後者不幸就出現在他所成長的帝制法國。但康士坦又和其他啓蒙思想家不一樣，對古希臘全

7　William Theodore de Bary, *The Liberal Tradition in China* (Hong Kong: Chinese University Press; New York: Columbia University Press, 1983)，中文翻譯《中國的自由傳統》(台北：聯經出版公司，1983)由李弘祺等人譯出。狄百瑞認爲經筵的研討，和史官的寫作，能鼓勵並維護官吏的言論自由。地方書院中收藏的圖書、文獻，則成爲朝廷無法管束的學術自由的場所。見中譯本，頁120。

8　Stephen Holmes, *Benjamin Constant and the Making of Modern Liberalism* (New Haven: Yale University Press, 1984), p. 31.

民參政的政治生活，沒有什麼浪漫的憧憬。在他看來，古代自由和現代自由必需互相依存，不可分割，過度的政治化和過度的私密化，都會爲自由和社會秩序帶來威脅[9]。

康士坦雖然看清楚人們沈溺在個人私領域中所導致的政治惡果，但另一方面，他也了解到過度的政治干預所產生的嚴重後果。如果不能保障個人的獨立，任何的政治權力都是沒有意義的[10]。

康士坦一方面盡力想在政治參與和個人私密生活之間維持均衡，一方面又雄辯滔滔地要求維護個人自由與隱私權[11]。相較之下，穆勒的立場，似乎更偏重在私密領域的維護上。由於對邊沁只強調集體的幸福，而不重視個體的差異感到不滿，穆勒將論證的重心轉到個性的維護和伸張上。政治的壓迫固然可怕，多數人在道德上、美學標準上形成的主流意見，因爲會導致個性的斲喪，也可能變成一種暴虐的壓迫。所以光保護個人不受政治力的肆虐是不夠的，還要進一步保護個人，使其不受主流意見與感覺的壓迫。換言之，集體意見對個人獨立的干涉，必需有一個限制[12]。

穆勒所極力維護的這個不受社會干擾的個人領域，包括了幾方面：第一，個人內在的意識領域，包括了思想、感情的自由，以及在所有主題上擁有絕對的議論和感觸的自由。第二，個人有品味和探索的自由，可以依照自己的個性設定自己的生命計劃，做自己喜歡做的事。第三，個人間可以爲了任何目的，自由組合。任何社會，不論採用什麼樣的政治形式，如果不能保障上述的自由，就不能稱爲自由的社會。所謂的自由，用最簡單的話來說，就是人可以用自己的方式，追求自己認爲最好的事物[13]。

受到浪漫主義詩人很大影響的穆勒，對邊沁機械式的計算眾人幸福的主張無法苟同，他和托克維爾一樣，對這種民主式幸福哲學中意涵的庸俗、齊一、求同和不容忍的多數暴力，有極大的嫌惡。在他看來，平等式的民主所帶來的

9　*Ibid*, pp. 18-20.

10　*Ibid*, p. 20.

11　參見以撒·柏林，《自由四論》，陳曉林譯(台北：聯經出版公司，1986)，頁235。

12　John Stuart Mill, *On Liberty* (The Bobbs-Merrill Company, 1956), p. 7.

13　*Ibid*, p. 16.

「一致化的枷鎖」，甚至比舊的專制皇權，為個人自由帶來更大的威脅[14]。

相對於這種劃一的、數人頭式的幸福哲學，穆勒更重視個人在品味、感知能力上的培育鍛練；更重視個人依照自己的性向，極力將個性發揮到極致。出於對民主式一致化的恐懼，他反覆強調個性、原創性、天才和奇行怪癖(eccentric)的重要性。自由的終極意義，就在提供一片不受干擾的土地，讓上述的特質像樹木一樣，無拘無束、姿情任性的成長[15]。

穆勒對平等式民主中蘊含的齊一性的懷疑，對品味、個性，原創性的堅持，後來遭到不少批評。其中最主要的一點就是：穆勒所主張的這種個人自由，其實和民主沒有必然的關聯，在專制制度或其他的社會型態、組織中，都可能給予個人充足的揮灑空間[16]。

穆勒所面對的質疑，其實正是我這篇文章的重點所在。從上面簡單的介紹中，我們可以看出在西方自由主義的歷史中，對自由的意涵，並沒有一個固定不變的指涉。個別的思想家，各有不同的著重點。在政治自由之外，也有像穆勒這樣的代表人物，致力於個人自由的維護。而這樣的自由，和民主制度並沒有必然的關聯。

三、袁枚和18世紀的私密空間

如果我們採用穆勒所定義的自由——一種對個性、原創性、歧異性和天才、品味的追求與維護——我們可以在18世紀的傳統中國，找到足夠的空間，讓有特殊才華的士大夫發抒個性，營造出品味獨特的士大夫文化。這種恣情縱欲的自由空間，在20世紀中國歷史的許多時段中，都受到極度甚至完全的壓縮。從這樣的視角出發，我們格外能體會在專制皇權中的那片廣大自主空間的可貴。

14　參見Franklin Baumer, *Modern European Thought: Continuity and Change in Ideas, 1600-1950*(New York: Macmillan Publishing Co., 1977), p. 326. Roland N. Stromberg, *European Intellecual History since 1789*(New Jersey: Prentice-Hall Inc., 1986, 第4版), pp. 97-98.

15　Mill, *On Liberty*, pp. 72-79.

16　參見柏林，《自由四論》，頁237-239。

　　袁枚一生的歷程之所以特別值得標舉，除了他豐富自得的作品與人生，為傳統士大夫的精緻文化和生活風貌，樹立了一種典範，還因為他個人的歷史，為我們提供了一個重新審視18世紀中國政治與社會性質的機會。歷來對18世紀歷史的描述，除了認為是一個帝王勵精圖治，國力達於頂點的太平盛世，還側重在當時的乾嘉考證之學與相關的箝制思想的文字獄。乾嘉學者對三禮、五禮之學的研究，最近又被解釋成儒家道德保守主義興起的例證[17]。

　　上面這些關於盛清之世的舊論新說，當然都掌握住這個複雜時代的某些面相。但袁枚的生平經歷，卻讓我們對上述關於18世紀專制政權在政治、思想、道德、文化上進行全面壓迫性統治的解釋效力有所懷疑。這樣說，當然不是要全盤推翻各項成說。我只想證明，這些說法常常侷限於某些特定的資料，因而對18世紀的社會作出循環而片面的詮釋。

　　在專制皇權的壓迫性這一方面，我們當然不必懷疑皇帝的權力、意志高於法律，成為難以制衡的絕對權威。Philip Kuhn對18世紀一連串剪辮謀反案的研究，就顯示皇帝個人的猜疑，如何可以讓一些子虛烏有的謠言，變成一宗煞有介事的全國性謀反冤獄。皇帝可以憑個人的臆測，就將個人的武斷意志強加在官僚理性之上，無端地引發對無辜民眾的誅戮[18]。

　　但即使這樣一個在理論上無可挑戰的專制皇權，在實際運作的過程中，也可能因為官僚有意無意的怠惰和婉轉的抗拒，而受到制約。所以Kuhn認為：「此時此刻，任何一個君主要想維持對官僚制度穩固、有序和可靠的控制，都已變得十分困難。」「我並非建議，這裡存在著對於專制權力的某種『憲政』制衡。⋯但在某些極不尋常的情況下，處於最高層的官員們，顯然可能運用任何政府都必須遵守的最高準則來限制君主的專制權力。」[19]

　　在思想、道德的層次，歷來學者對主流乾嘉考證學的過度重視，讓他們忘了還有其他一些潛流、反主流或「下」流的文獻存在。將目光只集中在看似主

17　見Kai-wing Chow, *The Rise of Confucian Ritualism in Late Imperial China: Ethics, Classics, and Lineage Discourse* (Stanford University Press, 1994).

18　Philip Kuhn, *Soul Stealers: The Chinese Sorcery Scare of 1786* (Harvard University Press, 1990)

19　這裡的譯文，採自上書的中譯本。見陳兼、劉昶譯，孔復禮著，《叫魂：乾隆盛世的妖術大恐慌》(台灣版，台北：時英出版社，2000)，頁317、324。

流的乾嘉學者身上，自然會讓後來的詮釋者以爲只有這一種思想面存在，並誇大了這種思想的影響性。乾嘉考證或程朱理學固然是士大夫求取功名的不二法門，但這不意謂著乾嘉禮學或程朱理學在整個社會或實際生活層面，都必然居於壟斷的地位。我們不要忘了，絕大多數的上層官僚都和袁枚一樣，身兼官僚與文人兩重角色。右手寫著官冕堂皇的奏議，左手很可能同時製造了大量輕薄短小、怪力亂神的文學作品。我們更不要忘了，在這些上層官僚之外，還有許許多多像蒲松齡、華廣生[20]這一類失意科場，轉而寄情於神怪、情欲作品的下層文人儒生。而在這些佔人口總數百分之一都不到的知識階層之外，我們尤其不能忘記那些禮教所不及的愚夫愚婦。

袁枚耽溺而爲時人稱道的一生，正說明了從禮學家或理學家的著述出發，我們可能高估了18世紀思想、道德的壓制性，又同時輕估了這個時代的複雜性和殊異性。

袁枚於康熙五十五年(1716)生於浙江錢塘，嘉慶二年(1798)，死在用一生心血灌溉的小倉山隨園。乾隆四年(1739)中進士，1740至1748在江南各地仕宦爲官。後來因爲擢升無望，不甘「爲大官作奴」，乃棄官從文，買下江寧織造曹頫後任隋赫德的「隋織造園」，改爲隨園。幾番大力整治，爲自己的下半生，營造出一片豐盈的天地。(圖1)

值得一提的是，隨園雖然因爲袁枚的文采風流而成爲一代名園，但在袁枚最初買下時，其實已形同一座廢園，所以袁枚才能用薪俸所得的三百金買下這座庭園[21]。袁枚之所以能過著一種爲人稱羨的園林生活，完全是出於個人有意的抉擇，而非在經濟或出身背景上，有著超越常人的優越地位。事實上，在1752年，袁枚還一度因爲經濟狀況不佳，被迫再度短暫地前往陝西任官[22]。

20　華廣生是一個籍籍無名的文人。他從嘉慶二、三年開始搜集家鄉山東歷城的俗曲。道光八年(1828)，他將這些歌頌男歡女愛的民間情歌，以《白雪遺音》之名刊行於世。從書的序言中，我們知道在蒐集的過程中，這些情歌就受到許多其他下層讀書人的熱烈迴響。詳細的討論，見收於本書中的〈18世紀中國社會中的情欲與身體：禮教世界外的嘉年華會〉一文。

21　見袁枚，〈隨園記〉，《小倉山房文集》，卷12，收於王英志校點主編，《袁枚全集》(2)，(南京：江蘇古籍出版社，1993)，頁204。

22　以上關於袁枚的生平介紹，取自王英志爲全書寫的前言，見《袁枚全集》(1)，

　　天資聰穎，二十四歲就考上進士的袁枚，原本可以和其他上層士大夫一樣，過著一套標準卻爲多數人艷羨的仕宦生涯，但因爲忠於自我的感受，「不甘爲大官作奴」，而選擇了一種別有洞天的生活。

　　袁枚特立獨行、多采多姿的下半生，就從隨園這個獨立的空間開始。隨園作爲織造隋公的產業，雖然曾經盛極一時，但在袁枚出任江寧縣令時，卻已傾頹不堪：「輿臺嘷啖，禽鳥厭之不肯嫗伏；百卉蕪謝，春風不能花。」[23]買下庭園，加以整修落成後，面臨了兩難：如果繼續作官，「則月一至焉」；但如果辭官，「則日日至焉」。袁枚沒有作太多考慮，就決定乞病告歸。在總結自己的決定時，他說：「余竟以一官易此園；園之奇，可以見矣。」[24]

　　袁枚退居隨園三年後，短暫入陝爲官。回來後，「所植花皆萎，瓦斜墮。」他親自率領夫役除石覓土，整治經年，花費金千，仍然沒有什麼大成。有人問他：「以子之費，易子之居，胡華屋之未獲？而俯順荒餘，何耶？」他答道：「夫物雖佳，不手致者不愛也；味雖美，不親嘗者不甘也。」再有名的豪宅庭園，如果沒有把自己的理念、精力投注進去，都是沒有意義的。雖然花了很多時間、金錢，仍未竟全功，但他有充裕的時間可以慢慢改進、修補，不像入仕爲官時，受到各種期限的壓迫：「孰若余昔年之腰笏磬折，里魁喧啖乎？」「伐惡草、剪　枝，惟吾所爲，未嘗有制而掣肘者也；孰若余昔時之仰息崇轅，請命大胥者乎？」[25]

　　袁枚決定退隱後，再度出仕，卻發現自己仍然沒有辦法適應那種仰人鼻息、屈己折腰的官場生活。只有在這座私密的後花園中，他可以完全依照自己的意志、喜好、節奏，過著隨心所欲、自由自在的生活。

　　袁的家鄉在錢塘(今杭州)，小倉山則位於南京。爲了表達對故鄉的思念，他在整治庭園時，常常以西湖爲師：「戲仿其意，爲堤爲井，爲裏、外湖，爲花港，爲六橋，爲南峰、北峰。」[26]三十多歲買下隨園時，院落一片荒蕪，經

(續)

　　　　頁1-2。

23　〈隨園記〉，頁204。

24　同上，頁205。

25　袁枚，〈隨園後記〉，《袁枚全集》(2)，頁205-206。

26　袁枚，〈隨園五記〉，《袁枚全集》(2)，頁208。

過二十年的全心經營，終於有了滿意的成績。對於自己長期的耕耘得以開花結果，他感到無比的欣慰：

> 而余二十年來，朝斯夕斯，不特亭台之事生生不窮，即所手植樹，親見其萌芽拱把，以至于骸牛而參天，如子孫然，從乳哺而長成壯而斑白，竟一一見之，皆人生志願之所不及者也。何其幸也！[27]

有了一個獨立自主，不受政治力干預的空間，袁枚就可以以隨園為基地，在乾嘉考證和三禮五禮之學以外，另闢天地。他或是在隨園內與賓客晏飲唱和，或是四出玩樂，縱情山水，並透過大量的詩歌文字，將種種寄情園林、馳騁想像的個人體驗詳細地記載下來，為我們研究18世紀士大夫的生活史，提供了豐富的資料。也讓我們在看似嚴苛、壓迫或窒息的乾嘉禮學和專制統治之外，看到18世紀的中國社會其實還有廣闊的空間，讓穆勒設想中的天才或特立獨行之士，創造出自足豐富的生活型態。(圖2)

恬靜的風景畫

在袁枚的作品和生活中，情欲、美食和狂野的宗教想像，都是醒目的題旨。但在這些令人興奮激動的生命高潮之外，袁枚的生活中其實還充滿了恬靜、寧謐如風景畫的片片段段。

在短短二十個字的小品詩中，他說：「靜坐西溪上，春風白日斜。吹來香氣雜，不辨是何花。」[28]

幽居生活的閑散，在下列的詩句中充分顯露：

> 支枕悠悠午夢餘，開門仍是閉門居。客來下馬有閑意，未見主人先看書。[29]

27　同上。
28　〈靜坐〉，《袁枚全集》(1)，頁239。
29　〈支枕〉，《袁枚全集》(1)，頁324。

折竹當藜杖，閒行過小亭。無人獨自語，溪上一鷗聽。[30]

雨久客不來，空堂飛一蝶。閒坐太無聊，數盡春蘭葉。[31]

空山三伏閉門居，衫著輕容汗有餘。卻喜炎風斷來客，日長添著幾行書。[32]

雨下久了，客人不來，日子顯得無聊。但有時卻寧願閉門謝客，只為了專心在家賞花：

我寧負人不負花，花開時節常歸家。今年出門語芍藥，留花待我歸來誇。果然歸時花正盛，烝紅爛紫騰雲霞。…人生長得對花坐，比拖金紫誰為佳？況我衰年急行樂，看春生怕斜陽斜。此樂豈可使卿共？為花辭客客休嗟。[33]

卻客賞花已是超脫凡俗的樂事，朝飲花露，更予人道家仙人的聯想：

日飲芭蕉花露鮮，采來常與雀爭先。瓊漿何必千年計，一滴甘時一刻仙。[34]

情欲與男色

五四新文化運動的領導人物對傳統攻擊最猛烈的一點，在吃人的禮教。在這一套禮教制度中，除了束縛女性的貞操觀和婚姻制度，以及壓抑子女的孝道觀和家庭制度外，最為人詬病的就是理學家「存天理、去人欲」的主張了。胡適對呂氏春秋的大力頌揚，正在於這套思想中的政治哲學，是以滿足人的情欲為基礎。在胡適看來，這種主張和邊沁、穆勒的功利主義可以遙相呼應。如果

30　〈閒行〉，《袁枚全集》(1)，頁329。

31　〈閒坐〉，《袁枚全集》(1)，頁329。

32　〈三伏〉，《袁枚全集》(1)，頁468。

33　〈供芍藥數十枝，終日對花獨坐〉，《袁枚全集》(1)，頁583。

34　〈每日晨起折芭蕉花上露飲之〉，《袁枚全集》(1)，頁666。

我們沿用胡適的論點，把滿足情欲看成符合現代需求的進步思想，袁枚的情欲論述和實踐，儼然也可以視為功利主義的代言人。事實上，如果我們依照前述穆勒對自由的定義——人可以用自己的方式，追求自己認為最好的事物——袁枚的情欲論述和實踐，當然可以看成自由主義的一種體現。更具體地說，袁枚對男同性戀戀情與欲望的公然禮讚，以及當時人對袁枚這些風流韻事的正面肯定，甚至當成佳話一樣的傳頌，都說明了18世紀的中國，即使沒有政治自由，卻在其他許多議題上，較同時或現代的許多社會，具有更大的包容與自由。

袁枚對情欲的頌揚，除了見諸詩文、雜記，也見於議論文字。在〈書《復性書》後〉一文中，他首先表明七情六欲是聖人都肯定的：「古聖賢未有尊性而黜情者。喜、怒、哀、樂、愛、惡、欲，此七者，聖人之所同也。惟其同，故所欲與聚，所惡勿施，而王道立焉。」「孟子不以『好貨』『好色』為公劉、太王諱；而習之乃以喜怒為堯、舜諱，不已悖乎！」[35]

在〈清說〉一文中，他又進一步把情欲看成治道的基礎：

> 且天下之所以叢叢然望治於聖人，聖人之所以殷殷然治天下者，何哉？無他，情欲而已矣。老者思安，少者思懷，人之情也。…「好貨」、「好色」，人之欲也。而使之有「積倉」，有「裹糧」、「無怨」、「無曠」者，聖人也。使眾人無情欲，則人類久絕而天下不必治；使聖人無情欲，則漠不相關，而亦不肯治天下。……自有矯清者出，而無故不宿於內；然後可以寡人之妻，孤人之子，而心不動也。……故曰不近人情者，鮮不為大奸。[36]

在所謂道德保守主義復興的18世紀，袁枚「不近人情者，鮮不為大奸」的說法，顯然有極大的挑釁或解構意味。而他又更進一步，在日常生活中實踐了他的情欲觀。袁氏四十歲時，已經有姬妾十餘人，但他仍不滿足，到處尋春，「思得佳麗」[37]。七十歲時，仍不減看花之興，而受到朋友的規勸。袁的回答

35　袁枚，〈書《復性書》後〉，《袁枚全集》(2)，頁395-396。
36　〈清說〉，《袁枚全集》(2)，頁374-375。
37　〈選艷妙語〉，《隨園軼事》，收於《袁枚全集》(8)，附錄四，頁11。

是：「人人各有所好，兩不能相強。君年七十而圖官，吾年七十而看花，兩人結習，有何短長？」[38]山水、美色，成為他絕意仕途之後最大的嗜好：「『臨水登山，尋花問柳』八字，為先生一時所篤嗜。『精神毛髮，逐漸頹侵；一息尚存，雙眸如故。』先生嘗自道也。年屆古稀矣，猶挈姬人子女小住西湖，⋯平山堂下輒為數月之留連，往往有花枝招颭，載與同游。著手皆春，無花不賞，其老而彌篤者，殆天性使然也。」[39]

三妻四妾或尋花問柳，原是傳統士大夫生活中的常態，袁枚只不過把這種生活型態推到極致。和多數士大夫不同的是，在女色之外，袁枚的情欲對象還并及男性。而且這樣的興趣，從年少到遲暮，終身不斷。他在乾隆三年(1738)，二十三歲時中舉，次年中進士。沒多久，就和當時京師的名伶許雲亭發展出浪漫的戀情：

> 乾隆己未、庚申(按：為乾隆四、五年)間，京師伶人許雲亭，名冠一時，群翰林慕之。糾金演劇。許聲價自高，頗自矜貴。先生雖年少，而服御樸素，敝車羸馬，料無足動許者。詎許登台時，流盼送笑，目注先生，若將暱焉。先生心疑之，而未敢言。次日侵晨，許竟叩門至，情款綢繆，先生忻喜過望，引許為生平知己。[40]

這段記載值得注意之處，一是一介名伶，竟然會讓京師的上層社會(群翰林)為之傾動；一是記事者在記載這段同性戀情時，採用了一種全然正面的筆調。兩者都反映了男風在18世紀中國被接納的程度。

男風在上層社會的接納度，從下面這個例子也可以看出。尹文端公在作兩江總督時，和袁枚時相唱和。每成一詩，就派侍者李郎送給袁枚。時間久了，袁枚和李郎「始而稔熟，繼而狎暱，蓋李年輕而貌俊，為先生刮目也。」這件事後來被文端公知道，寫了一封信給袁枚，說「子真如水銀瀉地，所謂無孔不入者！」寫完後，仍然請李郎走送，袁枚看後，竊笑不已！後來文端公移節

---

38 〈答沈觀察諫看花〉，《隨園軼事》，《袁枚全集》(8)，頁13。

39 〈載美同游〉，《隨園軼事》，《袁枚全集》(8)，頁19。

40 〈許雲亭〉，《隨園軼事》，《袁枚全集》(8)，頁19。

別處，袁枚和李郎闊別多年。再相見時，文端公已駕歸道山。李郎在隨園住了好幾個月，和袁枚一起檢視文端公寫給袁枚的詩章簡札，回首前塵往事，感慨良多[41]。

　　和年輕男子墜入情網的情節，不僅發生在袁枚身上，也發生在周遭的人身上。有一次，袁的門生劉霞裳隨侍他游粵東，碰到吳明府一位叫袁師晉的司閽，年僅十七歲，長得明眸皓齒。袁師晉一見劉，就推襟送抱，兩情相悅。兩人好容易訂下私約，一慰平生，忽然袁的主人接到上級命令，要火速前行。剛剛陷入熱戀的兩名男子，只好黯然離別。袁枚有感於這段匆匆逝去的戀情，特地賦詩爲記，並細序其事：

> 在粵東時，袁郎師晉年十七，明慧善歌，爲吳明府司閽。乍見霞裳，推襟送抱，苦不得一霄接。再三謀得私約某日兩情可申，忽主人奉大府檄，火速鑿行，郎不得留，與霞裳別江上，涕如綆縻。余思兩雄相悅，數典殊希，爲補一詩，作桑間濮上之變風云。
> 珠江吹斷少男風，珠淚離離墮水紅。緣淺變能生頃刻，情深誰復識雌雄？鄂君翠被床才疊，荀令香爐座忽空。我有青詞訴眞宰：散花折柳太匆匆![42]

　　袁郎與秀才隨風而逝的戀情，在袁枚的筆下，顯得哀感動人。但在另一次師生同游的旅程中，袁卻慷慨地爲學生撮合了一次慾望之旅：

> 先生好男色，如桂官、華官、曹玉田輩，不一而足；而有名金鳳者，其最暱愛也。先生出門，必與鳳俱。某年游天台，鳳亦同行，劉霞裳秀才，先生弟子也，時劉亦同在舟中，一見鳳而悅之。劉年少，美丰姿，鳳亦頗屬意也。先生揣知兩人意，許劉與鳳宿，作詩有「成就野

41　〈尹文端公侍者李郎〉《隨園軼事》，《袁枚全集》(8)頁18-19。
42　〈袁郎詩爲霞裳補作(有序)〉，《袁枚全集》(1)，頁740-741。這段故事也見於《隨園軼事》，〈袁郎〉條，《袁枚全集》(8)，頁18。

鴛鴦，諸天色歡喜」之句。此可以見先生之風流自在者矣。[43]

這段記敘顯示袁枚好男色是眾所周知之事。下面這段記載，則不但說明男風可以如何的公開展示，還可以進一步引發觀者的豔羨之情：

> 先生之暱桂官，不亞于金鳳。桂官姓錢，故有「小子桂枝仙，錢郎劇可憐」之句。一日，先生尋春揚州，與桂偕行。桂善歌，舟中爲先生度曲，先生以洞簫和之，有姜石帚「小紅低唱我吹簫」之趣。先生時六十餘，行市中不扶杖，而桂爲之挽手，市中人觀而羨之，目爲神仙焉。[44]

這些和袁枚有關的男風記載，多見於蔣敦復的《隨園軼事》。這本書成書在同治三年(1864)，上距袁枚謝世之期(1798)，已經有六十多年。蔣的資料多半來自袁枚的後人，也有小一部分輾轉聽來，沒有確切的根據。[45]但不管資料來源如何，在蔣敦復的描述下，袁枚等人在半個多世紀前的同性戀情，都成了賞心悅目的佳話。蔣敦復寫作的時代，中國已漸漸進入現代國際社會，西方的價值觀也開始一步步地沖刷中國士大夫原有的信念。但在蔣氏勾勒的隨園世界中，同性情欲仍然是一個可以公開論述、展示和頌揚的議題。這些記載顯示，在政治領域之外，士大夫仍然享有一個廣闊未經壓縮的私密空間，恣情任性地拓展出各種可能的路徑。

飲食

精力無窮、勇於探索的袁枚，將「飲食男女，人之大欲存焉」的至理名言，演繹到極緻。在難以饜足的女色、男色之外，對口腹之欲，也是全心全意的追逐。與人不同的是，在單純的品鑑外，他還慎重其事地把飲食當成一門學門，分門別類的加以研究、記錄。在《隨園食單》序中，他提到這本書出現的

43　〈金鳳〉，《隨園軼事》，《袁枚全集》(8)，頁77。

44　〈桂官〉，《隨園軼事》，《袁枚全集》(8)，頁77。

45　見蔣敦復，《隨園軼事》，原序，《袁枚全集》(8)，頁1。

經過：

> 古人進髻離肺，皆有法焉，未嘗苟且。「子與人歌而善，必使反之，
> 而後和之。」聖人于一藝之微，其善取于人也如是。
> 余雅慕此旨，每食于某氏而飽，必使家廚往彼竈觚，執弟子之禮。四
> 十年來，頗集眾美。有學就者，有十分中得六七者，有僅得二三者，
> 亦有竟失傳者。余都問其方略，集而存之。雖不甚省記，亦載某家某
> 味，以志景行。自覺好學之心，理宜如是。[46]

這樣不恥下問，累積四十年，成就了帶有文人隨筆意味的食單。全書前面
兩個單元，分別列出各種烹飪須知和禁戒。然後將食物分成海鮮、江鮮、特
牲、雜牲、羽族、水族有鱗、水族無鱗、雜素菜、小菜等類別，再分列條目加
以介紹。在主菜單外，另有點心、飯粥和茶酒，洋洋灑灑，無所不包。

在雜素菜部門，光豆腐的吃法就有九種，美食家的考究，可見一班。有的
豆腐名稱看起來沒有什麼特殊之處，烹調起來卻有一番周折。譬如芙蓉豆腐，
要先將腐腦放井水泡三次，去除豆氣，然後放到雞湯中滾，起鍋時再加紫菜、蝦
肉。[47]

凍豆腐的名稱看起來最普通，作法卻絕不陽春：

> 將豆腐凍一夜，切方塊，滾去豆味，加雞湯汁、火腿汁、肉汁煨之。
> 上桌時，撤去雞火腿之類，單留香蕈、冬笋。豆腐煨久則鬆，面起蜂
> 窩，如凍腐矣。故炒腐宜嫩，煨者宜老。家致華分司，用蘑菇煮豆
> 腐，雖夏月亦照凍腐之法，甚佳。切不可加葷湯，致失清味[48]。

其他的豆腐，名稱看起來都大有來頭，像是蔣侍郎豆腐、楊中丞豆腐、王
太守八寶豆腐。既是官宦之家的豆腐，總要變出一些和小戶人家不同的把戲，

46　《隨園食單》序，《袁枚全集》(5)，頁1。
47　〈芙蓉豆腐〉，《隨園食單》，《袁枚全集》(5)，頁61。
48　〈凍豆腐〉，《隨園食單》，《袁枚全集》(5)，頁61-62。

才不負其盛名。這其中，「蔣侍郎豆腐」的講究、繁瑣，最讓人側目：

> 豆腐兩面去皮，每塊切成十六片，晾乾用豬油熬清煙起才下豆腐，略
> 洒鹽花一撮。翻身後，用好甜酒一茶杯，大蝦米一百二十個；如無大
> 蝦米，用小蝦米三百個，先將蝦米滾泡一個時辰，秋油一小杯，再滾
> 一回。加糖一撮，再滾一回，用細蔥半寸許長，一百二十段，緩緩起
> 鍋。[49]

這種對飲食的講究，一方面顯示出像袁枚這樣的上層士大夫，活在怎麼樣
悠游裕如的世界；一方面也可以看成士大夫生活品味上的極緻追求。

宗教想像

在西方自由主義的論述中，宗教自由是一大要項。這種對宗教、信仰自由
的強調，當然和基督教會對異端信仰的壓迫、屠殺有密切的關係。但在中國，
除了和民眾叛亂有關的宗教信仰外，很少看到因為壓制異端而引發的激烈行
動。我在另一篇文章中，就針對相關議題作了簡扼的討論，指出明清的官僚士
紳，在面對僧道和民間信仰等所謂異端時，擇取了相當彈性的態度。[50]

士紳官僚對僧道和民間信仰的寬容，當然和他們本身就是佛道及民間信仰
的信徒有很大的關係。這些接受儒家養成教育的讀書人，可以一方面寫經世濟
民、修身齊家的嚴肅文字，一方面沈浸在超自然的神秘領域。筆記小說和誌怪
之說的流行，正足以說明傳統中國的士大夫，在主流、正統的儒家思想外，可
以輕易出入無限寬廣的宗教世界，馳騁其想像。《子不語》和《續子不語》的
出現，讓我們進一步看到：即使在所謂專制統治高峰的18世紀，在箝制思想的
文字獄和乾嘉考證主宰了我們對18世紀思想風貌的理解的同時，富有創意的讀
書人，仍然可以在宗教的領域任意奔馳。這一點，是我們在討論思想自由、宗

---

49 〈蔣侍郎豆腐〉，《隨園食單》，《袁枚全集》(5)，頁60。
50 李孝悌，〈明清的統治階層與宗教：正統與異端之辨〉，收於郝延平、魏秀梅主
編，《近世中國之傳統與蛻變：劉廣京院士七十五歲祝壽論文集》，上冊，(台
北：中研院近史所，1998)，頁83-102。

教自由時，不能輕易抹煞的。

《子不語》共有二十四卷，《續子不語》十卷，加在一起，構築成一個卷帙浩繁的神怪世界。在《子不語》的序中，袁枚對寫作這些作品的旨趣有簡單的交待：「余生平寡嗜好，凡飲酒、應曲、樗蒲，可以接群居之歡者，一無能焉。文史外無以自娛，乃廣采游心駭目之事，妄言妄聽，記而存之，非有所惑也。」[51]袁枚生平是否像他自己所形容的那麼「寡嗜好」，當然可以討論。同樣的，《子不語》中收集的故事，是否全是妄言妄聽，也值得進一步探討。

在這幾十卷短篇故事集中，固然充斥著誌怪小說和聊齋式的虛幻情節，但也有不少故事的人物、官銜、時間、地點，都煞有介事，顯示袁枚有意為這些故事建構「實有其事」的印象。《袁枚全集》的主編王英志在全書的前言中就說：「(子不語)似乎是游戲筆墨，其實并不盡然。此書不僅寫道聽途說或虛構編造的鬼神妖怪，亦記親身經歷或有根有據的真人真事。既有游戲之筆，亦多諷世之文。」[52]

我在下面就挑選幾則看似「有根有據的真人真事」，來進一步說明這個時代的儒家士大夫，並未受限於正統的儒家思想，反而毫無忌憚地游走於俗世的官僚體系和神怪的幽冥世界之間。

第一則故事發生的場景，在仕宦之前的科考。句容人楊瓊芳是康熙年間某科的解元，他應試時的題目是「譬如為山」一節。考完出場後，楊甚為得意，只對中間二股的幾句話有些遺憾。晚上作夢到文昌殿中，文昌帝君坐在上座，旁邊都是爐灶，「火光赫然」。楊向旁邊長鬍子的判官詢問原因，判官笑著回答：「向例場屋文章，必在此用丹爐鼓鑄；或不甚佳者，必加炭火鍛煉之，使其完美，方進呈上帝。」楊瓊芳聽後，急忙從火爐中取出自己的文章，仔細觀看。原本不滿意的幾處文句，都已經改好，「字字皆有金光」。楊就順便把改過的文句牢牢記住。

沒有多久，貢院中起火，燒掉二十七本試卷，負責考場的監臨官命舉子入場重錄原文。「楊入場，照依夢中火爐上改鑄文錄之，遂中第一。」[53]

51　袁枚，〈《子不語》序〉，《袁枚全集》(4)，頁1。
52　王英志，〈前言〉，《袁枚全集》(1)，頁8-9。
53　〈鑄文局〉，《子不語》，卷11，《袁枚全集》(4)，頁216。

靠著夢中神力的幫助，順利通過科考，是明清筆記小說中常見的題材。袁枚不同之處，在賦予故事更多看似真實的細節，提高了「妄言妄聽」的可信度。

除了文昌帝君，扶乩也是明清士大夫、文人間普遍流行的宗教行為[54]。下面兩則都是官員扶乩的故事。

揚州太守謝啓昆在扶乩時，沙盤上出現〈正氣歌〉數句，他懷疑是文天祥降壇，整冠肅拜，問神姓名，對方回答道：「亡國庸臣史可法。」當時太守正在修史公祠墓，就問史是否知道。史答道：「知之，此守土者之責也，然亦非俗吏所能為。」問官階，批曰：「不患無位，患所以立。」太守再問自己將來是否會有兒子，批曰：「與其有子而名滅，不如無子而名存。太守勉旃！」問史是否已成神，成什麼神，對方回答：「天曹稽察大使。」寫完，史向太守索紙一幅，寫了一幅對聯：「一代興亡歸氣數，千秋廟貌傍江山。」筆力蒼勁，謝啓昆將這幅對聯懸于廟中[55]。

降乩者，可能是大義凜然的史可法，也可能是惑人心神的鬼狐之屬。壽州刺史劉介石碰到的馬盼盼，正是這種可能會帶來禍害的陰魂：

> 壽州刺史劉介石，好扶乩。牧泰州時，請仙西廳。一日，乩盤大動，書「盼盼」二字，又書有「兩世緣」三字。劉大駭，以為關盼盼也。問：「兩世何緣？」曰：「事載《西湖佳話》。」劉書紙焚之，曰：「可得見面否？」曰：「在今晚。」果薄暮而病，目定神昏。妻妾大駭，圍坐守之。燈上片時，陰風颯然，一女子容色絕世，遍身衣履甚華，手執紅紗燈，從戶外入，向劉直撲。劉冷汗如雨下，心有悔意。女子曰：「君怖我乎？緣尚未到故也。」復從戶外出，劉病稍差。嗣後意有所動，女子輒來。

---

54 許地山認為：「文人扶箕大概起于宋朝，而最流行的時期是在明清科舉時代，幾乎每府每縣底城市裏都有箕壇，尤其是在文風流暢底省分如江浙等省，簡直有不信箕仙不能考中底心理。」見許地山《扶箕迷信底研究》，（台灣，商務，1986年五版），頁32。也可以參考游子安，《勸化金箴─清代善書研究》（天津：人民出版社，1999），頁52-53。

55 〈史閣部降乩〉，《子不語》，卷19，《袁枚全集》(4)，頁364-365。

　　劉介石雖然「心有悔意」，卻無法抗拒盼盼「容色絕世」的吸引力。有一天寓居揚州天寧寺，秋雨悶坐，突然想到盼盼，又情不自禁的取乩焚紙，與鬼神交接起來。但這一次來的卻不是美女，而是前來搭救的神佛：

> 乩盤大書曰：「我韋馱佛也，念汝爲妖孽所纏，特來相救。汝可知天條否？上帝最惡者，以生人而好與鬼神交接，其孽在淫嗅以上。汝嗣後速宜改悔，毋得邀仙媚鬼，自戕其命！」劉悚然叩頭，焚乩盤，燒符紙，自此妖絕。

　　幾年後，劉介石翻閱《西湖佳話》，才發現在泰州州署的左側，有一座宋時營妓馬盼盼的墳墓。而根據《青箱雜志》的記載，馬盼盼爲人機巧，能學蘇東坡書法。這個時候，劉刺史才知道先前降乩的不是盼盼[56]。

　　《青箱雜記》的作者是宋朝的吳處厚，《西湖佳話》則是清朝吳墨浪子輯錄的小說。這些斑斑可靠的當代與古代文獻，和史可法的對聯一樣，都讓袁枚記述的宗教世界，多了一份歷史的縱深。歷史和虛幻，此世和彼岸，巧妙的交織在一起。

　　真假難辨的另一個例子，發生在尹文端公身上。前文曾提到，尹和袁枚熟識，時有書信往還，並因此成就了侍者李郎與袁枚的戀情。乾隆十五年，尹文端公總督陝西時，接到華陰縣縣令的稟啓，說自己因爲觸犯妖神，即將死去：

> 卑職三廳前有古槐一株，遮房甚黑，意欲伐之，而邑中吏役僉曰：「是樹有神，伐之不可。」某不信，伐之，並掘其根。根盡見鮮肉一方，肉下有畫一幅，畫赤身女子橫臥，卑職心惡之，焚其畫，以肉飼犬。是夜覺神魂不寧，無病而憔悴日甚，惡聲汹汹，日無見而耳有聞。自知不久人世，乞大人別委署篆者來。

尹總督得到這份稟啓，拿給幕友傳觀，問他們這樣的公文要如何批發。話還沒

56　〈馬盼盼〉，《子不語》，卷2，《袁枚全集》(4)，頁25-26。

有說完，華陰縣報告縣令病故的文書已經抵達。[57]

我們當然可以猜測縣令在寫稟啓時，身體和精神狀態都已經有嚴重的問題，鬼崇之說，正是精神疾病的一種表徵。但從袁枚的敘述中，我們可以清楚看出，在當時這些受儒家思想薰陶的士紳官僚心目中，理性和神怪並非兩個對立的範疇。在現實生活中，宗教常常提供了另一種想像和行動的依據。

童其瀾和華陰縣令一樣，都可以預知自己的死期。童是紹興人，乾隆元年進士，官作到戶部員外。有一天，他在衙門值夜，和其他幾位官員一起飲酒，忽然仰天大叫：「天使到矣。」穿上朝服，跪地而拜，其他幾位官員問他是什麼天使，童笑著回答：「人無二天，何問之有？天有敕書一卷，如中書閣誥封，雲中金甲人捧頭上而來，命我作東便門外花兒閘河神，將與諸公別矣。」童其瀾說完哭起來，同儕都以爲他得了狂疾，不太放在心上。

第二天早上，大司農海望到戶部，童穿戴整齊向海望長揖辭官，並向他解釋原因。海望不滿地說：「君讀書君子，辦事明敏，如有病，不妨乞假，何必以神怪惑人？」童其瀾也不辯解，駕車回家，不飲不食，用三天時間料理完家事後，端坐而逝。

而在東便門外，居民聽到連夜呼嘯聲，以爲有大官經過，出外觀看。花兒閘河神廟裡一位姓葉的道士，夢到新的河神到任，白皙微鬚，正是童其瀾的相貌[58]。

這個狂野的想像，因爲有著明確的細節，而令人迷惑不已。下面這則關於蔣士銓的記敘，也同樣讓人訝異不置。蔣在盛清時期的詩壇，享有崇高的地位，和袁枚、趙翼並稱乾隆三大家。他居官中書時，住在京師賈家胡同。十一月十五日那一天，兒子生病，他和妻子張夫人分床而睡，夢到一個皁隸拿著帖子來請，蔣不知不覺跟著他走出去。二人走到一座像王宮的大殿，殿外有兩口井，左邊寫著天堂，右邊寫著地獄。原來地獄中的王爺任滿要離去，請蔣士銓來代替。蔣以母老子幼，不願意答應，和王爺起了激烈的爭執。蔣大叫一聲醒

57　〈尹文端公說二事〉，《子不語》，卷7，《袁枚全集》(4)，頁125。

58　〈童其瀾〉，《子不語》，卷13，《袁枚全集》(4)，頁256。

過來,發現自己躺在床上,四肢冰冷,大汗淋漓。

到了四更天,蔣沈沈睡去,又再度來到冥間。這次殿上有五個位子,前面四座都有人坐,空出第五座,等待蔣士銓。第三個位子上坐的,正是蔣的業師馮靜山。兩人抱頭而泣,馮囑咐蔣回去料理後事。等到十一月二十日前來上任。

蔣醒來後,到一向友好的藩司王興吾處訣別。王看到他滿臉鍋煤,鬼氣森森,驚問其故,蔣以夢中發生的事相告,王勸他不要怕,回家唸誦大悲咒,也許可以避過劫數。二十日那一天剛好是冬至,到三更時,蔣看見空中飛下一轎,還有幾隻旗竿和幾位轎夫,好像要來迎接他。蔣急忙唸起大悲咒,空中的景象就像煙氣一般漸漸消釋。

過了三年,蔣士銓考上進士,入翰林[59]。

狂誕的情節,加上實有其人的主角和看似真實的時空細節,當然可能是袁枚在寫作《子不語》時一貫使用的技巧和策略。藉著這種虛實交錯的手法,袁枚在自成一統的隨園,創造了一則又一則自娛娛人的神怪故事。還有一種可能是:故事中的主角,確實有過書中描繪的夢境或軼聞,袁枚輾轉聽聞後,加油添醋地改寫成駭人耳目的傳奇小說。但不論是完全的無中生有,或若有似無的加工改造,都說明了在18世紀的專制皇權和禮教論述之外,還有一個政治勢力和主流學術所無法扼殺、干擾的想像的世界。相反地,在這個類別的故事中,官僚制度和儒家的士大夫,都成了自由想像的素材和出發點。

四、結論

袁枚作為18世紀卓負盛名的文人、作家,衣食無虞,在廣大的林園之外,還有充分的閒暇和情致,在宗教、情欲和飲食的國度,恣情縱意的探索。文人的聲名和高妙的創作才華,也讓他享有一定程度的豁免權,不會被人用一般禮教的尺度來衡量。換句話說,我們可以合理地推測他極可能是特立獨行的個別案例,不具任何的代表性。

59　〈蔣太史〉,《子不語》,卷9,《袁枚全集》(4),頁179-180。

但我對18世紀情歌所作的研究，卻顯示情欲的自由奔放，並不是袁枚這種少數上層文人士大夫的專刊，而是一個普遍的社會現象。大量的情歌，在妓院、旅驛、通衢大道和市井鄉野中，被不斷地吟唱傳遞，營造出一個繁富多端的情欲世界。[60]

即使放在上層文化——特別是明末士大夫文化——的脈絡中來考量，袁枚的言行，也很難說是真正的異數。前述袁枚生活的每個面相，其實都以不同的強度，表現在不同的士大夫生活中的某些片段。袁枚的不同之處，在他很早就放棄了仕宦生涯，憑著過人的才氣，全心全意地在上述士大夫生活的每一個面相——庭園、情欲、飲食、宗教——都作了極致的演出。這樣的生活實踐，固然突出而別具創意，但並未真正脫離中國士大夫的生活傳統。他只不過是將這些個別的面向集於一身，並推向一個高峰。

袁枚淋漓盡致的演出，再加上民間情歌豐富多端的情欲類型，讓我們更加相信，18世紀的中國社會，其實存在了一個相當廣闊的私密領域，沒有受到專制皇權和禮教論述太大的侵擾和箝制。

放在20世紀中國知識份子積極爭取政治自由和基本人權的歷史脈絡中來考察，袁枚畢生追索的目標，對某些人來說也許顯得消極，甚或浮泛輕佻。但我們不要忘了，從穆勒以降，到柏林的西方自由主義傳統中，私人領域或消極自由的維護，一直是一個嚴肅的課題。胡適著作中對樂利主義的重視，對宋明理學家滅絕人欲的攻擊，在某一個意義上，其實正承續了西方自由主義中對消極自由的關切。

袁枚和18世紀宗教、情欲論述之值得我們再度標舉的另一個理由，是在20世紀中國知識份子努力爭取政治自由和基本人權的同時，宗教自由和情欲自主等同樣被視為基本人權的私密領域，卻遭到嚴重的壓制和侵害。在1949年之後，這樣的侵害固然全面而深入；但即使在1949年之前，當新文化運動所崇揚的「賽先生」成為權威的主流論述後，宗教想像或實踐的空間就已經受到極大的壓縮，從傳統士大夫著述中的重要類別，淪入不見天日的暗流。在熱烈頌揚情欲的同時，胡適等人一同奮力將宗教掃入垃圾堆中。

---

60 可參見本書〈18世紀中國社會中的情慾與身體——禮教世界外的嘉年華會〉一文。

　　中國傳統中缺少強固、制度化的政治自由，是無可辯駁的事實。但從我們今天所面臨的人權議題來回顧20世紀以來，中國自由主義發展的歷史，我們不難發現，20世紀中國的自由主義，其實也缺少了傳統所具有的某些寬容。

圖1　袁枚像；華人德主編，《中國歷代人物圖像集》（上海：上海古籍出版社，2004）下冊，頁2202。

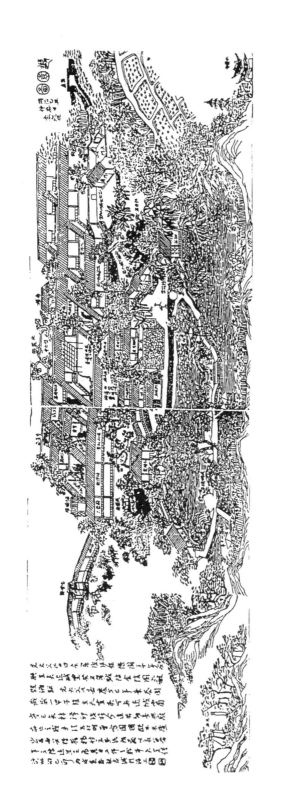

圖2 袁枚隨園圖：轉引自王鏡容，〈從小眾到大眾：「隨園」的文化圖景〉，《中極學刊》第二輯（南投：國立暨南國際大學中文系，2002.12），頁176。

18世紀中國社會中的情欲與身體：
禮教世界外的嘉年華會*

一、禮教與情欲：問題的提出

我們都知道，從16世紀初以後，江南和華北各地商品經濟的發展，為當時的社會秩序、人民的食衣住行和價值觀念帶來鉅大的衝擊。經濟的繁庶和政治控制的鬆動，讓人們能比較不受束縛，過著相對自由而解放的生活。除了對既存的政治架構、哲學思維提出挑戰，許多文人士大夫恣情縱欲地享受生活，講求品味。他們勇於堅持自我的價值，抒發自己的個性，使這個時代充滿了狂放的性格[1]。

* 這篇文章曾在中央研究院歷史語言研究所生命醫療史研究室舉辦的「健與美的歷史研討會」上宣讀，我要謝謝梁其姿、彭小妍教授和其他與會學者以及胡錦媛教授所提供的各項意見和建議。我也要特別謝謝陳永發教授和兩位審查者仔細閱讀全文，提供了許多寶貴的意見，讓我的論述能更趨周延。原文發表於《中央研究院歷史語言研究所集刊》，72：3(2001年9月)。

1　明末經濟、社會、思想、文化各方面的突破，吸引了越來越多學者的注意，幾乎成為另一種顯學。對於相關的研究，我無意在此全面列舉，只能擇要言之。關於社會秩序與士大夫價值觀的改變，可參考余英時先生的〈中國近世宗教倫理與商人精神〉，《中國思想的現代詮釋》(台北：聯經出版公司，1987)。關於商品經濟的發展，和因此帶來的社會風氣的轉變，可參考徐泓，〈明代社會風氣的變遷——以江、浙地區為例〉，《中央研究院第二屆國際漢學會議論文集》(台北：中央研究院，1989)。徐泓，〈明代後期華北商品經濟的發展與社會風氣的變遷〉，《第二次中國近代經濟史研討會論文集》(台北：中央研究院經濟研究所，1989)。劉志琴，〈晚明城市風尚初探〉，《中國文化研究叢刊》第一輯(上海：復旦大學，1984)。林麗月，〈衣裳與風教——晚明的服飾風尚與「服妖」議論〉，《新史學》10.3(1999)。巫仁恕，〈明代平民服飾的流行風尚與士大夫的反應〉，《新史學》10.3(1999)。關於個性的解放，一般性的論述可參考

在獨特的士大夫文化之外，16、17世紀的庶民文化也呈現清晰的風格。印刷術的普及，讓相對富裕的城市民眾能更輕易地享受各種大眾讀物。大眾市場的存在，又反過來促成更多市場導向的大眾讀物的出現[2]。除了宗教性的小冊子和各種各樣的日用類書外，最引人注目的應當是像《三言‧二拍》之類的通俗小說，及以《金瓶梅》為首的色情小說了[3]。

「情色」原來就是民間文化中的一個特色，甚至可以說是一種心理的深層結構。明末的富裕和解放，當然更有助於這類作品的出現。事實上，這種通俗性情色作品的出現，在一定程度上，也呼應了上層文化中情欲解放的呼聲（牡丹亭正是後者的最佳代表）[4]。

明末的各項突破，吸引了愈來愈多學者的興趣。我這裡要問的問題是：是

（續）————————————————

    Theodore de Bary, "Individualism and Humanitarianism in Late Ming Thought," in de Bary ed., *Self and Society in Ming Thought* (New York: Columbia University Press, 1970), pp. 145-247. 在這篇文章中，de Bary 描述了左派王學的發展和個人主義的出現。對於品味的講求，我們可以從張岱的散文著述《陶庵夢憶》中，找到最好的說明。

2   Dorothy Ko（高彥頤）對明末清初印刷術的相對普及，有相當精要的描述。見 *Teachers of the Inner Chambers: Women and Culture in Seventeenth-Century China* (Stanford: Stanford University Press, 1994), pp. 34-67.

3   對於明末的善書運動和日用類書等大眾讀物的出現，酒井忠夫都有非常詳盡的研究，分見《中國善書の研究》（東京：國書刊行會，1960），和〈明代の日用類書と庶民教育〉，《近代中國教育史研究》（東京：國土社，1947）。酒井另外有一篇英文文章，對上面這些課題有扼要的介紹，見 Tadao Sakai, "Confucianism and Popular Educational Works," in de Bary, 前引書, pp. 331-366.「三言‧二拍」的研究，可以參考王鴻泰《三言二拍的精神史研究》（台北：臺灣大學文學院，1994）。明末最具代表性的宗教作品，首推羅教的始祖羅夢鴻傳教用的寶卷《五部六冊》，臺灣比較容易看到的本子是由正一善書出版社印行（台北縣板橋，1994）。對羅祖和《五部六冊》的相關研究，見馬西沙、韓秉方，《中國民間宗教史》（上海：人民出版社，1992），頁165-241。

4   對於《牡丹亭》的一般性研究，可參考鄭培凱，《湯顯祖與晚明文化》（台北：允晨文化實業股份有限公司，1995）。夏志清認為湯顯祖的所有劇作中，有一個共同的主題，就是時間。但只有《牡丹亭》中，有一個東西超越了時間，那就是愛情。愛情的力量可以叫人生，叫人死。不過夏志清認為這種擊敗了時間的愛情，只能在夢境中存在，因為只有在夢境中，可以不受時間的干擾。見C. T. Hsia, "Time and the Human Condition in the Plays of T'ang Hsien-tsu," in de Bary ed., *Self and Society in Ming Thought*, pp. 273-279.

否隨著滿人的入關，隨著另一個積極有為的專制政府的出現，16世紀初以來出現的各項突破，就如曇花一現，戛然而止呢？就士大夫的文化來看，答案是很明顯的。從王汎森的研究中，我們知道晚明士人和清代士人，不論是在生活型態或文化活動上，都起了很大的變化。對個人道德修養的重視，取代了過去「浮囂奔競」的習氣[5]。就本文的主題而言，我們要更具體的問：是否明中葉以後，春色蕩漾的情欲文化，隨著質樸勇悍的北方民族的入侵而與明室俱亡呢？

如果我們稍為檢視一下清帝國的學術思想潮流，就可以了解這個問題的合理性。相對於宋明儒的講求心性之學，一般都認為18世紀的乾嘉學派比較不去碰觸實質的思想問題。但近來的研究卻顯示乾嘉學者對三禮、五禮之學的鑽研，並不僅僅是一種避禍的飯釘之學。禮學研究的復興，在某一種意義上，實蘊含了對禮法的講求。

乾嘉學派對「禮」學的重視，主要的目的是要藉著對古禮的詮釋，來恢復或重建一個他們心目中合理的社會秩序。周啓榮的研究認為乾嘉學者對禮學的重視，和社會保守勢力的興起有密切的關係。乾嘉學者對禮的研究，其實是一種士紳主導的文化改革運動。新興的政權不僅帶來一套新的政治秩序，而且意圖一併解決從明末以來就一直存在的社會問題。

在統治者和士大夫看起來，晚明社會問題的表象之一，就是淫詞戲曲和通俗小說的流行。所以清朝的統治者和乾嘉學者，對這些頹廢淫猥的通俗文化，都表現出強烈的嫌惡之情，並不斷試圖加以清除[6]。除了對通俗文化的改良，乾嘉學者的禮學研究更致力於與家族及婦德有關的禮儀、規範上——二者均是以儒家思想為主導的社會秩序的基石[7]。

對「禮」的強調，帶來了道德上的嚴格主義或社會保守主義，其可能的影響，就是清代寡婦人數的增加。費絲言的研究，讓我們知道貞節烈婦的選拔，

5　王汎森，〈日譜與明末清初思想家——以顏李學派為主的討論〉，《中央研究院歷史語言研究所集刊》69.2(1998)：256-260。

6　見Kai-wing Chow, *The Rise of Confucian Ritualism in Late Imperial China: Ethics, Classics, and Lineage Discourse*（Stanford: Standford University Press, 1994), pp. 2-8.

7　引文同上，pp. 204-216.

在明代已經變成一種常規化的政策。地方士紳和士人的記敘，又進一步強化了寡婦生產的機制[8]。Susan Mann(曼素恩)等人則指出：在清代方志中，關於寡婦拒絕再嫁，及丈夫死後仍盡力侍奉公婆的「節婦」記載，在18世紀也戲劇性的增加[9]。有些學者認為這類記載的增加，可能和18世紀人口的激增有關，但Mann卻認為「節婦」記載增加的比率大於人口增加的比率。她的解釋是：由於人口增加，科舉的競爭更加慘烈，下層士人藉科名來光耀門楣的可能性愈來愈低，家有「節婦」因此成了彰顯士人在地方社會身份的新指標。這些地方社會的「節婦」論述，當然是一種男性菁英的論述，但Mann進一步指出，菁英的「節婦」論述，其實又受到哲學家和學者的影響。這裡講的「哲學家和學者」，指的正是乾嘉學者。另一方面，以異族入主的清政府，為了突顯自己繼承了儒家的正統，對忠孝、節烈一類的綱常思想更是不遺餘力的提倡。有了政府和士大夫的雙重背書，地方菁英的「節婦」論述就更加天經地義了[10]。

上面這些研究，讓我們了解到，乾嘉之學可能並非如過去所認為的，只是一種餖飣、繁瑣的考據，而有不小實際的社會意涵。清政府的「勵精圖治」更強化了這種道德保守主義的傾向。也因此，我們更有理由去假設明末的突破、解放真的是乍現即逝。但我仍然想問的是：從政府和主流學術思潮的角度衍生出的觀點，是否只是片面的？乾嘉學者的禮學研究或地方菁英的節婦記載，是否呈現的只是「一種」文本，「一種」論述？如果我們用的是另一類不同性質的文本，是否就會引出不同的結論？我在這篇文章中要做的，正是這點。我打算用一些18世紀流行的情歌和戲曲，來探討在「禮學」、「節婦」論述的表層之後，是否仍有一股暗流，甚或一種「反」主流的人欲橫流？我們在16世紀初葉以後到17世紀中葉所觀賞到的「情欲」論述，是否真的隨著北方民族的入侵而俱亡？18世紀的中國社會，是否真如我們第一印象所顯示的那麼保守、嚴格呢？

8　費絲言，《由典範到規範──從明代貞節烈女的辨識與流傳看貞節觀念的嚴格化》(臺灣大學歷史研究所碩士論文，1997)。

9　Susan Mann, "Widows in the Kinship, Class and Community Structures of Ch'ing Dynasty China," *Journal of Asian Studies* 46.1(1987): 40.

10　Ibid., pp. 40, 45-50.

在回到我的主題之前，我想再對「節婦」的問題提供另一個觀察的視角。我們都知道，在明末的通俗、情色文化或城市大眾文化之外，同時也可以看到許多由民間教派的領袖撰寫的善書。以東林黨為首的士大夫，更致力於通俗的道德宣講，和以道德教化為目的的「善會」救濟活動[11]。後者的大量出現，並非憑空而至，而是以前者為指涉。換句話說，民眾道德的敗壞和社會秩序的崩潰，正是善書運動出現的前提[12]。善書的大量刊行和道德講會活動的頻繁，正反襯出社會上「不道德」風氣的猖獗。18世紀的禮學論述，是否也同樣反襯出道德和社會秩序的敗壞呢？

梁其姿的研究，為這種假設提供了一個有力的證據。她認為乾隆中期以後，「惜字會」與「清節堂」等組織的出現，正反映了下層儒生所面臨的嚴苛挑戰。為了維護他們自身的尊嚴和所堅持的道德理念，這批下層儒生從18世紀後期開始，大量建立「惜字會」與「清節堂」。事實上，從18世紀初期，甚至更早一點開始，寡婦守節就已不是單純的個人道德抉擇的行為。除了貧困與夫家貧財等因素，18世紀江南一帶，地方無賴用各種手段威逼或誘騙寡婦再嫁的事件層出不窮，成為嚴重的社會問題。清節堂之類組織的出現，成為保護寡婦貞節的最後據壘[13]。各種外在的客觀因素，固然對婦女的貞節造成絕大的威脅，但婦女本身未被馴服的情欲，甚至男性對這種情欲的渴求和推波助瀾，是否也是對綱常觀的衝擊，而需要用一個龐大的、國家背書的「禮學」論述來壓制呢？

11　關於東林黨組織的「同善會」，可參考夫馬進，〈同善會小史——中國社會福祉史上における明末清初の位置づけのために〉，《史林》（京都大學史學研究會）65.4(1982)：37-45。梁其姿，〈明末清初民間慈善活動的興起——以江浙地區為例〉，《食貨月刊》復刊15.7/8(1986)：58-65。

12　Brokaw 從經濟、社會、政治等方面的變化，對《功過格》之類的善書在16、17世紀大量出現的原因，做了全面的檢討，見 Cynthia J. Brokaw, *The Ledgers of Merit and Demerit: Social Change and Moral Order in Late Imperial China* (Princeton: Princeton University Press, 1991), pp. 3-27。

13　梁其姿，《施善與教化：明清的慈善組織》（台北：聯經出版公司，1997），第五章，特別是頁159-163。

二、情歌、戲曲選

我在本文中所用的三種資料是《霓裳續譜》、《白雪遺音》這兩本情歌選以及《綴白裘》中幾齣戲曲曲文。下面就先對這三種資料做一個簡單的介紹。

《霓裳續譜》的收集者是一位來自民間樂師顏自德，天津人，生在18世紀初的康雍之際，曾長期參與乾隆時期的皇室慶典演出，顏自德在晚年時，憑著記憶，將他聽過的京師曲部優童演出過的曲子記錄下來，然後委請王廷紹加以點定。乾隆六十年(1795)，王廷紹將他點定並作序的《霓裳續譜》付梓刊行。

曲師顏自德是一位名不見經傳的民間藝人，王廷紹卻是一位飽讀詩書的朝廷命官。他在刊行《霓》書時，已經中舉，其後不久通過會試，開始仕宦生涯。紀昀曾經是他的座師，阮元也和他有過交往。以這樣的士大夫身份來點校、刊刻一部充滿情欲的俗曲集，當然值得關注。我們知道王廷紹的個性不同流俗，狂傲而詼諧，對顏曲師選輯的這些歌曲喜愛備至，並傳抄友朋。但對是否正式刊行，卻一直猶豫不決，怕受到士論的攻擊。後來在朋友的促恿鼓勵下，才冒險一試。刊行後不久，也許由於反應不錯，王氏又在同一年將此書第二次刊行[14]。

這裡值得注意的是：即使狂傲不同流俗的王廷紹，在刊行這樣一部頌揚情欲的俗曲集時，仍然對可能面臨到的攻擊有所忌憚而猶疑至再。他在序文的最後一段說自己雖然「強從友人之命」，刊行本書，但「不過正其亥豕之訛。至鄙俚紕謬之處，固未嘗改訂，題籤以後，心甚不安。然詞由彼製，美不能增我之妍，惡亦不能益吾之醜。騷壇諸友，想有以諒之矣。」[15]很明顯地是一種卸責的自衛之辭。由王廷紹的「心甚不安」，我們當然可以想見主流價值的威力。也可解釋成乾嘉的禮學論述，真如周啓榮所說，造成一種道德保守和嚴格

14　以上俱見張繼光，《霓裳續譜研究》(台北：文津出版社，1989)，頁3、11-15。

15　王廷紹，〈霓裳續譜序〉，我在此處和下文用的都是北京中華書局在1959年刊行的本子。此書和《白雪遺音》，以及明馮夢龍編的《山歌》等，均被中華書局放在《明清民歌時調叢書》項下出版。

的氛圍，起了相當的規範作用。

但王廷紹的好友，也是慫恿他出書最力的盛安，卻顯然沒有受到同樣的制約。盛氏同樣是朝廷命官，並以勇於諫諍著稱於世，他對民間文化的開放態度特別值得注意。在為本書寫的序言一開頭，就用「朝菌不知晦朔，蟪蛄不知春秋」的典故，暗喻士大夫不當劃地自限。雖然「村謠野諺，每見鄙於文人」，但同樣地，「繡口飾心，亦難誇於市井」。他指出這本選集有一部份是出於文人才士之筆，有一部份則是「村嫗蕩婦之談」。而他固然欣賞「情詞兼麗」的雅曲，也同時可以欣賞讓人「捧腹噴飯之作」[16]。盛安將文人作品和淫蕩、可笑的俚俗之作等量齊觀的態度，讓我們看到即使在士大夫的圈子中，也有不受禮教羈縻者在。

《霓裳續譜》收集了622條曲子。其中前三卷214曲，屬於文人創作的雅曲。後面五卷有一部份是從傳奇拆出，其他多半是「衢巷之語」、「市井之謠」[17]，我在下文中引用的歌詞都由後五卷選出。

《白雪遺音》是由華廣生所編輯。他從嘉慶二、三年開始，搜集家鄉山東歷城的俗曲。此後「各同人皆問新覓奇，筒封函遞」，寄來各地的曲子。嘉慶九年(1804)，《白雪遺音》的搜集工作應該完成，華廣生為此寫了自序。但一直要到道光八年(1828)這本集子才正式付梓刊行。

和《霓裳續譜》不同，《白雪遺音》的編者華廣生籍籍無名。我們除了知道他字春田，乾隆、嘉慶年間生長在山東歷城一帶外，其餘事跡一無可知。幫本書寫序的幾個人也同樣名不見經傳[18]。他們和華廣生都受過一定程度的教育，但都不曾往科場發展。一個自謂「平生讜陋，一事無成，寄身異旅」；一個說自己「自弱冠廢學，游食江湖，登山臨水，尋勝訪古。凡音韻詞曲，無不隨遇暢懷」；另一個則說「吾少也賤，除釣弋射御而外無寸長」「甫就外傳，輒樂於遨遊，以故滇黔川楚閩廣吳粵之間，奇山秀水，人物風流，無一不寓於

16　盛安，〈霓裳續譜序〉，同前書。

17　見王廷紹序文。

18　以上參見黃志良，《白雪遺音研究》(東吳大學中文研究所碩士論文，1992)，頁44-45。

目中。……詩禮弦誦，頗心契神往。」[19]

這些人雖不曾得意科場，卻不忘文墨，也多半四處漂泊，對人情世事有相當的體驗，應該是鄉村社會中常見的下層士人(或文人)。他們和一般城市或鄉村的民眾應該有比較多的接觸，有著相同的宗教信仰。雖然受過儒家的教育，但可能不像上層士大夫那樣受到禮教較多的羈絆。他們會對民眾直接、奔放的感情宣洩方式產生共鳴，是不難理解的。如果這個階層的文人和一部份的上層士大夫，都對淫猥可笑的民間情歌抱持欣賞的態度，那我們對18世紀道德嚴格主義的強度，勢必要做比較審慎的評量。

《霓裳續譜》的搜集者曲師顏自德是河北天津人，《白雪遺音》的華廣生是山東歷城人，所以兩個選集選的歌曲也多半是流行在北方的俗曲，這由歌曲的遣詞用字可以看出。但由於許多歌曲流傳的範圍極廣，有時很難嚴格地限定區域。例如《白雪遺音》中收錄最廣的曲牌是〈馬頭調〉，有四、五百首[20]。對我們來說，〈馬頭調〉之所以重要，乃是因為這種曲調多半是在交通要衝、旅店館驛等場所演唱的曲調。楊蔭瀏在《中國古代音樂史稿》中說「馬頭」二字是「碼頭」二字的同音通假，齊如山也認為〈馬頭調〉，「即是沿官路之城站、碼頭中所唱之調也。例如：由北京到漢口之大道，及由北京到揚州、鎮江河路、旱路之各驛站、碼頭都是這類的小調。」另外，嘉慶年間的一項記載，也說：「山左齊河，荏平道上，向多歌者，行客入店，抱琵琶而來者踵相接也，其所唱謂之〈馬頭調〉。」[21]這種曲牌既在交通要道、旅館客棧為往來各地的商旅所欣賞，又沿著道路四處傳布，歌詞中描述的橫流情欲，也很可能隨之四散開來。就曲調本身而言，到後來也不是指一種曲牌，而變成一種通稱，因為南方也發展出另一種包含多種曲調的〈南馬頭調〉。所以楊蔭瀏認為：「馬頭調這一名詞，係泛指在碼頭流傳的多少曲調，並不是專指一個曲調，

---

19 見《白雪遺音》高文德、南樓朱文和陳燕的序。

20 曾永義統計《白》書共收錄了438首〈馬頭調〉，見氏著《說俗文學》(台北：聯經出版公司，1980)，頁44。趙景深則認為把變調的〈馬頭調〉也加在內的話，《白》書兩卷共收錄了515首〈馬頭調〉，占全書一半以上。見趙景深為中華書局《白雪遺音》寫的序，頁1-3。

21 以上俱引見張繼光，《霓裳續譜研究》(台北：文津出版社，1989)，頁94-95。

是多曲的類名，而不是單曲的曲名。」[22]〈馬頭調〉的廣泛流行，多少也讓我
們知道《白雪遺音》中選集的歌曲，並不僅限於山東或華北，而有可能是傳唱
各地的情歌。

這些流行歌曲除了流行的區域相當寬廣外，有一部份也很可能傳頌了數百
年。以《霓》、《白》兩書而言，其選輯、刊刻的時間相距甚近，但《白》書
卻出現了大量以〈馬頭調〉爲名的曲子，《霓》書中的〈馬頭調〉不多，而以
〈寄生草〉爲大宗。當然有一種可能，是華廣生更注意選擇貼近民眾的聲音，
所以選了〈馬頭調〉，但趙景深卻認爲〈馬頭調〉借用了〈寄生草〉的曲調。
我們比較兩個選輯，也確實發現有一些雷同之處。鄭振鐸也曾提出《白雪遺
音》中的幾首曲子，和明代小曲〈掛枝兒〉中的一些詞曲相似。可見有一些
曲子是不斷翻唱的[23]。

《霓裳續譜》的輯成和《白雪遺音》不太相同，後者是華廣生和他的朋輩
四處搜羅，藉著郵遞交換訊息，累積而成；前者則是曲師憑著多年的演出經
驗，在遲暮之年，回憶京師優童們演唱的曲目，並特意將之登錄下來。但不論
是優童的演唱或文人的搜集，其中很多歌曲都是歌童、妓女們所演述下來的
（〈馬頭調〉的演唱者很多是旅驛客店的妓女）。人們當然不禁會問，這些優
童、妓女們演唱的情歌，有多大的代表性？要具體解決這個問題，最可靠的方
法是從詞曲本身著手。因爲這兩個選集中，很多是明顯地描述妓女的感情和傷
懷的作品，我在下面的分析中，刻意將這些作品排除在外。剩下的作品，絕大
部分可以明確地辨別和妓女無關，而是呈現了一般婦女情欲的各種面貌。

在技術層次上做了這些初步的辨識工作後，我們可以進一步就這些情歌的
流傳做一些說明。基本上，我認爲歌童、妓女在這些歌曲中扮演的角色，和曲
師顏自德或文人華廣生沒有本質上的差異，擔任的都是傳唱或記錄的工作。妓
女、歌童一方面用他們的肉體，構築成可以清晰辨識的情欲的據壘，讓來自四
方的商旅可以一慰平生；一方面則藉著他們的歌聲，構築成散佈各地的情歌的

22 楊蔭瀏，《中國古代音樂史稿》（台北：丹青圖書公司，1986），冊四，頁30。
23 趙景深，《白雪遺音》〈序〉，頁6。鄭振鐸，《中國俗文學史》（台北：商務印
書館，1986年重印本），下冊，頁442。

集散地和媒介中心。散佈在各地，蕩漾著情欲的文本，紛紛匯集在妓女、歌童所在的場合，然後經由他們的吟頌，向來自各地的商旅傳佈。他們編織起一張張情欲之網，網羅住由各地流動而至的情欲，然後在吞吐之際，讓這些四處匯集而至的情欲，起了交流、輻射的作用。妓女、歌童提供聲音和場合，為18世紀中國社會的情欲做了匯整和推波助瀾的工作。華廣生和王廷紹（或顏自德）則將這些情欲凝聚成文字，用選集的形式予以固形、概括，讓口傳的情欲更能傳之久遠。這些人提供了不同的媒介形式，讓傳唱在18世紀中國各地，此起彼落，率真豐美的懺情之歌，隔著遙遠的時空，仍能為我們所感知。

　　流傳在民間的情歌以其短小、淫猥而易於散佈，但若非刻意收集，也很容易就散失掉。由於事關情欲，又搜羅不易，所以類似的選集並不多見，《霓裳續譜》和《白雪遺音》的可貴也在於此。戲曲的收集有相同之處，也有大不相同之處。如果是在民間搬演的小戲，同樣因為其俚俗、淫猥而很難為通曉文字者所垂青而登錄下來。但因為戲曲創作和演出又同時是士大夫生活中重要的一環，所以不斷有文人、士大夫從事戲曲選輯的工作，《綴白裘》即其一例。所不同者，在這套卷帙浩繁的戲曲選中，夾帶了一整集民間色彩強烈的梆子腔，讓我們能從這些民間小戲的選本中，去分析民間文化的一些特色。

　　我在此處使用的《綴白裘》，是一般最常見的選集[24]。這個集子是錢思沛（德蒼）以玩花主人所編的《綴白裘》為底本，陸續增刪當時舞台上流行的崑曲和花部戲劇而成，在乾隆二十八年到三十九(1763-1774)年間，共增刊至十二編。由於這部選集不斷以《綴白裘》之名進行增刊，所以編者可能不只一人。對這些人的生平，我們一無所知。我們所知道的是，這部選集選錄的都是當時在各地流行的劇目。而且，在乾隆本的《綴白裘》之前。康熙和雍正年間，也出現過其他版本的《綴白裘》，並且流傳到日本[25]。由這部書的不斷增刪、刊

24　我用的本子是王秋桂主編，《善本戲曲叢刊》（台北：臺灣學生書局，1984）中的《綴白裘》。

25　林鋒雄，〈船載書目所錄綴白裘會集釋義〉，《天理大學學報》140(1983)：1-15。林鋒雄找到許多《綴白裘》的翻刻本，除了錢德蒼在乾隆二十九年、三十四年的兩種刊本外，光在乾隆朝就另有七種不同的刊本，嘉慶、道光各有兩種刊本。見上引文，註1、註2，頁15-16。這和《白》、《霓》所受的待遇，顯然不可同日而語。

刻，可想見其受歡迎的程度。與王廷紹刊行《霓裳續譜》一書時遲疑不前的態度相比，未嘗不反映了戲曲爲當時人接受的熱烈情況。事實上，正因爲乾隆本人的雅好戲曲，才有鹽商廣蓄伎樂，以取悅南巡聖駕的做法，18世紀地方戲曲的繁興和四大徽班的進京，均與此有關。日後的禁戲，是偶發的例子。不能用此來說明乾隆時期，因爲文化的改革運動，而使戲曲演出受到重大的打擊。

我下面要先用這三種資料，將其中有關情欲與身體的定題，加以整理，然後再試著對這些文本中透露的訊息，做一些解析。

三、18世紀女性繁複多端的情欲世界

《霓》、《白》二種選輯中雖然偶爾刊載一些社會性議題或歷史故事，但絕大多數的情歌都圍繞著情欲這個主題打轉。這些情欲的類別從浪漫的惜別到閨怨、思春、偷情，應有盡有，令人目不暇給。最讓人驚訝的是，這些情欲書寫幾乎都是從女性的角度出發，或委婉，或直率地傾訴衷情，讓我們懷疑這些女子是否眞的置身於「三從四德」的禮教國度裡。在一個父權至上的社會裡，我們反而聽不到男性的情欲訴求，這毋寧是一個值得玩味的現象。是否因爲在這樣一種社會中，男性可以主動追求，輕易地滿足其慾望，因而不需要文字形式的吟詠哀號呢？或者，這些情欲書寫竟是男性意淫式的想像呢？

從王廷紹和盛安的序文中說的「其曲詞或從諸傳奇拆出，或撰自名公鉅卿，逮諸騷客。下至衢巷之語，市井之謠，靡不畢具」，「自文人才士之筆，至村嫗蕩婦，靡不畢具」來看，《霓》書中的前三卷，確有不少是出自男性文人騷客乃至鉅卿名公之手。但就具體的內容而言，這些可能出自男性手筆的情歌，都是了無生氣的陳腔濫調，無非是「倚紗窗，掩翠袖」，「轉迴廊，上妝樓」，「香肌之骨，月影花陰」之類制式的詞句，其所營造出來的也都是千篇一律的瘦弱女子形象，和蒼白貧苦的女子單思的制式感情。這種缺乏想像力的男性士大夫文人的「女子情欲書寫」，讓我們可以合理地猜測，《霓》書的後五卷及華廣生四處搜集而成的《白雪遺音》中豐富多端的女性情欲書寫，不是男性可以輕易憑空想像出來的。而從這些歌曲中多種形式的主題，和各不相同的呈現方式，我們也可以推測這些情歌呈現了不同階層、不同背景的婦女分歧

多端的情感世界。

描述離別的浪漫情歌

離別總是令人感傷的，我們就先從這些帶有感傷情懷的浪漫情歌中，進入18世紀中國女性未為人知的情感的後窗。

> 送郎送在大路西，手拉著手捨不的。懶怠分離，老天下大雨，左手與郎撐起傘，右手與他拽拽衣。恐怕濺上泥，誰來與你洗。身上冷，多穿幾件衣，在外的人兒要小心，誰來疼顧你，那一個照看你。[26]（圖1）

這麼簡單、質樸的文字，絕對是文人士大夫寫不出來的。下面這條同樣是手拉手的情歌，卻顯露出山東女子剛烈的性格：

> 手拉手兒把黃河下，就到了黃河也不把手撒，俗二人，就死死在一處罷。免的俗，思思念念常懸掛。轉世為人，還是俗倆；長大時，你不娶來我不嫁，到那時，方稱你我心中話。[27]

相對於上述的質樸、剛烈，下面這首長歌，顯然用了更多的鋪排，來陳述離別的傷痛：

> 聽說離別，一陣一陣心酸痛，（面帶憂容）（白）心酸痛，心酸痛，淚珠兒點點拭不淨，滿滿斟上一盃酒。我與情人餞餞行（罷喲噯喲）。今日離別，何日相逢（嘆氣問多情）。問多情，問多情。二人彼此都有情。生生拆開鴛鴦伴，低頭不住恨蒼穹（罷喲噯喲）。閃的我慌慌忽忽神不定（魂夢之中）。神不定，神不定。迷亂魅亂魂不定。身子好似涼水

---

26 〈送郎送在大路西〉，《霓裳續譜》，卷8，頁9b。以下均以《霓》（或《白》）8-9之類的形式引文。

27 〈手拉手兒〉，《白》2-27a。

冰，霎時改變了舊形容(罷喲噯喲)。你去了，好教我難割難捨恩情重
(海誓山盟)。恩情重，恩情重，光奴有情不中用，俗二人恩情好換
好，情與情交一般同(罷喲噯喲)。親口兒囑咐，細細叮嚀(緊記在心
中)。千囑咐，萬叮嚀，我的話兒要你聽。早下店，晚登程，過水疊
橋莫要搶行(罷喲噯喲)。只要你，一路平安多保重(莫忘奴花容)。身
保重，身保重，你的身子不非輕，千留萬留留不住，要不奴家送你一
程(罷喲噯喲)。到而今，不離別來不中用(二人痛傷情)。[28]

　　這首發展的比較完全的情歌，乍看之下，有著文人創作的架式，但用詞遣
字，仍有生鮮的氣息。我們不能完全排除歌中的「奴」有可能是一名妓女，但
若果真如此，這裡面流露的癡情，就要叫人刮目相看。比較大的可能，是由一
名通曉文字的女性(一位明清的才女？)所寫。
　　同樣的海誓山盟，同樣的不願離別，可以用另一種溫婉的方式表現出來：

　　情人送奴一把扇，一面是水，一面是山。畫的山層層疊疊真好看，畫
　　的水曲曲灣灣流不斷，山靠水來水靠山，山要離別，除非山崩水流
　　斷。(〈情人送奴一把扇〉，《霓》4-20b)

有人送扇，有人則送頭髮，為的是要琵琶別抱：

　　情人進門你坐下，袖兒裏掏出一籽子頭髮。淚汪汪，叫聲情人你可全
　　收下。我的爹合娘，今月打發我要出嫁。你若想起奴家，看看我的頭
　　髮。要相逢，除非等奴來走娘家。那時節，與奴再解香羅帕。(〈送
　　頭髮〉，《白》2-33a)

更有人送上了香吻和身體：

28　〈心酸痛〉，《白》1-50b。

手拉手兒把情人送，斟上杯水酒，與你餞行。你去了，不知何日纔回程，倒叫俺，逐日盼望心不定。嘴對著香腮，親口兒叮嚀，但願你，一路途中多保重，見了那，野草鮮花莫把心來動。（〈手拉手兒——其四〉，《白》2-27b）

未曾斟酒先流淚，奴勸情人多吃幾盃。今夜晚，我與情人同床睡。到來朝，相逢不知何時會。你可保重身軀，早早回歸。切不可，花街柳巷瞧姊妹。常言道，酒不醉人人自醉。（〈未曾斟酒〉，《白》2-27b）

即使在嫖妓可以公然行之的傳統時代，它仍然是對女性情欲的一種威脅。

下面這首，有些可笑，但仍是盛情可感：

我爲你情多，我爲你銷磨，我爲你掂床搗枕睡不著。我爲你手拿針線，懶怠作活。我爲你後花園中長禱告。我爲你戒酒除葷，把齋齋喫過。我爲你手拿著素珠兒，念了幾日佛。（〈我爲你情多〉，《霓》7-8b）

迂迴進入主題

用各種事物來寄托或傳遞相思之情，是這類情欲中常見的手法。

一面琵琶在牆上掛，猛抬頭看見了他。叫丫嬛摘下琵琶，我彈幾下。未定絃，淚珠兒先流下，彈起了琵琶，想起了冤家。琵琶好，不如冤家會說話。（〈一面琵琶在牆上掛〉，《霓》4-9b, 10a）[29]

相思情深的時候，四周的景物格外加添愁緒：「八月十五(是那)敬月光，手捧著金樽(是那)淚汪汪。思想起我那有情的郎。思想起我那有情的郎。去年與你(是那)同賞月。今年不知你可流落在何方，貪戀著女紅妝，貪戀著女紅

29　《白雪遺音》1-25a〈有面琵琶〉，也是相同的意思。

妝。」（〈八月十五是那敬月光〉，《霓》7-17b, 18a）「青山在，綠水在。你的人兒不在。風常來，雨常來，他的書信不來。災不害，病不害，我的相思常害。花不戴，翠不戴，你的金釵懶戴。茶不思，飯不想，你可直盼著他來。前世裡債，今世裡債，他留下的牽連債。」（〈青山在綠水在〉，《霓》5-19a）「人兒人兒今何在？花兒花兒為的是誰開？雁兒雁兒，因何不把書來帶？心兒心兒，從今又把相思害。淚兒淚兒，掉將下來。天兒天兒，無限的淒涼怎生奈。被兒被兒，奴家獨自將你蓋。」（〈人兒人兒〉，《白》2-13a）用最淺白的詞彙，寫出最美麗的情歌。

相思情深的時候，用什麼方法也無法化解：

> 熨斗兒熨不開滿面愁象，快刀兒割不斷心長意長。算盤兒打不開思想
> 愁賬。鑰匙開不開我眉頭鎖。汗巾兒止不住我淚兩行。……縱有那張
> 天師的靈符，（哎）那靈符，再也壓不住我心頭兒上的思想。（〈熨斗
> 兒熨不開滿面愁象〉，《霓》4-29b, 30a）

但靈符壓不住的相思，卻可能被情人磕過的瓜子治癒：「瓜子磕了三十個，紅紙包好，藏在錦盒，叫丫嬛，送與我那情郎哥哥，對他說，個個都是奴家親口磕。紅的是胭脂，溼的是吐沫。都吃了，管保他的相思病兒全好卻。都吃了，相思病兒全好卻。」（〈瓜子磕了〉，《白》2-29b）[30]這種加了胭脂、吐沫的瓜子，大概是現代情歌也想像不出的主題吧？但又是什麼的千金小姐，寫得出這樣的瓜子情歌呢？

相思（或思春）情切的女子，有時不免隨著風生水起，而營造出草木皆兵的黑色喜劇：

> 獨自一人房中悶，猛然回頭，看見個燈影兒照著一個人，慌的奴，忙
> 向前去將他問。一連七八聲，他自是一個不答應，忽聽窗外刮了一陣
> 風，吹滅了燈，不見影兒奴好恨。恨將起，我和那風拚了命。（〈房

30　同卷頁42b〈瓜子仁〉也是相同的主題。

中悶〉，《白》2-34b）

細細的雨兒濛濛濴濴的下，悠悠的風兒陣陣陣的刮。樓兒下，有個
人兒說些風風流流的話。我只當情人，不由的口兒裡低低聲聲的罵。
細看他，卻原來不是標標致致的他。唬的我不由的心中慌慌張張的
怕，嚇的我不由的慌慌張張的怕。（〈細細的雨兒濛濛濴濴的
下〉，《霓》6-12a）[31]

　　這種具有高度寫實風格——連聲疊字同時製造出雨下不停、風吹不斷和女
子驚慌的效果——的黑色情歌，很難不讓我們對18世紀民歌作者的創意和生命
力刮目相看。下面這首壞人好夢的曲子，同樣具有黑色喜劇的效果，卻讓人覺
得必須寄予更多的同情。

斜倚欄杆做一夢，夢見情人轉回了程，慌的奴，無限的慇懃將他迎，
敘離情。紅綾被內鸞交鳳。有一個大膽貍貓，抓到玉瓶，噹啷啷的一
聲響，驚醒奴家的南柯夢。一把手抓住了，花貍虎，虎貍花，那尾巴
尖上那第三十三根毛。不還我的情人，還我的夢。你若是不還我的夢
來，要你的命。（〈驚鳳夢〉，《白》2-11b）

　　這首歌當然是描述可憐寂寞女子的思春情懷，其中對情欲的大膽描述，正
足以顛覆我們對禮樂世界的迷思。但是進一步，從這名大膽女子不幸從春夢中
驚醒過來的潑辣反應來看，這首歌曲其實表露了對人性弱點(此處自然是未能
饜足的欲望)的一種戲謔嘲諷，而這種對不完滿人生的玩笑性戲謔嘲諷，正是
此時民間文化的一大特色。這點我在下面討論身體的部分時，還會仔細分析。
　　另外一首藉外在事物導引出相思之情的長歌，在傷痛之餘，也予人一種遊
戲的感覺：「一更一點正好意思眠，忽聽的蚊蟲叫了一聲喧。蚊蟲我的哥，蚊
蟲我的哥，你在外面叫，奴在繡房聽。叫的奴家傷情，叫的奴家痛情。枕邊的
相思，越思越傷情。娘問女孩這是什麼叫。一更裡的蚊蟲，嗡嗡子嗡嗡，叫到

31　《白》2-28b〈細細雨兒〉與此幾乎完全雷同。

二更」。然後歌詞從二更重複到五更，主角則從蚊蟲換成「寒蟲我的哥，寒蟲我的哥」、「蛤蟆我的哥，蛤蟆我的哥」、「鴿子我的哥，鴿子我的哥」、「金雞我的哥，金雞我的哥」（〈日落黃昏〉，《白》1-49ab, 50ab），唯獨少了女子的情郎哥。

有人因外物而愁緒萬端，有人卻引伸出即時行樂的結論：

> 玫瑰花兒頭上戴，挽了挽烏雲，別上金釵。女孩家，十五六歲人人愛，有一個俏郎君，引的奴家把相思害。二十三四，花兒正開。人到了三十，就是朵鮮花，也叫風吹壞。頑頑罷，誰知誰在誰不在。（〈玫瑰花兒〉，《白》2-17b）

景物除了令人傷情，也同時可能喚起人的期盼和春情：

> 眼睛皮兒撲簌簌跳，耳朵垂兒常發燒。未開門喜鵲不住喳喳叫，昨夜晚上燈花兒爆，茶葉棍兒直立著，想必是今夜晚上情人到。（〈眼睛皮兒撲簌簌跳〉，《霓》4-8b）
>
> 昨日晚上燈花爆，（眼皮兒亂跳）。今日吃茶，茶棒兒豎著，（有個喜兆）。想必是，疼奴的人兒今來到，（心癢難搔）。急慌忙，拿個菱花照一照，（打扮甚窈窕）。硃唇輕點，柳眉淡描，（烏雲重梳了）。猛聽的樺拉兒響，（哎喲），是誰把門敲。放下菱花，奴去睄睄。開了門，就是郎來到。拂去衣上塵，（哎喲），茶兒慢煎著。用罷酒飯，太陽落了。伸紅綾，一路辛苦早睡覺，（早早歇著）。卸去殘妝入羅幃，同床同枕同歡笑。（喜上眉梢）。（〈燈花爆〉，《白》1-24b）

幸而等到，自然可以喜上眉梢的風流一夜。但要是等不到呢：

> 噯喲喲實難過，半夜三更睡不著，睡不著。披上衣服，我坐一坐。盼才郎，脫下花鞋占一課。一隻仰著，一隻合著。要說是來，這隻鞋兒那麼著。要說是不來，那隻鞋兒這麼著。（〈噯喲喲實難過〉，

《霓》4-8a）

「噯喲喲實難過」小姐這種近乎脫線的創意，很難不給聽眾或讀者帶來無限的快意。

對那些飢渴的女子而言，更快意的當然是能引發她們的情欲的象徵了：

> 情人好比鮮桃樣，（長的實在強）。進的門來，滿屋裡清香，（饞的奴心慌）。好藤子，偏偏長在高枝上，（又在葉中藏）。好叫奴，瞪著眼兒往上望，（晝夜思量）。終日聞香，摸不著嘗嘗，（恨壞女紅妝）。到多偺，抱著樹枝幌兩幌，（別人休妄想）。好藤子，誰肯輕易將人讓，（不用商量）。（〈情人好比〉，《白》1-28a）（圖2）

如果你爲這位山東小姐[32]狂野、飢渴的表現感到訝異不置，那下面這位的演出，就更沒有話說了：

> 荼蘼架下成雙對，（鴛鴦戲水）。顛鸞倒鳳，連連幾回，（甚是嬌美）。猛抬頭，一對蝴蝶空中配，（來來回回）。玉針棒，輕輕插在金瓶內，（不瘦不肥），揉碎了雞冠，濕透了紅梅，（好似風雨催）。露水珠，點點滴滴在花心內，（花枝兒擅微微）。回繡房，四肢酸軟如酒醉，（懶去畫眉）。（〈荼蘼架〉，《白》1-24a）

百無聊賴的女子，不只對蝴蝶交配觀察入微，見了公貓、母貓，也豔羨不置：

> 姐在房中繡荷包，忽聽的門外鬧吵吵，推開紗窗往外瞧，一對狸貓鸞鳳交。相思情一欄，有個鸞鳳交。雌貓歡歡叫，雄貓把眼瞧。兩下裏一湊不差分毫。（哎喲），好風騷，好風騷。死在了黃泉變做貓，可

32　「到多偺」是山東方言，意爲「等到什麼時候」。

是變做貓。妙人呵，思人哪。（〈姐在房中繡荷包〉，《霓》7-17a）

更無聊的則是對蒼蠅交配也觀察入微：

姐兒房中織紅絨，忽聽耳邊鬧嚶嚶，原來是一對蒼蠅，原來是一對蒼蠅。牡蒼蠅，雌蒼蠅，他在楞兒底下把事行。臊的奴臉通紅。（哎喲），兩眼一瞇縫，牡蒼蠅和那雌蒼蠅，多麼點子東西他會調情。竟比人還能，（哎喲），兩眼直瞪瞪。（〈織紅絨〉，《白》3-7a）[33]

甚至路抱不平，拔刀相助：

夏日天長，時候難熱，獨坐在房中，寂寞無聊，奴好心焦。……只見一對蒼蠅鸞鳳交，雄的上面巍巍樂，雌的輕擺柳細腰。他兩個正在情濃處，（苦煞哉），又被個蜘蛛兒驚散了。（那裡去哉，啊喲哈。）一個兒似飛在梧桐樹，（哪），一個兒飛在楊柳稍。一個兒害了相思病，一個兒得了旱血勞。苦壞了兩個小嬌嬌，從今只恐命難逃。姐兒惱恨怎消，拿住了蜘蛛定打不饒。（〈夏日天長〉，《霓》6-8a）

　　類似的歌曲在兩個集子裡出現好幾次，顯然是頗受歡迎的主題。由曲子中的一些關鍵成分(如蒼蠅、狸貓、無聊的姐兒、在房中繡荷包)來看，這些曲子似乎有了一些格套，我們不能排除是妓女唱來取悅恩客的。但類似的歌詞用不同的曲調唱出，顯見其流行程度。和這兩個集子的其他歌曲印證，我們可以看出周遭的任何事物，不論美醜，都可用來就近取譬。這種俚俗的性格，正扣緊了一般婦女的生活環境，如果當成民間藝人的創作，也是相當自然的。即便是妓女助興用的淫詞小曲，也依然可能風行到民間。更重要的是，這類的情歌，進一步印證了本文意欲呈現的主題：即18世紀中國社會情欲表現手法(或內容)的豐富性。

33　類似的歌詞，見《霓》7-15b，〈姐在房中織紅絨〉。

閨怨與相思

除了帶有浪漫、象徵意味的情歌外，這兩個集子裡的很多歌曲是用來描寫閨怨和相思之情的。受過教育的婦女使用的詞句較典雅，但卻不同於一般文人的雕琢，強烈的情緒仍可透過文字傳達出來。識字不多或毫不識字的婦女，則透過質樸真誠的語言，發出動人的哀歌。

這類情歌中，最常見的就是直接訴說相思之苦。下面這首〈相思印〉做了一個有趣的綜述：「得了一顆相思印，領了一張相思的憑文。相思人，走馬去到相思任。相思城，盡都害的相思病。新相思告狀，舊相思投文。相思役，個個執定相思棍。難殺人，新舊相思怎審問。」（《白》2-17a）不幸的是，在這個相思之城裡，提出控訴的都是瘦弱的女性：

> 害相思，害的我，害的我剛剛的止剩下一口游氣兒，斜倚著門，拄著一根杬兒，坐著一個草墩。（咳咳喲），單等那順便的人，他與我捎書傳信。我的那病兒到有十分重，那裡等到了初六七。自從冤家去後，思想直到而今，書信半點全無。悶的我沈沈昏昏。冤家若是來到，我的病兒減去了十分。冤家若是不來，有一句話兒，我就難云。悶的我一點什麼也就不吃，最可憐，一日只喝一口涼水。（〈害相思〉，《霓》7-6b, 7a）

下面兩首，文字較工整，情欲卻同樣強烈：

> 相思害的魂飄蕩，（懶下牙床）。走不的路兒，手扶著牆。（酸軟難當）。傍妝臺，強打精神，面對菱花照形像，（吃驚非常）。蹙春山，瘦卻奴的嬌模樣，（又瘦又黃）。……怒狠狠，銀牙一咬無指望，（錯認負心郎）。小命兒，生生喪在你身上。（燒了斷寒香）。（〈相思害的〉，《白》1-34a）
>
> 我是一個實落心，生生教你溫存透，（全然不顧羞）。溫存透，溫存透，可恨奴家無來由，夢赴陽臺把佳期湊，醒來獨宿在繡樓。我也是

想迷了心，一片痴心情無殼，（淚珠兒常常流）。情無殼，情無殼，茶飯懶餐把眉頭縐，自從那日將奴丟，常把初五當十六。……只怕小命不長久，輾轉思量更添愁。……蕩悠悠，蕩悠悠，心腹事兒似山丘，口兒裡常說是捨答了罷，放不下那掛心鉤。（〈念多情〉，《白》1-50b, 51a）

這種愛恨交織的矛盾心情，是相思歌曲中常見的主題：

望江樓兒，觀不盡的山清水秀，（猛然抬頭），錯把那打魚的船兒，當作那薄倖的歸舟，（願水東流）。想當初，誓海盟山，賭的是何等樣的咒，（全當無有）。到而今，無限的想思，害到何時候，（我也害羞）。他說奴是一個紅顏薄命，奴說奴是一個苦命的丫頭，（前世少修）。恨將起，提著愛你的乳名將你咒，（暗氣在心頭）。我又思想起，從前的恩愛，又捨不的咒。（兩眼淚交流）。（〈望江樓兒——其三〉，《白》1-19a, 19b）

下面這一首，則是紙短情長：「這封書兒寫停當，手拿著封筒要往裏裝。淚珠兒，點點滴在書皮上，上寫著：拜上拜上多拜上，拜上情人莫要改常。要改常，後會佳期無指望。要改常，奴命喪在你身上。」（〈書寫停當〉，《白》2-34ab）

熱戀或溫存過後被棄的悲苦，誠然令人同情，但這個類別中最讓人耳目一新、歡娛無限的無疑是下面兩首出賣相思的曲子了：

相思牌兒門前掛。買相思的人兒，他來問偺。他問聲：這樣的相思，你要多少價？這相思，得來的時節價兒大。買的搖頭，賣的把嘴砸。請回來，奉讓一半與尊駕。講相好，情願白送不要價。（〈相思牌兒〉，《白》2-17a）

從今不把相思害，猛然害起相思來。怕相思，偏偏入了相思寨。無奈何，手提花籃把相思賣。大街過去，小巷出來，叫了一聲賣相思。誰

來把俺著相思買。這相思，賣與那有情的人兒把相思害。（〈賣相思〉，《白》2-32a）

像〈賣相思〉這樣的曲子，視爲民間文學的璞玉，是毫不爲過的。

前面說過，這些情歌的內容包括了不同階層、不同背景婦女的不同情感。有些歌曲的內容，或隱約，或直接地透露出作者的身份：

你疼俺也罷，你恨俺也罷，就是不疼俺也罷，今三明四，也不是個長法。爲什麼，空留下個虛名叫奴常牽掛。你想想，待你的恩情差不差，我受了你的糖垛，你當作我是一個癡心的傻瓜。原許下燈節會，（哎喲），等到你四月八。九月重陽，開放了菊花。一年倒有三百六十日，何曾與奴說句知心話。奴家的命兒苦，你的那心腸比那薑還辣。（〈你疼俺也罷〉，《白》2-21a）

生薑、傻瓜，再加上開頭的疼俺、恨俺，這首歌詞塑造出的女子，顯然不是飽讀詩書的女子。下面這首〈楊柳青〉則清楚地點出了歌者的社會背景：「俺家住在楊柳青，（是啊），緊靠著御河。把奴聘在了獨柳。這是怎麼說，也是我前生造定受折磨。……二更裡月兒纔出來，思想兒夫淚滿腮。每日裡編蒲蓆，累的我手難抬。……丈夫拉短縴，一去不見來，撇的奴家，冷冷清清，孤孤單單，獨自一個。（思想起，也是我爹媽沒主意），就聽信了媒婆。」（《白》3-12a）

有的歌，則讓我們從女子的動作感受到質樸的本性：

黃柏樹下一座廟，苦命的人兒把那香燒。上上香，自言自語胡禱告。磕下頭，淚珠兒只在腮邊上掉。手拍著供桌，苦死我了。苦死了奴，在外的人怎知道。苦死了奴，在外的人怎知道。（〈黃柏樹下一座廟〉，《霓》7-18b）

這位苦命的婦人還只是在樹下的小廟裡胡亂禱告，下面這位粗線條的世間

女子則是胡亂地吃了一肚子：

> 相思害的我活受罪。吃了袋青葉子，懶磕煙灰。土坑上，臭蟲漯汸[34]咬的我實難睡。起了大怪風，刮的那草簾子，鏗鋂嘩啦，唧鋂咕咚，砸碎了盆子罐子，惹起我的相思如酒醉。街坊上的鴨子，呱呀呱呀叫的我甚是傷悲。無奈何，拿過蓑衣蒙頭睡。恨將起，拉他一個粉粉碎。（〈相思害的——其五〉，《白》2-16b）

當街坊上的鴨子呱呀呱呀的叫起來的時候，這位草簾中，被臭蟲、跳蚤所困的坑上女子的相思之苦，竟如此真切地引起我們一絲絲悲涼之感。

不識之無的下層婦女，或是藉著激烈的肢體反應訴說出相思的苦楚，但也可以藉著另一種文字形式來遙寄心曲：

> 欲寫情書我可不識字，煩個人兒又使不的。無奈何，畫幾個圈兒為表記。此封書惟有情人知此意。單圈是奴家，雙圈是你。訴不盡的苦，一溜圈兒圈下去。但願你見了圈，千萬莫要作兒戲。（〈欲寫情書〉，《白》2-34b）[35]

用文字來說明不會文字的人如何用畫圈圈當情書，自然是一種模寫。但這種模寫本身已足堪玩味，它進一步說明了此時情欲書寫的豐富性。

有女懷春

少女個個思春，但巧妙各有不同。多半都是空有滿腹春情，卻宣洩無門。我們從最簡單的描述開始：

> 高高山上一廟堂，姑嫂二人去燒香。嫂子燒香求兒女，小姑子燒香求

34　就是跳蚤。謝謝蕭璠教授提供這個訊息。

35　《霓裳續譜》4-18b的〈欲寫情書我可不識字〉，和這首〈欲寫情書〉完全相同，只有在最後增加了兩句。

少郎。再等三年不娶我，挾起個包袱跑他娘，可是跑他娘。思人哪。
（〈高高山上一廟堂〉，《霓》7-16b）

這可以說是先禮後兵，先求天助，再靠自助。下面這位姐兒則主動的把自己放在一個被誘惑的情境中：

姐兒無事去遊春，手拿著紅紙糊的哪吒鬧海大風箏。上掛著紅燈，上掛著紅燈。郎問姐兒你往哪裡去，先到平山堂，大佛寺，八大景，大紅橋，看看清，散散心，再放風箏，再放風箏。又來到萬松林，又過了接駕亭，遠遠望見遊湖的船，盡都是俏郎君，盡都是俏郎君。彈的是琵琶箏，絃子共月琴。唱的是寄生草、劈破玉、滿江紅、剪剪花兒甚是精，引動奴的情。（哎喲），不願回程。（〈遊春〉，《白》3-9a）

從平山堂、大紅橋、接駕亭等名勝，我們知道這位無所事事的姐兒正沿著揚州的運河來到瘦西湖，看見滿船的俏郎君。而郎君們唱的都是當時流行的歌曲，也正是選在這兩本集子裡的曲牌。從這首生活化的歌曲中，我們不難想像，18世紀的女性情懷，是如何可能在現實的生活中自然抒發出來。

出了門，面對的盡是誘惑。不出門，望著滿園的春光，不免要埋怨起自己的爹娘：

二月春光實可誇……鳥兒叫喳喳，（哎喲），鳥兒叫喳喳。姑娘房內正吃茶，忽聽的門外吹喇叭。輕移蓮步把繡房出，溜到門前看看他。又只見，燈籠火把花花轎，原來是鄰舍的妹妹嫁人家。姑娘此刻把春心動，十指尖尖好難抓。自思量，怨爹媽，奴若大年紀少一個他。又記的東家女，西家娃，他們的年紀比奴小，去年已經嫁人家。今年見他回家轉，懷中抱著一個小娃娃。又會吃呱呱。（哎喲），又會叫噠噠。傷心煞了我是淚如麻。不知孩子的噠噠奴的他，將來是誰家。（哎喲），落在哪一家。（〈二月春光〉，《白》3-2b, 3a）

歌中的咂咂、噠噠均是日後胡適在提倡白話文學時所大力稱揚的俗字、俚語，由此可想見這首歌曲的民間性格。從鄰家娃娃口中的「噠噠」，想到自己尚未謀面的他，巧妙地透露出少女「念茲在茲」的思春情懷。由娃娃想到噠噠，雖然有些急切，但還算克制。下面這位同樣在明媚春光中無所事事的飢渴女子，就叫人瞠目結舌了：

> 桃紅柳綠好春光，……和風冉冉送清香。風流女子呆呆坐，思想奴家年已芳。雙親未肯扳親事，蹩我孤單冷半床。春色惱人眠不得，難挨漏盡五更長。欲圖尋個風流客，幹幹無天事一樁。幾次思量行此事，只因膽怯怕爹娘。心煩悶，淚成行。慾火難禁怎抵當，可惜了鮮花豔豔無人採。一隻床兒不成雙，越思越想無擺佈，越睡越涼甚淒涼，厭死了風吹鐵馬響叮噹。（〈桃紅柳綠〉，《白》4-4b, 5a）

這名風流女子自承慾火難禁，而想隨便找個人發洩一下，即使用今天流行歌曲的標準來衡量，尺度也大膽得驚人。我們即便假設這樣的歌曲是由男性塡寫，再由妓女演唱給過往的男性嫖客，也不能輕忽其對禮教帶來的「侵蝕」作用。至少，它表示在男性的心目中，女子的情欲是被認可的。

如果我們懷疑上面這首歌曲中呈現的女子情欲過於突兀，那下面這首以〈王大娘〉爲名的長歌，顯然更切近「有女懷春」的典型。故事開頭敘說少女思春成疾，正埋怨隔鄰的媒婆王大娘「從來不到我這賤地上」的當頭，王大娘適時而至，展開了一段戲謔性的談話：

> 姑娘要不給你尋個喇嘛送送罷？尋個喇嘛，奴家不要他。尋個喇嘛，咿溜又哇啦。……姑娘要不給你尋個和尚罷？尋個和尚奴家不要他，尋個和尚，砰砰又碴碴……，可是奴害怕。姑娘你這也不要，那也不要，你這個病，可是怎麼得的呢？

和尚、喇嘛、醫生都不要，原來姑娘在三月遊春時，遇見了王孫公子：「奴家愛他，年小是書生。他愛奴家，粉紅是佳人，臨行說了幾句調情的話

（咿哈咿哈咳）。調情不調情，不怕你爹媽知道麼？奴的爹爹，七十又加八。奴的媽媽，耳聾又眼花。爹爹媽媽，可是奴不怕。」接下來，懷春的少女道出心事，說哥哥嫂嫂、姊姊妹妹全不怕，只哀求王大娘成全，帶了一副釵環，一條手帕，一條青綾裙，還有一條藍布褂前往說媒。（〈王大娘〉，《白》2-51ab）

這首長歌顯然已具有小戲的型態，歌中說笑的對話，也近似戲曲中的插科打諢。但不同的是，央求媒婆做媒的主角從男性換成女性。這裡，我們再一次看到女性在情欲的追求上，扮演主動積極的角色。〈王大娘〉中戲曲式的誇張，固然減緩了女子主動追求情欲的顛覆性，但也可能讓歌者、聽者在毫無警戒的狀況下，不知不覺地被這種「主動出擊」的情感模式所「污染」。

沒有特定對象，固然會讓人左思右想。有了對象，更可能情欲難當：

> 一見尊容無主意，一陣陣糊塗，一陣陣的發迷。十分魂，勾引倒有九分去；剩一分，悠悠蕩蕩難調治，眉來眼去，勾引到幾時。團圓了罷！一塊石頭纔落地。團圓了罷！免得奴在心裡記。（〈一見尊容〉，《白》2-32a）
> 冤家在我窗前唱，時興的小曲拿著新腔。引的奴，心裡不住魂飄蕩。睄見他，風流俊俏好模樣。瘦瘦的腰兒，臉兒慢長。怎能彀，奴家與你配成雙。到多偺，你我同入宵金帳。（〈冤家在我〉，《白》2-19a）

這首歌，讓我們具體了解到，情歌是如何被世間男女所吟唱。「時興的小曲拿著新腔」，可以唱得窗內的少女心慌慌，意茫茫。質樸、可愛、毫不遮掩的歌詞，讓我們到今天仍然能據以建構出18世紀華北社會中，青年男女熱烈追尋情愛的鮮明圖像。而透過少女的眼睛，我們更可以難得地看到青年男子的形像，是如何被凝視而固著下來。

當被時興小曲挑逗得心癢難耐的少女還在做她的無邊春夢時，下面的姐兒已忙不迭地趕著去風流了：

> 姐在房中梳油頭，見了個情人趕外走。急忙上繡樓，（哎喲），急忙上繡樓。昨日晚上失了奴的信，覥著個臉兒不害羞，又來哀求，（哎

哟），又來哀求。金釵拿在手，牙梳桌上丟，繞上一個鐯兒且去風流。回來再梳頭，（哎哟），顧不得兩手油。（〈梳油頭〉，《白》3-6b）

這些情歌中所透露出來的喜劇效果，隔了兩、三百年也毫不褪色，讓人忍俊不住地開懷而笑。

偷情及其後果

我們想像得到的偷情型態，在18世紀的情歌中都找得到；我們想像不到的過程和情節，富有創意的歌詞作者也幫我們填補上。和其他類別的情歌一樣，女性的主導角色讓我們留下深刻的印象。我們先看一位家住謝家胡同的女子，如何導引她的情郎，一步步走入情欲的樂園：

當真恩愛在胸前掛，（並無半點假）。太平之世稱什麼典雅，（不必閒磕牙）。奴家住在謝家衖衖的東角下，（一去是不差）。有一座，青石灰門樓不甚大，（並無二家）。自要你前去，細細的訪查，（休當玩耍）。門前有三顆柳，（哎哟），院中有數顆花，有柳有花，就是奴的家。（哎哟），你咳嗽聲，奴就懂你的話。這月初七八，（哎哟），俺娘不在家。斟下美酒，倒下香茶，（哎哟），等情郎。站在簾籠下，佳期莫要差，（哎哟），佳期莫要差。錯過佳期把奴想殺，想殺奴，奴的魂靈兒將你罵，（怎肯干休罷）。須知道，人生情義原無價，（不是強逼他）。（〈當真恩愛〉，《白》1-33b）

歌曲開頭的太平之世，稱什麼典雅，表現出女子開門見山，毫不扭怩的個性。具體的路徑指引，讓這首情歌有了比較具體的座落，而不僅止於抽象的描述。原本應該面貌模糊的庶民情事，因此而添加了幾分真切感。在所有溫柔的導引、熱烈的期盼和粉紅色的威脅後，還要聲明一切是本於情義，而非逼迫，讓我們不免欽佩起女子的苦心孤詣。

前面提到，少女日常生活中的景色和事物常常被用來就近取譬，或扮演媒介的功能。我們已經看過蒼蠅、蝴蝶、狸貓，現在則輪到貓和狗：

哈叭狗兒汪汪叫，（這事好蹊蹺），忽聽的外面，把門輕敲，（不敢聲
高）。奴就即速開了門，一見情人微微笑，（問問根苗）。你這兩日，
卻爲何冷冷冰冰的把奴拋，（你可說分曉）。閉了雙扉，把燈兒高挑，
（少要發鴆）。奴家見了你，不由人心中撲漱漱跳，（爲何來遲了）。想
必是，另有知己將你靠，（把奴撇了）。（〈哈叭狗兒〉，《白》1-
31b）

　　從女子「不敢聲高」，「迅速開門」的反應，顯然是熟悉情人的夜半造
訪，開頭的「這事好蹊蹺」，因此有些故作姿態的意味。相形之下，下面這位
女子的表現就熟練多了：

夜至三更你來到，（靜靜悄悄）。既至相逢，別把門敲，（怕有人聽
著）。再要來，趲戶外面學貓叫，（連聲嗷嗷）。叫一聲，奴家房中就
知道，（是你來了）。我可身披著衣服，故意地喚貓，（開門睄睄）。我
一開門，你可嗷的一聲往裡跳，（忙把門關好）。獸殺才，可是你來的
輕來去的妙。（不知不覺）。（〈夜至三更〉，《白》1-31a）[36]

　　同樣是學貓叫，下面這首體製較長的歌曲中，男女雙方的對話，充滿了更
多動作與活力：

姐在園中採蓮苔，大膽的書生，（茉莉花兒開），撩進磚頭來，（哎
喲），撩進磚頭來。你要蓮苔奴房裡有，你要風流，（茉莉花兒開），
風流晚上來，（哎喲），風流晚上來。你家牆高門又大，鐵打的門閂，
（茉莉花兒開），叫我怎進來，（哎喲），叫我怎進來。我家牆外有一棵
梧桐樹，你手攀著梧桐，（茉莉花兒開），跳過粉牆來。（哎喲），跳過
粉牆來。你在園中粧一聲貓兒叫，奴在房中，（茉莉花兒開），情人進

36　《霓裳續譜》4-35b的〈夜半三更你來到〉意思略相當。但《白雪遺音》的這首
　　〈夜半三更〉在文句上多了一些裝飾的合聲，曲子顯得更活潑有趣。

房來，（哎喲），情人進房來。房門口一盆洗腳水，洗腳盆上，（茉莉花兒開），放著好撒鞋，（哎喲），放著好撒鞋。梳妝台上一碗參湯在，你吃一口參湯，（茉莉花兒開）。情人上信來，（哎喲），情人上信來。青紗帳中掀起紅綾被，駕鴦枕上，（茉莉花兒開）。情人赴陽台。（〈採蓮苔〉，《白》3-5b, 6a）

通貫全曲的幫腔「茉莉花兒開」，既像是揭示終不可避免的，宿命似的男歡女愛的主題，又憑添了無比懸宕的效果。生動的描述，讓人不忍釋手。

不論是大家閨秀還是鄉下女子，這種苟且之事，一旦被發現，必然要付出慘重的代價。但一想到兩情相交的甜美境界，就顧不得那麼多了：

一輪明月照小鎮，佳人移步下樓台。……明月下等候多才子，薄倖冤家不見來，他幾番把我佳期誤，錯過良宵大不該。……姑娘正在來想念，柳陰下走出個小書獃。深深施禮忙陪笑，有累姐姐犯疑猜。雙雙挽手進了羅幃帳，密語甜言把鈕釦開。（姐姐呀！）我情痴拚了這條風流命，前來與你赴陽台。一枝梅插在錦瓶內，玉簪輕刺牡丹開。臨起身贈我一方姣綃帕，表記還留紫金釵。轉身再三來囑咐，今晚還須早些來。（冤家呀！）你前月在奴繡枕邊，偷去一隻紅繡鞋，千萬帶了來。（〈偷情〉，《白》4-1b）

在一段十分情色的描寫後，我們看得出來，佳人是食髓知味，一再叮囑情郎晚上再來拚命風流。這也是為什麼我們在情歌選中，看到那麼多慾火焚身，視死如歸的偷情佳人了：

開到荼蘼三月三，佳人房內嘆孤單。家家夫婦如魚水，獨有奴家枕上寒。年及笄，親未扳。時常相思動愁煩。雖只我，暗中結下私情事。也只好，掩耳偷鈴做一番。又懼雙親知道了，又防外人談論敗門楣。若然不幹無天事，獨宿淒涼苦不可言。正在心焦聞咳嗽，才郎進內笑含含。說幾句，風風月月知心話，即把香閨門戶關，輕輕款款會巫

山。（〈開到茶蘼〉，《白》4-4b）

宋明理學家不斷宣揚的「存天理，去人欲」的大道，不能說完全沒有發揮效果，至少這位在歌中塑造出通曉文句的佳人，知道自己做的是羞辱門楣，無法無天的壞事。但沒有經過太多的掙扎，在聽到情郎的咳嗽聲和幾句知心話後，佳人就忙不迭地鎖緊門閂，快快樂樂，輕輕款款的會起巫山。對18世紀，極力提倡理學的士大夫來說，不是一種極大的嘲諷嗎？

下面這位山東大姐，也抵擋不住小冤家的深情凝視，拼了性命共赴巫山：

冤家進門答答戰，心裡好似滾油煎。要偷情，又恐怕人來睢見。奴這裡，不忍的回身把門關。話兒慢講，身子未沾。小冤家，兩眼不住睢著俺。我合你，捨著性命完心願。（〈冤家進門〉，《白》2-19ab）

將這幾首歌曲合而觀之，我們可以看出三位佳人的背景雖然不同，但捨命風流的意願卻是毫無二致。

未婚男女為了一慰平生而偷情，已婚男女同樣也可以找出各種理由，做出違背禮樂教化的事來。最常見的理由就是有一個醜陋、痴呆的丈夫：

愛你的容顏放不下。趁著醜貨無有在家，偺二人，快上床來頑頑罷。你不必，心裡耽驚又害怕，摟抱起來，遍體酸麻小乖乖。我今與你說句知心話，切記著，休把奴家來撇下。（〈愛你容顏〉，《白》2-32a, 32b）

下面這位除了同樣的積極主動、膽大妄為，還多了一些智謀：

情人進房床邊坐，（你要如何）。冰冷的手兒，將奴的呱呱摸，（唬奴一哆唆）。摸的奴，渾身上酸麻實難過，（不顧針線活）。問情人膽顫心驚怕那一個，（你忒疑心多）。上無有公婆，又無有兄弟，就是那鄰舍，也管不著你我，（誰來把姦捉）。我那當家的，實是一個痴呆漢，（怕他做什麼）。倘若是碰見了，你就說俺娘家兩姨哥，（特來瞧瞧

我）。（〈偷情〉，《白》1-25b, 26a）

這條歌的續集，已被偷情的主婦安排妥當：

情人不必你害怕，（有的是奴家）。外邊叫門，原是俺家的他，（他是
個老七八）。若是害怕，悄悄藏在床底下，（極好的方法）。等他來，
自有開發他出去的話，（先叫他把鍋刮）。打油買鹽，稍帶著倒茶，
（還要把酒打）。叫情人，趁個空兒你偷跑了罷，（奴去把門插）。撞見
他，只說錯走把禮下，（不要得罪他）。（〈偷情其二〉，《白》1-26a）

這幾條歌曲的幾個主題值得再次強調：一是女性所扮演的角色。二是生活
化的情境和描述，讓我們很容易相信這是華北鄉村社會實況的一瞥。即使作詞
者是男性，歌詞也出現類型化的風格，我們仍然可以推斷創作者是根據他所了
解的社會生活進行描摹。三是歌曲中的幫腔，加強了全曲的娛樂效果，讓本來
是嚴重違反禮教的不道德行為，變成笑果十足的人間喜劇。

下面兩首和緩的歌曲，分別敘述收拾殘局的方式：

東方亮，冤家又睡著了，（天哪），叫奴怎麼好。奴只得，摟抱腰，輕
輕慢推搖，（你醒來喲）。怕只怕，爹娘知道，奴的命難逃。快穿衣服
走，莫被傍人曉，（你轉來喲）。嘴唇上，胭脂粉，奴與你餂掉了。你
嘴唇上胭脂粉，奴與你餂掉了。（〈東方亮〉，《白》2-42a）

一個是暫時逃走，一個則應該永不回頭：

俏人兒，我勸你，回心轉意，休想奴容顏好。奴是別人妻，將釵環，
贈與你拿回家去，尋上一房妻，早早會佳期。到後來，人談論，反是
奴誤了你，反是奴誤了你。（〈俏人兒〉，《白》2-43b）

一夜風流，除了要冒著被人發現的危險外，更切身的當然是不小心懷了

孕。在傳統避孕術不發達的時代，這樣的問題應該相當普遍。這兩本情歌選中，也留下了寶貴的資料：

> 自從那日相交上，與你頑耍，受了點風涼。小肚子不覺有些膨膨脹。我的娘，說我不像人模樣。是病兒還好，是胎兒難當。我的俏冤家，我這條小命兒活活坑在你身上，我這條小命兒活活坑在你身上。
> （〈小肚子脹〉，《白》2-41a）

這位因為玩耍受了點風涼，因而小肚子膨脹的大姐，似乎有些不進入狀況。下面這一對男女的反應，都是我們再熟悉不過的了：

> 秋季庭前黃葉飄，風流男女赴桃夭。事完彼此身疲倦，姐把情郎背上搖。（郎嚇），奴家一朵含花蕊，被你這遊蜂採幾遭。不轉經期三個月，腰粗乳大又胸高，腹中定有你的根苗在。怕只怕，早晚爹娘看破了。那時節，有氣淘，家法凶時怎肯饒。你卻只顧尋歡不圖患，也應該，商量平安大家好，郎聽說，喚多嬌，此須小事犯急躁。卑人早已安排定，母子分離藥一包。吃下去，打掉了，風不吹來樹不搖。何須著急動心焦。（〈打胎——其二〉，《白》3-52b, 53a）

這首敘事、用字直截了當的打胎歌中，呈現的是兩個我們在當前的社會中，隨處可見的年輕男女。歌中的卑人，活脫脫一付登徒子的模樣，像花蝴蝶般隨隨便便把姐兒肚子搞大而有恃無恐，原來是備好了母子分離的靈丹妙藥。另一首同名的〈打胎歌〉卻呈現出不同的情境。情郎看見姐姐愁眉不展，左猜右猜，卻沒想到姐姐「重身懷了胎」。這位有情有義的少年家的反應，和上面的登徒子完全不同：「（哈哈哈），真有幸，實妙哉。若是姐姐懷了胎，乃是你我造化來，時時刻刻抱嬰孩。」反倒是理智的佳人，提醒忘情的情郎，想清楚未婚懷孕的後果。下面是情郎哥的反應：「呆一呆，有語開言告裙釵，待我去買服靈丹妙藥來吃下去。落了胎，也無禍來也無災。太太平平就丟開，何須愁悶不開懷。」（〈打胎〉，《白》3-52a，52b）登徒子和有情郎，個性不一，卻

都可以立刻想到同樣的對策，讓我們不禁懷疑：在18世紀，墮胎也已經成爲一種制式的反應了嗎[37]？

四、作爲想望和戲謔對象的身體

從前面的介紹，我們可以看出：18世紀的情歌中，對女性情欲的諸般面貌，有細微而深入的描述。這些情欲固然可以藉著周遭的事物襯托，傳導出來，但做爲情欲主體的身體，更不應受到忽視。上述的情歌中，偶爾會對男性的面龐、身體做速寫式的勾勒。下面我則集中討論女性的身體如何被具體的描述，以撩撥起男性的慾望。

首先我們看到的是一具徹頭徹尾的典型身軀：

> 喜只喜的花容貌，（風流俊俏）。愛只愛的眉黛雲翹，（百媚千嬌）。喜只喜，櫻桃小口腮含笑，（難畫難描）。愛只愛，玉腕又把金釧套，（纖手摘碧桃）。金蓮步穩，楊柳細腰，（最怕風兒搖）。探香肩，掐了一朵鬢邊俏，（叫人愛睄）。今夜晚，陪伴著才子回歡笑，（趁此度春宵）。（〈花容貌〉，《白》1-24b, 25a）

「金蓮步穩，楊柳細腰」固能引人慾望，胖美人梳洗過後也別有一番風韻：

37　根據Bray的研究，我們知道在明清時期，墮胎在觀念上和技術上都不是難事。當懷孕的母親的健康受到威脅時，醫師通常會毫不遲疑的幫她墮胎。一般使用的藥物包括了佛手散、香桂散。有強力止血作用的桃仁、紅花常被用爲墮胎藥。一直到現在，這兩種藥在民間還相當風行。熊秉真認爲除了吃藥外，針灸和按摩也可以做爲替代的墮胎手段。不過在明清時最常見的方法，還是吃藥。通常在懷孕初期，婦女會購買通經藥，既可以測試自己是否懷孕，也可以做爲墮胎藥。見 Francesca Bray, *Technology and Gender: Fabrics and Power in Late Imperial China* (Berkeley and Los Angeles: University of California Press, 1997), pp. 321-325. 從上面兩首歌曲中，卑人和情郎的從容反應，我們大概可以猜想此時墮胎藥的普及。

> 玉美人兒身體胖，（玉朵粉妝）。勻過粉面，浴罷香湯，（換上羅裳），
> 款金蓮，搖搖擺擺把牙床傍，（不慌不忙），傍牙床。用手掀開芙蓉
> 帳，（仔細端詳），燕語鶯聲，喚了聲才郎，（攜手出繡房）。你瞧瞧，
> 滿園的鮮花都開放，（風過陣陣香）。奴與你，同到花亭望一望，（莫
> 負好時光）。（〈玉美人〉，《白》1-26a）

　　玉美人雖有些搖搖擺擺、危危顫顫的模樣，但說起話來，卻是溫婉動人。
同樣的玉美人系列，還把注意力從美人的身材移轉到金蓮、玉手、紅唇和纖
腰：「玉美人兒生的俏，（唇似櫻桃）。十指尖尖，亞賽過銀條，（楊柳細腰）。
小金蓮，咯登咯登咯登登的把樓梯超，（步步登高）。」這樣一個有著「咯登咯
登咯登登」的三寸金蓮的俏佳麗，很難不帶給觀者一絲絲的愉悅之情。而「咯
登咯登咯登登」地登上樓來的佳人，顯然也能自得其樂地欣賞滿園愉悅的景
致：「上樓來，四面八方都瞧到，（快樂逍遙）。叫了聲春香，喚了聲碧桃，
（快些來睄）。你看那，滿園花兒開的俏，（美景良宵）。還有那對鳥兒在樹上
哨，（聲音瀟條）。」（〈玉美人──其三〉，《白》1-26b）

　　對小腳金蓮的描述，在對女性身體的觀望中，佔了很大的份量。而女性也
強烈地自覺到金蓮之為物的誘人所在：

> 兩隻金蓮一般大，虧了奴的媽，又不倒打，又不歪拉，（從小裏殺）。
> 扎一扎金蓮無有三寸大，（步步走梅花）。穿一雙，紅緞子花鞋，上面
> 插的是梔子茉莉江西臈，（金絲把手掐）。人人喜歡，個個愛惜，（非
> 奴自誇）。尋上一個俏郎君，不讚奴的腳兒不說話，（奴不理他）。他
> 若讚奴的腳，他要怎麼便怎麼，（無不依從他）。（〈兩隻金蓮〉，
> 《白》1-28a）
> 情人愛我的腳兒瘦，等他來時賣些風流。大紅鞋上面就拿金絲扣，穿
> 起來故意又把鞋尖露。淡勻粉臉，梳上油頭。等他來站在跟前，被他
> 看一個殼。今夜晚上和他必成就。（〈情人愛我腳兒瘦〉，《霓》4-5b）

　　在這些同樣充滿喜劇風格的「金蓮頌」中，我們看不到一絲一毫纏足的苦

痛和陰暗。這個時代的女性，完全借用了男人的眼睛，將自己的一雙小腳看成情欲征逐場上的利器。而展露金蓮的策略，也無往不利地達到預先設定的目的：

> 情人愛我的腳兒瘦，我愛情人典雅風流。初相交，就把奴家溫存透。提羅裙，故意又把金蓮露。你恩我愛，是那般的溫柔。手兒拉著手，（哎喲），肩靠肩兒走。象牙床上，羅幃懸掛鉤。（哎喲），俺二人，今夜晚上早成就。舌尖嘟著口，（哎喲），情人莫要丟，渾身上酥麻，顧不的害羞。（哎喲），是俺的，不由人的身子往上湊。湊上前，奴的身子夠了心不夠。（〈情人愛我〉，《白》2-24b, 25a）

在強調「男女之大防」的社會中，手拉手，肩靠肩的行為本已令人側目了。性愛過程中，「渾身酥麻，身子前湊」的大膽刻畫，更如直搗黃龍般，將傳統社會加諸女性身體的最後禁錮一舉摧毀。而分析到最後，我們更驚訝地發現，這名「腳兒瘦」、「金蓮露」的18世紀女性，需要的不只是身體上的救贖，還有心靈上的救贖。

除了三寸金蓮，我們也看到一名未成年少女「雪白的肉」，如何激起少年男子狂野的欲求：

> 玉美人兒纔十六，挽了挽烏雲，欲梳油頭。露出了，鮮紅的兜兜雪白的肉，勾惹的年輕的玉郎望上湊。手扶著肩膀，要吃個舌頭。佳人便開口，（哎喲），你莫要瞎胡摟。梳罷油頭，再去風流。（哎喲），玉郎說，這陣慾火實難受，木梳往桌案上丟。（哎喲），顧不的兩手油，垂下帳慢，落下金鉤，（哎喲），他二人，重入羅幃把佳期湊。二人到了情濃處，口對著香腮，叫聲乖乖又叫聲肉。（〈玉美人——其三〉，《白》2-28a）

就一首供人演唱的歌曲而言，我們不能不佩服作者精彩絕倫的高度寫實描述。從油頭、雪白的肉、肩膀、舌頭、口對著香腮，再回到雪白的肉，短短一

首情歌中，身體的引誘力被發揮到極致。

身體除了是慾望所繫的對象，更是戲謔促狹的笑料來源。醜陋、肥胖、大腳全成了搞笑的題材：

> 久聞姑娘名頭大，（見面也不差）。腳大臉醜，賽過夜叉，（渾身怪腌臢）。何曾懂的說句交情話，（開口令人麻）。若問他的床舖兒，放屁咬牙說夢話，（外代著爭開發）。一張臭嘴，焦黃的頭髮，（虱子滿身爬）。唱曲兒，好似狼叫人怕怕，（又不會彈琵琶）。要相好，除非倒貼兩吊大，（玩你後庭花。）（〈久聞大名〉，《白》1-18b）

這個從頭到尾，一無是處，最後還要淪落到「玩你後庭花」的負面描述，在惡意之外，透露出強烈的搞笑意味。下面這個胖太太的遭遇，就只能叫人大笑不已了：

> 冤家進門你別睡，街坊出了個匪類，走過來，走過去，說奴生的肥。我是一個婦人家，怎肯出去與他對。等他來時你去把他推，你在外面推，奴在窗戶洞裡幫著你碎。（〈冤家進門你別睡〉，《霓》4-13b）

我們可以想像這種「我在洞裡幫著你碎」的「夫唱婦隨」的畫面嗎？這首可愛的曲子顯然相當的受歡迎，所以在兩本集子裡又另外出現了三次，而主題則從肥胖的身軀移到大腳：「冤家進門你坐下，街坊上面出了油滑。走過來，走過去，口中只說奴家的腳兒大」、「冤家進門你別睡，街坊上面出了匪類，走過來，走過去，口中說奴腳兒造的肥」、「情人進門你坐下，街坊家出了油花。走過來，走過去，說奴的腳兒大。」[38]如果歌曲出現的次數可以當成指標的話，做一名肥胖或大腳的女子，在18世紀似乎不是一種愉悅的事，必須不斷忍受街坊上的匪類和油滑、油花之徒的閒言閒語。但有趣的是，透過歌曲的折

---

38 三首歌分別是〈冤家進門〉其二、其三，《白》2-19a，以及〈情人進門你坐下〉，《霓》4-23ab。

射，我們看到的不是婦女的憤怒，而是洋溢搞笑色彩的歡愉之情。

巴赫亭(Mikhail Bakhtin)在研究中古歐洲的民間文化時，就發現「搞笑」(laughter)是民間文化最重要的質素之一[39]。我們在上面看到許多的情歌中，其實也顯露出同樣的喜劇特質。不論是肥胖、大腳或醜陋的面容、身軀，都可以變成取笑的對象。這種因為不合正常標準的身體上的缺陷——包括因為不同的性取向而帶來的器官功能的錯置——所帶來的喜劇效果，在民間戲曲中也可以清楚地看出。下面就用《綴白裘》的幾齣折子戲來說明。

首先是〈看燈〉、〈鬧燈〉。這齣戲描述的是汴梁城內，男女老少在一月一日結伴觀看花燈的景象。戲一開始就充滿了搞笑成分：「有錢朝朝元旦，歡娛夜夜良宵。自家高公子是也，今日汴梁城中，大放花燈，士女滿街，佳人遍地，叫小廝們。(雜)有。(小生)一路去若有標緻女子搶他一個回去，不可有違。」這段引子看似可笑，卻也不是憑空捏造，從梁其姿的研究中，我們知道在18世紀的江南等地，搶婚、逼婚其實是相當普遍的惡俗[40]。

在上層士紳或皇室搬演的曲目中，也不乏這類歡慶昇平的應景節日戲，但上場的不是才子佳人、品官命婦就是菩薩神仙。但在民間小戲的歌舞昇平中上場的，卻是各有殘缺的凡夫俗子。我們首先看到的是「念了三卷經，打破了七個磬」的肉饅頭和尚，然後是一個瞎子。接下來是媒婆、醜婦、賺錢給先生拿去嫖妓的洗衣婦，有三、四個兒子、養子的三師太，再加上專搶標緻女子的惡霸，共同經營出一個由邊緣、畸零之人組成的人間世界。在將角色的特質推展到極端誇張的筆法之後，我們看到的不正是一個不完美的現實世界的寫照嗎？人生雖有殘缺，但還是要苦中作樂，強打精神地把戲唱下去。所有肢體上的殘缺和不合世俗社會「正常標準」的身份、情欲，在虛構的舞台上，全變成戲謔、搞笑的素材。

---

39 Bakhtin 對中古歐洲民間文化的研究，主要見於*Rabelais and His World*一書，這本書不僅是巴赫亭最重要的代表作之一，也是文藝復興研究的經典。一般認為這本書最重要的貢獻之一，就是重建歐洲中古民間文化中的主旋律——「搞笑」(laughter)，見 Aron Gurevich, *Medieval Popular Culture: Problems of Belief and Perception* (Cambridge, New York: Cambridge University Press, 1988), translated by Janos M. Bak and Paul A. Hollingsworth, pp. 177-178.

40 梁其姿，《施善與教化》，頁160-167。

　　首先是瞎子：「瞎子生來眼不明，終朝下雨當天晴，飯食拿來看不見，不知吃了多少死蒼蠅。」親家趁著拜年之便，邀請他來一同前去看燈，瞎子道：「我眼又不明，看什麼燈」「燈雖不看不見，聽聽鑼鼓也是好的」。瞎子好容易被說服了，在路上卻一不小心，跌到水溝中，沾染了一身臭泥。戲曲創作者看似殘忍地拿缺殘開玩笑，但這不也是殘酷現實的反映嗎？[41]

　　媒婆王大娘一出場的光景是這樣的：「奴奴生來嬌態嬌態，一表人才誰不愛，王母娘娘來做媒，九天玄女下插帶，嫁與托塔李天王，好似二郎降八怪，連我老娘弄九怪。」用典型的誇張手法，襯托自己不同凡響的怪異。但從其後的表述中，我們知道王大娘真正的問題還在那一雙大腳：「冤家嫌我的腳兒大，不怨爹來不怨媽，單只為我從小兒就不肯裹腳，我的媽未曾動手，我就將他的罵。到如今一雙腳兒到有兩雙大。去年九寸，今年兩跨。恨只恨，丈夫的鞋子穿不著。恨只恨，丈夫的鞋子穿不著。」[42]

　　醜婦的良人是個庄嫁漢，四十九歲，兒子叫阿狗，在先生的慈惠下，一起來到汴梁城中看花燈。她用一首我們已經十分熟悉的曲式，唱出自己的心聲：「這幾日街坊上出了一班的小促壽，他在人前人後嚼他娘的舌頭。他說些什麼？他說我眼大眉粗嘴又臭，我那當家的拿我當做心兒上的肉。你看我行動說話，那有一點兒的不風流。那些二八強兒想我到手也不能個。」[43]

　　所有人世的殘缺，用這種戲謔的語言，放在一個充滿節慶、歡愉氣氛的新年看燈的場景中，其用意值得深究，我們當然可以簡單的看成一個鬧劇，藉著插科打諢來娛樂觀眾。就創作者而言，角色的塑造固然有類型化的傾向，但如果不是觀眾生活周遭熟悉的人物、場景，恐怕不易引起強烈的共鳴。就觀者而言，戲曲可以說是傳統時期，一般民眾建立價值標準和行為模式的主要根據之一。我們從今天的大眾媒體上學會如何對肢體的殘缺、不完美抱持一種哀矜或尊重的態度。傳統的民眾從這類小戲中，會養成什麼樣觀照人生的態度呢？在表面的戲謔、嘲諷之後，是否讓人可以用一種笑鬧的方式，去承認身體的殘缺

41　〈看燈〉收於王秋桂主編，《善本戲曲叢刊》70《綴白裘》（乾隆四十二年冬武林鴻文堂增輯綴白裘外編十一集方集），頁4587-4599。

42　〈看燈〉，《綴白裘》，頁4591，〈鬧燈〉，《綴白裘》，頁4599-4600。

43　〈看燈〉，頁4594。

和不完美？在恣情笑鬧、直接的嘲弄之後，是否可能用一種寬容、承認現實的態度，坦然面對生命中的各種造化呢？

我們當然不能把舞臺上的藝術呈現，簡單的轉化成現實生活中的價值觀或行為模式。更不能從幾齣民間小戲，就輕易地推斷出中國民眾的集體心態。但同樣的，我們也不能否認，戲曲的渲染力量，極可能在民眾價值觀或行為模式的形塑上，提供了一個重要的管道。我們當然可以憑常識或對人性的一般理解，來假設傳統時期的中國民眾，必然會用一種粗暴或殘忍的態度，來面對他人肢體或道德上的殘缺。我的目的並不在完全否認這種論斷的有效性，而只想藉著小戲提供的文本和證據，推設出另一種面對殘缺的可能性。

在嘉年華會般的場景中，我們很容易感覺出歡愉，笑鬧的氣氛，但這種用笑鬧去面對「異常」的態度並非特例，而是民間小戲中一貫的特色。下面這段對男色的調侃是另一個例證。這齣小戲的背景從我們熟知的燈會轉換到另一個民間普遍通行的習俗：請法師捉妖。戲一開始，家住杭州的小生周德龍自稱為妖魔纏擾，特地前請王法師捉妖。

從王法師的自報家門中，我們已經嗅出一絲搞怪的意味：「家住杭州鼓樓前靠山，一生屁股慣朝天。要錢賭錢吃酒括小官」。報過家門，聽到門外叫聲喧，原來周德龍已到了門外。王法師一句：「我說你做小官的好屁眼會賺錢」，為全戲的主旨——以好男色者的身體為搞笑的對象的鬧劇——揭開序幕。

王法師聽明來意後，隨著周小官來到他的住處：「到了，待我開了門」。「阿嘎，好騷氣。」「敢是妖氣？」「不錯的，是妖氣。」「王法師你看是什麼妖怪？」「臭得緊是個屁精。」「愛愛嗳，屁那裡有什麼精的？」「咳，你不曉得，小官家想與得大哥哥多，受這些精帶，肚皮裡結成了胎，養出一個兔子來，就變了個妖怪了嚇。」

接下來，在一連串的插科打諢之後，王法師拿著劍，踏著罡步，做出奇異的動作。「王法師，你在那裡做什麼？」「伏陽。」「只有伏陰，那裡有什麼伏陽的？」「你不曉得，以前原是伏陰的，我有個徒弟到人家去做做法事，在那裡伏陰，不道他是蘇州人，愛男風的，看見我那徒弟的屁股鞠在那裡，竟被

他打了個死老虎去。因此我們道士行中齊了行，大概是伏陽的吧！」[44]

在看燈那個熱鬧而為民眾所熟悉的場景中，一個個身體不完美或身份異常的卑微人物紛紛登場，接受觀眾的笑謔。在此處，道士捉妖仍是民眾慣悉的場景，但促狹的對象卻換成了好男風者身體最引人注目的器官——屁股。整齣戲就以男同性戀者的屁股開始，笑鬧登場。戲中的主角雖然身份有別，但都以他們殘缺或功能迥異常人的肉身，為觀者帶來片刻的歡愉[45]。

我們仔細分析兩個劇本，可以發現不論是瞎子，大腳的王大娘，醜陋的阿狗的娘，還是有著特殊屁眼的周小官，都是以笑謔的對象出現在戲裡。在細細體會這幾個劇本的基調時，我們發現這些人都因為迥異常人而受到特別的注目，但並未被惡意相待，特別是〈請師〉一齣，更是通篇搞笑。巴赫亭在對歐洲中古的嘉年華會進行分析時，認為嘉年華會是一個顛倒一切既有秩序的節日。在這一天，所有既定的成規、角色、習慣、道德戒律都暫時停擺，人們恣情縱慾地顛倒世界，為嚴肅的中世紀社會帶來平日難得一見的歡樂[46]。〈看

44　〈請師〉，《綴白裘》，頁4631-4635，4644-4645。

45　對怪誕的身體（grotesque body）的研究，是巴赫亭的另一個重點。相較於教會對身體的各種功能和活動——特別是性功能和活動——的禁抑，巴赫亭認為嘉年華會中所顯示的是民眾自由的身體交合，毫不克制，毫無羞恥的展示身體的各項功能——包括吃、喝、拉、交媾。透過這種對「身體的下半截」的描繪，巴赫亭再度展示了一個和嚴肅的官方文化截然不同的價值觀和文化風貌。嘉年華中的庶民的身體，不但在功能上和上階層人士不同，在結構上也有重大的差別。上層的身體，就像他們所代表的國家一樣，如大理石般神聖完美，凜然不容侵犯。而在嘉年華會中展示的詭異的身體，卻是奇形怪狀，可以隨意的和外在世界交通。這樣的身體，正因為其殘缺、不完美，反而充滿了各種可能性，可以不斷的成長，超越自己的限制。參見Katerina Clark and Michael Holquist, *Mikhail Bakhtin* (Cambridge: Harvard University Press, 1984), pp. 303-304, 311. 劉康對這樣的文化和身體特色，也有很鮮明的描繪：「這是一個歌頌肉體感官慾望的反文化和大眾文化之聲，以對抗官方文化、神學和古典文化。」「生育的肉體形象被誇張、變形，成為『怪誕寫實主義』中的核心。『肉體的低下部位』和『開放的孔穴』被盡情謳歌、嘲弄、消解、懸置，拉平了高雅與低俗、官與民、士與痞的一切等級差異和距離。」劉康，《對話的喧聲：巴赫亭文化理論述評》（台北：麥田出版股份有限公司，1995），頁262-263。我們在中國的嘉年華會——看燈、鬧燈等場景——中，也看到極為類似的對怪誕的身體，和肉體的低下部位的嘲弄、戲謔與消解。

46　Aron Gurevich, *Medieval Popular Culture*, Chap. 6. 不過Gurevich並不同意巴赫亭將上層文化和民間文化截然劃分的主張。

燈〉、〈請師〉等民間戲曲在性質上，與巴赫亭的嘉年華會類同。這些戲正因
為呈現的是「不正常」、「不一樣」的場景，才充滿了爆笑。而〈看燈〉、
〈鬧燈〉裡的場景，更是一個典型的嘉年華會式的場景。但我想問的是：這些
戲裡所呈現的歡愉場面，是否只是舞台上的建構？觀眾是否只有在舞台上，才
能短暫的放下包袱，對一切周遭異常的身體，發出不具惡意的笑聲。

我當然不否認異常的身體，在每個時代都是令人不悅的殘酷現實。但18世
紀的民歌和小戲選擇用笑謔的形式來看待這些身體，是否有著特殊的意涵？創
作者為什麼不選用殘酷的鄙夷，惡意的攻擊，嚴肅的人道關懷或者官府的禁制
等視角來處理這些身體，而偏好笑鬧的形式[47]？這是否意味著在18世紀的中國

47　除了民間小戲外，明清的文學作品和文人文集中，也充滿了對「男風」的頌揚之
　　詞。18世紀最著名的江南詩人、文學家袁枚(1716-1798)，就從不隱瞞自己對年
　　輕歌童的迷戀，有不少詩作都是題贈給這些受到寵愛的歌童。而當時人及稍後仰
　　慕袁枚盛名的後進，也從不避諱袁枚的特殊癖好，甚至引為美談。在同治三年刊
　　行《隨園軼事》的蔣敦復，就輾轉從袁枚的後人處，打聽到許多袁枚的風流韻
　　事，並用欣羨的筆調記載下來。下面可以舉三則蔣敦復的記載，來說明當時人對
　　男風的看法。「先生宰江寧時，而宰上元者，許令也。同官一處，相得甚歡，許
　　以道學自矜，屏絕聲色。一日，秦淮小集，坐有歌郎，許目眄之，郎即去。先
　　生迂許憐郎，而格于同在官場，不便誚讓；未終席先生先回署，遣人招郎至。郎
　　誤先生猶許意也，不敢來。先生手書小札貽郎，自明其相慕之意，郎乃至。郎固
　　花容月貌，韶秀有姿者，先生大悅之。由是郎出入衙署，習以為常。人謂先生與
　　許同是縣官，同有政聲，而志趣則兩不相同，先生更不愧風流令尹也。」(〈手札
　　召歌郎〉)。這段文字，一方面說明了18世紀卻有一些具有清教徒精神的道學先
　　生，叫人望之生畏；但同時也有像袁枚這樣的地方官，公然與男寵出入公門，卻
　　博得風流的美名。
　　下面兩則，雖沒有小戲的搞笑色彩，卻明顯透露出喜悅浪漫的氣息：「先生好男
　　色，如桂官、華官、曹玉田輩。不一而足，而有名金鳳者，其最暱愛也。先生出
　　門，必與鳳俱。某年游天台，鳳亦同行。劉霞裳秀才，先生弟子也，時劉亦同在
　　舟中，一見鳳而悅之。劉年少，美風姿，鳳亦頗屬意也。先生揣之兩人意，許劉
　　與鳳宿，作詩有『成就野鴛鴦，諸天色歡喜』之句。此可以見先生之風流自在者
　　臆矣。」(〈金鳳〉)小戲中說蘇州人、杭州人好男風、捧小官，這則記載多少可
　　以用來證明江南男風的流行。
　　「先生之暱桂官，不亞於金鳳。桂官姓錢，故有『小子桂枝仙，錢郎劇可憐』之
　　句。一日，先生尋春揚州，與桂偕行。桂善歌，舟中為先生度曲，先生以洞簫和
　　之，有姜石帚『小紅低唱我吹簫』之趣。先生時年六十餘，行市中不扶杖，而桂
　　為之挽手，市中人觀而羨之，目為神仙焉。」(〈桂官〉)一般人對這種形式的老
　　少配，不以為怪，反而目為神仙，反映出18世紀中國對同性戀情不同的價值觀。

社會中，民眾原來就偏好用一種夾雜著戲謔、認命、接納或者同情的態度來看待這些「異常」的身體。是否在現實社會中，原來就存在著各種不合常態的不完滿，以致不合常態的缺陷竟成了生活中的常態呢？如果城鄉四周到處存在著王大娘、阿狗的媽、瞎子、和尚、師太、小官一類的人物時，人們是否變的更具寬容性，而願意用一種無可奈何或戲謔的態度接受這些現實呢？再進一步，像前面提到的，聽多了類似的歌曲或者看多了類似戲曲的民眾，是否因為不斷地浸染而不知不覺地接受了歌曲、戲曲中所提供的感情表達方式呢？

（續）

以上三則記載收於《袁枚全集》（南京：江蘇古籍出版社，1993），卷八，《隨園軼事》，頁6及77。關於清代士大夫的男寵之風，可參考吳存存，〈清代士人狎優蓄童風氣敘略〉，《中國文化》15/16（1997）：231-243。

類似文學作品中呈現的同性戀情，一方面有很強的寫實風格，一方面也充滿了浪漫的氣息。但在政府檔案中，我們看到的卻是一個大不相同的畫面。根據Sommer的研究，歷來對男性同性性交的處罰，僅限於扮演女性角色的男娼。明嘉靖年間，法令首度出現禁止男性同性性行為的禁令。滿清入關後，相關的條文繼續存在，但卻有了重大的轉變，男性同性性行為首度被放在「姦」的項目下進行懲處。同意被人雞姦的男性，所受到的懲罰，和同意和男性發生性行為的婦女相同。（p. 146）Sommer所徵引的檔案內容，也清楚的顯示，在這樣的性關係中，扮演男性角色的男子，較易為社會所接受。有的男子，還面帶得色的主動向外宣揚。相反的，在這種關係中，扮演女性角色的男子，卻承受極大的社會壓力，並在聲名掃地後，憤而行兇。Sommer的結論是：從18世紀初開始，官方對男性同性性行為的憂慮，逐漸加深。可能的原因是擔心被插入的男性，如果對這樣的行為樂此不疲，將對傳統附加在男性身上的刻板特性（如生育後代、雄性特質）帶來過大的傷害，就如同女子的貞操在姦淫案中受到污染一樣。男性扮演女性角色，和女性貞操受到污染一樣，同樣是對正統儒家意識型態的最大挑戰，必須用法律來克制和打擊。詳見Matthew H. Sommer, "The Penetrated Male in Late Imperial China: Judicial Constructions and Social Stigma," *Modern China* 23.2（1997）: 140-180. 特別是頁140, 146, 172。

刑案記載和文學資料中，對男同性戀態度的落差，值得進一步研究。可能的解釋是：這些刑案資料不是普通的爭執和鬥毆，而牽涉到人命，因此所呈現的圖像自然不可能是愉悅或明朗的。此外，這些命案的場景多半是鄉村，犯案人多半來自下階層，和文學資料由（江南）城市的士大夫所記述，構成了明顯的城鄉、區域和階級的差別。不過換一個角度來看，18世紀相關法條的趨於嚴苛，是否和禮學論述的興盛一樣，反映出各種背德的情欲行為的滋蔓，而需要用各種統治者用得到的手段加以禁抑呢？

五、淫詞小曲的作者、傳遞與社會意涵

「禮學」復興給人的第一個聯想，就是一套嚴肅的、道貌岸然的道德體系，重新掌控全局，對社會中原有的愉悅的、頹廢的、淫猥的成分加以清除整肅。我在前面的敘述，基本上就是要證明這樣的看法難以成立。我們固然從禮學家的著述和官府的文告中，看到各種嚴肅的道德、禮法訴求。但另一方面，我們仍然看到上述的時調唱本和劇本選中，蕩漾的情欲和鄙俗爆笑的演出。禮教論述和官方禁令雖然對下層社會的情欲文化有一定的禁制作用，但我們並不能因此認定禮教壓倒了情欲。官府雖然可以重點式的禁止某些劇目的演出或某些唱本的販售，但以傳統政府的統治能力，勢必也只能做到「禁者自禁，演者自演，唱者自唱」的地步。

前面提到，民間小戲中用笑謔的方式看待身體和「殘缺」的態度，很可能為觀賞的民眾提供了一個學習的榜樣和看待「異常」的視角。在此，民間小戲其實扮演了價值形塑的功能。同樣地，歌曲中繁複的情欲表現，也在經書典籍之外，提供了另一套可以學習傚效的價值觀和表達情欲的模式。前面做的，基本上是文本的分析，這裡我打算進一步，把這些曲詞放在大的社會脈絡下來觀察其意涵。不過由於資料的限制，這裡的討論將集中在情欲的部份，即使在這一部份，我也只能做一種概略的觀察，而無法仔細分析任何一首特定曲詞的製作和流傳。但我相信這種概述性的周遭證據，已足以達到本文的目的，證明在18世紀的中國，情欲論述和禮教論述並行不悖，並對這個時期的社會、文化風貌有極大的影響。

首先是作者的問題。要想確定這些流行歌曲的個別作詞者，當然是不可能的事。我這裡打算做的，只是稍微分疏一下作者的性別問題。我們當然不能說男性作詞者就無法細膩的揣測、描述女性的感情世界，但我們也很難想像許多歌詞中真切、傷痛的吶喊，竟不是出自女性自身。事實上，盛安在《霓裳續譜》的序文中，就清楚地指出，這些作品除了出自文人才士之筆外，還有一部份是「村嫗蕩婦之談」。我們可以想像，這些不受禮教束縛的「村嫗蕩婦」，或城市鄉野的懷春少女，都可能有感於心，藉著歌曲來抒發情懷。下面可以用

李開先(1502-1568)在《詞謔》一書中的記載，來證實這樣的推斷。這段記載雖然講的是明末的情形，但文中提到的曲牌「鎖南枝」在《霓裳續譜》中仍然收錄了五首[48]，雖然曲詞不同，但仍然可以用來證明一些流行歌曲的曲詞，確有可能出自女性之手：

> 有學詩文於李崆峒者，自旁郡而之汴省。崆峒教以：「若似得傳唱鎖南枝，則詩文無以加矣。」請問其詳，崆峒告以：「不能悉記也。只在街市上閒行，必有唱之者。」越數日，果聞之，喜躍如獲重寶，即至崆峒處謝曰：「誠如尊教！」何大復繼至汴省，亦酷愛之，曰：「時詞中狀元也，如十五國風，出諸里巷婦女之口者，情詞婉曲，有非後世詩人墨客操觚染翰，刻骨流血所能及者，以其真也。」……若以李、何所取時詞爲鄙俚淫褻，不知作詞之法，詩文之妙者也。詞錄於後，以俟識者鑒裁：「傻酸角，我的哥，和塊黃泥兒捏咱兩個。捏一個兒你，捏一個兒我。捏來一似活托，捏的來同床上歇臥。將泥人兒摔碎，著水兒重和過。再捏一個你，再捏一個我——哥哥身上也有妹妹，妹妹身上也有哥哥。」[49]

　　歌中「將泥土打碎，重新和過」的主題，在當代作曲家李抱忱的藝術歌曲〈你儂我儂〉中依然援用。但在嘉靖年間，卻是用〈鎖南枝〉之名，在民間廣泛流傳。引文中提到的何大復和李崆峒一樣，對這首民歌推崇備至，認爲和十五國風一樣，「出諸里巷婦女之口」。雖然被許多士大夫目爲「鄙俚淫褻」，但只要走在街上，就一定「有唱之者」。

　　這些歌詞，由於出諸里巷，又是由「村嫗蕩婦」口中唱出，自然是不見經傳，李開先的記敘就格外可貴。李開先又摘錄了一首相當長的詞曲〈趕蘇卿〉，並做了簡單的評介：「又中呂、趕蘇卿，大都歌妓王氏寄情而作。雖婦

48　參見張繼先的統計，《霓裳續譜研究》，頁75。

49　李開先，《詞謔》，《中國古典戲曲論著集成》(三)(北京：中國戲劇出版社，1980)，第27條，頁286-287。

人亦知音，宜乎元以詞擅名也。」[50]由於是元朝的詞作，和這裡討論的18世紀流行歌曲，有不小的距離，所以不加引錄。但由此我們也可以合理的推測：18世紀的流行歌曲，必定也有類似的寄情之作。歌妓和其他心有所感的女性，都有可能是這些曲詞的作者[51]。

雖然我們無法直接證明《霓裳續譜》、《白雪遺音》中的身份和性別，但從李開先提到的〈鎖南枝〉「出諸里巷婦女之口者」，到盛安的「村嫗蕩婦之談」，我們其實已經有充分的證據，推斷這些情歌必定有出諸婦女之手（口）者。但退一步看，作者的性別其實和歌曲的流傳、影響可以毫無關係。不論作者的身份、性別，只要一旦在民間流傳，就必定會在士大夫的「禮教論述」之外，呈現一個與之相頡頑的「情欲論述」。換言之，這些不知名姓，多半來自社會底層的作者，共同塑造了一個有著多重風貌的「化外世界」。

這些流行歌曲的傳佈，前面已略為提及，靠的多半是四處流動的商旅和賣唱的倡優妓女。18世紀的汪啓淑在一本描述北京的社會生活和日常風俗的作品中，提到宴客時請人演唱歌曲的情形：

> 曩年最行檔子，蓋選十一、二齡清童，教以淫詞小曲，學本京婦人妝束。人家宴客，呼之即至。席前施一氍毹，聯臂踏歌，或謂秋波，或投纖指。人爭歡笑打彩，漫撒錢帛無算，為害匪細，今幸已嚴禁矣。[52]

50　李開先，《詞謔》，頁312。

51　李開先的另一項記載中，作詞者雖然不是女性，但卻是有各百姓的下階層工匠，可以增加我們對明清民歌生產、流傳過程的認識，一併錄於此：「匠作以謊為常，而縫衣、打鐵者尤甚。馬惠善製衣，以吾家所久用，稍不敢脫空，在他處則不然矣。有一嚴鎖，久不用，生澀難開，底且有壞處，付之鐵工斬循，略加整磋。往來索取，坐積歲時不獲。偶遇訪途，斬遂引避酒肆廁中，馬如廁，提其耳出之，對眾高唱清江引詞曰：『我來訪君君莫躲，一把鎖煩加磋，年前許送來，今尚無皈落，誰知你的謊兒大似我！』眾皆為之絕倒。至今傳流里巷云。」李開先，引同上，頁281。這首歌雖然與情欲無涉，但卻讓我們看到下階層的百匠、民眾，如何從日常生活就地遇材，淺白俚俗的歌詞和我們在18世紀的情歌中看到的，有異曲同工之妙。工匠可以出口成章，流傳里巷。懷春少女、閨中怨婦當然也可能有感於心，就近取譬，編製出一些以日常生活、景物為背景的「淫詞小曲」。

52　汪啓淑，《水曹清暇錄》，卷8〈檔子〉條。這本書最早的刻本，由作者於乾隆五十七年(1792)親自刊行。此處用的是楊輝君的點校本(北京：北京古籍出版社，

　　汪啓淑是知名的鹽商，乾隆時援例捐資入仕，他是江南著名的藏書家，和程晉芳、翁方綱等知名的學者時相唱和[53]。此處所謂的「淫詞小曲」、「爲害匪細」雖充滿了道學家的氣息，卻爲我們留下了可貴的資料。不過文中指稱的嚴禁，究竟有多少效力，讓人懷疑。

　　李家瑞在論及北京的俗曲演唱時，也提到娼妓、優伶、歌童、盲女，或是在妓院爲客人表演，或組成「清唱小隊」，專門「赴宅第唱小曲」。這種專門「赴宅第唱小曲」的「清唱小隊」和汪啓淑講的「檔子」，性質相似，都是流行情歌的傳佈者。此外，在道光以後，還出現了在茶館裡附設「雜耍館」「唱清音小曲」的情形[54]。「清唱班」服務的對象看起來是比較有局限性的上層社會，茶社(館)中的「雜耍館」，其觀賞群眾，自然大爲擴展。看起來，遭到嚴禁的「檔子」，不但沒有禁絕，類似的演唱團體反而有向下滲透的趨勢。(圖3)

　　除了透過這種口語傳播，販售唱本是另外一種使流行歌曲得以保留、流傳的重要管道。在這些販售唱本的書店中，最有名的是北京西直門的「張姓百本堂」(或稱「百本張」)。這家書店出現在乾隆年間，專賣販賣各種俗曲唱本，數量有一千多種。約略同時，北京還有一家規模比較小的俗曲專賣店「智壽齋」。中央研究院歷史語言研究所藏的俗曲資料絕大多數出自這兩家書店[55]。這些歌曲有的收在《霓裳續譜》、《白雪遺音》中，有些則和這兩本情歌選中的歌曲同一曲牌，內容大同小異。這些唱本有很多印刷非常拙劣，價格低廉，很可能是以一般城市的民眾爲對象[56]。

　　在妓院、「清唱小隊」和「雜耍館」之外，專業俗曲販售店的出現，更讓我們見識到淫詞小曲在北京這個聲教所在的首善之都的普及情形。在蘇州，我們也看到一些類似的記載。曾經在道光年間做過江蘇按察使的裕謙，爲了蘇州郊外閶門、桃花塢和虎邱等重要觀光據點不斷出現販售色情出版品的現象，三

(續)————————————
　　　1998)，頁119。
53　同上，〈前言〉，頁1。
54　李家瑞，《北京俗曲略》(台北：中央研究院歷史語言研究所，1933)，頁6-7。
55　李家瑞，〈智壽齋的唱本〉，《李家瑞先生通俗文學論文集》(台北：臺灣學生書局，1982)，頁157-160。
56　比較詳細的介紹，見李孝悌，〈娛樂、情色與啓蒙——俗文學的幾個面向〉，《古今論衡》(台北：中央研究院歷史語言研究所)3(1999.12)：44-50。

令五申，嚴加禁止。在其中一份禁約裡，裕謙首先為這些不良風俗發生的時間、地點做了有趣的勾勒：

> 虎阜、靈岩，名山勝景，春秋佳日，何礙清游。……獨可恨者，浪游子弟，以流覽為名，借觀婦女。……每至花時，又有狡獪棍徒，租賃園亭，刷印小票，招集青樓妓女為群芳會。吹彈雜耍，悉聚園中，良賤不分，男女混雜。

這樣熱鬧的場景，自然吸引了無數聞風而至的青年男女和出售色情的小販：

> 少年子女，耳聞目見，蕩志傾心。因而畫舫燈船，龍舟賽會，四時八節，各自追蹤。而且淫詞列于市肆，淫畫售于山塘，淫出(齣)演于戲園。蕩檢逾閑，無所不至。

這種在少年男女出入頻繁的觀光據點陳售的淫詞淫書，較之北京的百本張、智壽齋，似乎有更大的流動性。

在印刷品的販售外，我們也同樣看到曲詞演唱的普及：

> 一應昆、徽戲班，只許演唱忠孝節義故事，如有將水滸、金瓶梅、來福山歌等項奸盜之齣，在園演唱者，地方官立將班頭并戲園之人，嚴拿治罪。……其各處茶館彈唱之詞，亦毋許男女雜坐，鬧至深更。[57]

從裕謙的告示中，我們看到戲園、茶館都有淫詞小曲的演唱。觀眾不但男女雜遝，而且嬉鬧到深更。可見即使在乾嘉重鎮的江南城市，仍難抵禦情欲洪流的侵蝕。

57　轉引自王利器輯錄，《元明清三代禁燬小說戲曲史料》(上海：上海古籍出版社，1981)，頁129-130。

　　裕謙的幾條告示，刊佈於道光十八、十九年間，其成效如何，從對社會風情有敏銳感受的余治的記載中可以看出。余治(1809-1874)是江蘇無錫人，咸豐二年(1852)第五次應鄉試不中，遂絕意仕途，積極籌辦善會、編印善書，當時人稱爲「余善人」。他在道光二十九年(1849)「采取古今各種善舉章程，足資仿辦者，彙成一書」，是爲《得一錄》。這本書後來遇火焚燬，在同治八年(1869)又重行刊行[58]。

　　前文曾提到梁其姿對明清慈善組織的研究，根據這項研究，我們看到清中葉以後，慈善組織一方面有「儒生化」的傾向，一方面又有朝地方社區化發展的趨勢。究其原因，是因爲一般儒生所服膺的道德條目和價值觀受到嚴重的挑戰。爲了維護自身的信念和尊嚴，而有各種具有道德教化意味的對應手段[59]。余治正是這一類下層儒生的最佳代表。他有鑒於淫詞戲曲對道德人心的毒害，寫了大量的道德教化劇[60]，並自組童伶戲班演出。他所編輯的《得一錄》，內容從戒溺女、禁淫書到辦義莊、保嬰、恤嫠、清節、義倉、救荒等議題，將下層儒生的主要關懷一網打盡[61]。

　　余治對他生活周遭道德淪喪的現象，有強烈的感觸，所以在他所摘錄或自己創作的文章中，有其他地方不容易看到的詳實記載。透過這些描述，我們可以反過來觀察到當時情欲書寫的普及與流通。從這些記載中，我們知道裕謙的禁約並不是個案。在他之前、之後，都有查禁色情出版品的告示。道光十七年，地方大員曾出過告示，禁燬淫書板本。各書店爲了響應政府號召，還慎重其事地開會商討出具體的辦法：

> 立同議單，書業堂……等，奉臬憲周出示禁燬淫書板本。茲於十月十
> 二日邀集同行，在邑廟公議規條，……。
> 議得書板大小新舊不同，今公同議定，大新板每塊一百文，大舊板每

58　此處關於余治生平的介紹，參考游子安，〈清代善書與社會文化變遷〉（香港中文大學歷史系博士論文，1994），頁111-112。

59　梁其姿，《施善與教化》，第五章、第六章。

60　其中的28種，在他死後被人輯爲《庶幾堂今樂》印行。

61　參見游子安，〈清代善書與社會文化變遷〉，頁112-115。

塊七十文。……灘頭小片每塊二十文，唱本板每板三十文。

道光十七年十月□日立公同議單。

書業堂、掃葉山房、酉山堂、興賢堂、文淵堂、桐石山房、文林堂、
三味堂、步月樓。(書坊甚多，不及備載)

共計書坊六十五號，各當面齊集城隍廟拈香立誓，各書花押，一焚神
前，一呈皂憲。[62]

　　這段資料最醒目的地方，當然是參與書坊的數量。多達六十五家書坊聯合
具結，讓我們可以想見蘇州印刷業的發達。[63] 雖然不是每家書坊都會印行色情
刊物，但蓬勃發展的出版業，為色情作品的流佈提供便捷的管道，卻是無庸置
疑的。其次，在由業者出資購買銷毀的書版之中，唱本單獨劃為一個類別，價
格也相對低廉，這些都可以看做唱本普遍流行的佐證。

　　雖然有六十五家書坊慎重其事地在城隍廟前立誓具結，但第二年開始，另
一位地方首長又需要三令五申地高喊禁絕色情，我們當然不難想像禁絕行動的
成效。而即使前後兩任職司風憲的地方首長連續大力查禁，仍逃不了「野草除
不盡，春風吹又生」的結局。余治在稍後出版的《得一錄》中，就做了如下的
觀察：

從來愚蒙之性，從善為難。淫穢之詞，移人最捷。有如淫詞小說，傷
風敗俗，例禁久嚴。往年蘇郡紳士，曾稟奉大憲出示，設局收買，將

62　余治，《得一錄》(中央研究院歷史語言研究所藏同治八年 (1869) 刊本)，卷5，
　　頁44上-45下。

63　蘇州的印刷在明代就非常發達，和南京同為印刷業的中心。到了清代，印刷仍
　　然是當地重要的生產事業，規模相當龐大。此處所舉幾十家書商聯合行動的做
　　法，並非特例。乾隆二十一年，城內三十四名紙坊坊主聯名立碑，要求地方官頒
　　令禁止紙坊工匠罷工。道光二十五年，吳縣的書坊印書工人也有組織工會，以與
　　書商相抗爭的例子。參見邱澎生，〈明代蘇州營利出版事業及其社會效應〉，
　　《九州學刊》5.2(1992)：139-159，特別是頁149-150。紙商、印書工人和書坊的
　　聯合行動，一方面說明蘇州印刷業的發達和分工的細緻，一方面也說明集體行
　　動，已經是這一個行業的固有文化。

各書店淫書板片，一律繳毀，勒碑永禁，使數百年風俗人心大害，一旦掃除，快事也，亦盛事也。但恐奸商射利，此散彼聚，輾轉販售，妖焰仍熾。非得有心人時相提倡，照案續辦，頻頻收毀，則毒種必難永斷。[64]

余治這段記載，讓我們確認官府銷毀書板的行動，並沒有真正的效力，射利的奸商仍然繼續輾轉販售。余治更務實地體認到除非有心人不斷出面推動，否則色情刊物永遠無法禁絕。這裡，我們看到像余治一樣的下層儒生和衛道之士，面臨的是如何險惡的社會實情。

接下來，余治轉到文章的重點：

尤可惡者，近時又有一種山歌小唱灘簧時調，多係男女苟合之事。有識者不值一笑，而輾轉刊板，各處風行，價值無多，貨賣最易，幾乎家有是書。少年子弟，略識數字，即能唱說。鄉間男女雜處，狂蕩之徒，即借此為勾引之具。甚至閨門秀媛，亦樂聞之，廉恥盡喪，而其害乃不可問矣。此而不為加意絕之，恐愈傳愈遠，禍及海內，是聖賢千言萬語，十人中不及領略一二者，反不如此等粗淫小書，知之者幾十有八九也。……此等妖淫毒種，戶誦家弦，遠出于聖經賢傳之上，為吾教之仇敵。[65]

這段話透露出許多重要、有意思的訊息，值得細加解析。第一，是余治明白地指出唱本、時調的流行，這一點和本文的關係最為密切。由這段文字，我們可以知道以「男女苟合之事」為主題的小唱、時調、山歌在妓院、旅店、碼頭等場合之外，也依然照樣流行。這種流行，和唱本的流傳大有關係。余治告訴我們，所有這些「有識者不值一笑」的流行歌曲的唱本，沒有所謂版權的問題，書商輾轉翻刻，價格低廉，所以可以輕易購得，甚至到了「幾乎家有是

64　余治，〈勸收毀小本淫詞唱片啟〉，《得一錄》，卷5，頁47下-49下。
65　同上。

書」的地步。

第二，這些唱本可能因為文字簡單、直接，講的又是少年男女切身的主題，所以只要「略識數字」，就可以說說唱唱，不僅鄉間男女借此相互勾搭，即使理論上應該「知書達禮」的大家閨秀，也不甘寂寞地加入這個「廉恥喪盡」的行列。余治的敘述即使有所誇大，我們仍可以合理的推測：這一類的男女情歌，在城鄉和不同階級的女性讀者和聽眾之間，都可能引起相當的迴響。

第三，所謂「戶誦家弦，遠出于聖經賢傳之上，為吾教之仇敵」，又進一步印證了前面所說的，清中葉以後，儒生所信守的價值觀受到嚴重的挑戰，而有了深刻的危機感。上層士大夫趨之若鶩的乾嘉考證或「禮學論述」，對一般世間男女來說，可能是完全不能理解的另一個世界的囈語。他們即使與這個世界的訊息有所接觸，也往往要經過一些中介——多半是「教忠教孝」的戲曲，或帶有教化色彩的宗教性媒介物。相形之下，淫詞小曲和色情書刊反而能毫不折射地直接打動他們的本能。從這個角度來看，山歌小唱時調「戶誦家弦，遠出于聖經賢傳之上」，無寧是自然的發展。

余治在這段義憤填膺的啟事之後，開刊了近六十種「小本淫褻攤頭唱片」的清單。其中像〈繡荷包〉、〈九連環〉、〈鬧五更〉、〈楊柳青〉、〈紅繡鞋〉、〈王大娘補缸〉、〈小尼姑下山〉、〈姑嫂開心〉和《霓裳續譜》、《白雪遺音》中收錄的歌曲，從歌名看來或是完全相同，或是大同小異。說明這些歌曲除了被收在選集外，還往往以單行本的方式，輾轉刊刻，在民間流行。

根據余治的說法，這些淫褻的小本唱片，由於價格低廉，一般民眾可以很容易地買來閱讀學唱。但還有一種情形是買了唱本後，照章表演出來，供眾人觀賞。余治這裡舉的例子是流行在寧波、紹興一帶的「串客戲」。這種民間小戲和簡短的情歌，在體裁上有些區別，和規模比較大的「大戲」也不相同，是介於短曲和大戲之間的一種類別。在《白雪遺音》中收集的一些曲牌，如〈兩親家頂嘴〉、〈母女頂嘴〉、〈王大娘〉都是篇幅較長的曲子，而且都採用兩人對唱的方式。此外，《白雪遺音》卷四收錄的〈玉蜻蜓〉被視為彈詞寶卷的

一種，其中採用了大量蘇州方言，很可能是江南的說書藝人採用的底本[66]。這些曲目和余治批評的「串客戲」，在體裁、內容上都相彷彿。此外，《綴白裘》中一些多帶有淫猥色彩的搞笑戲，也可能和余治所批判的「串客戲」相類似。我們下面看看余治對這一類色情型態的描述：

> 淫戲本不可演，而串客淫戲更不可演。蓋大班正戲多，淫戲少，揀戲者既勿點淫戲，班內斷勿取自做。若串客之花鼓淫戲，則全是醜惡可憎之淫戲，並無一齣正戲。且都係遊手好閒，不習上流之子弟，平日毫無廉恥，專喜淫蕩。把一種小本唱片買來，你唱我和，及至上台，一花面，一旦腳，扮做男女，備極醜態，裝盡油腔。而其白口由子，又都是土話，使婦女小兒們聽了，句句記得。……所以大班演戲，婦女看的還少，若打聽得某處有串客做，則約妯娌會姊妹、帶兒女、邀鄰家，成群結隊，你拉我扯，都去看到。做一日，看一日。做一夜，看一夜，全然不厭。做串客的見了年輕婦女越多，他裝做淫相越醜，頓使婦女們當下眼花撩亂，慾火焚燒，已有按捺不住之勢。再加以輕薄子弟，游蕩淫棍，從旁百般戲謔，無所不至。……若是沒廉恥婦女，淫念一起，奸情百出。往往看此戲後，有私期偷會的，有密約拐逃的，有不顧貴賤主僕通奸的，有丈夫久出不歸，勾引狂童入室的，有孀婦空房難守，招攬光棍當家的。[67]

在這段引文中，余治首先說明大戲（正戲）與小戲的區別。大戲的演出，一般只要揀戲者不點，戲班不會主動演出。小戲則不然。通稱花鼓小戲的串客戲，和前引《綴白裘》中一些插科打諢、淫猥俚俗的小戲在形態上相彷彿，只要兩、三個人，隨時就可以在各種場合機動演出。第二，這些小戲的演出者，

66　參見趙景深為中華書局的《白雪遺音》所寫的序文，頁7下-8上。

67　余治，《得一錄》（同治八年得見齋刻本影印，台北：華文書局，1969），《中華文史叢書》第十輯六種，頁821-822。這個版本和前引史語所藏刊本雖然同樣在同治八年(1869)刊行，但詳略有別。這篇〈勸禁演串客淫戲俚言〉，只收於得見齋刻本。

不一定非是職業演員，根據余治的描述，這些人多半都是一些遊手好閑的市井少年。他們將各地書店輾轉刊刻的小本唱片買來，有樣學樣的，現買現賣的在街頭表演起來。(圖4、圖5)

在這篇文章的末尾，余治特別向官府呼籲查禁串客淫戲，「奉勸各處紳士鄉耆公稟縣尊請示嚴行禁止」。當地的地方官對這項呼籲似乎立刻有所回應，發佈了一份〈禁串客淫戲告示〉。在這份告示中，我們對這種機動性極高的小戲的演出場合有了更進一步的了解：「惟串戲一項，……專習淫藝詞調，扮演男女私情。當街搭台，備極醜態，以至男女聚觀。」「前于咸豐年間，迭經各紳士呈請示禁。蒙前道府二憲，并縣主會銜出示。……自此城鄉各處，咸知畏惕，不敢演唱。無如逆擾以後，城市尚知斂跡，四鄉特以路途廣遠，查禁難周。」[68]

從這兩段記載中，我們知道市井無賴買了唱本後，就在街上搭台演將起來。雖然地方士紳不斷有所反映，官府也三令五申地加以查禁，卻成效不彰。城裡面也許稍為斂跡，鄉下地方就鞭長莫及。經由書寫的形式捕捉下來的情欲模寫，就藉著這樣的演出，四處傳佈開來。

余治的敘述中第三個值得注意之處是：無賴子弟的演出，常常用地方土話，所以真正能做到「婦孺皆解」的地步。透過他生動的描述，我們看到這些淫詞小曲如何受到女性觀眾的喜愛。同時，由余治細膩的觀察，我們看到婦女不軌行為的各種類別。前面曾提到《霓裳續譜》和《白雪遺音》中的情歌，呈現了一個我們從士大夫的禮教論述中所無法想像的情欲世界，也為情欲的可能樣式提供了模擬、學習的範本。余治的觀察，無疑為這樣的推論，提供了堅實的證據。原來，這種情欲的奔放呈現，並不只是一種虛擬的藝術性想像，而是現實生活的寫照。當然，我們已難進一步釐清，是因為有了這些情歌、唱本的流傳，才影響到女性在現實生活中的不軌行為？還是先有了這樣的生活，才有這樣的作品？或者，現實生活為情欲書寫提供了豐富的素材，情欲書寫又反過來為現實生活提供了指引。

花鼓小戲除了可以在城市、鄉村就地搭台演唱外，也可以在茶鋪中彈唱。

68　〈禁串客戲告示〉，《得一錄》(得見齋刻本)，頁821。

在《得一錄》中另外一篇討論禁演花鼓戲的長文中，就提到在茶坊彈唱淫辭的現象。文章的開頭，首先指出花鼓淫戲不是某個地區的特殊產物，而是在民間普遍流傳的惡俗：「近日民間惡俗，其最足以導淫傷化者，莫如花鼓淫戲。吳俗名攤簧，楚中名對對戲，寧波名串客班，江西名三腳班。」[69] 接著，提到茶坊的演出：「近來茶坊中又有彈唱一流，男女對白所唱者，多閨房醜事竟與灘簧戲無異。又有在勝會場茶坊中，坐唱灘簧者，鬨動多人，為害日甚。」[70] 從這段文字中，我們得知在茶坊中表演的彈唱，類似灘簧戲，但並不稱戲，而是一種演唱，內容多是閨房醜事，和《霓裳續譜》、《白雪遺音》中的各種型態的男女情歌，可能也相當接近。由此可知，俗曲演唱並不僅限於北京茶館附設的「雜耍館」，在其他各地的茶坊，也以不同的名目出現。

除了目標顯著的花鼓小戲外，彈唱也常常被攻擊為敗壞風化的表演形式：

> 近有一等少年瞎姑及男瞽，彈唱詞曲，描寫佳人才子，苟合成歡，百般醜態，無不盡其情致。開少年子弟之情竇，動無知婦女之春思，因而做出醜事。凡為家長者，斷不可令此等人入門。[71]

這種登堂入室的說唱文學，在婦女聽眾之間引起莫大的迴響：

> 獨有沿街敲鼓唱說書詞之人，編成七字韻，婦女最喜聽之。以其鄙俚易解，又且費錢無多，大家小戶，往往喚來唱說，雜坐群聽。初則階下敷陳，久則內堂演說。始而或言賢孝節義之事，繼而漸及淫奔苟合之詞。婦女聽至患難淒慘，每多感歎墜淚。及聽到綢繆私合，保無觸念動心。余意婦女概不令其讀書，尤不可容看戲文，聽唱說也。[72]

69　〈禁止花鼓串客戲議〉，《得一錄》（得見齋刻本），頁815。
70　同上，頁820。
71　《至寶錄》內篇，轉引自王利器，前引書，頁177。
72　李仲麟，《增訂願體集卷一》，轉引自王利器輯錄，《元明清三代禁燬小說戲曲史料》，頁179。

　　士大夫以為女子無才便是德，但卻沒有想到不令婦女讀書識字，她們就無法直接受到聖賢經傳的感召。這個時候，戲曲和說唱文學自然就乘虛而入。一般的說法，都認為彈詞和寶卷宣講在女性聽眾之間特別受歡迎，這和婦女的不識字顯然有一定關係。對讀書識字的人來說，他們可以仰仗文字做主要的知識和娛樂來源；對不識字的人來說，戲曲、講唱則成為最主要的知識、娛樂媒介。這段資料最後既不許婦女讀書，又不許她們看戲文、聽唱說，等於將婦女所有的知識、娛樂管道都封鎖起來，可以看做是儒家基本教義派的代表性言論。但從這段敘述中，我們也可以看出情欲論述如何透過一個簡易的方式，對「大家小戶」的婦女聽眾發生深刻的影響。

六、結語

　　本文為了敘述方便，將時限訂在18世紀，但《霓》、《白》二書蒐集的歌曲，有的可能在明代就已流傳，有的則流行於19世紀初。《霓裳續譜》刊於乾隆六十年(1791)，當然可以看成是標準的18世紀情歌選。《白雪遺音》有嘉慶九年(1804)的序，刊刻的年代則晚到道光八年(1828)，其中蒐集的歌曲應該有一部份流行於19世紀初，而不完全侷限於18世紀。這其中，卷四的〈南詞〉尤可注意。根據趙景深的看法，卷四〈南詞〉中一些篇幅極短的曲詞(其中一部分在前文中曾經徵引、討論)，其實是嘉、道年間長篇彈詞的開篇曲。至於卷四第二部分長達九回的南詞〈玉蜻蜓〉，在道光十六年(1836)、咸豐年間和同治十二年(1873)，都有選刊和全刊本。趙景深認為《白雪遺音》中轉錄的九回本〈玉蜻蜓〉除了最早出外，極可能還是說書藝人的底本[73]。

　　這段考證，進一步說明了《白雪遺音》中蒐集的一些短歌和春色無邊的長篇彈詞，其實在19世紀中葉還在流行。換句話說，上一節中引用的余治在19世紀所做的各項觀察，完全可以用來證明《白雪遺音》，乃至《霓裳續譜》中輯錄的情欲，是如何在現實生活中流傳的。

　　在上層思想趨於嚴格的18世紀，我們仍然能夠透過一些性質特殊的資料，

73　趙景深，〈白雪遺音序〉，頁7下-8上。

體會到民間文化中的款款深情，那麼在道德意識鬆動的其他時代，我們當然更
有理由期盼看到和18世紀類同的民眾心態。明末的《山歌》、《掛枝兒》就是
很好的線索。不過由於資料的限制，再加上本文的目的只在解決一些和18世紀
的思想文化史相關的問題，所以我不打算在此做過多的推論。由於《霓裳續
譜》、《白雪遺音》和《綴白裘》的存在，讓我們可以對這個時期的情欲世界
做比較詳細的演繹，但這並不表示奔放的民眾情欲，是18世紀特有的文化現
象。我們只能說，18世紀特有的資料，讓我們對情欲這個普世或結構性的主
題，有了比較具體、細緻和切近肌膚、血脈的體察。有了這個據點，我們在探
索情欲這片波瀾之水時，就有了可以上下迴旋的座標。

　　我在前面提到《霓》、《白》兩個集子裡收藏的情歌很多來自北方，但也
有不少是來自其他各地。而經由客棧、妓院、碼頭和通渠要地的四散傳播，更
使這些歌曲的起源難以判別。所以我們雖然在某些個例中，可以區別某些歌曲
是來自山東，某些小戲用的是蘇州或上海方言，但並不能據此達成任何有效的
結論。所以本文並不打算對地域的差異做進一步的分析，只能概而論之。就性
別而言，這些情歌的主角絕大多數是女性，但卻可能來自不同的階級，有著不
同的文化素養。不過，雖然出身背景有別，教育程度互異，對情欲的渴慕，卻
是一致的。

　　18世紀乾嘉禮學論述的出現，使明末上層文化、思想中呈現的解放趨向乍
然中止[74]。新的道德嚴格、保守主義，當然不可能不對一般人民造成影響。但

74　事實上，根據王汎森的研究，道德的嚴格主義並不待18世紀才出現。在清初的陳
　　確、顏元等人身上，都可以看到一種道德嚴格主義。不過有趣的是，這種思想卻
　　可能和解放情欲的主張，出自同一種思想潮流——所謂的「自然人性論」思想。
　　而這種既要存天理，又要存人欲的理欲合一的人性論，在明末的王學中，已經是
　　相當普遍的看法。換句話說，純就思想本身的意涵而論，明末的思潮可以同時往
　　情欲解放和道德嚴格主義兩個方向發展。明末清初那些重視道德修養的思想家，
　　也可能肯定人欲的重要性。見王汎森，〈明末清初的一種道德嚴格主義〉，《近
　　世中國之傳統與蛻變——劉廣京院士七十五歲祝壽論文集》（台北：中央研究院
　　近代史研究所特刊5，1998），上冊，頁69-81。這項分析，讓我們看到明清上層
　　思想的延續面，和此處側重在斷裂面的取徑有些差異。不過這種對延續面的解
　　析，固然讓我們對明清思想的複雜面貌有更深刻的了解，卻和我們一般對明清上
　　層思想斷裂性的理解，沒有實質的衝突。

從本文的描述，我們似乎也不能高估禮學家改良庶民文化的成效。事實上，即使在上層士大夫之間，也可能有一些人像王廷紹、盛安一樣，對活潑、奔放的俚俗文化抱持高度的同情，而不願意接受嚴格、枯索的道德觀的束縛，更不用說像華廣生一類的下層士人了。《霓裳續譜》、《白雪遺音》和《綴白裘》中收錄的小戲，讓我們在嚴肅、禁欲的上層(表層？)文化之下，看到了一個活潑奔放、顛覆搞笑的鄙俗文化。在這一個教化所不及的歡樂世界中，女性擺脫了綱常禮教的束縛，勇敢而主動地抒發官能的欲望。殘缺異位的肢體，也因爲其另類的特質，得到片刻的救贖。盛清時代的中國，因爲這樣一個歡愉、搞笑的世界，而變得豐腴起來。

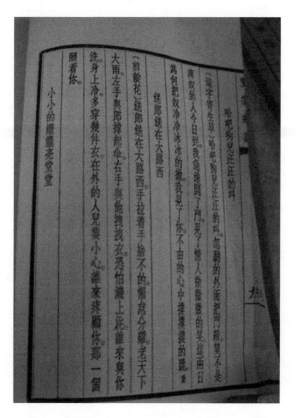

圖1　情歌詞；《霓裳續譜》，卷8：頁9b。

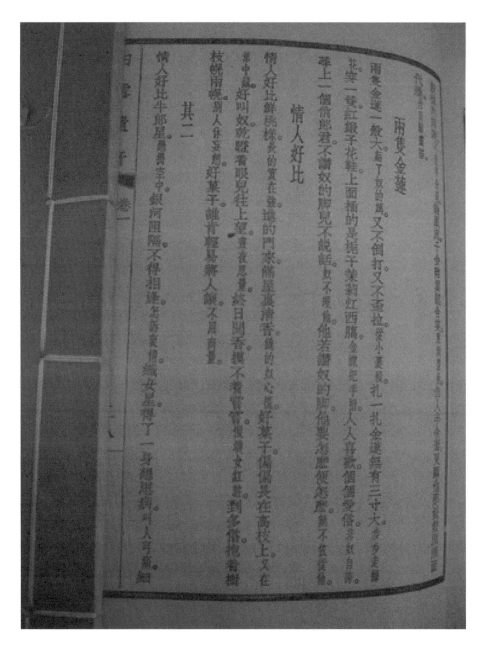

圖2　情歌詞：《白雪遺音》，卷1：頁28a。

圖3　清吟小班；張耀銘著，《娼妓的歷史》（北京市：北京圖書館出版社，
　　　2004），頁72。

圖4　綴白裘繪圖；《繪圖綴白裘》（傅斯年圖書館善本古籍全文影像），版權
　　　屬傅斯年圖書館善本室所有。

圖5　綴白裘繪圖；《繪圖綴白裘》，版權同上。

引用書目

一、傳統文獻

王利器輯錄，《元明清三代禁燬小說戲曲史料》（上海：上海古籍出版社，1981）。

王廷紹，《霓裳續譜》（北京：中華書局，1959）。

王秋桂主編，《善本戲曲叢刊》（台北：臺灣學生書局，1984）。

余治，《得一錄》，中央研究院歷史語言研究所藏同治八年（1869）刊本。

──，《得一錄》，同治八年得見齋刻本影印（台北：華文書局，1969），《中華文史叢書》第十輯六種。

李開先，《詞謔》，《中國古典戲曲論著集成》（三）（北京：中國戲劇出版社，1980）。

汪啓淑著，楊輝君點校，《水曹清暇錄》（北京：北京古籍出版社，1998）。

袁枚，《袁枚全集》（南京：江蘇古籍出版社，1993）。

羅夢鴻，《五部六冊》（台北：正一善書出版社，1994）。

二、近人論著

夫馬進

　1982　〈同善會小史──中國社會福祉史上　お　明末清初の位置　の
　　　　ために〉，《史林》65.4。

王汎森

　1998　〈日譜與明末清初思想家──以顏李學派爲主的討論〉，《中央研究
　　　　院歷史語言所集刊》69.2。

　1998　〈明末清初的一種道德嚴格主義〉，收入郝延平、魏秀梅主編，《近
　　　　世中國之傳統與蛻變──劉廣京院士七十五歲祝壽論文集》上冊，台
　　　　北：中央研究院近代史研究所特刊5。

王鴻泰

　　1994　《三言二拍的精神史研究》（台北：臺灣大學文學院）。

余英時

　　1987　〈中國近世宗教倫理與商人精神〉，收入氏著，《中國思想的現代詮釋》（台北：聯經出版公司）。

吳存存

　　1997　〈清代士人狎優蓄童風氣敘略〉，《中國文化》15/16。

巫仁恕

　　1999　〈明代平民服飾的流行風尚與士大夫的反應〉，《新史學》10.3。

李孝悌

　　1999　〈娛樂、情色與啓蒙——俗文學的幾個面向〉，《古今論衡》3（台北：中央研究院歷史語言研究所）。

李家瑞

　　1933　《北京俗曲略》，中央研究院歷史語言研究所。

　　1982　〈智壽齋的唱本〉，收入氏著，《李家瑞先生通俗文學論文集》（台北：臺灣學生書局）。

林鋒雄

　　1983　〈船載書目所錄綴白裘會集釋義〉，《天理大學學報》140。

林麗月

　　1999　〈衣裳與風教——晚明的服飾風尚與「服妖」議論〉，《新史學》10.3。

邱澎生

　　1992　〈明代蘇州營利出版事業及其社會效應〉，《九州學刊》5.2。

徐泓

　　1989　〈明代社會風氣的變遷——以江、浙地區爲例〉，《中央研究院第二屆國際漢學會議論文集》（台北：中央研究院）。

　　1989　〈明代後期華北商品經濟的發展與社會風氣的變遷〉，《第二次中國近代經濟史研討會論文集》（台北：中央研究院經濟研究所）。

酒井忠夫

　　1947　〈明代の日用類書と庶民教育〉，收入氏著，《近代中國教育史研

究》（東京：國土社）。

1960　《中國善書の研究》（東京：國書刊行會）。

馬西沙、韓秉方

1992　《中國民間宗教史》（上海：人民出版社）。

張繼光

1989　《霓裳續譜研究》（台北：文津出版社）。

梁其姿

1986　〈明末清初民間慈善活動的興起——以江浙地區為例〉，《食貨月刊》復刊15.7/8。

1997　《施善與教化：明清的慈善組織》（台北：聯經出版公司）。

曾永義

1980　《說俗文學》（台北：聯經出版公司）。

游子安

1994　〈清代善書與社會文化變遷〉，香港中文大學歷史系博士論文。

費絲言

1997　《由典範到規範——從明代貞節烈女的辨識與流傳看貞節觀念的嚴格化》，臺灣大學歷史研究所碩士論文。

黃志良

1992　《《白雪遺音》研究》，東吳大學中文研究所碩士論文。

楊蔭瀏

1986　《中國古代音樂史稿》（台北：丹青圖書公司）。

劉志琴

1984　〈晚明城市風尚初探〉，《中國文化研究叢刊》第一輯(上海：復旦大學)。

劉康

1995　《對話的喧聲：巴赫亭文化理論述評》（台北：麥田出版社）。

鄭振鐸

1986　《中國俗文學史》下冊，台北：臺灣商務印書館重印本。

鄭培凱

1995 《湯顯祖與晚明文化》（台北：允晨文化公司）。

Bray, Francesca

1997 *Technology and Gender: Fabrics and Power in Late Imperial China* (Berkeley and Los Angeles: University of California Press).

Brokaw, Cynthia J.

1991 *The Ledgers of Merit and Demerit: Social Change and Moral Order in Late Imperial China* (Princeton: Princeton University Press).

Chow, Kai-wing

1994 *The Rise of Confucian Ritualism in Late Imperial China: Ethics, Classics, and Lineage Discourse* (Stanford: Stanford University Press).

Clark, Katerina and Holquist, Michael

1984 *Mikhail Bakhtin* (Cambridge: Harvard University Press).

Gurevich, Aron (translated by Janos M. Bak and Paul A. Hollingsworth)

1988 *Medieval Popular Culture: Problems of Belief and Perception* (Cambridge, New York: Cambridge University Press).

Hsia, C. T.

1970 "Time and the Human Condition in the Plays of T'ang Hsien-tsu," in de Bary ed., *Self and Society in Ming Thought*(New York: Columbia University Press).

Ko, Dorothy

1994 *Teachers of the Inner Chambers: Women and Culture in Seventeenth-Century China* (Stanford: Stanford University Press).

Mann, Susan

1987 "Widows in the Kinship, Class and Community Structures of Ch'ing Dynasty China," *Journal of Asian Studies* 46.1.

Sakai, Tadao

1970 "Confucianism and Popular Educational Works," in de Bary ed., *Self and Society in Ming Thought*(New York: Columbia University Press).

Sommer, Matthew H.

1997　"The Penetrated Male in Late Imperial China: Judicial Constructions and
　　　Social Stigma," *Modern China* 23.2.

de Bary, Theodore

1970　"Individualism and Humanitarianism in Late Ming Thought," in de Bary
　　　ed., *Self and Society in Ming Thought*(New York: Columbia University
　　　Press).

在城市中徬徨——鄭板橋的盛世浮生[*]

一、緒言

在近年來研究取向的影響下，我們一提到明末的社會，馬上就聯想到經濟的發展和文化思想的多元與解放。但課題一轉到18世紀，我們的焦點卻都集中在帝王的專制統治、學術思想的閉鎖和文化道德的保守壓迫。明清文化似乎在此出現了一個明顯的斷層。我在〈18世紀中國社會中的情欲與身體——禮教世界外的嘉年華會〉[1]一文中，從下層文化的角度，證明18世紀的文化，並不像我們一般所假想的那般冷酷森嚴。在另外一篇討論袁枚的文章中[2]，我進一步指出，即使在士大夫階層中，18世紀的面貌，也和我們從文字獄、乾嘉禮學中所得到的印象截然有別。

袁枚特立獨行的生活方式，為我們提供了一個重新審視18世紀社會的視野。我們當然可以輕易的假定袁枚的頹廢放縱，只是一個偶發的例外，缺乏更廣泛的文化史或思想史意涵。但在沒有對更多的士大夫生活史作更深入的分析之前，這樣的假設，其實和我們過分突出乾嘉禮學的社會影響力一樣，都缺乏堅實的基礎。無法讓我們對18世紀的中國社會有更全面的掌握。

這篇文章的目的，就在於透過個案研究，進一步累積我們對18世紀士大夫的知識。將對象集中在揚州和鄭燮有幾個原因：一是鹽商的聚集，帶來了繁庶

---

[*]　我要特別謝謝兩位審查人提供的意見

[1]　《中央研究院歷史語言研究所集刊》，72: 3(2001)，頁543-595。

[2]　參見本書〈袁枚與18世紀中國傳統中的自由〉一文。

的經濟生活。根據研究，在明萬曆年間，數百家的鹽商已經造就了揚州「富甲天下」的榮景；清康、雍年間，揚州經濟在劫亂之後，再度穩定的成長。康熙、乾隆多次南巡揚州，更對城市的風貌帶來深刻的改變[3]。袁枚在乾隆五十八年(1793)追憶揚州的歷史時，曾提到他在四十年前游歷城西北的平山堂，一路水道狹隘，「旁少亭台」。但從乾隆十六年(1751年)皇帝南巡之後，山水、樹木、苑落都有了戲劇性的轉變：

> 水則洋洋然回淵九折矣，山則峨峨然隱約橫斜矣，樹則焚槎發等，桃梅鋪紛矣。苑落則鱗羅布列，闇然陰閉而霅然陽開矣。猗歟休矣！其壯觀異彩，顧、陸所不能畫。班、揚所不能賦也。[4]

第二，鹽商的大量進駐，不僅改變了揚州城的外貌，也大大豐富了當地的文化內涵。從戲曲、園林、聲色、飲食到繪畫、出版、經學，集中地反映了18世紀中國社會的複雜面貌。對以經學、禮學著稱的揚州來說，多重面貌的同時存在，尤足以顯示從乾嘉考據或禮學復興來概括18世紀文化風貌之不足。

第三，鄭板橋的多重身分(儒生／文人／藝術家／官員)和生命歷程的各種矛盾、糾結(儒／釋，田園／仕宦，城／鄉，科名／叛道，對商品經濟的依賴和批評)，正如同他所身處的盛世揚州一樣，提供了一個重新觀察18世紀的新鮮視野。

二、生平梗概

自號板橋的鄭燮，康熙三十二年(1693)生在揚州府興化縣的書香世家。曾祖父作過庠生，祖父是儒官，父親則是品學兼優的廩生，以授徒為生[5]。三世

---

3 參見王振忠，《明清徽商與淮揚社會變遷》(北京：三聯書店，1996)，頁77-78。

4 袁枚，《揚州畫舫錄》序，(北京：中華書局，1997)，頁9。

5 見〈鄭板橋年表〉，收於《鄭板橋集》(上海：上海古籍出版社，1986)，附錄，頁244。

儒生的背景，固足以說明板橋的出生純正，卻不能保證他衣食無憂。事實上，貧窮可以說是板橋前半生最刻骨銘心的經驗。康熙六十一年（1722），板橋的父親立庵公過世。年已三十，並育有二女一子的鄭板橋，在一組回憶平生的詩作中，就不斷提到自己的貧寒和落魄：「鄭生三十無一營，學書學劍皆不成。……今年父歿遺書賣，剩卷殘編看不快。爨下荒涼告絕薪，門前剝啄來催債。」[6]揚州畫派最負盛名的代表人物，卻落到絕薪並被逼債的地步，令人不勝唏噓。

雖然學書不成，又落到出賣父親遺書的地步，但世代業儒的板橋，也只能效法父親的榜樣，授徒為生[7]。在村塾授課，也許能一濟貧乏，卻絕無法滿足他的鴻鵠之志。到此為止的頓挫，也使得出生儒者家庭的鄭燮，對人生有更多的質疑：「幾年落拓向江海，謀事十事九事殆。長嘯一聲沽酒樓，背人獨自問真宰。」[8]板橋集中的強烈佛教色彩和他的狂放性格，顯然和前半生的貧窮、落魄生涯，有直接的關係。

雍正元年（1723），板橋以一種不合時宜的姿態，展開了十年賣畫揚州的生涯[9]。這個時候的揚州，雖然還沒有達到袁枚所形容的那種溔歟盛哉的程度，也已經是鉅商雲集的江南重鎮。但對鄭燮這個功名未就的寒士來說，城市生活的繁華靡麗，卻更反襯出自身處境的淒涼。透過他的冷眼，我們總是在熱鬧繁華的場景中，感覺到落魄文人的傷感。

雍正十年（1732），四十歲的鄭燮考中舉人，在漫長而正規的讀書仕進之途上，有了初步的斬獲。四年之後，通過殿試，人生頓然光明起來。為了慶賀自己考中進士，他特別畫了一幅〈秋葵石筍圖〉，並題詩道：「牡丹富貴號花

6　〈七歌〉，收於王錫榮編注，《鄭板橋集詳注》（吉林文史出版社，1986），頁36。關於鄭燮的文字作品，一般常見的是上海古籍出版社的《鄭板橋集》，我在本文中使用的基本上是王錫榮的釋本，以下簡稱《詳注》。

7　鄭板橋在1718年，26歲時，在真州江村設塾授課。見〈鄭板橋年表〉，頁244。板橋集中有好幾篇對江村經驗的記敘與回憶。王錫榮認為詩中所提到的西江，即江村，見《鄭板橋集詳注》，頁61。

8　〈七歌〉，頁38。

9　在〈和學使者于殿元枉贈之作〉一詩中，他說：「十載揚州作畫師，長將赭墨代胭脂。寫來竹柏無顏色，賣與東風不合時。」見《詳注》，頁217。對將藝術品當成商品買賣的揚州消費者來說，黑白的竹柏畫，當然是難以消化的。

王，芍藥調和宰相祥；我亦終葵稱進士，相隨丹桂狀元郎。」[10] 相對於賣畫揚州時不合時宜的竹柏，板橋用俗麗的牡丹芍藥描述功成名就時的喜悅，讓人在孤高狂放之外，看到他正統、世俗的儒生面相。

　　高中進士後，鄭板橋並未立即謀得官職，只好返回揚州。但這個時候，他已經不是籍籍無名的貧困畫師，而一躍成為揚州上層士紳圈中的一員。從文集中寫給尹會一[11]、盧見曾[12]等人的詩作，我們不難推想他在此時揚州文化界的位階。

　　經過六、七年的等待，板橋終於如願謀取到一官半職。從1742到1753年間，他先後出任河南范縣和山東濰縣的縣令，最後因為賑濟災民的問題，忤逆大吏而罷官。板橋為官雖然清廉勤政，夙有聲名，不過還是累積了一定的財產，大大改善了窘迫的經濟狀況。1753年致仕退休後，一直到1765年過世為止，他重操舊業，靠著在揚州賣畫為生[13]。（圖1）

三、儒佛之際

　　作為乾嘉考據學重要分支的揚州學派，雖然直到18世紀下半葉才發展成熟，但在鄭燮的後半生，揚州學派的某些代表人物，已經開始漸漸嶄露頭角。像是以禮學研究名家的任大椿（1738-1789），在1760年（乾隆二十五年）就已經受到戴震的贊賞[14]。汪中（1744-1794）、王念孫（1744-1832）在鄭燮生前，雖然都還沒有真正從事經學研究，卻已經是相當有名氣的儒生[15]。

10　轉引自周積寅、王鳳珠，《鄭板橋年譜》（山東美術出版社，1991），頁116。

11　〈大中丞尹年伯贈帛〉，《詳注》，頁81-82，尹曾擔任過揚州知府、廣東巡撫、河南巡撫等職位。

12　〈送都轉運盧公〉。此詩作於乾隆四年（1739），見《詳注》，頁105-106。盧見曾是揚州文化活動的重要贊助人，後面會有比較詳細的介紹。

13　徐澄琪對鄭燮居官期間的經濟狀況，有合理的推斷，見Ginger Cheng-chi Hsu, *A Bushel of Pearls: Painting for Sale in Eighteenth-Century Yangchow* (Stanford University Press, 2001), pp. 131, 135-138.

14　關於任大椿的生平、思想簡介，參考孫顯軍，〈禮學名家任大椿〉，收於王瑜主編，《揚州歷代名人》（南京：江蘇古籍出版社，1992），頁112-116。

15　二人的生平介紹，分見許衛平，〈博學通才汪中〉；曾學文，〈訓詁宗師王氏父

　　也許因為鄭燮在世時，揚州的經學研究尚未蔚為風氣，也許因為他的性情和經學研究不相契合，我們在鄭板橋身上並嗅不出經學家或禮學家的氣息。不過這卻不意謂著以放狂著稱於世的鄭板橋，擺脫了儒家價值觀的束縛。事實上，從他的出生、教育、仕宦到生計，都充滿了典型的士大夫的色彩。這和他留給後世最深刻印象的文人藝術家的形象，顯然有極大的差異。

　　板橋的儒生認同，在很多地方都可以看出來。其中最重要的，是對儒家經典的重視。1728年，他還沒有中舉之前，曾經在興化天寧寺讀書，將論語、孟子、大學、中庸親自手鈔一部[16]。雍正十三年(1735)，中進士的前一年，在寫給弟弟的一封家書中，他特別強調傳統經典文獻在人生中的效用，其中儒家典籍就占了主要的位置：「吾弟讀書，四書之上有六經，六經之下有左、史、莊、騷、賈、董策略、諸葛文章、韓文杜詩而已。只此數書，終身讀不盡，終身受用不盡。」[17]

　　這種對儒家經世致用的價值觀的認同，在中年踏入仕途之後，透過實際的作為，而得到施展。這個時候，文人藝術家的角色，似乎顯得無足輕重。乾隆十三、四年間，板橋任官濰縣時，第二次刊刻自己的詩作。在序言裡，他對自己騷人墨客的角色，採取了一種道貌岸然的貶抑姿態：

> 古人以文章經世，吾輩所為，風月花酒而已。逐光景，慕顏色，嗟困窮，傷老大，雖剜形去皮，搜精抉髓，不過一騷壇詞客爾，何與於社稷民生之計，三百篇之旨哉！屢欲燒去，平生吟弄，不忍棄之。[18]

　　「不忍棄之」的說辭，固然顯示板橋並未否定自己的文人角色。但「文章經世」、「社稷民生」的傳統儒生價值觀，顯然在他的思想中占據了重要的位置。

　　這種對儒家價值觀的認同，在〈骨董〉一詩中，有更強烈的顯現。在這首兩百多字的長詩中，鄭板橋對當時流行的搜集骨董的現象，備極嘲諷。為了表

(續)

　　　　子〉，收於《揚州歷代名人》，117-124，125-135。

16　〈鄭板橋年表〉，頁247。

17　〈焦山別峰庵雨中無事書寄余弟墨〉，《鄭板橋集》，頁7。

18　〈後刻詩序〉，《詳注》，頁16-17。

示自己的超凡脫俗，他用對儒家經典傳統的珍視，來表達對流風俗尚的鄙視：

> 我有大古器，世人苦不知。伏羲畫八卦，文周孔系辭。洛書著《洪
> 範》，夏禹傳商箕。〈東山〉〈七日〉篇，班駁何陸離。[19]

作為一個以書畫作品著稱於後世的藝術家，鄭板橋不好骨董好經書的價值取向，相當程度說明了他的複雜面貌。這樣的面貌又因為他和佛教的密切關連，而益發引人注目。雖然他對儒家的基本價值有強烈的認同，但對當時一些排佛的言論卻又大不以為然。在寄給四弟的一封家書中，他先是對歷史上的排佛之舉感到不平，接著又以一種嬉笑怒罵的口吻，用和尚、秀才各打五十大板的策略，輾轉為對僧人的各項指控加以開脫：

> 況自昌黎闢佛以來，孔道大明，佛焰漸息，帝王卿相，一遵六經四子
> 之書，以為齊家治國平天下之道，此時而猶言闢佛，亦如同嚼蠟而
> 已。和尚是佛之罪人，殺盜淫妄，貪焚勢利，無復明心見性之規。秀
> 才亦是孔子罪人，不仁不智，無禮無義，無復守先待後之意。秀才罵
> 和尚，和尚亦罵秀才，語云：「各人自掃階前雪，莫管他家屋瓦
> 霜。」老弟以為然否？[20]

鄭燮寫這封家書的背景為何，是針對歷史上宋明儒的排佛言論，或他所身處的18世紀的儒生議論而發，我們不得而知，但他意欲為僧人辯解的意味卻很明顯。而他之所以特意為僧人開脫，又和他與和尚的密切交往有直接的關係。事實上，這封為和尚辯解的家書，不僅是寄給自己的弟弟，還送了一份給無方和尚[21]。

雍正二年，板橋三十二歲時，在江西廬山認識了無方和尚[22]。乾隆十年，

---

19 〈骨董〉，《詳注》，頁113。
20 〈焦山讀書寄四弟墨〉，《鄭板橋集》，頁4。
21 這封信的末尾說：「偶有所觸，書一寄汝，並示無方師一笑。」，同上。
22 〈鄭板橋年表〉，頁247。

板橋赴京參加會試，和無方和尚再度相逢，特別寫了兩首詩送給無方[23]。無方並不是板橋贈詩的唯一僧人。在板橋集中所載的二百多首詩作中，有近三十首都是以和尚或寺廟為對象。題贈的對象除了無方上人外，還有博也上人、松風上人、弘量山人、巨潭上人、起林上人、青崖和尚等。從這些詩作在板橋集中所占的份量，以及他與這些遍布各地的僧侶的交往，我們不難理解他為什麼會提出「各人自掃門前雪」的主張。

士大夫和和尚、道士維持密切的關係，在中國傳統中，原本不是什麼新鮮的課題。鄭燮以各不相干來調和儒釋二家的說法，也不像主張三教合一的思想家那樣，有任何理論上的建樹。但他在價值觀上服膺儒家思想，在生活實踐層次上，和寺院、僧侶密切結合的作法，再一次提醒我們在處理明清上層文化思想時，將注意力只集中在儒家主導性上的缺失。這種缺失在將18世紀簡單地等同於乾嘉考據、禮學復興或道德保守力量抬頭等詮釋中，格外顯得刺目。

如果我們放寬視野，將對18世紀的描繪從思想、學術擴及到文化、生活史的細節，鄭板橋和揚州僧人、禪寺的交往，又為本文開頭所強調的揚州文化的豐富面向，提供了一個有趣的註腳。在本文的開頭，我特別提到以揚州為研究課題的主因之一，在於這個城市的豐富生活，讓我們能跳脫狹隘的思想、學術視野，用鮮活的例證，切入18世紀中國社會的複雜面相。而在揚州多彩多姿的城市生活中，鹽商固然占有舉足輕重的角色，文人、藝術家、妓女、工匠、小販和僧人的參與，也不容忽視。尤其是僧人、寺廟，讓揚州的文人和城市文化，憑添了許多脫俗雅緻的風味。

根據記載，揚州人不分貴賤，都喜歡戴花，逛花市因此成為揚州人生活中重要的活動。而新城外禪智寺就是揚州花市的起源地[24]。在花市之外，青蓮齋的茶葉也非常有名。青蓮齋座落在天寧街西邊，寺裡的和尚在六安山擁有一片茶田。春夏入山，秋冬則移居揚州城。所生產的茶葉，有很好的銷路：「東城游人，皆於此買茶供一日之用。」鄭板橋特地為此題了一幅對聯：「從來名士能評水，自古高僧愛鬥茶。」[25]跳脫塵世的僧人和名士一樣，為庸俗的商業城

23　〈贈瓮山無方上人二首〉，《詳注》，頁48。

24　李斗，《揚州畫舫錄》，卷4，頁80-81。

25　同上，頁81。

市注入一份從容幽雅的閑情逸致。

在板橋詩集中提到的許多和尚中，和揚州有直接淵源的是文思和尚。乾隆初，鄭板橋在北京探訪老友圖牧山，提到江南友人對他的懷念。圖牧山是一位滿洲官員，善書畫，移居北京後，就和江南的文化圈失去聯繫。板橋因此鼓勵他多利用書畫來慰解江南友人的懸念，其中特別提到文思：「江南渺音耗，不知君尚存。願書千萬幅，相與寄南轅。」「揚州老僧文思最念君，一紙寄之勝千鎰。」[26]

短短幾句詩文中，我們已經隱約體會到和尚和士大夫、藝術家的深厚交誼。進一步考察，我們知道文思不僅和圖牧山有深厚的交情，實際上還是當時揚州上層社會社交圈的中心人物之一：「文思字熙甫，工詩，善識人，有鑒虛、惠明之風。一時鄉賢寓公皆與之友。」[27]「鄉賢寓公」紛紛和文思和尚訂交的原因，一方面固然是因為文思工詩文，有深厚的文化素養；一方面大概也因為他擅長作一些美食，來滿足士大夫挑剔的口腹之欲：「（文思）又善為豆腐羹、甜漿粥，至今效其法者，謂之『文思豆腐』。」[28]18世紀士紳官僚對飲食的考究，從袁枚的〈隨園食單〉中可見一斑[29]。任何士紳官僚獨沽一味的秘方，一旦經過品題，就像詩文一樣，在士大夫的交游網絡中傳布開來。文思的豆腐羹和袁枚食單中傳頌的許多名家美饌一樣，都是馳名的精緻美味，唯一不同的只是出自禪師之手。

對鄭板橋來說，和文思的交往，除了詩文、豆腐之外，還有一層更切身的因緣，那就是文思住的枝上村，正是板橋出仕前讀書寄居的所在。在〈李氏小園〉一詩中，板橋對寄居庭園的雅緻，物質生活的貧乏、困窘以及母子兄弟間的至情，有哀感動人的描述[30]。

板橋在〈懷揚州舊居〉一詩標題下，註明「即李氏小園，賣花翁汪髯所

26　〈贈圖牧山〉，〈又贈牧山〉，《詳注》，頁103-104。

27　李斗，《揚州畫舫錄》，卷4，頁86。

28　同上。

29　參見〈隨園食單〉，王志英主編《袁枚全集》(5)（南京：江蘇古籍出版社，1993）。我在〈袁枚與18世紀中國傳統中的自由〉一文中，對此有進一步的討論。

30　〈李氏小園〉，《詳注》，頁107-108。

築。」[31]清楚指出李氏小園就是他在揚州的舊居。這個院落在東晉時原是謝安作揚州刺史時的宅邸，後來謝安捨宅爲寺，成爲天寧寺的基址所在，謝安又另外在寺西杏園內枝上村建立別墅[32]，所以板橋在詩中說「謝傅青山爲院落」[33]。枝上村既名爲村，顯然是一個不小的院落。除了文思和尙的禪房正好建在謝安原來的別墅外[34]，其他地點分別賣給不同的人作不同的用途。

板橋所住的李氏小園也在枝上村中，這個院落在乾隆初年被汪髯買下來種花[35]。板橋因爲和文思和尙同住在天寧寺西邊的枝上村，得地利之便，和文思等僧侶建立了友好的關係。這種在寺院緊鄰院落中居住[36]，和寺僧建立友善關係的經驗，讓鄭板橋在儒生的認同外，又極力爲佛教和僧侶辯護。這一點是和那些堅持儒家本位的理學家不同之處。但在18世紀的士大夫中，到底有多少人採取闢佛的立場，是値得懷疑的。鄭燮在揚州僧寺的經驗，反而爲我們觀察士大夫的生活歷史，提供了一個很好的參考架構。

四、對城市的回憶

18世紀的揚州留給後人最強烈的印象，當然是歌舞昇平的太平盛世景象。板橋的一些詩作，也明確無誤地反映出他所身處的這個城市的光影溫熱。但更多時候，他是用一種落魄的、文人的眼光，冷冷地看待這些不屬於他的塵世的繁華。像是一個疏離的旁觀者一樣，鄭板橋讓我們在商人營造的迷離幻境外，看到不第文人的困頓和文化歷史的傷感。不論是對困阨生活的寫實性描述，或對城市景物的歷史想像，鄭板橋的文人觀點，都讓我們在李斗全景式的生活圖

---

31 〈憶揚州舊居〉，《詳注》，頁153。

32 李斗，《揚州畫舫錄》，卷4，頁81-82。

33 〈懷揚州舊居〉，頁153。

34 《揚州畫舫錄》，卷4，頁81，86。

35 汪髯，字希文，乾隆元年到揚州，先是在枝上村賣茶，和鄭板橋、李復堂及僧人堂結成好友。後來他將這個院落買下來種花，稱爲勻園。《揚州畫舫錄》，卷6，頁143。

36 李氏小園雖然是私人產業，但它所在的枝上村其實和天寧寺在一個基地內：「枝上村，天寧寺西園下院也。」《揚州畫舫錄》，卷4，頁86。

像，和鹽商炫人耳目的消費文化之外，找到另外一種想像城市的方式。加在一起，這些不同的視角呈現出更繁盛和誘人的城市風貌。

落魄江湖載酒行

鄭燮在一首題為〈落拓〉小詩中，直指本心地勾勒出文人生活的要素：「乞食山僧廟，縫衣歌妓家，年年江上客，只是為看花。」[37] 雖然背景和人物都顯得模糊，但按諸板橋的詩集，卻無疑是他個人及所來往的文人群落的寫照。

雖然窮困得必需在寺廟裡乞食讀書，鄭燮卻不曾放棄揚州所提供的聲色之娛。雍正十年，他第一次走訪西湖，在無限的美景之中，不禁追憶起揚州輕狂的歲月：

> 十年夢破江都，奈夢裡繁華費掃除。更紅樓夜宴，千條絳蠟；彩船春泛，四座名妹。醉台高歌，狂來痛哭，我輩多情有是夫。[38]

從意象上看起來，這些文句有著杜牧「十年一覺揚州夢」的感喟，但更可能是板橋十年落魄揚州的實際感受。對抑鬱不得志的畫家和聲氣相求的「我輩」友人來說，在妓院中高歌、狂飲、痛哭，大概是他們對城市記憶中最鮮明的一幕，即使「夢破江都」，他們還不能掃除對揚州繁華景象的深刻印象。

酒榭歌台固然讓人留連忘返，但更多時候，鄭燮的揚州回憶其實是充滿了哀愁和田園風味。對落腳地李氏小園的記敘，就充分反映了盛世儒生的苦況：「小園十畝寬，落落數間屋。……閉戶養老母，拮据市梁肉。次兒拾柴薪，煙飄豆架青，香透疏籬竹。貧家滋味薄，得此當鼎錬。弟兄何所餐，宵來母剩粥。」[39] 雖然貧窮，但為了供養老母，無論如何也要拼湊出一些錢買肉。而肉餚固然美味，卻只能用來孝敬母親，弟兄們則落得夜食「母剩粥」的地步。

小園的生活，固然貧病交加，但出生在興化鄉下的鄭板橋，倒頗能領略小園的田園風味，並盡量在生活中添加一些文人的情趣：

37　〈落拓〉，《詳注》，頁72。

38　〈西湖夜月有懷揚州舊游〉，《詳注》，頁277-278。

39　〈李氏小園〉，《詳注》，頁107-108。

兄起掃黃葉，弟起烹秋茶。明星猶在樹，爛爛天東霞。杯用宣德瓷，
壺用宜興砂。器物非金玉，品澤自生華。蟲游滿院落，露濃敗蒂瓜。
秋花發冷艷，點綴枯籬笆。閉戶成羲皇，古意何其賒。[40]

黃葉、秋茶和「品澤自生華」的器物，讓幽靜的天寧寺院落，在喧囂的城
市生活外，自成洞天[41]。

板橋在考上進士未仕之前，經濟狀況並沒有太多改善，但社會地位卻大大
提高，結交了一些封疆大吏。這段期間，他接受了尹會一的贈衣，好整以暇地
享受了一次揚州明媚的春光。詩的前兩行呈現的仍是寄留僧寺的落魄光景：
「落拓揚州一敝裘，綠楊蕭寺幾淹留。」但搖身一變，卻成為漫步堤上的名士：

忽驚霧縠來相贈，便剪春衫好出游。花下莫教沾露滴，燈前還擬覆香
篝。興來小步隋堤上，滿袖春風散旅愁。[42]

鄭燮的城市心情，至此漸漸顯出愉悅的色調。但在晚年甜美的回憶之前，
板橋未仕前對揚州的記敘，多半都還充滿了中年人的哀愁。而這種困頓的哀
愁，又不僅是他個人的經驗，還擴及到他交游、往來的文人官僚圈。這些人或
是具有藝術家豪放不羈的個性，或是失意仕途，轉而寄情於詩文書畫。透過鄭
板橋的記載，我們看到了一類和鹽商巨富不同的生活型態。

潘桐岡善於刻竹，住在揚州時，和板橋時有往還，同樣窮困潦倒：

蕭蕭落落自千古，先生信是人中仙。天公曲意來縛繫，困倒揚州如束
溼，空將花鳥媚屠沽，獨遣愁磨陷英持。志亦不能有之抑，氣亦不能
為之塞。十千沽酒醉平山，便拉歐蘇共歌泣。[43]

40　〈李氏小園〉，《詳注》，頁108。

41　〈雨中〉一詩，也同樣透露出幽閒的田園風味，頁110。

42　〈大中丞尹年伯贈帛〉，《詳注》，頁81-82。

43　〈贈潘桐岡〉，《詳注》，頁72-74。

　　潘桐岡雖然志氣不爲窮困所抑塞，但只能用花鳥技藝取媚世俗的生涯，對無法擺脫士大夫認同的讀書人來說，無論如何都是一種挫敗。這個時候，歐陽修所營建、蘇軾曾晏飲其中的平山堂，就成爲遣悲懷的最佳處所。

　　痛飲、同哭，幾乎成爲這些落魄文人最具代表性的共通語言：「淮南又遇張公子，酒滿青衫日已曛。攜手玉勾斜畔去，西風同哭窈娘墳。」張蕉衫是一個貧窮工詩的耿介文人，玉溝斜位於揚州西北，是隋煬帝埋葬宮人的所在[44]。酒滿青衫、日暮哭墳，讓文人筆下的盛世揚州沾滿了愁苦的氣息。

　　即使貴爲鹽官的盧見曾，一旦貶謫罷官，舊日的風華也變得落寞起來：「樓頭古瓦疏桐雨，牆外清歌畫舫燈，歷盡悲歡並喧寂，心絲裊入碧雲層。」[45]

歷史與文化之旅

　　18世紀的揚州固然因爲鹽商而興旺，但在鄭板橋的詩文中，最能撩動起我們想像的，不是商人所帶來的熱鬧市景和蓬勃的生機，而是千年古城所歷經的朝代興亡和歷史滄桑。這種滄桑、興亡之感，瀰漫在對揚州景物和文化活動的描述上。

　　在一首關於揚州四季景物的長詩中，板橋先是以一種溫暖和煦的筆調，將我們帶到宛若江南般的初春煙雨之中：

> 畫舫乘春破曉煙，滿城絲管拂榆錢。千家養女先教曲，十里栽花算種田。雨過隋堤原不濕，風吹紅袖欲登仙。

　　「養女先教曲」、「栽花算種田」的描寫，讓我們想到揚州鼎盛的風月、聲色之娛，和揚州人愛花的習俗。不過如果僅止於此，板橋對揚州春光的介紹，其實和一般江南城鎮無異。但接下來的蕭索秋色，卻充滿了歷史的傷感：

44　〈贈張蕉衫〉，《詳注》，頁86-87。

45　〈送都轉運盧公〉。盧在乾隆二年任兩淮鹽運使，當時板橋正在揚州靠賣畫爲生。乾隆四年，盧罷官，在揚州等候被謫戍的命令。這首詩寫於乾隆四年十月，盧罷官之後，謫戍之前。《詳注》，頁105-106。

西風又到洗妝樓，衰草連天落日愁。瓦礫數堆樵唱晚，涼雲幾片燕驚秋。繁華一刻人偏戀，嗚咽千年水不流。借問累累荒塚畔，幾人耕出玉搔頭？

當人們都還貪戀著繁華一夢的時候，飽讀詩書的騷人墨客，卻不斷藉著嗚咽、荒塚[46]的意象，提醒著人們古城特有的滄桑。而當時序來到寒冬，作者對於今昔、榮枯、貧富的落差，就有更強烈的感觸：

江上澄鮮秋水新，邗溝幾日雪迷津。千年戰伐百餘次，一歲變更何限人。盡把黃金通顯要，惟餘白眼到清貧。可憐道上飢寒子，昨日華堂臥錦茵。[47]

不論是出自對歷史的了解，或個人困阨經歷的反射，鄭板橋似乎隨時等待著在盛世中看到幻滅。

同樣的主題，在〈廣陵曲〉中又再度響起：「隋皇只愛江都死，袁娘淚斷紅珠子。玉溝斜上化為煙，散入東風艷桃李。」在這首弔古傷亡的作品中，唯一沒有變化的，大概就是揚州富人日夜顛倒的生活方式：「長夜歡娛日出眠，揚州自古無清晝。」[48]

揚州城西北蜀岡大明寺的平山堂，是揚州重要的文化地標，和紅橋一樣，是文人雅集的所在，並為詩詞創作提供源源不絕的靈感。但在鄭板橋筆下，即使是這樣一個宴飲歡愉的場合，也擺脫不了歷史暗影的糾纏。

詩的開始，還點綴著一幅悠遊風流的景致：「閒雲拍拍水悠悠，樹繞春城燕繞樓。賣盡煙花消盡恨，風流無奈是揚州。」但一進入晏集的所在，我們就

46　此處指的應該還是上文提過的玉溝斜一帶，隋朝的宮廷在此埋葬宮人，農民因此常常發掘到玉搔頭之類的宮人飾物。見《詳注》，頁32。

47　以上引文俱出自〈揚州〉一詩，《詳注》，頁31-33。

48　〈廣陵曲〉，《詳注》，頁117-118。李斗在《揚州畫舫錄》中，同樣提到揚州富貴人家的這種習性：「城內富貴家好畫眠，每自旦寢，至暮始興。燃燭治家事，飲食燕樂。達旦而罷，復寢以終日。由是一家之人畫睡夕興。故泛湖之事，終年不得一日領略。」卷11，頁252-253。

慢慢領略到文人特有的感傷：「江上落花三千里，令人愁殺冷胭脂。」當豪邁的主人用典當的春衫換來的金樽笑談告一段落時，鬼魅一般的隋宮冷墓又浮出地表：「野花紅艷美人魂，吐出荒山冷墓門。多少隋家舊宮怨，珮環聲在夕陽村。」[49](圖2)

梅爾馮在討論揚州的旅遊歷史時，提到清初的士紳官僚，不斷地在詩文創作和城市景觀建設中，訴諸揚州的歷史文化，從歐陽修、蘇軾和隋煬帝的遺跡中，重建新的揚州認同，可以說是一個確當的論斷[50]。不過放在鄭板橋身上，我們會發現在這個藉用文化歷史來重建城市記憶的過程中，即使同為文人，因為個人經歷的差異，在選擇歷史資源時，也會有不同的偏好。以鄭板橋而論，就對隋朝的宮人墳墓，有著近乎偏執的迷戀。即使在平山堂宴集的場合，他的重點也沒有放在歐陽修、蘇軾所開啟的這個文化傳承上，而只看到一片荒蕪、死寂和敗壞。在此，個人的生命歷程，其實是和對歷史及城市的回憶緊密糾結在一起。

美好的日子

出仕前靠賣畫為生的經驗，讓板橋的揚州印象呈現消極、悲傷的色彩。但是考中進士後，對家鄉的懷念，就變得溫馨起來：「但願清秋長夏日，江湖常放米家船」、「偶因煩熱便思家，千里江南道路賒。門外綠揚三千頃，西風吹滿白蓮花。」[51]等到在北方作官，對案牘勞形的生活感到厭倦後，揚州空靈的景色，就格外顯得親切誘人：「我夢揚州，便想到揚州夢我。第一是隋堤綠柳，不堪煙鎖。潮打三更瓜步月，雨荒十里紅橋火。紅鮮冷淡不成圓，櫻桃顆。」[52]

但是板橋對揚州最美好的回憶，還是罷官歸來後，重新以士紳名流的身分

---

49 〈平山宴集詩：為進士王元衢作〉，《詳注》，頁111-112。

50 Tobie Meyer-Fong, "Seeing the Sights in Yangzhou from 1600 to the Present," 收於黃克武主編，《畫中有話：近代中國的視覺表述與文化構圖》（台北：中研院近史所，2003），頁213-251。

51 〈燕京雜詩〉，王錫榮認為這組詩可能作於乾隆一、二年，板橋中進士後，在京城逗留的期間。《詳注》，頁94-95。

52 〈思家〉，《詳注》，頁300-301。在前引的〈燕京雜詩〉中，板橋也提到對家鄉櫻桃的懷念：「小婦最憐消渴疾，玉盤紅顆進冰桃。」〈燕京雜詩〉，頁94。

加入揚州的社交圈，參與盛極一時的紅橋修禊的場景。由盧見曾在乾隆二十二年(1757)主持的這次紅橋修禊，規模盛大，參與者多達七千餘人。包括戴震、惠棟等知名的考據學派領袖都是座上賓客[53]。鄭板橋為了這次揚州文化史上空前的盛舉，一共寫了八首詩應和盧見曾。

這次的修禊，根據傳統在初春三月的瘦西湖畔舉行。在板橋的筆下，紅橋水岸好像秦淮河畔一樣，盡是旖旎的江南景色：「一線莎堤一葉舟，柳濃鶯脆恣淹留。雨晴芍藥彌江縣，水長秦淮似蔣州。」[54]

修禊之日，天色初明，已經有詞客不遠千里而至。湖上的游船傳出歌聲，街道上也被來往的駿馬、香車點綴得光彩如畫：

> 草頭初日露華明，巳有游船歌板聲。詞客關河千里至，使君風度百年清。青山駿馬旌旗隊，翠袖香車繡畫城。十二紅樓都倚醉，夜歸疑聽景陽更。[55]

在這個「廣陵三日放輕舟」的文化饗宴中，原本衰敗、傾頹的揚州古城，在鄭燮筆下得到新生：「別港朱橋面面通，畫船西去又還東。曲而又曲邗溝水，溫且微溫上巳風」的詩句，[56]顯示一個幾經周折的城市文人，在長期的抑鬱徬徨之後，終於能以一種寬闊、明朗的心情，去體會城市生活的無限洞天。

五、結論

乾隆二十八年(1763)，垂垂老矣的鄭燮再一次在紅橋參與了都轉鹽運使盧見曾的修禊盛會，並在席上碰到了名傾一時的文壇祭酒袁枚。根據袁枚自己的記載，這次的相見，對雙方而言，都大有相見恨晚之意。據說板橋在山東任官時，聽到袁枚故世的傳聞，曾經以足蹻地，痛哭不已，傳聞再輾轉傳到袁枚耳

53　李斗，《揚州畫舫錄》，卷10，頁229-230。
54　〈和雅雨山人紅橋修禊〉，《詳注》，頁241。
55　同上，頁242。
56　〈再和盧雅雨四首〉，《詳注》，頁243-244。

中，自然產生了惺惺相惜之情：

> 興化板橋作宰山東，與余從未識面。有誤傳余死者，板橋大哭，以足
> 蹋地。余聞而感焉。後二十年，與余相見於盧雅雨席間。板橋言：
> 「天下雖大，人才屈指不過數人。」余故贈詩云：「聞死誤拋千點
> 淚，論才不覺九州寬。」[57]

在詩集中，袁枚也同樣對兩人的紅橋之會，表示了相知相惜的意思：「鄭
虔三絕聞名久，相見邗江意倍歡。遇晚共憐雙鬢短，才難不覺九州寬。（君
云：『天下雖大，人才有數。』）」[58]

鄭燮對袁枚的仰慕，在《清史列傳·鄭燮傳》中，也略微提及。但近來的
某些研究，則對兩人的情誼提出質疑[59]。但不論袁枚自己的記敘是否可以毫不
保留地採信，也不論雙方是否有過互相批評的言辭，兩人對彼此的才情各有一
定程度的肯定，是不容否認的[60]。

板橋半生蹇塞，充分體會過下層文人的困苦、頓挫，和袁枚悠遊暢達的人
生經歷有很大的差別。袁枚以詩文著稱，留下了大量的著述，和板橋以書畫傳
世的藝術家身分，也有所區隔。但兩人一前一後（鄭板橋死於1765年，袁枚則
從1716一直活到1798，幾乎橫跨了整個18世紀），同樣以文人／官僚的身分，
為18世紀士大夫的生活類型，提供了明顯有異於正統儒生的例證。

袁枚的天賦才華，以及順遂富足的人生經歷，讓我們幾乎可以忘掉他的時
代背景，而直接與明末江南的頹廢文人傳統（如張岱）連接在一起。但當我們反
過來，用對18世紀的刻板印象（文字獄、考據、禮學、道德保守主義）來衡量袁
枚一生的思想史意涵時，卻可以發現他多彩多姿的生活，其實還是有著讓我們

---

57 《隨園詩話》，卷9，頁74，王英志校點，《袁枚全集》，3，頁305-306。

58 〈投鄭板橋明府〉，《小倉山房詩集》，卷14，《袁枚全集》，1，頁268。

59 參見周積寅、王鳳珠，《鄭板橋年譜》，頁464-465的討論。

60 鄭板橋詩集中給袁枚的詩只有兩句：「室藏美婦鄰誇艷，君有奇才我不貧。」並
　　不完全。（見〈贈袁枚〉，《詳注》，頁247。）周積寅的年譜中附有全詩，在上
　　兩句之後是「不買明珠買明鏡，愛他光怪是先秦。」《鄭板橋年譜》，頁165。
　　顯然板橋對袁枚的特立獨行是頗表認同的。

重新評價18世紀社會的「時代意義」。

相形之下，鄭燮的生平似乎留下了更多18世紀揚州的特殊烙印。如果不是靠著鹽商撐架起的盛世江山，鄭燮大概連「十載揚州作畫師」的黑白局面都難以維持。正因為鹽商的附庸風雅（或雅好風流），鄭燮這一類的揚州畫師才能「將他們的文化精品轉化成商品」[61]，甚至堂而皇之地為自己的書畫定出「潤格」[62]，時代和地域的影響，在此清晰可見。

不過鄭燮雖然靠著鹽商帶來的商業環境，得以在城市的一隅鬱悶的生活[63]，但他對商人及商業文化的無孔不入，卻有強烈的批評[64]。這種既受商業文化的影響，又對商人主導文化發展感到憂心的矛盾情結，在揚州學派的學者身上也可以看得出來。Finnane的研究就指出：揚州學派的學者一方面接受鹽商的支助，一方面又透過聯姻、教育及官僚的獎掖，建立了一個屬於學派自身的認同，並與商人維持一定的距離[65]。所以整體而言，我們可以看出揚州的知識、文化階層，一方面受到商業發展的密切影響，一方面又希望在庸俗的商業文化之外，保持士大夫的認同。

鄭板橋窮困潦倒的前半生，固然可能有助於建立他的文人認同，或對商業文化的批判；但更重要的，還是透過書畫、詩文營造出圖象鮮明的文化、歷史意境，以彰顯他和城市流行品味的差異。這種對士大夫／文人品味的堅持，在他刻意選擇用赭墨代替胭脂，用經書對抗骨董的姿態中[66]，得到極致的發揮。

61　Ginger Cheng-chi Hsu, p. 143.

62　板橋自定書畫潤格在1759年，67歲時，「大幅六兩，中幅四兩，小幅二兩」，詳見周積寅、王鳳珠，《鄭板橋年譜》，頁421。徐澄琪對板橋自定潤格的原因，有精闢的分析。但不管原因如何，他將自己的畫作當成商品，卻是很清楚的。Ginger Hsu, pp. 146-152, 特別p.148。

63　事實上，在他住的枝上村李氏小園旁邊，就剛好是最負盛名的鹽商馬曰琯的家庵。《揚州畫舫錄》，卷4，頁86-87。

64　參見Ginger Cheng-chi Hsu, p. 143.

65　Antonia Finnane, *Speaking of Yangzhou: A Chinese City, 1550-1850* (Harvard University Press, 2004), pp. 265-283.

66　在〈骨董〉一詩中，他除了標榜自己的儒學素養，也對用金錢堆砌出來的「逐逐流所為」的骨董收集風氣大加嘲諷：「末世好骨董，甘為人所欺。千金買書畫，百金為裝池。鐵角古玉印，銅章盤龜螭，烏几研銅雀，象床燒金猊。……鉤深索遠求，到老如狂癡。骨肉起訟獄，朋友生猜疑。方其富貴日，價值千金奇。及其

　　袁枚透過他的情欲論述和生活實踐，豐富了18世紀士大夫生活的面向。鄭
燮雖然比袁枚更堅持對儒家價值觀的認同，但也同時在主流的學術思潮之外，
展現了更多在富庶的城市中生活的可能面貌。這些生活史中的不同面貌，在思
想史家看來，也許顯得細瑣而浮泛，但對我們重新建構盛清之世的中國社會，
卻有不可輕忽的重要價值。

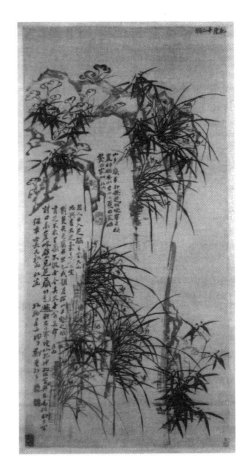

圖1　鄭板橋遺墨；Ginger Cheng-Chi Hsu, *A Bushel of Pearls: Paintings for Sale in Eighteen-Century Yangchow*（Stanford University, 2001），p. 159.

（續）
　　　　貧賤來，不足換餅餌。」〈骨董〉，《詳注》，頁113。

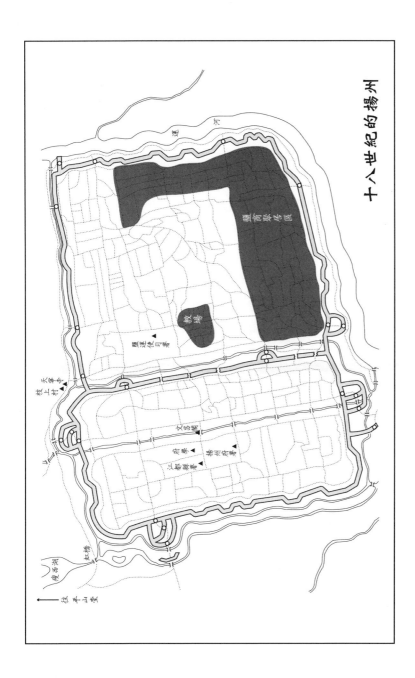

圖2　18世紀的揚州：根據《江都甘泉縣志圖》改繪。

上海近代城市文化中的傳統與現代[*]
（1880s-1930s）

一、前言

19世紀中葉以後，中國思想界的主流論述，從師夷長技、變法圖強到馬列主義，一變再變，一次比一次激烈。余英時教授在討論到20世紀中國思想史的特色時，就特別強調這種快速激進化的過程[1]。在這個一再轉換的上層思想面貌中，上海往往居於引領風潮的地位。1868年成立的江南製造局翻譯館和1887年創立的廣學會，成爲清末引介西學的中心[2]。另一方面，在上海成長的思想家，像馮桂芬、王韜、鄭觀應，針對中國的問題，提出各種「前進」的對策，爲甲午戰後的變法思潮作了奠基鋪路的工作。1896年維新派在上海成立「強學會」，發行「強學報」，上海成爲另一波激進思潮的重鎮[3]。

1921年，共產黨在上海成立，上海再度站在激烈的思想、社會運動的前

---

[*] 我要謝謝羅久蓉、邱澎生教授，協助我借閱部分資料。本文在漢學會議宣讀時，承蒙石守謙、康來新教授指正，康來新教授並慷慨寄贈相關資料，謹此致謝。我也要謝謝郝延平教授、李歐梵教授的鼓勵和建議。

[1] Ying-shih Yu, "The Radicalization of China in the Twentieth Century," *Daedalus* (Spring, 1993), pp. 125-150. 不過余先生特別提到在他的家鄉安徽，一個離陳獨秀的老家懷寧不遠的鄉下村落，一直到1949年，都感覺不到五四新文化運動或馬克斯主義的影響，可見激烈的思想變化，基本上還是大城市中的現象（pp. 146-147）。這種新舊的落差，不僅見於城鄉之間，也見於城市中上層思想和通俗文化之間。後者正是本文探討的主題。

[2] 熊月之、張敏，《上海通史》（上海：人民出版社，1999），卷6，〈晚清文化〉，頁129-167。

[3] 熊月之、袁燮銘，《上海通史》（上海：人民出版社，1999），卷3，〈晚清政治〉，頁162-186。

線。中共利用國共合作的機會，將活動的範圍，從知識份子和學生擴及到工人之間[4]。到1930年代初期，即使面臨國民黨的強大壓力，中共仍繼續在上海推動工運、學運。更引人注目的是，隨著1930年左翼作家聯盟的成立，上海成為宣揚左翼激進思想的大本營。從文學作品、電影宣傳到以普羅大眾為對象的「革命唱本」，彷彿將上海裝點成一個赤色革命之都[5]。

　　和上層思想界這種「苟日新，日日新」的急遽變化相呼應的，是上海在基礎設施和物質層面的轉變。19世紀中葉以後，現代城市生活中必備的設施，常常以極快的速度引進上海：1848年，上海首先出現代化的銀行，然後是西式街道（1856）、煤氣燈（1865）、電話（1881）、電力（1882）、自來水（1884）、汽車（1901）和電車（1908）。到20世紀初期，上海租界的基礎設施，即使用西方的標準來衡量，也完全算得上是一座現代化的都市。到1930年，上海更和世界各主要城市並駕齊驅[6]。

　　上層思想、基礎建設和物質文化上的快速變化，固然使上海成為中國近代歷史中最具現代風貌的國際化城市，但如果我們將鏡頭拉近，仔細檢視，很快就會在上層的激進思想和目眩神移的壯麗外觀之後，發現傳統文化的某些質素，還盤根錯結地橫亙在現代化風貌的底層。或者，更精確的說，傳統和現代其實是用紛然並陳的形式，呈現在近代上海的城市圖像中。

4　參見陳永發，《中國共產革命七十年》（台北：聯經出版公司，1998），上冊，頁165-167。

5　對中共1930年代初期在上海「白區」的地下活動，陳志讓有簡要的介紹，見Jerome Ch'en, "The Communist Movement 1927-1937," in John K. Fairbank & Albert Feuerwerker eds., *Republican China 1912-1949* (Part 2), in *The Cambridge History of China* (Cambridge University Press, 1986), vol. 13, pp. 216-218. 關於左翼電影1930年代初期在上海的蓬勃發展，可參考程季華《中國電影發展史》（北京：中國電影出版社，1963）卷一，第三章。這些顛覆性的宣傳活動，使左派文學團體常成為上海市警察局清剿的對象，見Frederic Wakeman Jr., *Policing Shanghai, 1927-1937* (University of California Press, 1995), pp. 170-177, 221-222. 左翼團體試圖利用各種文藝形式向普羅大眾進行宣傳的努力，見Hsiao-t'i Li, "Opera, Society and Politics: Chinese Intellectuals and Popular Culture, 1901-1937" (Ph. D. Thesis, Harvard University, 1996), chapter 4.

6　Leo Ou-fan Lee, *Shanghai Modern: The Flowering of a New Urban Culture in China, 1930-1945* (Cambridge: Harvard University Press, 1999), pp. 6-7.

　　在這篇文章中，我將用《點石齋畫報》、「新舞臺」為中心的改良戲曲和《良友畫報》等三組資料，來說明傳統和現代這兩種質素，如何共同建構出上海近代城市文化的特有風貌。在進入本題之前，我想先對議題和資料的選擇，作一個簡單的交待。

　　首先是「傳統」與「現代」的問題。從史華慈(Benjamin Schwartz)教授深具啓發性的研究中，我們知道將「傳統」與「現代」兩個範疇截然對立，是中國近代史研究中一個極大的謬誤。事實上，不論「傳統」與「現代」都不是簡單、靜止或有同質性指涉的概念，傳統本身是一個不斷演進、變化的存在，裡面包含的思想、質素，複雜萬端而且常常互相衝突。「現代」亦復如是。更進一步，被籠統劃歸傳統的思想或事物，很可能包含了現代的質素。而所謂的「現代」，中間也可能有並不符合現代精神的元素[7]。史華慈這篇文章的重要意涵之一，其實正是本文的基本命意所在：在一個快速變遷的現代化城市中，其實包涵了許多傳統的質素。但在澄清了這個根本的立場後，我們還是可以更進一步，對此處使用的「傳統」與「現代」的意涵，作一個簡單的描述。根據李歐梵的說法，「現代」這個概念，在中國近代史中代表的是一種新的、對時間和歷史的直線式思維。這種新思維是從西方後啓蒙的現代性論述衍生而出，在中國近代，又特別受到嚴復、梁啓超所引介、普及的「社會達爾文主義」中的演化論的影響。在這套新思維中，今和古是截然對立的。而所謂「現代」，則指一切在現在出現的新事物。任何事物，只要冠上「新」的標籤，從維新，到新政、新學、新民、新文化、新文學，就都可以看成是「現代的」。屬於物質層次的新式建築和新式器物，自然也都可以輕易地劃歸到現代的範疇中[8]。

　　相對於這種以「今」，以「新」，以西方為意涵的現代，傳統的意涵也格外清晰。我在下面的討論中，會明確地指出這些傳統的事物舊在何處。並藉著具體的例證，來分辨「現代」與「傳統」的指涉，然後進一步說明傳統在現代

7　Benjamin Schwartz, "The Limits of 'Tradition versus Modernity': The Case of the Chinese Intellectuals," 收入史華慈教授晚年最後一本論文集*China and Other Matters* (Cambridge: Harvard University Press, 1996), pp. 45-64.

8　參見Leo Ou-fan Lee, *Shanghai Modern: The Flowering of a New Urban Culture in China, 1930-1945*, pp. 43-44.

上海城市文化中所佔的份量。

其次，我要對資料的選擇作一個說明。《點石齋畫報》涵蓋的時間從光緒十年(1884)到光緒二十六年(1900)。「新舞臺」成立於1908年，中間雖數度易名，但經營者大體不變，一直維持到1927年。《良友畫報》的刊行時間則從1926到1945年，長達二十年。不過這裡我只打算處理到1930年代初期，對日抗戰爆發前。因為此後不但在題材上受到戰爭的深刻影響，在印刷品質上也打了很大的折扣，整體風貌和戰前有極大的差距。從時間上來說，三組資料涵蓋的時段大致可以銜接。就內容來說，三者「現代性」的程度雖然有別，但都是各自所代表的時期中，最具新意，最為人矚目的文化媒介。

這三類媒介訴求的對象，也值得作進一步的釐清。其中「新舞臺」上演的改良戲曲，雖冠上「改良」之名，但和被稱為「新劇」的話劇不同。後者從一開始就帶有精英的色彩，觀賞的對象限於知識份子和學生；前者基本上還具有「舊劇」——京劇——的骨架，只是在內容、唱腔、舞臺等各方面作了既具啟蒙意涵，又兼顧娛樂效果的改變[9]。觀賞的對象應普及於一般不識之無的民眾。

《良友畫報》和《點石齋畫報》同樣以圖片為主要的賣點，但都依靠文字作輔助的說明。圖片固然能吸引不識字的讀者，文字的輔助解說或獨立的報導（《良友畫報》的一部分文字並不在解說畫面，而在單獨報導新聞或抒寫故事），卻可能嚇走普羅大眾。就這個意義而言，我們勢必不能將《點石齋畫報》或《良友畫報》簡單地視為「大眾文化」的代表刊物。其中，《點石齋畫報》使用的是文言，更難被一般民眾了解。所以，我們只能視之為城市通俗、流行讀物，而不能誇大它在下層社會的影響[10]。

9　關於「新舞臺」和以「新舞臺」為中心的，兼具「娛樂」與「啟蒙」效果的「改良新戲」，可參考我的另一篇文章〈中國近代大眾文化中的娛樂與啟蒙——以改良戲曲為例〉，收在《「20世紀的中國與世界」論文選集》（台北：中研院近史所，2001）下冊，頁965-994。

10　康無為(Harold Kahn)認為大眾媒體須等到火車與汽船加入現代郵政傳遞系統之後才出現。從這個判準來看，《點石齋畫報》不能稱為大眾傳播媒體。《點石齋畫報》是隨《申報》附送，《申報》訂戶不需另外收費，但也可以單獨購買畫報，售銀三分。在1870年代初期，申報只發行約六百份，當然稱不上大眾媒體。但到

《點石齋畫報》雖只能視爲城市通俗或流行的讀物的範例，而不能看成一種迎合普羅大眾文化口味的樣本，但其中的部分內容，卻毫無疑問地反映了傳統庶民文化特有的風貌，這從下文的討論中可以看出。至於《良友畫報》，文字雖多半以白話寫成，也同樣不能看成大眾文化的範本。從內容來分析，它無寧反映了一種精心營造出來的，新的城市品味。

由於篇幅的限制，我在此省略掉了上海近代城市文化中幾個重要的類別：一是鴛鴦蝴蝶派的小說，一是電影。不過從既有的研究，我們知道鴛鴦蝴蝶派的小說雖然在清末民初的上海、天津等現代都會大爲流行，但它的寫作風格和題材，更接近傳統。這種哀艷而軟調的悲情小說，爲城市讀者提供了一個逃脫現實的出口，卻受到嚴肅的「新文學」作家的抨擊[11]。

電影雖然是一種新興媒體，但影片的內容也是新舊交雜。雖然早在1896年，上海徐園就第一次放映「西洋影戲」[12]，但一直要到1920年代後期，電影才成爲一種普及的大眾娛樂形式。1927年，上海戲院內開始放映第一部有聲影片，「新舞臺」在這一年關閉，很大一個原因，可能是戲曲終於難敵有聲電影的衝擊。我在閱讀《申報》廣告的過程中，可以明顯的看出這種趨勢。在此之前，大幅的戲曲廣告是《申報》廣告最醒目的特色，但到1920年代下半期，大幅的電影廣告在聲勢上愈來愈超過戲曲廣告。很多上演戲曲的舞臺就像「新舞

(續)————

1890年代，申報的發行量在一萬五千到二萬份之下，《點石齋畫報》則有一萬至一萬五千份，其實已經有相當大的發行量和讀者群，即使仍難算「大眾」媒體，但視爲城市的通俗、流行讀物是毫無問題的。不過，我同意康無爲的說法，《點石齋畫報》很難像葉曉青所說的，爲女人、小孩和未受教育的人所享用。見康無爲(Harold Kahn)，《讀史偶得：學術演講三篇》(台北：中研院近史所，1993)，頁97-98。關於售價和發行量，可參考王爾敏，〈中國近代知識普及化傳播之圖說形式〉，《中央研究院近代史研究所集刊》19(1990)：140、168。

11 關於鴛鴦蝴蝶派小說最全面的探討，見 Perry E. Link, *Mandarin Ducks and Butterflies: Popular Fiction in Early Twentieth-Century Chinese Cities* (Berkeley: University of California Press, 1981). 扼要的介紹見 Leo Ou-fan Lee, "Literary Trends I: The Quest of Modernity, 1895-1927," in John K. Fairbank ed., *Republican China 1912-1949* (Part 1), in *The Cambridge History of China* (Cambridge University Press, 1983), vol. 12, pp. 461-464. 新文學作家對鴛鴦蝴蝶派的攻擊，可參考魏紹昌等人編，《鴛鴦蝴蝶派文學資料》(福州：福建人民出版社，1984)下冊，第四編，頁710-900中收集的文章。

12 程季華主編，《中國電影發展史》(北京：中國電影出版社，1963)，頁8。

臺」一樣黯然消失，新式電影院則如雨後春筍般一個接一個出現。根據統計，在1927年，全中國有106家戲院，其中26家在上海。到1920年代末，增加到32至36家。1931年以後，傳統的遊樂場也因爲電影院的大量出現而沒落[13]。可以說，到1920、30年代之交，電影已經取代京劇，成爲最受歡迎的大眾文化形式。

作爲一個國際性的大都市，上海這個時候不僅有亞洲最豪華的電影院，而且可以立刻看到好萊塢或歐洲主要製片廠剛剛製作完成的首輪影片[14]。這些在豪華戲院上演的西方影片和大幅的報紙廣告，及街頭隨處可見的巨大電影看板，爲上海憑添了無限的「現代」「西化」氣息。

但與此同時，在一些不那麼起眼的二輪戲院中，卻充斥著中國人自行製造，充滿傳統色彩的影片。根據一項研究，在1921到1931年間，中國各影片公司大約拍攝了650部故事片，其中絕大多數都是由鴛鴦蝴蝶派文人參與製作，影片的內容也多爲鴛鴦蝴蝶派小說的翻版[15]。這段記敘說明了一個簡單的事實：再現代的文化媒介，也可以用來傳遞最陳舊的訊息，而像京劇這種舊的藝術形式，也可以承載全新的內容。

對「鴛鴦蝴蝶派」這種流行的城市通俗讀物（同樣不能看成一種眞正深入底層的大眾文化類別），和眞正具有大眾性格的新興文化媒介——電影——有了基本的了解後，我們可以發現，即使對這兩類城市文化略而不論，也不會影響到本文的基本論旨。下面就依照時間序列，分別論述。

二、點石齋畫報

《點石齋畫報》從一開始，就是一個新舊混合的產物。它所採用的新技術——快速、簡單而便宜的石版印刷——在西方雖早已用於商業用途，在中國卻仍處於摸索階段（圖1）。它的創始人也不是中國的士大夫或商人，而是兩位

13　Leo Lee, *Shanghai Modern: The Flowering of a New Urban Culture in China, 1930-1945*, pp. 83-85.

14　同上。

15　程季華，《中國電影發展史》，頁56。

經營茶葉失敗的英國人美查兄弟(Ernest Major及Frederick Major)。雖然使用外來的新技術,創辦人也是外國人,但刊登的圖片卻充滿傳統的風味[16]。

《點石齋畫報》每10天出刊一次,每次刊載圖片8張,17年間共刊登了4,653幅[17]。雖然出刊的時間長達17年,而且正當上層思想激烈變化的時期,但《點石齋畫報》給人的印象卻是前後一貫,好像上層思想界的天翻地覆,在這份城市流行讀物中,並沒有留下深刻的痕跡。

對於《點石齋畫報》的性質,歷來有不同的看法。魯迅在民國二十年回顧上海的文藝發展史時,先批判了盛行一時的才子佳人書(即鴛鴦蝴蝶派的小說),然後就將矛頭指向先鴛鴦蝴蝶派出現的《點石齋畫報》:

> 在這之前,早已出現了一種畫報,名目就叫《點石齋畫報》,是吳友如主筆的,神仙人物、內外新聞無所不畫,但對於外國事情,他很不明白。例如畫戰艦罷,是一隻商船,而艙面上擺著野戰砲。畫決鬥則兩個穿禮服的軍人在客廳裡拔長刀相擊,至於將花瓶也打落跌碎。然而他畫「老鴇虐妓」「流氓拆梢」之類,卻實在畫得很好的。我想,這是因為他看得太多了的緣故。[18]

魯迅的一瞥雖不完全精確,但卻大致勾勒出畫報長於中國傳統素材的特色。

近代首先對《點石齋畫報》作比較全面研究的,首推王爾敏教授。他非常不同意魯迅的評斷:「不知魯迅是否仔細閱讀《點石齋畫報》,何以竟出如此尖刻鄙薄卑視之言,以論斷《點石齋畫報》之低級格調。」也不同意戈公振在《中國報學史》短短兩句的論斷:「惜取材有類《聊齋》,無關大局。」他將畫報一幅一幅統計,認為有關神仙、巫覡、鬼魅、厭勝驅魔、轉世還陽、因果

16　康無為,《讀史偶得:學術演講三篇》,頁94-96。

17　王爾敏,〈中國近代知識普及化傳播之圖說形式〉,頁137。

18　魯迅,〈上海文藝之一瞥〉,《二心集》,收於《魯迅全集》(台北:唐山影印本,1989),卷6,頁90。

報應、夢兆物兆全部加在一起，約佔所有圖畫的六分之一[19]。

王文一方面一一駁斥了前人偏頗、誣陷的說辭，一方面著重強調《點石齋》的正面意義：「我人今日研究《點石齋畫報》，無論就報刊史、新聞史，以至中國近代新知之傳播、思想之啓發，均可明見其開先之蹊徑、包羅之豐富、圖畫之多樣、新知新事之繁夥，實是令人目不暇給。」[20]

魯迅對鴛鴦蝴蝶派小說和《點石齋畫報》的輕賤態度，固然反映了那個時代的知識分子在熱烈追求現代化的同時，對「封建」傳統的厭惡之情，但他將二者視爲傳統文化的表徵，基本上是確當的論斷。王爾敏對《點石齋畫報》之類通俗讀物所抱持的同情立場，當然更切合我們自己這個時代對大眾文化的態度，但過分強調《點石齋畫報》在新知傳播、思想啓發上的貢獻，不僅不能掌握到這份刊物的精髓，恐怕也陷入另一種現代化的迷思中。

畫報中聊齋式的情節，即使真如王文所言，只佔全體畫作的六分之一，但他們在視覺上所產生的效果，或在觀者心理上所留下的印象，可能不是這個數字所能顯示的。更重要的是，除了這種詭異的聊齋式情節外，《點石齋畫報》其實還包含了更多和新知識、新思想相背離的主題。王爾敏教授對此有非常精確扼要的描寫，但可惜的是他對這一類資料採取刻意貶抑和迴避的態度：

《點石齋畫報》除報導時事人物、新創器物、海外奇談、國政要聞、民俗節令之外，尚有神鬼怪異、水火災劫、搶劫兇殺、僧道亂行、詐騙愚弄種種瑣聞。所佔篇幅不少，本文未加引述。或爲荒誕不經，或爲道聽塗說。往往事無主名，有失新聞意義，亦無史料價值。數量雖鉅，實無須採錄。[21]

事實上，將這些被刻意忽略掉的圖片，加上前述六分之一的聊齋情節，才真正構成《點石齋畫報》的主體。相形之下，真正介紹現代事物的圖片，在所有圖片中，只居於次要甚至邊緣性的地位。

---

19 王爾敏，〈中國近代知識普及化傳播之圖說形式〉，頁169-170。
20 同上，頁169。
21 同上，頁166。

　　我在此無意矯枉過正,刻意忽略掉《點石齋畫報》中呈現的新意。事實上,作爲一份反映城市生活的新聞刊物,《點石齋畫報》其實相當忠實地反映了上海在19世紀末葉新舊雜陳的局面。在這個階段,上海雖然是上層前進思想的匯集地,並不斷出現各種新興事物,但就城市風貌而言,這些新興事物還是依存在一個舊的架構之中。舊的政治、社會秩序仍未解體,新的文化品味和感知能力也有待建立。在畫報上固然此起彼落地出現了各種介紹新興事物——包括氣球、火車、輪船、電車、自鳴鐘、紐約的高樓、西方的婚俗、女學和女性的突出地位[22]——的圖像,但這些圖像卻只帶來點的突破,而無法扭轉城市的整體視界。

　　作爲一份以營利爲目的的新聞刊物,新的、西方的、現代的事物當然是絕佳的賣點。但很多時候,我們發現畫報的作者並不以單純的呈現或介紹某一新興事物爲已足,他們或是加油添醋的增加一些腥煽聳人的聽聞,或者乾脆將西方的新奇加上中國的神怪,賦予這些新興事物雙重的刺激。

　　以前者而論,最常見的手法,就是將新興事物放在一個災難的情境中加以呈現。例如在一幅題爲〈斃於車下〉的畫片中,描繪的是一輛天津鐵路公司由蘆臺開往塘沽的火車,正要起動時,一名追趕要上車的乘客不幸失足,被車輪輾過大腿而喪命[23]。

　　地上疾駛的火車固然引人側目,天上飛的氣球尤能動人視聽。《點石齋畫報》對此,曾多次加以報導。其中一則提到一種新出現的氣球載重八千五百磅,每點鐘行二十五咪(米),如果裡面配上大砲,「居高擊下,凡鐵橋、輪艦、砲臺、火藥庫、電報局及水陸兵舟皆不可恃。」[24]這樣的描述,當然可以看成具有先見的科學幻想,但另外一則報導卻突顯出現代事物的災難面。故事的主角西人賓邊沙,在香港鵝頸操作高空氣球,觀者人山人海。氣球升到半空,忽然爆裂,救急的降落傘又只能打開一半,賓邊沙不幸墜落,傷到左脛骨

22　王爾敏,〈中國近代知識普及化傳播之圖說形式〉,頁152-158。

23　我這裡用的本子,分別借自中研院民族所和近史所圖書館,二者的編目方式有別。如果照畫報原有的編目,查索又非常不便,爲了便於檢核,我混合兩種編目,先列出畫報原有的編目,再加上各個圖書館添加的編類。飽二(原編目),民(民族所)3-5:12。

24　〈氣球破敵〉,元十,近37:74。

(圖2)[25]。另一件發生在德國柏靈(林)的爆裂意外則沒有這麼幸運，兩名駕駛氣球的「球師」和「機器師」都被炸裂的氣球燒的「面目焦爛，血肉模糊」[26]。

上述火車、氣球的意外，死傷都是一個人的事，下面這則〈輪船撞沈〉的意外，則傷亡慘重。這艘屬於怡和洋行的安和輪，由浦灘開行到吳淞口，半夜三點左右，被一艘屬於太古行的牛莊輪船迎面撞擊，安和輪攔腰撞斷，十分鐘後沈沒。附近的美國兵船和其他船隻緊急搭救，救起七十餘人，但仍有一百八十多人罹難，是一次重大的船難(圖3)[27]。

另一則災難新聞發生在一所新建的繅絲工廠。這間設在新閘橋附近的「經綸繅絲廠」由一家洋行經理創辦，僱用了大批女工，頗具氣勢。但開工不到兩個月，有一天「風雨大作，雷電交加」，工廠一角竟應聲坍塌，壓壞了十六部機車，五十多名婦女逃避不及，被磚瓦木石擊傷，二人不幸罹難[28]。

這樣的報導，和我們今天習見的社會新聞沒有什麼不同，也符合一般新聞報導的特性。但放在當時的文化脈絡中觀察，新興事物加上災難，顯然有加乘的新聞效果。這種呈現新興事物的方式，不在純粹引介新知，而更偏重其新聞特性。下面的呈現方式，則完全是用現代的素材，來裝點古老的誌怪傳統。在《點石齋畫報》後期刊登的〈海狗鳴冤〉圖可以作為例證，這幅畫的左半部畫了一艘現代輪船，船上站了幾個洋人，右半邊則是一群海狗匍匐作態。畫上方的釋文大意如下：有一名西方旅行家喜歡乘風破浪，四處旅遊，「每有所得，輒載筆記，或付丹青」。這幅海狗圖原是用相機拍下的鏡頭，後來旅行家到了上海，出示照片，《點石齋畫報》的作者根據照片，畫成圖片。

根據旅行家的陳述，有一天在船上聽到鳴聲，久久不斷，出艙察看，見到一群海狗「大小不一，向人哀鳴。且有人立，自露其陰者」。海狗圖的作者聽

25　〈球升忽裂〉，元八，近37：62。

26　〈氣球炸裂〉，亨八，近38：62。在上海的一次試飛，雖沒有人傷亡，也以失敗告終，〈氣球洩氣〉，壬五，民1-9：39。

27　〈輪船撞沈〉，行三，近43：23。

28　〈坍屋傷人〉，行五，近43：39。另外一篇以蘇州絲廠為主題的描述，命意類同，〈人墜煙囪〉，元二，近37：15。對於災難新聞的偏好，顯然並不僅見於中國。倫敦和紐約在1840年代都出現了石印的廉價畫刊，火災及其他各種自然與人為的災害，都是畫報最愛刊登的大消息。康無為，前引文，頁95-96。

到這段故事，就以爲其中定有冤情。後來在上海各藥鋪，聽到搶食海狗腎的說法，「一唱百和，幾盡海狗而悉闍之」。這時突然想到「前此海狗之鳴」，「無意而若有意者，得毋欲伸此日之冤乎」。原來根據這位相信靈怪之說的作者的推斷，日前西人所示照片中的海狗，已經預感到日後會在上海藥鋪被人闍割的命運，所以提前向過往的遊客申冤。我們的畫家之所以會作出這樣大膽的推斷，主要是照片上的海狗看起來有些不同，不同之處正在於它們尚未被闍割，這也是爲什麼它們還能像人一樣站立，「自露其陰」(圖4)[29]。在這篇語意夾纏、曖昧的現代海上游記中，我們看到了傳統鬼魅的身影。

另外一篇同樣以輪船爲背景的圖片，則明顯地屬於誌怪的傳統，畫面左邊同樣是一艘新式輪船，船上站了一些高冠長鬚的洋人，右下角則是一條躍水而出的怪魚，魚身有鱗，下面有雙手、雙腳，魚頭則令人聯想到牛魔王。右上方的文字這麼說：

> 客有自乘風破浪回者，言前年輪船過海時，曾開軒回望，瞥見波中浮出一物，人面魚身，雙手雙足。迻視之，如吳兒之泅水者。……有一客曰此陵魚也，山海經曾載之。蓋水族中之以人面見者，固不第英水之赤𩽲，陽水之化蛇巳也。惟陵魚手足畢具，儼然有人狀耳。

接下來，作者舉了許多稀奇古怪，聞所未聞的名字，來說明天下有許多東西和陵魚一樣「雖厥狀不同，其身互異，而面之類乎人也。」(圖5)[30]

雖然作者對怪異的傳統舉證例例，如數家珍，但任何看到圖片的人，都很難不爲圖中陵魚的詭異形狀，留下深刻的印象。即使有了現代輪船的裝點，海洋對這些在傳統文化中浸淫飽滿的文人來說，不過是爲《山海經》提供了更多註解。

用傳統的框架來詮釋現代事物[31]，固然讓現代事物變得有些不倫不類，至

---

29 〈海狗鳴冤〉，文九，民5-8：70。
30 〈陵魚出海〉，土八，民3-6：60。
31 另外一則報導顯示一個純粹西式的馬戲團在香港表演，一頭原來甚爲馴服的大象走到鋼琴旁邊，忽然騷動不止，原來「琴床上有一管係此象之母牙」。接下來，

少還引進了新意。但《點石齋畫報》給人最強烈的印象，卻是傳統方志中的誌異，稗官野史中的神怪，加上現代社會新聞版中的災難和罪惡。而且這樣的特性首尾一貫，沒有任何的轉變。下面可以舉一些例子來說明。

閱讀傳統方誌時，我們常常對一些怪誕的記載——如一隻豬兩個頭，全身長滿黑毛的新生嬰兒——感到困惑、驚訝；《點石齋畫報》則不斷讓我們重溫這種困惑、驚訝的感覺。在一篇關於「三足雞」的報導中，作者首先追述了類似異象的歷史：

> 日中有三足之鳥，月中有三足之蟾，人皆知之，而未克一見者也。他若爾雅所載龜三足，謂之賁龜。三足謂之能，其物亦不多覯。厥後又有三足之牛，獲之者因以致禍，於是有疑物反常為妖者。至於三足雞，古時亦有所聞，莫不驚奇稱異。

惟一不同的是，這次的三足雞，生在日本[32]。作為一個逐漸對外開放的國際性都市，上海居民透過這樣的報導，在看似陌生的舞臺中，看到熟悉的情節。回到中國本土，在天津傳出兩頭豬的怪種，豬頭長在身體的左右兩側[33]。在廣方言館讀書的闈微子則在花園中發現一隻綠色的人面蜘蛛，「烏鬢覆額，面白唇朱，媚態嫣然，一女兒相也」[34]。在盱眙西鄉，一位仇姓人家蓄養的驢子竟產下三個白色的卵[35]。

下面這則發生在自己家門的異聞，則讓人感到驚悚：「明季時粵東有一人，生而無頭。惟項下有小孔，其母不忍棄，滴乳養之，及長成，母教以織草鞋為活。無頭人共母相依為命。母死，無頭人項孔中噴血日餘而亡。」（圖6）在這段荒誕而感人的楔子後，我們看到腥煽、怪力的正文：

（續）————————————————————
　　整個文章的後半段都是人應如何盡孝的道德教訓。作品的題目〈象有孝思〉，寓
　　意一望可知。這個故事雖然仍有一些怪異的成分，但重心移向道德教化，是另一
　　種用傳統看待現代的方式。土二，民3-6：15。
32　〈三足雞〉，土十，民3-6：76。
33　〈兩頭豬〉，壬十二，民1-9：89。
34　〈人面蜘蛛〉，乙十一，民1-2：83。
35　〈黔驢產卵〉，金五，近23：33。

近有山西客氏蘇某之妻，產一無頭男孩，夫婦見而大驚，以爲形作刀頭之鬼，留之不祥，以灰盤醃斃之。蓋蘇妻當懷妊時，曾出外游行，偶經天字馬頭，適值駢戮數犯，棄屍于地，見而大驚，遂有此產。此古人胎教之說，所以令孕婦不可妄視也，意深哉！[36]

偏偏這樣的怪胎是無獨有偶：「京師西值門外蔡公莊廟後有奚氏婦，身懷六甲，歲將一週，碩腹便便，幾如五石瓠。某日臨蓐，見所誕生者，似人非人，目有雙睛，頭生兩角，且撩牙巨齒，令人可怖。又滿腮紅鬚。……更異者，是物一經落蓐，便滿地旋轉，有手舞足蹈之概。」[37]不論信與不信，我們都不得不佩服作者活靈活現的白描功夫，也難怪《點石齋畫報》會成爲暢銷一時的通俗讀物。

下面這對住在溫州大南門外，販魚爲生的王姓夫婦的際遇，同樣令人錯愕：「至臨盆時，先產一女，繼即生一白魚，長七八寸，形如河中之鯉，重約一斛餘。」這條白魚，不久就因爲缺水而死，但卻留下足夠的話題，供人評點：「聞者譁然，或謂該婦當懷孕時，日聞魚腥，其氣所觸，結而成胎，致有此異。」[38]這樣的解釋，和前面無頭人的胎教說相似，我們可以發現街談巷議如何輕易地岔入怪誕的歧路。

另一則和頭有關的記載說寧海象山交界處多劫案，當地人稱盜匪爲「戮哭」，意思是說這些人「愍不畏法，至就戮時而始哭也」。某年冬天到第二年春天，被官府斬首的有十多人，首級先裝在木桶裡，然後懸掛在石浦十三公大樹間。十三公的來歷則如下述：「十三公者，昔有巨寇駢首於此，其屬不滅，時出爲祟。土人患之，建屋一所，饗以血食而始安，題其屋之額曰十三宮，取宮與公同音也。」瘋女就在這樣一個厲氣深重的場景中登場。

瘋女原住在城裡，十餘年來佯狂街市，歌哭不倫。有一天，一些好事之徒

---

36 〈無頭小孩〉，革十一，民3-7：81。另一則報導則是關於一個從江西鄉下運到市鎮上供人觀賞的「兩頭人」，一口吃葷，一口吃素，被眾人抬在籃輿中遊街。〈兩頭人〉，石十一，近24：85。

37 〈誕生怪物〉，革十，民3-7：73。

38 〈漁婦生魚〉，鮑五，民3-5：33。另外一位婦女則在懷胎十二個月之後生下一個魚身人首的怪物。〈魚身人首〉，利十二，近39：89。

戲謔道：妳丈夫的頭在樹上，為什麼還不去哭祭？瘋女聞言，即來到十三公的樹下，取出桶中首級，放在凳頭，為之梳洗。過往的行人看了，雖然錯愕，卻都袖手旁觀，最後被鄰居婦人發現，帶回城裡。奇特的是第二天早上起來，瘋婦先是對鏡梳洗，然後下廚作飯，瘋病霍然而癒[39]。

　　看了這種題材、文字充滿古意的報導，我們很難不同意戈公振所謂「取材有類《聊齋》」的評論。

　　在一個沒有經過除魅歷程的世界中，不僅人會帶來騷動不安，生活周遭的動物、植物和石頭也同樣可以是騷動的來源。所以我們看到被雷擊碎的石獅，會「水流如血」[40]。牆壁中人言人語的老鼠，談論的都是關於美貌少女的「穢褻不堪」之辭[41]。「首如嬰兒」，叫號不絕的人頭鳥，蹤跡所至，必定造成人口不寧[42]。寧波山區的檜樹，化身成山魅，為患路人[43]。越郡嵊縣郊外的槐樹，則能施展妖術，取人頭顱[44]。煮飯時，因為得罪灶神或灶下毒物，而突然消失得無影無蹤的柴薪和爐灶[45]。豪宅中的宅妖，先以異象示警，繼取新婚少婦的性命[46]。

　　和誌怪相關聯的果報、神通靈異，也是《點石齋畫報》中不斷出現的主題。松郡華邑亭林鎮劉乾和南貨店店主某甲，生性奸刁，用高利貸盤剝鄉民，頗獲厚利，對鶴髮龍鍾的老母也極端苛虐，稍有不從，即惡言相向。有一天夜裡，某甲好夢方酣之際，「忽聞狂風怒吼，大雨傾盆，雷電隨之，屋瓦震動，俄而霹靂一聲，洞穿其屋。甲忽從床中驚起而兩手高抬，望空矗立，一似被人束縛也者。」在疼痛難當之際，某甲向天發誓，決意痛改前非，不再干犯天怒。「誓畢，天即寬其既往，啓以自新。感應之機，捷於影響，果得運動如

39　〈梳洗鬼頭〉，丁四，民1-4：28。
40　〈雷殛石獅〉，革十，民3-7：76。
41　〈鼠作人言〉，鮑五，民3-5：34。
42　〈鵬鳥誌異〉，金九，近23：65。
43　〈山魅博人〉，革十一，民3-7：85。
44　〈樹妖誌異〉，元五，近37：38。
45　〈阿香滅灶〉，忠八，近40：62。
46　〈宅妖〉，忠十，近40：76。

常。」[47]感應之速,堪稱最佳神怪教化劇。

類似的故事,發生在一個池陽獵人身上,但果報卻更慘烈。這個獵人生性暴逆,母親在煮鹿蹄時,常有失誤。獵人動輒捶打,母親幾乎喪命。妻子屢次勸說,都沒有效果。有一天,獵人交待母親飼養的生兔突然逃逸,獵人在暴怒之下,打算將母親一舉斃命,被妻子攔阻,獵戶轉而殺掉妻子,然後追捕逃逸的母親。「母過關聖廟,大哭而呼曰:『關爺救命』『關爺救命』。某至廟門,驀見聖帝座前泥塑之周將軍馳出以木刀腰斬,某倒地上,觀者群集,見神像一足立戶外,瞪目望屍,鬚眉奕奕,若有餘怒,刀上血猶淋漓滴瀝也。」[48]

一位姓白的商人在上海賣米為生,為了生意需要,常常往來嘉湖等地。一日攜帶一千五百元,搭乘陳堯中的船,到浙江買米。晚上船行到南橋浦面,陳乘白在船後大便時,將他推入海底,然後拿了白的錢,鳩工將浦東的舊家翻修得煥然一新。但有一天,陳突然拿起木匠的斧頭,向自己的頭上猛砍,一時鮮血直流,家人上前阻止,陳厲聲怒罵,歷述謀財害命各項情節,不久斃命[49]。

為了達到道德教化的目的,畫報的作者毫不遮掩的宣示「惡有惡報,善有善報」的道理,而且立刻見效。下面是一個正面的例子:寧波鎮海江南岸,有朱友洪者,家有一妻一妾,時起勃谿,招來五通神作祟。忽而燃火,忽而搬物,忽而毀衣,忽而擲石拋磚,日夜喧嚷。朱友洪修疏禱於城隍,願以洋銀二十翼,捐助賑濟,求贖前愆。當天晚上,夢見數人入門,繫鬼而去,全家從此安寧。從故事的前言,我們知道此時災荒不斷,需要各界賑助,作者因此歷述賑災的各種神奇效應,希望藉著感應果報的力量來鼓勵捐輸:「故捐助賑災者,凡有禱求,無不捷於影響。試觀近時新聞中,因助賑而逢凶化吉之奇,遠獲後嗣繁昌之報,耳聞目見,書不勝書」,此處的助賑驅祟,只不過是最近的例子[50]。

賑災救人,可以招致善果;恪守道德綱常,也可以感動蒼天。天津一位楊姓少婦,嫁與高子琴為妻,一年多後,高氏不幸亡故,楊女矢志守節。母親與

47 〈雷警惡人〉,元三,近37:19。
48 〈將軍顯靈〉,行三,近43:17。
49 〈果報昭然〉,行十一,近43:88。
50 〈助賑驅祟〉,飽五,民3-5:37。

姑姑因為家貧，勸她改嫁。一名武官覬覦楊氏美色，用百金誘惑女姑，意圖買婚。楊女察知奸謀，欲閉戶自盡，但因為親人嚴密守護，難以遂心，遂以掌自摑其頰。忽然覺得兩腮熱如火灼，沒有多久，鬖鬖然長出滿嘴長鬚，像一個糟老頭般。到這個地步，武官自然知難而退，最後的結論是：「節婦生鬚，殆天鑒苦衷，俾守其志歟。」（圖7）[51]

這樣的道德教化，固然讓人覺得神妙難以置信，一些不以果報為題旨的社會新聞，像〈痴女伏卵〉[52]、〈屍臍出鱉〉[53]、〈室女還陽〉[54]、〈癩子殺人〉[55]、〈少婦騎樑〉[56]、〈暢飲龜溺〉[57]、〈活埋罪人〉[58]、〈尼發僧奸〉[59]、〈怪風斃孩〉[60]、〈擠死巨豹〉[61]、〈生前出殯〉[62]，種種光怪陸離的情節，同樣也讓人懷疑我們究竟是置身在蠻荒的鄉野，還是一個逐漸向現代蛻變的國際化城市。或者，這時的上海，懷抱的還是鄉野式的文化圖像。

作為一份以營利為目的的新聞媒體，《點石齋畫報》各種腥煽驚悚的社會新聞，固然符合了現代新聞的某些特質，為都市消費者求新求變，永遠處在飢渴、欲求狀態下的官能需求，提供了一個穩定的管道。但傳統志怪、果報、靈異小說式的情節，在誇張的圖片配合下，不論就強度和力度而言，可能更能達到詭異、刺激的目的。題材雖舊，卻更符合商業新聞腥煽的訴求。

這麼說，當然不是要否定《點石齋畫報》在開啟城市居民耳目上所扮演的功能。各種重大的政治新聞、一般時事、人物側寫和世界新知、海外奇聞，透過一頁頁圖文並茂的描述，大大拓展了上海人的視界[63]。

51　〈節婦生鬚〉，貞五，近41：35。
52　壬八，民1-9：59。
53　壬十一，民1-9：84。
54　辛十一，民1-8：87。
55　丙四，民1-3：25。
56　甲九，民1-1：66。
57　戊十一，民1-5：84。
58　戊十一，民1-5：85。
59　乙二，民1-2：14。
60　己四，民1-6：32。
61　己十二，民1-6：92。
62　石九，近24：72。
63　參見王爾敏，〈中國近代知識普及化傳播之圖說形式〉，頁145-158。

但我要強調的是，在這一扇扇通往現代世界的視窗之後，《點石齋畫報》呈現給一般讀者的，其實還是一幅完整未經割裂的傳統式文化圖像。對這些圖像的文字解說，雖然略顯古奧而不可能被一般民眾所理解，但基本上，不論是文字或圖像的內容，都是一般下層民眾日常生活中再熟悉不過的情境。就如同傳統方志或志怪小說中魔幻、怪誕的描述，如實地呈現了傳統民眾的文化想像和日常生活。《點石齋畫報》藉著誇張而具體的意像，用一種看似現代的技術，重覆著方志和志怪小說對傳統社會魔幻卻逼近真實的記敘。

我們當然不能否認文人畫作中的建構成份。換句話說，《點石齋畫報》的畫師可能和稍後的「鴛鴦蝴蝶派」作家一樣，用他們一己的文化想像，──一種選擇性的、偏執的、不切實際的想像──為現代城市的讀者建構了一個可以寄寓、逃避其中的想像世界。但我毋寧更願意相信，這些文人、畫家所作的，只是將他們飽滿浸淫於其中的日常世界和現實生活，撮要整理，複製於畫作文字中。這個時候，畫報中的世界和居民生活的現實世界，其實是高度契合的。一份代表性的城市讀物，相當寫實地呈現了一般民眾的文化想像和集體心態。在激進的知識階層和日趨現代化的城市風貌之後，世紀末的上海，仍然是一個被傳統氛圍深深籠罩的城市。

三、新舞臺與改良戲曲

京劇在19世紀下半葉以後，在上海民眾娛樂中扮演的角色，就如同電影在1920年代後期以後的情形一樣。從1860年代末到1870年間，上海大約有四十家茶園上演京劇。1900年左右，「海派京劇」成形，一方面為上海帶來了自身特有的文化風格，一方面藉著現代聲光色電的技術，為上海民眾提供更具視聽效果的娛樂形式。在這個日新月異的消費市場中，「新舞臺」迅速崛起，成為上海最具代表性的京劇演出場所。

「新舞臺」的現代性格，一在硬體，一在軟體。在硬體方面，1908年建立的「新舞臺」引進日本技術，將劇場、舞臺、燈光作了大幅度的更新。在軟體方面，則推出大量具有啟蒙意涵的改良新戲。在「新舞臺」的老板夏月珊、夏月潤和潘月樵的大力鼓動下，改良新戲一時成為上海最具特色的文化風潮。其

中一些劇目，更成爲在市場上受到熱烈歡迎的經典劇目，在十幾年內陸續演出一百多次[64]。

「新舞臺」的改良新戲，能夠成功地結合啓蒙與娛樂兩種功能，是上海戲曲能夠引領風潮的主因。梅蘭芳在他的回憶錄中，幾次提到上海的「時裝新戲」在觀念、劇場、舞臺、化妝及市場行銷等各方面給他留下的深刻影響和印象，正是上海新戲蔚爲風潮的最佳證明[65]。

上海改良新戲巧妙地結合啓蒙與娛樂兩種功能，固然值得稱道。它們如何將現代的訊息放到一個舊的藝術框架中，也同樣值得注意。事實上，如何將新酒裝到舊瓶裡，如何將革命的意識形態塞到傳統的大眾文學、藝術形式中，也是1930年代左翼知識份子熱切探索的課題[66]。

在形式上，傳統與現代的調和或混雜，表現在讓劇中人物穿上時裝，少唱多說和各種眞實的佈景上。我這裡要討論的，則是在演出內容上，新的時代關懷如何和傳統素材混雜交織，爲20世紀初的城市大眾文化帶來新貌。我選用的兩個劇目分別是《新茶花》和《濟公活佛》。

《新茶花》的劇情是根據小仲馬的《茶花女》改編而成。故事說少女瑤琴被掠賣入妓院，改名新茶花，與少年軍官陳少美結識。陳父逼新茶花與少美斷絕往來，新茶花乃假意伴俄國元帥出游。少美大怒，當眾羞辱新茶花，絕交而去。後來中俄交戰，新茶花智盜俄帥地圖給少美，少美大敗俄軍，至新茶花處請罪，二人重歸于好[67]。

從劇本身來看，這樣的故事能受到一般觀眾的喜愛，可能有幾個原因。第一，它是浪漫的愛情故事。第二，二人的愛情既受到父親的阻撓而產生張力，最後卻以喜劇收場，讓觀眾和主角一樣，在挫折艱辛之後，同樣享受完美

64　比較詳細的討論，參見李孝悌，〈中國近代大眾文化中的娛樂與啓蒙——以改良戲曲爲例〉。

65　同上。

66　Li Hsiao-t'i, "Opera, Society and Politics: Chinese Intellectuals and Popular Culture, 1901-1937," chap. 4.

67　此處劇情簡介，參見龔義江，〈南方京劇旦角改革的先驅馮子和〉，中國人民政治協商會議上海市委員會文史資料委員編輯，《戲曲菁英》（上海：人民出版社，1989）上冊，頁167。

的果實。第三,帶有強烈愛國主義和民族主義的情節,讓在現實世界中目睹中國一連串挫敗的觀眾,在劇中虛擬的勝利中,得到暫時的安慰和陶醉。第四,愛國思想和民族主義的情懷被穩當地鑲嵌在眾人熟悉的才子佳人模式中,一般觀眾可以舒適安逸地跳越現實世界的驚濤駭浪,進入20世紀中國歷史的主旋律。這一點,正是此處要詳加探討的主題。

故事的主角,正如劇名所顯示的,是不幸淪入風塵的新茶花。新茶花之新,在於她周旋服務的對象,從傳統的文人公子躍升到俄國元帥。就如同中國從一個封閉自足的傳統社會邁入現代化的國際秩序一般,新茶花從傳統的妓女,搖身一變,成為一位國際性的交際花。傳統妓女只會唱曲侑酒,新茶花卻像標準的新時代女性,憑著過人的膽識機巧,盜取到事關國家興亡的地圖,一舉扭轉戰局,底定乾坤。

但在這些嶄新的現代裝扮之後,《新茶花》骨子裡流的仍然是傳統文化的血脈。先從近的來說,《新茶花》的劇情雖說是根據小仲馬的故事改編而成,但它最直接的源頭無疑是賽金花(1874-1936)的傳奇故事。賽金花的艷名雖然奠基於蘇州青樓,但真正讓她踏入國際舞臺第一步的,是嫁給洪鈞這個學者官僚出身的外交官,然後隨洪出使歐洲。洪鈞不幸壯年中殂,賽金花重操舊業,在上海、天津和北京開設妓院。

賽金花傳奇的最高峰,是和德國籍的八國聯軍統帥瓦德西(Count Alfred von Waldersee)間撲朔迷離的情愫。根據傳聞,由於賽金花和瓦德西的特殊關係,使她在清政府與列強交涉和約時扮演了關鍵性的角色,讓中國得以免於更嚴重的戰禍蹂躪。從1900年以後,賽金花傳奇透過詩歌、小說、劇本、傳記和追憶文學的不斷渲染而廣為流傳。到1930年代,她被神化成一位巾幗豪傑[68]。

《新茶花》和賽金花傳奇的相似性,可以清楚地辨識。由於圍繞著賽金花的各種軼聞、傳說,從1900年以後,就開始廣泛流傳,《新茶花》的故事情節受到賽金花傳奇的影響,大概是沒有問題的。但我們進一步分析,可以發現《新茶花》的一些組成要素,其實有其他更古遠的源流。

---

68 參見David Der-wei Wang王德威, *Fin-de-Siecle Splendor: Repressed Modernities of Late Oing Fiction, 1849-1911*(Stanford: Stanford University Press, 1997), pp. 101-106.

　　首先就「妓女邂逅才子，父親從中阻撓」這個最根本的主題來說，就是一個「古已有之」的窠臼。八世紀的傳奇小說〈李娃傳〉，相當程度上開啓了後世「妓院愛情」的類型，到16、17世紀，這一類型的通俗小說大量出現。在《三言二拍》中，我們就看到許多公子遇上妓女，在論及婚嫁時，被嚴父多方阻撓的例子。但通常的情形是：男女主角在妓院中發生的感情，雖然和妓院外的社會道德價值相衝突，最後經過一番波折，還是被社會接納。等到震怒的父親漸漸平息後，妓女就以不同的名義進入男方的家庭，妓院愛情因此有了善終[69]。《新茶花》在這一點上因襲了一個悠久的傳統[70]。

　　妓院愛情另一個值得玩味之處，是女主角通常都敢愛敢恨、膽識過人。相形之下男主角就顯得畏縮。前面提到《三言二拍》中的「妓院愛情」多半以喜劇收場，但當險阻無法克服時，女主角也不惜以激烈的殉情行動來表明自己的決心，〈杜十娘怒沈百寶箱〉是典範性的代表，她出於對愛情的執著投江自盡，雖然失去了性命，卻贏得千古的名聲：「後人評論此事，……獨謂十娘千古女俠。」[71]所以早在晚明，妓女就常常以女俠的形象出現在通俗文化中。

　　杜十娘的鮮明形象，在妓女愛情中絕非個案。女主角也不一定非得透過殉情的激烈行動，才能成就卓越的名聲。孔尚任在清初寫成的《桃花扇》，就以繁華似錦的文字，成就了一代名妓李香君史詩般的不朽聲名。男主角侯方域雖然承續了東林黨以「清流」自命的高蹈傳統，但遇到考驗時，在氣節、膽識上，卻無法和出於淤泥的妓女李香君相比。〈卻奩〉一節，將這樣的命意表現得淋漓盡致。劇中侯方域為了取悅佳人，接受阮大鋮厚賂的妝奩酒席，在李香君追問下，還用飾詞掩蓋阮大鋮的惡跡，以為自己開脫。香君聞言大怒，「官人是何說法，阮大鋮趨附權奸，廉恥喪盡，婦人女子，無不唾罵。他人攻之，

69　王鴻泰，《三言二拍的精神史研究》（台北：臺大文史叢刊，1994），第二章，特別是頁116。

70　事實上，在《醒世恆言》中，有一則流傳甚廣的故事〈賣油郎獨佔花魁〉，其中女主角的本名也叫瑤琴（莘瑤琴），因為戰亂，與父母離散，而被鄰人誘騙賣到妓院。《新茶花》中女主角瑤琴的名字，很可能出自此處。不過兩個故事後來的發展大不相同。〈賣油郎獨佔花魁〉的故事，見馮夢龍，《醒世恆言》（台北：天一出版社，1985），頁1-36。

71　王鴻泰，《三言二拍的精神史研究》，頁101。

官人救之，官人自處于何等也。」隨即拔簪脫衣，「脫裙衫，窮不妨，布荊人，名自香。」

受到當頭棒喝的侯方域隨即唱出全劇的重要主旨：「平康巷，她能將名節講。偏是咱學校廟堂，偏是咱學校廟堂，混賢奸不問青黃。」原劇的評論則在此處寫著「『巾幗卓識，獨立天壤。』寫香君大義凜然，膽識在侯生之上。」「妓女倡正論，真學校朝堂之羞。」[72] 中國妓女拔卓特立的超越形象，經過這樣經典的記敘，成爲整個文化傳統中都讓人難以忘懷的人物類型。

新茶花的決斷、膽識，固然延續了李香君之類巾幗名妓的偉大傳統，但就其英勇的愛國行徑而言，我們其實可以把範圍放大，放在傳統民間文化中女將統兵殺敵的類別中考量。在這一個類別中，最引人注目的當然是從楊門女將衍生出的各種傳奇故事。楊門女將是楊家將傳奇的重心，而有關楊家將的各種事蹟，早在南宋時期，已在臨安的瓦舍勾欄中，被說話人演述。明朝中葉出現的《楊家將演義》小說，是根據前此各種話本、雜劇和口頭傳說搜集、改編而成。這套結集出版的小說，又轉過來爲此後民間曲藝和戲曲演出，提供重要的憑據。特別在北方評書和鼓書說唱中，楊家將傳奇的演述，是一項悠久而重要的傳統[73]。

在各地的戲曲演出中，也常常以楊門女將殺敵禦侮的故事爲題材。豫劇中很早就有《老征東》、《楊文廣奪印》的劇目，正是取材自《楊家將演義》。1954年經過改編，以《穆桂英掛帥》之名出現[74]。楊劇傳統劇目，原名《十二寡婦征西》的《百歲掛帥》，描寫宋仁宗時，西夏進犯三關，主帥楊宗保中箭身亡，佘太君含悲忍痛，親自掛帥，率領楊家一門十二寡婦及曾孫楊文廣出師，大敗西夏，班師回朝的故事。京劇《楊門女家》的情節，也與此類同[75]。其他像《穆柯寨》、《破洪州》、《天門陣》、《轅門斬子》、《雁門關》等

72　孔尚任，《桃花扇》，收在《中國十大古典悲劇集》(上海：文藝出版社，1982)下冊，頁805-806。

73　此處根據《戲曲‧曲藝》卷，《中國大百科全書》(北京、上海，1983)，頁532。

74　同上，頁261。上海藝術研究所主編，《中國戲曲曲藝辭典》(上海：辭書出版社，1981)，頁580。

75　《中國戲曲曲藝辭典》，頁581。

劇，也都將焦點放在穆桂英和佘太君等楊門女將身上。這一類故事，不僅名目
眾多，還往往在京劇、漢劇、滇劇、豫劇、川劇等各種地方劇種中出現，其受
歡迎的程度不難想見[76]。

　　對這一類戲曲中女性角色的突出表現，《中國戲曲通史》有相當精到的描
述：

> 這些戲，或者説這一類劇目(其中還包括《三休樊梨花》、《雙鎖
> 山》、《董家山》等一大批戲)一個共同的特徵，是作者運用浪漫主
> 義的手法，把這些女子都描繪成爲具有異乎常人的武藝和膽略的女英
> 雄，並有意識地強調了她們在政治生活中舉足輕重的作用；沒有穆桂
> 英，破不了天門陣；沒有楊排風，解不了楊六郎的圍。而這一點顯然
> 是與她們作爲一個女人，而且是出身低微、卑賤的女人極不相稱的。
> 作者把這種矛盾強調出來，構成了尖銳激烈而富有喜劇色彩的戲劇衝
> 突，傾向鮮明地表現了穆桂英以一個山寇之女，竟敢置禮教於不顧，
> 大膽追求愛情，私定終身的勇敢。熱情歌頌了楊排風，以一個燒火丫
> 頭偏偏大煞了滿朝文武的威風，以國事爲重，挺身而出領兵解圍的英
> 雄行爲。她們雖然遭到重重阻礙和刁難，但最後終於憑借自身的力量
> 取得了勝利。[77]

　　新茶花雖然身處在民族主義高張，帝國主義肆虐的現代情境，但她以一位
出身卑微的弱女子，在緊要關頭，扮演了扭轉國家命運的關鍵角色，在性質
上，延續的仍是舊戲中楊門女將的傳統。所以我們可以說，在中俄戰爭、愛國
主義的時代外表下，《新茶花》骨子裡演述的，是妓院愛情和楊門女將兩種傳
統通俗文化的主題[78]。

76　《中國戲曲曲藝辭典》，頁578-580。

77　張庚、郭漢城，《中國戲曲通史》(台北：丹青圖書公司，1995)第3冊，頁69-
　　70。

78　「盜寶」也是一個值得注意的主題，唐代傳奇小説〈紅線〉是最有名的例子。故
　　事講潞州節度使薛嵩的婢女紅線，有神力，夜入魏博節度使田承嗣戒備重重的宅
　　邸，趁田熟睡之際，盜取床頭金盒以歸，藉此向田示警。見王夢鷗，〈紅線〉，

　　中俄戰爭、愛國思想、民族主義、列強入侵等元素固然賦予《新茶花》嶄新的時代意涵，但眞正讓《新茶花》成爲改良新戲經典作的重要原因，還在於該劇在舞臺上的突出表現。當《新茶花》1910年4月在「新舞臺」首演時，並未給人特別深刻的印象。6月開始，第三、四本《新茶花》陸續出現，報紙上也刊出大幅的廣告。到此爲止，《新》劇的引人入勝主要還在劇情[79]。11月，「文明大舞臺」加入戰局，也開始上演同一齣劇目[80]。

　　1911年2月，在競爭的壓力下，新編的第五本、第六本出現了新噱頭。「新舞臺」開始使用風聲、雪景和槍林彈雨等魔幻佈景吸引觀眾，最後一幕還出現了砲擊鐵甲兵船的實景[81]。3月初，「文明大舞臺」展開另一波的促銷宣傳。他們一方面宣傳本劇的目的在促進國民的尚武精神和進步，一方面以斗大的字體告訴讀者舞臺上增加了那些花樣。更重要的，他們請來了南方第一名旦馮子和飾演新茶花一角[82]。

　　爲了對付「文明大舞臺」的挑戰，「新舞臺」引進一項中國劇場史前所未見的設施：在舞臺上裝置了五萬磅的眞水來顯示中俄海戰的場景[83]。到1913年，除了增加水量之外，「新舞臺」更在廣告辭令中挖空心思，以達到引君入甕、克敵機先的目的：「請看滿臺眞水有六萬餘磅，在水中大戰，中華戲劇從未有過」，「茲有各西商及美女學生由倫敦來華，向聞本舞臺《黑籍冤魂》一劇最爲優勝，來函特煩排演，並接演七八本《新茶花》。其節目之離奇，神情之變幻，眞覺異想天開，出人意表。至於各種佈景，因時制宜，亦極花樣翻新，別開生面。有戛戛獨造之奇，而無陳陳相因之習。」[84] 就憑這樣的商業促銷手法，「新舞臺」足以當得起「無陳陳相因之習」的自詡之辭。

（續）────────────

　　《唐人小說校釋》（台北：正中書局，1983），頁277-292。十六世紀的著名戲曲作家梁辰魚根據〈紅線〉的故事，改編成雜劇〈紅線女〉。見《戲曲・曲藝》卷，《中國大百科全書》，頁211。這個紅線盜寶的故事，在後來的民間戲曲中依然流傳，但詳細的情形，我現在還無法查考出來，只能暫記於此。

79　《申報》1910/4/9；6/11；6/13。
80　《申報》1910/11/24-27。
81　《申報》1911/2/20。
82　《申報》1911/3/7、8、16。
83　《申報》1911/6/9。
84　《申報》1913/5/10。

1914年初，馮子和重回老東家「新舞臺」[85]。沒有多久，舞臺上的真水增加到八萬磅。「新加滿臺活動真火，兩軍大戰」則成為新的宣傳噱頭[86]。

1915年，「新舞臺」展開新一波的廣告攻勢。在一篇自我稱許的文案中，對《新茶花》的特色和時代意義，作了全盤的描寫。

> 滬上新劇盛行，各矜奇異，實本舞臺為之先導也。其發人觀感，變化性質，令人百讀不厭之良劇，亦本舞臺居其多數。而尤以《新茶花》前十本最有價值。劇中有英雄、有兒女、有家庭瑣事、有軍國重情、有科學戰術、有兵艦火車，能令閱者繫魂動魄。不論男女各界，幾乎有口皆碑。雖別家刻意摹仿，終覺望塵弗及。故函請本舞臺重演此劇者，實繁有徒，即本舞臺各藝員亦皆躍躍欲試。非本舞臺故拂眾意，實緣《新茶花》之所以受社會歡迎者，一在各藝員描摹情景，各盡所長，一在逐節佈景，翻陳出新，均非急切所能齊備，⋯⋯茲幸劇中重要人物散而復聚，佈景又竭力改良，務求確當，稍息數日，定當從頭開演。[87]

重新開演的《新茶花》，滿臺真水先增加到十萬磅，隨即增加到二十萬磅。1918年起，歐陽予倩接替馮子和演出新茶花一角[88]。「新舞臺」竭盡所能的招徠、滿足觀眾。觀眾也用行動回應「新舞臺」的努力，根據我翻閱《申報》的粗略估計，1910到1918年間，光在「新舞臺」這齣戲就演過四百多場次。1910到1915年間，在「文明大舞臺」演過兩百五十多次。堪稱是清末民初最受歡迎的改良新劇。

《新茶花》的成功，就像上述「新舞臺」的廣告中所說的：一在於新舊交織的劇情（英雄、兒女、家庭瑣事和軍國重情、科學戰術），一在於舞臺佈景的匠心獨運、推陳出新。再加上製作的相對嚴謹和演員的投入，為千千萬萬的上

85 《申報》1914/2/14。
86 《申報》1914/3/23。
87 《申報》1915/5/20。
88 《申報》1916/3/14，5/20；1918/2/23，2/26，5/15-18。

海市民，帶來饒富新意的娛樂形式和文化體驗。

「新舞臺」在《新茶花》之後，推出的另一齣暢銷大戲是《濟公活佛》。這齣戲於1918年首演，在此後六年中，不斷加碼，演到第二十二本。因爲這齣戲，「新舞臺」據說賺了八十萬圓[89]。濟公故事中本有的戲謔性質和神奇的法術，是這齣戲歷久不衰的主因。舞臺的布景和各種譁眾取寵的設計，更增加了全劇的可看性：幾百斤重的布景老雄雞；鬥法時節「蛇蟲百腳，滿臺飛舞」「道士頭上火冒，和尚手中出水」的場面[90]；慈雲觀的平常佛殿，一蹈機關，立刻變出幾百個牛馬鬼神的機關布景；滿臺大火，將慈雲觀燒成一片瓦礫的場景[91]；和活佛在偶像腹中來去無蹤的安排[92]，讓原本只能憑空想像的神怪情節，經由現代的舞臺設施，首次用具體的形象呈現在觀眾眼前。這種具體的神怪場景，即使再粗劣，也必定能帶來一些官能的刺激。

除了劇情、舞臺，「新舞臺」最擅長的廣告包裝，也讓觀眾很難不自投羅網。在爲第三本演出作的廣告中，有下列精彩的敘述：

> 能飛的飛來峰：西湖上的飛來峰是呆的，不能飛的。新舞臺的飛來峰，是活的，是能飛的。若問究竟如何飛法，諸君自然明白。這飛來峰是點綴「名勝戲」。
>
> 三本活佛，有開當鋪，逛窯子，宿黑店，打官司，有烏龜賊強盜。描摹社會狀態，惟妙惟肖，是「社會戲」。
>
> 有勸妓女，懲逆子，擒劇盜，感浪子。說得直截痛快，看了觸目驚心，是「勸世戲」。
>
> 有殺不定頭顱，有跌不死的惡寇，有頭如笆斗的羅漢，有自打嘴巴的毛賊，有帶肉的骷髏，會飛的山峰。警頑度迷，佛法無邊，是「神怪戲」。

89 北京市藝術研究所及上海藝術研究所合編，《中國京劇史》(北京：中國戲劇出版社，1990)中卷，頁138。從《申報》的廣告我們知道這齣戲在1922年初到1923年9月間，經常演出。到1924年下半，仍是熱門劇目。

90 《申報》1919/4/18。

91 《申報》1920/1/9。

92 《申報》1920/3/7。

有思凡的尼姑，撚酸的娘子，色迷的富翁，多情的書生，還有一位專
灌迷湯的蕩婦。演得纏綿悱惻，心醉神迷，是「言情戲」。

有毛賊逞能，劇盜行劫，挾嫌出首，義士含冤。這種奇案，雖西洋著名
偵探，亦不易破，而濟公信手拈來，都成妙諦，是「偵探戲」。[93]

一齣同時包含了名勝戲、社會戲、勸世戲、神怪戲、言情戲和偵探戲的改
良戲曲，固然反映了濟公無所不包的特性，也充分迎合了上海觀眾無所不包的
大雜膾品味。這種葷素不忌的拚盤也許足以滿足一般市民的胃口，卻不能讓野
心勃勃的「新舞臺」志得意滿。這樣一齣傾力製作的代表劇，怎麼能沒有一個
更高尚、神聖的使命呢？這一點，從一開頭就說得非常清楚：

改良國家，須改良社會。欲改良社會，先改良人心。歐風東漸，國粹
淪亡，徒學西洋皮毛，將吾國固有之道德廉恥，喪失殆盡。本臺夏月
珊君，熱心救世，素以改良社會爲己任，因排濟公活佛一劇，見大廈
之將傾，假神道以救教，或能力挽狂瀾於萬一。濟公活佛，興救世之
婆心，所演警愚勸善，褒忠貶佞等事，皆以滑稽出之，非特不似登高
樓，講鄉約之令人生厭，還可以像說笑話，打哈哈之大堪噴飯。雖是
光怪陸離，皆能令人向善，縱有牛馬鬼神，莫不深具哲理。[94]

清末以來，用戲曲作下層啓蒙的言論，漸漸在知識界形成共識。上面這段
話，顯示戲曲啓蒙的思想，如何在戲曲從業人員中產生影響。將戲曲和鄉約制
度對比，顯示「新舞臺」的創辦者深深了解傳統社會的教化策略及其缺失，更
顯示這些有商業取向的大眾文化製造者，才眞正懂得教化的竅門。

陳獨秀在1904年說的名言：「戲館子是眾人的大學堂，戲子是眾人的大教
師」，「新舞臺」的戲子們在十多年之後，用帶有商業氣息的語法，自己再說
了一遍：「若是小學教員，肯照我們演濟公活佛的法子，在課堂上與學生講修

93　《申報》1919/3/13。
94　《申報》1918/11/28。

身，我看終比別的法子，容易感動兒童些。」[95]只不過陳獨秀原文中對「神仙鬼怪」的攻擊，在此遭到全然的顛覆[96]。顯然，這個時期的「新舞臺」還沒有受到五四新思潮的洗禮而顯得「反動」。

用陳獨秀的標準來看，「新舞臺」的教化手法固然顯得反動，但對某些觀眾來說，「新舞臺」在劇作中添加的現代色彩，卻可能過了頭：

> 有人說：「『新舞臺』時常用新名詞來證實濟公活佛的價值。我們掐指一算，濟公活佛是十二世紀的人物，未必有如此的新頭腦。」我們說：「劇中人是死的，扮演人是活的。我們是利用古人來勸化今人，唱戲人若是被古人拘束住了，豈不是一個新鮮活死人麼？這種戲還有什麼趣味呢？我們因為濟公活佛的名目，既能號召一時，就可以利用十二世紀的舊人物，借他灌輸20世紀的新智識。」[97]

「新」舞臺套用新名辭的作法，商業的考量當然要放在第一位。但揆諸「新舞臺」創辦人在清末民初的各項作為[98]，我們卻不能否認他們意欲藉用「新文化」的裝點來提高演員社會地位的用心，及在商業利益之後的文化理想。

「新舞臺」的比附新詞，在1920年的一幅廣告中看得格外明顯。廣告的前方先用放大的字體寫著「濟公活佛的性質，白血輪的性質。濟公活佛的功用，白血輪的功用。」接著，用當時常見的「社會有機體」的說法，把社會看成一個身體，濟公則是社會中的白血輪：「濟公活佛的生活，是多管閒事的生活，是專和罪惡分子、齷齪分子宣戰的生活，所以他的性質和白血輪同。」[99]

新思潮的影響，確實漸漸在「新舞臺」的劇作中發酵，當《濟公活佛》在

---

95 《申報》1919/3/8。

96 陳獨秀的相關言論，我曾有所討論，見《清末的下層社會啟蒙運動1901-1911》（台北：中央研究院近代史研究所專刊67，1998年再版），頁154-157。

97 《申報》1920/3/7。

98 參見我在〈中國近代大眾文化中的娛樂與啟蒙——以改良戲曲為例〉一文中的介紹。

99 《申報》1920/6/26。

1918年首演時，「新舞臺」還悍然以舊道德的悍衛者自居，對歐風東漸的現象
大加抨擊。但到民國9年，我們先在「白血球」的比喻中看到西學的皮毛，接
著在十五本《濟公活佛》的新戲廣告裡，看到大眾文化版的新文化宣言：

> 近代西洋的文藝界，皆承認「編演戲劇」是社會問題。因為「改造思
> 想」和「灌輸文化」等運動，文字的力量萬不及戲劇容易感動人心，
> 所以劇本家與演藝家，在西洋社會上佔大的勢力。
>
> 中國則不然，社會上向來把看戲當作一樁游戲事情，所以中國舞臺上
> 演的戲劇，終以迎合社會心理為主。……所以我敢說，中國的戲劇界
> 是完全被社會所征服了，中國舞臺上所演卑劣、陳腐、黑暗、不講理
> 的戲劇，適足以表示中國卑劣、陳腐、黑暗、不講理的社會。……
>
> 排這一本社會最歡迎的《濟公活佛》，并不是迎合社會心理，老實說
> 是拿遷就社會的手段去征服社會。換一句話說，就是利用濟公活佛，
> 拿極淺近的新思想去改革社會上的「惡習慣」和「舊思想」。
>
> 十五本活佛，是我們征服社會的戰利品。他的情節發鬆到極點，佈景
> 精緻到極點，令人百觀不厭。他的思想，竟和近代的新文化吻合。
>
> 十五本活佛，第一是勸人要勞動，不可倚賴親族不勞而食。第二勸人
> 要為社會服務，不要為社會分利的官吏。第三排斥多妻主義。第四勸
> 人不可自殺。[100]

1918年10月，《新青年》出版了〈戲劇改良號〉。胡適和傅斯年都發表長
文，對中國傳統戲曲進行猛烈的攻擊。傅斯年更是集中在舊劇和舊社會的關係
大作文章，認為：「中國戲劇最是助長中國人淫殺的心理。仔細看來，有這樣
社會的心理，就有這樣戲劇的思想；有這樣戲劇的思想，更促成這樣社會的心
理。」接著，一一列舉出中國歷史、中國社會中種種醜陋的面相，並認為中國
的戲劇，就是中國歷史、中國社會種種不堪的忠實寫照[101]。「新舞臺」此處的

---

100 《申報》1920/9/27。

101 詳細的討論，參見拙作〈民初的戲劇改良論〉，《中央研究院近代史研究所集
刊》22下（1993）：285-292。

廣告，完全承續了傅斯年對舊戲的批判，並搖身一變，將一齣正好是陳獨秀、傅斯年攻擊的典型舊戲，裝扮成新文化、新思想的代言人。

「新舞臺」一方面有模有樣地學習新文化精英的口吻，對中國舊戲進行批判，一方面爲了證明自己不是這種受到批判的傳統戲曲，又有模有樣地將上層思想文化最時髦的課題搬上令人錯愕的舞臺。在六本《濟公活佛》廣告的一開頭，先用加大的字體寫出全劇的主旨：「今夜活佛是『問題戲』」。然後有如下的說明：「西洋戲中有一種叫做『問題戲』，戲中演的情節，有關於政治的，或社會的，或家庭的，或……的。故意演出疑難的情節，要徵求看戲人的意見，要請看客心中感覺戲中的事跡，是否正當？」接著，提出六本《濟公活佛》中幾個類似「問題戲」的問題，包括國家不推行強迫教育制度的後果，以及傳統家族中的遺產制度所帶來的負面影響[102]。

「問題戲」的名目，無疑是取自胡適。民國7年4月，胡適在〈建設的文學革命論〉中有這樣一段說辭：「最近六十年來，歐洲的散文戲本，千變萬化，……最重要的，如『問題戲』，專研究社會的種種重要問題。……我寫到這裡，忽然想起今天梅蘭芳正在唱新編的天女散花，上海的人還正在等著看新排的多爾袞呢！」[103]好像爲了證明自己不是上海那些只會排演多爾袞的舊戲演員，「新舞臺」選用了五四新青年最流行的話題──邪惡的家庭制度──作起文章。

在八本《濟公活佛》裡，探討了女子的生活問題和中國的婚姻問題：「中國的習慣，妻子向來是他丈夫的玩具。他丈夫喜歡什麼，他也該喜歡什麼，他自己是不許有什麼選擇的。他自不用有思想，他丈夫會替他思想。他自己不用求生活，他丈夫能養活他。……看了此戲，可見得女子生活問題，不能不急急研究。」[104]

青年導師胡適的身影，又一次無遠弗屆地籠罩在上海傳統戲曲的舞臺上。胡適原文是這麼說的：「他丈夫喜歡什麼，他也該喜歡什麼，他自己是不許有

---

102 《申報》1920/3/1。
103 胡適，〈建設的文學革命論〉，《胡適文存》（台北：遠東圖書公司，1983）集
　　一，頁71。
104 《申報》1920/3/3。

什麼選擇的。他的責任在於使丈夫歡喜。他自己不用有思想，他丈夫會替他思想。他自己不過是他丈夫的玩意兒。」[105]我們有理由懷疑：「新舞臺」的編劇群在撰寫文案時，這篇〈易卜生主義〉是擺在案頭的。

《濟公活佛》十六本的出現，讓我們對易卜生和娜拉對上海改良新戲的影響，得到最明確的證據。廣告的開頭，先對《濟公活佛》一劇在上海戲劇界所引起的負面影響加以申辯：

> 有人說：現在上海的戲劇界，是越弄越糟了。各舞臺所最流行的新戲，不是演戲，簡直都是變大套戲法，無情節、無戲趣、無道理，更無所謂感化人心有益社會了。究其作用之始，不能不歸罪於新舞臺之濟公活佛。這一番的話，說得我們佩服之至。但是濟公活佛是最考究情節的，而且不敢用思想陳腐的情節，更不敢叫人盲從那奴隸性的舊道德，所以取材皆用嚴格主義，決不能使戲中情節，與現在社會潮流相去太遠。至於戲中的特別佈景，因借此可以迎合社會，多召看客，不過略事點綴而已。諸君須明白，濟公活佛之價值，在情節而不在佈景。若是別人誤會意思，不考究情節而徒眩佈景的，自然失了毫釐，差了千里了。新舞臺豈能代人受過呢？

這段說詞，一方面讓我們看到「海派京劇」的慘烈競爭，為了爭取顧客，紛紛在佈景上作手腳的表面工夫；一方面也讓我們再次看到「新舞臺」在改良新戲中所起的示範作用。但正如這則廣告所說的，別家的新戲只學到皮毛，而沒有學到精髓。當別的戲園爭相靠官能刺激招徠顧客時，「新舞臺」永遠不忘為自己的新戲賦加上具有時代意義的文化意涵。

十六本的內容看起來是一個舊戲的骨架，但「新舞臺」卻能賦予完全合乎時代潮流的新意：

> 中國舊家庭裡面，有許多惡德：丈夫待妻子，便是自私自利。他娶妻

---

105 胡適，〈易卜生主義〉，《胡適文存》集一，頁631。

子是要想快樂，要裝面子而已。妻子對丈夫，什麼都可以犧牲，丈夫為妻子，是不犯著犧牲什麼的。十六本中有一位女郎，因為要保全貞節，和替丈夫報仇，犯了殺人的嫌疑。後來她丈夫做了大官，案子落在他的手中，她丈夫非但不肯原諒她的苦衷，還要痛罵她是殺人惡婦，反而將她定成死罪。後來事情明白，丈夫知道她是一位好女子，并且沒有壞他貞節(女子守節，我不敢說大半都為取悅丈夫)。他又棄了後娶的妻子，再去求她。

前面這番對舊式家庭中「男尊女卑」現象的批判，用的完全是五四的新腔和娜拉一劇的說辭。其後描述女子覺悟後，決意「棄家遠去」的推理過程，雖然冠上了活佛點化和一品夫人的傳統橋段，但搭建的卻是一個全新的「易卜生」框架：

那女子看了這種極不堪的情形，復經活佛點化，她忽然得了大解脫，立刻覺悟。她知道(一)恩愛莫如夫妻，他們還戴了一個假道德的面具遮著面孔。(二)妻子是丈夫的玩意兒，沒有什麼叫做人格，一旦失寵，她便是丈夫腳下的泥，永世不得翻身。(三)她又知道倚賴了丈夫，雖能享富貴過安逸日子，但是一生的運命，皆須聽命於丈夫，完全做丈夫的奴隸。因為世間只有奴隸的生活命[按：原文恐誤]不能自由選揀的，是不用負責任的。所以她拿定主意，要自己靠自己，要自己作工賺錢養活自己，決意棄家遠去。後來她丈夫尋覓她的所在，想勸她同去，她對丈夫說道：「你們說我棄了一品夫人不做，在此受苦，但是我覺得我自己十個指頭掙來的粗菜淡飯，比你家中供我的山珍海味，還要好吃，并且還容易消化些。」
諸君請看，這種戲情是什麼戲情？豈是市上所流行的變戲法派的新戲中所有的情節？十六本濟公活佛的宗旨，十六本濟公活佛能於社會上發生何種影響，諸君也可以明白了。[106]

---

106 《申報》1920/6/30。

　　除了沒有使用娜拉的名字，女主角慷慨激昂的說辭，已經完全顯現出現代
激進婦女主義者的架勢。五四時期上層思想中最具代表性的婦女解放思潮，在
「新舞臺」的巧妙安排下，竟用一個最不可能的神怪劇的方式呈現出來。封建
迷信和婦女解放這兩個在新知識份子描繪的新世界中，互不相容的主命題，竟
然在上海的商業劇場中毫無扞隔地混雜在一起，這大概是新文化運動的領袖如
何也想像不出來的吧！但在充滿創意的上海大眾文化圈，什麼樣錯亂的後現代
式拼圖，都有可能被架構出來。換個角度看，這種看似矛盾的新舊衝突、水火
一爐的大拼盤，說不定正反映了城市民眾的心靈圖像。對這些人來說，濟公活
佛的神怪傳奇是他們最熟悉和喜愛的文化素材[107]，婦女解放雖然可能是現實生
活中的洪水猛獸，但掛在嘴邊，當作腥煽的社會新聞一般來談論，也是充滿刺
激的。激進的上層思想，說不定正是透過這種「落伍的」「封建的」舊傳統的
中介，才能一點一滴、一尺一寸的向民眾的思維世界進攻。

　　「新舞臺」的改良新戲，雖然隨著電影的出現，而逐漸淡出上海的商業舞
臺，但不過幾年之後，一批最激進、最前衛的左翼文人、作家和思想家，即將
再度出現在上海的街頭，探討如何在大眾文化的舊瓶之中，注入革命的新酒。
到那個時候，傳統與現代的混雜或結合，就將完全擺脫上海大眾文化市場的商
業考量，而成為上層思想界嚴肅的革命議題。

四、良友畫報

　　「新舞臺」在1920年排演的新本《濟公活佛》，已經明顯地看到上層思想
的影響。從這個意義來說，上海城市文化的現代風格可說是日趨明晰。《良友
畫報》的問世，則進一步為這種現代風格作了最佳詮釋。雖然這份刊物中仍穿
雜了程度不等的傳統質素，但在根本取向上的現代性格卻無庸置疑。這樣的取

107　「宗教」可以說是傳統大眾文化中最主要的項目。魯迅在《中國小說史略》中，
　　用極長的篇幅來介紹明代的「神魔小說」。最近，賴慧玲又對明代的傳奇劇本作
　　了通盤的研究，發現幾乎百分之九十的傳奇劇本都出現各式各樣的宗教人物和宗
　　教活動、神秘事蹟。見賴慧玲，〈明傳奇中宗教角色研究〉（東海大學中文研究
　　所博士論文，1999），頁9。不論是《點石齋畫報》或「新舞臺」的《濟公活
　　佛》，都接續了這一個歷史悠久的宗教傳統。

向，拿來和《點石齋畫報》對比，可以立刻清楚地感受出來。

就如同《點石齋畫報》使用了當時最進步的石印技術一樣，《良友》也採用了它那個時代最新的攝影技術(圖8)。但進一步看，《點石齋畫報》使用的技術再新，也只是在一個原有的基礎上作一些改良。相形之下，攝影技術的突破性發展，卻讓《良友》以全新的面貌出現。同樣是新聞，由畫家畫出的中法戰爭和由攝影呈現的軍閥混戰，其效果和意義都截然有別。照片所能傳達的「眞實感」，很容易就會爲《良友》的讀者帶來全新的感官經驗。同樣是綜合型大型畫報，《良友》除了使用照片而帶來新的視覺效果，在內容上也更切近20世紀快速變遷的中國社會。當時一位評論家認爲「其內容多注意新文化與常識之介紹」。知名的文化史家阿英則在《良友》出刊到150期時，作了更詳細的評述：「在現有畫報中，刊行最長而又富有歷史價值的，無過於《良友》。(它)在內容上有了新的改進，強調中國軍事、政治、經濟建設，以及國際的重要動態，旁及於一般的社會生活，藝術文化。」[108]

阿英的回顧，爲《良友》的性質作了很好的勾勒。一份以現實軍國大事和現代化建設爲主要題材的攝影刊物，原本就容易跳脫鄉野傳奇、搜奇誌異等題材所營造的強烈傳統氛圍，再加上一些刻意挑選的人體攝影、流行時裝和運動競賽的畫面，更強化了《良友》和傳統感知經驗的斷層。胡適、郁達夫、老舍、茅盾、巴金、丁玲、林語堂等新文化代表人物的投稿，則讓這份軟性的通俗性讀物與上層的主流思潮互通聲息，進一步強化了它的現代形象。

但就像《點石齋畫報》在一個傳統的框架下，此起彼落地點綴以現代性物事一樣，《良友畫報》也在一個現代的框架下，此起彼落地收納了一些傳統的素材。這種混雜在初期尤爲明顯。

譬如在第一期裡登載了馬戲團內685磅重的胖婦人、新婚的短夫婦、以及美國羅省動物園內推著嬰兒娃娃車的人猿[109]。搜奇誌異的意思，和《點石齋畫報》並沒有什麼不同。第三期刊登的「三足奇孩」的裸照，更和《點石齋》的類似畫作，同樣達到驚悚和令人作嘔的效果[110]。北京街頭的人力車、踩高蹺

---

108 馬國亮，《良友畫報》(台北：臺灣商務印書館影印，1990)，頁2，「重印序」。
109 《良友畫報》1(1926.2)：14。
110 《良友畫報》3(1926.4)：20。

(木腳)和舞獅的照片[111]，則有著強烈的民俗風格。

但與此同時，就在「三足奇孩」裸照的下方，刊登了一則新書店的廣告：「春風軟嫋嫋的吹起來了，大地上的一切都獻其好身手。桃紅柳綠，鶯啼鳥歌，這是何等可愛的青春哪！少年們也止如青春一般。……不久『青春好書店』就將開幕了，請諸君到那裡去找些好書讀讀。」(圖9)[112]在軟綿綿的五四新文藝腔中傳遞的愉悅、青春氣息，和方志式的三足怪照給人的陰暗、厭憎情緒，用一種讓人不安的、刺目的方式，並呈在一起。

第四期的安排，呈現出同樣的不安和刺目。我們一方面看到對上海當時最大、最豪華的電影院奧迪安(Odeon)大戲院的介紹[113]，一方面看到關於北京出殯時問路神的習俗，和山西省小人戲及北京人工孵蛋的報導。其中，山西小人戲是說「山西有小人一家，身短而年高，與常人異，因藉其短小精怪身材，作舞戲於市」。北京的人工孵蛋，則看到男女兩位帶有土氣的民眾，用網把卵藏在腹部，孵化小雞的鏡頭[114]。兩者都是典型的《點石齋》式題材。第五期的封面雖然改成彩色，而予人煥然一新之感，但仍然刊登了一幅老鼠吃了貓的報導[115]。

除此之外，早期的一些小說，也有較強的舊式文學氣味。第九期的〈海上蕩魂記〉，講的是在上海打麻雀、叫妓女的頹喪生活[116]。第十期「文藝之部」刊登的小說，用文言描寫少婦悽涼的閨怨，不出「鴛鴦蝴蝶派」的老套[117]。而「鴛鴦蝴蝶派」的大將周瘦鵑更親自出馬，幫《良友》翻譯改寫了幾篇小說[118]。

從二十五期起，《良友》陸陸續續刊登了由浙江一位叫徐硯(字見石)的畫

---

111 《良友畫報》3：17。
112 《良友畫報》3：20。
113 《良友畫報》4(1926.5)：5。對這個時期上海電影院的介紹，可以參考Leo Lee，前引書，頁83-84。
114 《良友畫報》4(1926.5)：14-15。
115 《良友畫報》5(1926.6)：19。
116 《良友畫報》9(1926.10)：21。
117 《良友畫報》10(1926.11)：26。
118 《良友畫報》，第9、10、12期。

家繪製的〈二十四孝圖〉(圖10)。從第二十六期起,並請顧頡剛配合圖片,寫了一些簡單的考證文字(圖11)。這一系列的圖片雖然手法精緻、溫和,不似《點石齋畫報》的驚悚,但內容——如爲母埋兒、孝感動天、哭竹生筍等——其實和《點石齋畫報》刊登的沒有什麼差別。特別是在五四新文化運動激烈抨擊傳統孝道的氛圍下,《良友》慎重其事地選刊這一系列的圖像,並請名家考據,其所欲傳達的意涵,確實有些曖昧不明[119]。

藉著精緻、美觀的畫作來吸引讀者,可能是一個主要的原因。因爲我們確實在《良友》的許多期目中,看到在視覺上引發愉悅之情的國畫和水彩畫作品。但我們也不能忽視《良友》欲藉此來達到教化目的的用心。即使是一份軟性、輕鬆的綜合性刊物,《良友》的創辦人其實和「新舞臺」的老闆一樣,都想在單純的娛樂之外,提供一些嚴肅的訊息。《良友》的創辦人伍聯德在第二十五期刊登〈爲良友發言〉一文,就明白宣示了一些冠冕堂皇的標的。首先,他認爲「出版業可以保國育民,印刷業可以強國富民」。接下來談到《良友》的貢獻:「我們今日的中國,民智未開,教育不振。我們可以武斷的說,就因爲書報太缺乏的原故。我們要民智開、教育興,惟一門路,就要多出版書報。……故我們勤奮、努力,來爲《良友》,更希望《良友》對於我們中國也有普遍的貢獻。」[120] 這種「開民智」的議論,延續的正是清末以來,下層啓蒙運動一貫的主張。

在表面上,《良友》的出現帶來了許多突破:「印刷方面:我們加了許多的顏色,使人看了能感覺有趣而生美的觀感。內容方面:除了那蒼蠅般的文字之外,並加插許多圖畫,使人目見而易明。」但在目迷五色之外,卻仍懸置了嚴肅的使命:「(只)希望它本身生了一種力量來,那力量到人的心坎裡去,就會使人的思想轉移,學問進步,心靈得著無限的慰藉。」[121]

但要使人的思想往那裡轉移,《良友》卻並沒有一個明確的方向。二十四孝的故事所蘊涵的目的,正與五四新文化運動背道而馳。另一方面,在刊登

---

119 連載的作品分見《良友畫報》25(1928.4):36;26(1928.5):37;27(1928.6):
　　 36;28(1928.7):36;29(1928.8):38;30(1928.9):38。
120 伍聯德,〈爲良友發言〉,《良友畫報》25(1928.4):7。
121 同上。

〈二十四孝圖〉的同時，又刊登了一位「革命藝術家」的畫作。這張題爲〈竄三苗於三危〉的水彩畫，呈現的是一群赤身裸體的苗人痛苦、挣扎的表情，有很強的現代氣息。在下方的圖說中，說明要遵奉孫中山的民族主義，否則就會像圖中的三苗一樣，陷於危險的絕境。再下方的作者簡介題爲〈一個革命的藝術家〉：「梁鼎銘先生，不是一個普通的畫家，他是有主義、能犧牲、很勇敢，站在黨的立場來喚起民眾，指導民眾，用筆尖掃除軍閥，打倒帝國主義，完成國民革命，實行三民主義的一個不可多得的革命的藝術家。」[122]

　　就今天的眼光來看，我們也許覺得這樣的說辭八股而陳舊。但根據羅志田的研究，我們知道這個時期國民黨所代表的革命勢力及宣揚的理念，連當時最前進的知識份子也備加稱許。相對於陳舊的北京和混亂污濁的北方政局，起自南方的革命團體，代表的是一種有朝氣、有理想的新興勢力[123]。這樣具有新意的圖像、文字，也許符合《良友》自我期許的開民智或轉移民眾思想的嚴肅使命，但與同樣有著嚴肅意涵的二十四孝圖像，卻反映出不同的思想走向。

　　這種新與舊、娛樂與啓蒙混雜的現象，在二十八期顯得格外強烈。我們一方面看到顧頡剛愼重其事的介紹他收藏的一本「市廛間賣唱者的曲本」中對二十四孝的描述：「第一行孝舜明君，……因孝得做帝皇身」「第二行孝是目連，目連救母往西天。觀音娘娘親點化，陰司救娘得回還。」「第四行孝是王祥，繼母久病思魚湯，將身睡在寒冰上，天賜金絲魚一雙。」[124]一方面看到三張健美男子的照片，塞滿了整頁的篇幅。題爲「男性人體美」的劇照中，身著三腳短褲，赤裸上身的「美國著名體育家」，搔首弄姿地賣弄著滿身的肌肉。解說裡特別強調「以科學的方法，分析各部肌肉美滿之標準。……對於強種優生固有影響，且無論男女，美與不美，不能單以面貌而論，必須以人體各部發育爲定評，已爲現今世界所公認的。」[125]

　　不管是科學的方法、各部肌肉美滿之標準或已爲現今世界所公認哪一個選

---

122 《良友畫報》26(1928.5)：33。

123 參見羅志田，〈南北新舊與北伐成功的再詮釋〉，《新史學》5.1(1994)：87-128。

124 顧頡剛，〈二十四孝〉續，《良友畫報》28(1928.7)：36。

125 同上，頁6。用健美之名，呈現男子裸露上半身的照片早在第4期、第5期就已經出現，分見頁2及頁16。

項,都與二十四孝中的皇帝、觀音、神蹟呈現強烈的對比。將一個瘦弱的孝子和赤身裸體的健美男子同臺並列,到底會產生什麼樣的思想轉移,是很難逆料的。

但在上述這些傳統的、嚴肅的題材之外,《良友》給人最強烈的印象,無疑還是那些愉悅的、輕鬆的、新鮮的、具有現代意涵的符碼。上述裸體的健美男子是一個很好的例子,即使用今天流行的綜合雜誌的標準來衡量,《良友》對男體的著墨,也是相當突出的。

在二十八期中,除了上述的西洋健美男子,又在別處刊登了南洋大力士像(頁25)。此外,在二十九期、三十四期、四十七期、四十八期均刊登了類似的圖片(圖12)。這種男性健美照中隱涵的同性戀慾情,在其他兩個地方發揮得更明顯。其中一張題爲〈回到自然去〉的照片,是五個裸體男子在瀑布岩石上的合照。[126]接下來,又登載了一張由英國人杜克繪製的巨幅彩色畫作〈夏天〉,呈現六個全裸的少男在船上和水中嬉戲的情景(圖13)[127]。將這種明目張膽的裸照放在1930年的時代氛圍中觀看,想必是突破的前衛之舉。

除了裸男外,在一個以女子彩照爲封面的刊物中,裸女照或裸女畫自是題中應有之義(圖14、圖15)[128]。而在這些帶有情色意味的裸男、裸女照之外,更能彰顯身體的現代意義的,莫過於類別繁多的運動照片了。除了政治人物、戰爭、重大新聞的照片外,運動會和各種體育運動的報導,是《良友畫報》中相當重要的類別(圖16)。

第二期刊登的「全國足球大賽」讓我們耳目一新,跳離了《點石齋畫報》怪力亂神的鄉野氣息,感受到一個充滿朝氣和活力的新時代的來臨。此後,不管是全國運動會[129]或是遠東運動會中男排、男足、田徑、標竿、游泳比賽的照片[130],都在文弱書生的典型外,提供新的男性認同的楷模。而像〈兩江女子體

---

126 《良友畫報》47(1930.5):24。
127 《良友畫報》59(1931.7):5。
128 《良友畫報》30(1928.9):33;47(1930.5):19;48(1930.7):24;55(1931.3):5;56(1931.4):24;61(1931.9):5。
129 《良友畫報》46(1930.4):3-6。
130 《良友畫報》48(1930.6):3-7。

育學校學生的游泳生活〉之類的女子泳裝照(圖17)[131]，在滿足了偷窺的色欲外，也同樣呈現出一種新型態的女子美的典範。在這些暴露而充滿活力的照片中，我們看到真正與傳統斷絕的身體觀和感知經驗。

作為一份呈現現代城市風貌的大眾讀物，時裝和流行都是不可或缺的重點。雖然早在第四期就已經出現介紹上海婦女時裝的照片，但不論是從婦女穿著本身或藍底黑白照的呈現手法，給人的感覺，還是近乎傳統的女性裝扮[132]。但到1930年，我們看到的女子時裝照已充分具備現代的特質。用彩色繪圖呈現出的夏秋或秋冬新裝，造型時髦，色彩艷麗，給人一種愉悅、明朗的感覺(圖18)[133]。

除了健美的男士、裸體的女子、流行的時裝和著泳裝的女子選手，締造了新的感官經驗外，經過重新包裝的梅蘭芳京劇照片(圖19)[134]，也可以和登肯(Irma Duncan，今譯鄧肯)跳舞團[135]一樣(圖20)，成為城市精緻文化的表徵。同樣做為一種文化、娛樂形式，電影劇照和相關新聞，更在《良友》中佔有吃重的分量。從十誡[136]、〈馬戲〉中的卓別靈(林)[137]、銀幕情侶胡蝶、鄭小秋，珍妮蓋諾(Janet Gaynor)與查理士法雷(Charles Farelis)[138]以及上海電影片廠的拍攝實景[139]，均一一呈現在讀者的眼前[140]。

作為一種文化的裝點和品味的表徵，《良友》中刊登的大量中、西畫作和

---

131 《良友畫報》49(1930.8)：32-33。

132 《良友畫報》4(1926.5)：12-13。

133 《良友畫報》49(1930.8)：32-33；50(1930.9/10合刊)：23；53(1931.1)：23；60(1931.8)：18-19。

134 〈太真外傳〉劇照，見《良友畫報》25(1928.4)：27。

135 《良友畫報》12(1927.1)：17。

136 《良友畫報》1(1926.2)：8-9。

137 《良友畫報》25(1928.4)：26。

138 《良友畫報》54(1931.2)：36-37。

139 《良友畫報》61(1931.9)：34-35。

140 由於電影在市民娛樂中占有的地位愈來愈重要，除了像《良友》這種綜合性刊物有許多介紹圖片、文字外，專門性的電影雜誌也大量出現。一項統計指出在1921-1949年間，共有206種電影雜誌問世，包括月刊、期刊和特刊。相關的研究見Leo Lee, *Shanghai Modern: The Flowering of a New Urban Culture in China, 1930-1945*, pp. 85-90.

美術作品也格外值得注意。不論是彩色圖〈燭光〉，水彩畫〈首都鼓樓〉[141]，錢君
匋的〈紅、黃、藍〉三重奏或中國顧繡〈松鶴圖〉[142]等，都予人優雅、愉悅的
印象。這些作品或是採用西式技巧、畫風，或是凸顯人物的特異個性[143]，顯
現出強烈的現代風格。我們可以看出，到1930年代初，透過印刷、攝影技術的
改良，《良友》已能成功地營造出一種精緻的文化品味。

五、結論

　　透過《點石齋畫報》、「新舞臺」的改良戲曲和《良友畫報》等三種具有
代表性的刊物和文化類型，我們可以清楚地看出上海城市文化在半個世紀中轉
變的痕跡。大體說來，《點石齋》在傳統的架構中，不時透露出一些新意。
《良友》在現代化的取向中，偶爾夾雜一些傳統的文化符碼。「新舞臺」則不
斷嘗試利用舊的大眾文化形式來傳遞一些新的時代訊息，在後期排演的《濟公
活佛》中，更引介了一些激烈的文化議題。

　　在由傳統向現代遞變的過程中，上層主流思想與城市通俗文化間的關係，
也出現不同的樣式。以《點石齋》而論，1880年代，特別是甲午戰爭以後，上
層思想界的激烈變化，並沒有在城市通俗文化中產生深刻的影響。除了一些新
興的「奇技淫巧」和少數介紹西方女性地位的圖片外，《點石齋》基本上還停
留在一個沒有除魅的前現代世界。城市的外觀和新式器物，固然將上海一步步
導入現代國際社會，但在心態上，《點石齋》呈現的仍是一幅魔幻、詭奇的鄉
野圖像。

　　「新舞臺」的創辦人，在辛亥革命期間積極參與革命活動，在大量創作的
改良新戲中，呈現出具有啓蒙意味的課題。就這一點而論，其實和清末以來的
「開民智」思潮有密切的關係。我們可以說，這個眞正以一般民眾爲對象的傳

---

141 《良友畫報》53(1931.1)：3-4。

142 《良友畫報》54(1931.2)：22、25。

143 陳秋草的〈高女士像〉，也同樣打破傳統仕女圖溫雅的造型，刻意突出畫作主角
　　的獨特個性。《良友畫報》56(1931.4)：3。

統藝術形式，充分反映了清末民初的主流思潮[144]。在此，大眾文化和主流思想產生了極大的重疊性。作爲大眾文化的生產者，「新舞臺」深知如何將新訊息巧妙地鑲嵌在舊的骨架下，讓新訊息在不知不覺，沒有太多負擔和抗拒的情形下，緩緩釋放出來。但市場的考量，迎合觀眾口味的取向及創作者本身的思想侷限，在在都讓改良戲曲充滿了新舊混雜的特色。

在五四初期，「新舞臺」的創作一度與精英知識階層的思想產生極大的距離。但在《濟公活佛》的後期劇本中，我們卻看到上層最激進的思想，如何用驚人的手法，包裝在一個神怪的舊傳統——一種最受主流思想撻伐的傳統質素中。這種大膽的嘗試，爲1930年代左翼陣營的大眾化論戰，和1940年代的「新歌劇」開啓先河，並在文革期間的革命樣板戲達到高潮。在這一個發展過程中，傳統與現代，大眾文化與精英思想，呈現空前緊密的結合。

《良友畫報》的娛樂休閒性，其實遠大於創辦者企圖進行的「開民智」的工作。它提供了一種新的感官經驗，也受到深具現代形象的知識份子的讚譽和背書，但我們卻不能說它反映了上層思想界關懷的議題。我們只能說，如果五四新知識份子關心的課題，構成了中國思想界的現代性的話，《良友》則是用一種明朗、輕鬆的方式，呈現了文化上的現代感受。一種官能上的、美感經驗上的和文化品味上的現代性。

這三個不同階段的文化樣本，到底在多大程度上再現了城市生活的實質或城市居民的心靈圖像呢？如果清末民初的「鴛鴦蝴蝶派」小說和電影可以作爲參考架構的話，我們可以合理地推斷，《點石齋畫報》所營造出來的魔幻圖像，也許忠實地反映了當時一般上海居民的心靈結構。「新舞臺」毫不覺扞格、衝突地將傳統的文化素材和新的時代訊息混雜在一起，也可能反映了一般民眾新舊混合的拼盤式心態。

至於《良友畫報》刻意營造出來的那個明朗的現代世界，到底有多少反映了20、30年代上海的蛻變，則是一個有待進一步探討的課題。戰爭、時事，透過鏡頭，當然能營造出較《點石齋畫報》或改良戲曲更眞實的現實感，就這一

---

144 清末開民智運動的具體內容和以「新舞臺」爲中心的改良戲曲的具體內容，有極大的雷同，分見我的中文專論《清末的下層社會啓蒙運動》和"Opera, Society and Politics," chap. 4.

個層面來說，我們可以說《良友》相對忠實地再現了20世紀中國的現代風貌。但如果就《良友》刻意製造出的流行、文化、精緻品味而言，到底是《良友》反映了眞實的上海，或是《良友》爲上海人塑造了文化現代性的可能形態和模仿對象，並因此改變了城市居民的文化感知力、鑑賞力和心靈圖像，顯然還需要更多的探討。

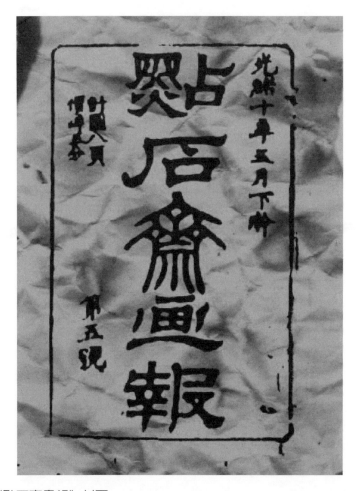

圖1　《點石齋畫報》封面：圖1-圖7，引用自中央研究院近史所圖書館善本書室所藏《點石齋畫報》（廣州：廣東人民出版社，1983）。

圖2　〈球升忽裂〉：《點石齋畫報》，元八，37：62。

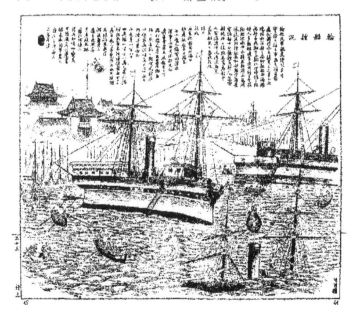

圖3　〈輪船撞沉〉：《點石齋畫報》，行三，43：23。

圖4 〈海狗鳴冤〉：《點石齋畫報》，文九，5-8：70。

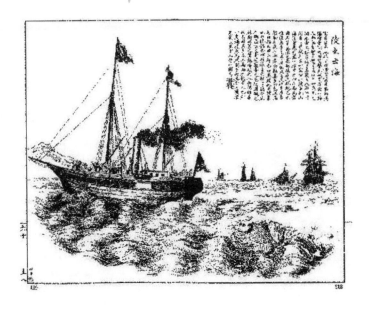

圖5 〈陵魚出海〉：《點石齋畫報》，土八，3-6：60。

圖6　〈無頭小孩〉：《點石齋畫報》，革十一，3-7：81。

圖7　〈節婦生鬚〉：《點石齋畫報》，貞五，41：35。

圖8　《良友》封面，《良友》51（1930.11）。圖8-圖20，梁得所
　　　等主編，《良友畫報》（台北：臺灣商務印書館，1990）。

圖9　《良友》廣告；《良友》3（1926.4）：20。

圖10　二十四孝圖；《良友》26(1928.5)：37上。

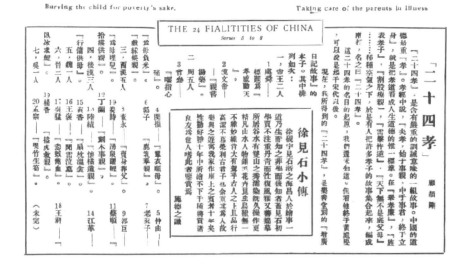

圖11　二十四孝文；《良友》26(1928.5)：37下。

圖12 健美男性；《良友》48(1930.6)：25。

圖13 夏天；《良友》59(1931.7)：5。

圖14　裸女照；《良友》51(1930.11)：36。

圖15　裸女照；《良友》51(1930.11)：37。

圖16　體育界健美女性；《良友》45(1930.3)：24。

圖17　兩江女子體育學校學生的游泳生活；《良友》49(1930.8)：32。

圖18　秋季新裝：《良友》59(1930.10)：25。

圖19　梅蘭芳：《良友》25(1928.4)：27。

圖20　鄧肯：《良友》12(1927.1)：17。

參考書目

一、古籍書目

〈陋軒詩序〉，(清)王士禎，收入《續修四庫全書》，1403(上海：上海古籍
　　出版社，2002)。

〈然脂集例〉，(清)王士祿，《叢書集成續編》(上海：上海書店，1994)。

《九青圖詠》，(清)陳維崧，收入張江裁(次溪)輯，《清代燕都梨園史料續
　　編》(1937年雙肇樓排印本，台北：中央研究院歷史語言研究所傅斯年圖
　　書館藏)。

《了凡四訓》，(明)袁黃，收於藍吉富主編，《大藏經補編》，28(台北：華
　　宇出版社，1986)。

《不下帶編》，(清)金埴，收入《筆記小說大觀》，44編(台北：新興書局，
　　1987)。

《五種遺規》，(清)陳宏謀(上海：中華書局，1939)。

《元明清三代禁燬小說戲曲史料》，王利器輯錄，(上海：上海古籍出版社，
　　1981)。

《分甘餘話》，(清)王士禎(北京：中華書局，1997)。

《太上感應篇註講證案彙編》，林立仁整編(板橋：正一善書，1993)

《水曹清暇錄》，(清)汪啓淑，楊輝君點校本(北京：北京古籍出版社，
　　1998)。

《王士禎年譜》，(清)王士禎；孫言誠點校(北京：中華書局，1992)。

《本事詩‧續本事詩‧本事詞》，(清)周在浚；李學穎標點 (上海：上海古籍
　　出版社，1991)。

《申報》，上海申報編輯(上海：上海書店，1982-1987)。

《白雪遺音》，(清)華廣生編(北京：中華，1959)。

《同人集》，(清)冒襄編，《四庫全書存目叢書》，集385(台南：莊嚴文化公司，1997)。

《如皋冒氏叢書》，(清)冒廣生輯，清光緒至民國間刊本。

《如皋縣志》，(清)楊受延等修，(清)馬汝舟等纂，嘉慶十三年刊本，卷22，古蹟(台北，成文出版社，1970)。

《池北偶談》，(清)王士禎(北京：中華書局，1997)。

《良友畫報》，梁得所等編，(台北：臺灣商務印書館，1990)。

《見聞雜記》，(明)李樂，《續修四庫全書》，1171，卷10(上海：上海古籍出版社，1997)。

《居易錄》，(清)王士禎，收入周光培編，《清代筆記小說》，66(石家莊：河北教育出版社，1996)。

《明史》，卷277(臺北：臺灣中華書局，1971)。

《板橋雜記》，(明)余懷，收於《豔史叢鈔》上(台北：廣文書局，1976)；劉如溪點評，《板橋雜記》(青島：青島出版社，2002)。

《長物志圖說》，(明)文震亨；海軍、田君注釋(濟南，山東畫報出版社，2004)。

《侯朝宗文選》，(清)侯方域；徐植農、趙玉霞注譯(濟南：齊魯書社，1988)。

《冒巢民先生年譜》，(清)冒廣生編，收於《北京圖書館藏珍本年譜叢刊》第70冊(北京：北京圖書館出版社，1999)。

《香祖筆記》，(清)王士禎(上海：上海古籍出版社，1982)。

《夏赤城先生文集》，(明)夏鍭，《四庫全書存目叢書》，集部第45冊，卷16(台南：莊嚴文化公司，1997)。

《桃花扇》，(清)孔尚任；王季思、蘇寰中、楊德平合註(北京：人民出版社，1980)。

《留都見聞錄》，(明)吳應箕，收於《叢書集成續編》，集部，第178冊(上海：上海書店，1994)。

《荊川先生文集》，(明)唐順之(上海：商務印書館，1929)。

《袁枚全集》，(清)袁枚(南京：江蘇古籍出版社，1993)。

《婦人集》，(清)陳維崧(台北：藝文印書館，1967)。

《巢民文集》，(清)冒襄，收於《叢書集成三編》，53，卷4(台北：新文豐，1997)。

《得一錄》，(清)余治(中央研究院歷史語言研究所藏同治八年(1869)刊本)。

《梅村集》，(清)吳偉業，《景印文淵閣四庫全書》，1312，卷38(台北：臺灣商務印書館，1983)。

《清史列傳》，冊70(上海：中華書局，1928)。

《清史稿》，(清)趙爾巽等撰，楊家駱點校，第17冊(台北：鼎文書局，1981)。

《陶庵夢憶》，(明)張岱；馬興榮點校(上海：上海古籍出版社，1982)。

《揚州畫舫錄》，(清)李斗(北京：中華書局，1997)。

《湖海樓詩集》，(清)陳維崧，收入《陳迦陵文集》(台北：臺灣商務印書館，1965)。

《詞謔》，(明)李開先，《中國古典戲曲論著集成》(三)(北京：中國戲劇出版社，1980)。

《鈍翁前後類稿》，(清)汪琬，收入《四庫全書存目叢書》，集部第227冊(台南：莊嚴文化公司，1997)。

《雲郎小史》，(清)冒廣生，收入張江裁(次溪)輯，《清代燕都梨園史料續編》(1937年雙肇樓排印本，台北：中央研究院歷史語言研究所傅斯年圖書館藏)。

《感應篇圖說》，(清)許纘曾，收在《藏外道書》，第27冊(成都：巴蜀書社，1992)。

《奩史》，(清)王初桐輯，收於《續修四庫全書》(上海：上海古籍出版社，1997)。

《漁洋山人文略》，(清)王士禎，收入《叢書集成三編》，54(台北：新文豐出版公司，1997)。

《漁洋山人集七種》，(清)王士禎(乾隆年間刊本，台北：中央研究院歷史語

言研究所傅斯年圖書館藏)。

《漁洋山人精華錄訓纂》，(清)惠棟註，收入《四庫全書存目叢書》，集部第
　226冊(台南：莊嚴文化公司，1997)。

《漁洋詩集》，(清)王士禎，收入《四庫全書存目叢書》，集部第226冊(台
　南：莊嚴文化公司，1997)。

《漁洋詩話》，(清)王士禎，收入《清詩話》(北京：中華書局，1963)。

《漁洋精華錄集釋》，(清)王士禎；李毓芙、牟通、李茂肅整理(上海：上海
　古籍出版，1999)。

《綴白裘》，(清)玩花主人輯，(清)錢德蒼續選；收於王秋桂主編，《善本戲
　曲叢刊》(台北：臺灣學生書局，1984)。

《增圖校正桃花扇》，(清)孔尚任；吳梅，李詳校正(揚州：江蘇廣陵古籍出
　版社，1979)。

《影梅菴憶語》，(清)冒襄，《續修四庫全書》，1272(上海：上海古籍出版
　社，2002)。

《鄭板橋集》(上海：古籍出版社，1986年版)。

《燕子箋》，(明)阮大鋮；劉一禾注，張安全校(上海：上海古籍出版社，
　1986)。

《醒世恆言》，(明)馮夢龍(台北：天一出版社，1985)。

《錢牧齋全集》，(清)錢謙益；錢曾箋注，錢仲聯標校(上海：上海古籍出版
　社，2003)。

《霓裳續譜》，(清)王廷紹編(北京：中華，1959)。

《點石齋畫報》(廣州市：廣東人民出版社，1983)；(上海：上海文藝出版
　社，1998)。

二、一般中、日文書目

上海藝術研究所主編
　1981　《中國戲曲曲藝辭典》(上海：辭書出版社)。
大木康

2002　　《中國遊里空間──明清秦淮妓女の世界》(東京：青土社)。

中國大百科全書出版社編輯部

1983　　《戲曲・曲藝》卷，《中國大百科全書》(北京；上海：中國大百科
　　　　全書出版社)。

夫馬進

1982　　〈同善会小史──中国社会福祉史上における明末清初の位置づけの
　　　　ために〉，《史林》65.4(京都大學史學研究會)。

王正華

2005　　〈過眼繁華──晚明城市圖、城市觀與文化消費的研究〉，收於李孝
　　　　悌主編，《中國的城市生活》(台北：聯經出版公司)。

王安祈

1986　　《明代傳奇之劇場及其藝術》(台北：學生書局)。

王汎森

1998　　〈日譜與明末清初思想家──以顏李學派為主的討論〉，《中央研究
　　　　院歷史語言研究所集刊》69.2(台北：中央研究院歷史語言研究所)。

1998　　〈明末清初的一種道德嚴格主義〉，收入《近世中國之傳統與蛻
　　　　變──劉廣京院士七十五歲祝壽論文集》上冊(台北：中央研究院近
　　　　代史研究所特刊5)。

2002　　〈清初士人的悔罪心態與消極行為─不入城、不赴講會、不結社〉，
　　　　收入周質平、Willard J. Peterson編，《國史浮海開新錄：余英時教授
　　　　榮退論文集》(台北：聯經出版公司)。

王利民、丁富生、顧啓

2004　　《冒辟疆與董小宛》(北京：中華書局)。

王季思主編

1982　　《中國十大古典悲劇集》(上海：上海文藝出版社)。

王明

1985　　《抱朴子內篇校釋》(北京：中華書局)。

王振忠

1996　　《明清徽商與淮揚社會變遷》(北京：三聯書店)。

王夢鷗

　1983　〈紅線〉，《唐人小說校釋》（台北：正中書局）。

王爾敏

　1990　〈中國近代知識普及化傳播之圖說形式〉，《中央研究院近代史研究
　　　　所集刊》19(台北：中央研究院近代史研究所)。

王錫榮編注

　1986　《鄭板橋集詳注》（長春：吉林文史出版社）。

王璦玲

　2003　〈以情造境——明清戲曲中之敘事與時空想像〉，收於熊秉真編，
　　　　《睹物思人》（台北：麥田出版社）。

　2005　〈「忖度予心，百不失一」——論《桃花扇》評本中批評語境之提示
　　　　性與詮釋性〉，《中國文哲研究叢刊》26(台北：中央研究院中國文
　　　　哲研究所)。

　2005　《晚明清初戲曲之審美構思與其藝術呈現》（台北：中央研究院中國
　　　　文哲研究所）。

王鴻泰

　1994　《三言二拍的精神史研究》（台北：臺灣大學文學院）。

　1998　《流動與互動——由明清間城市生活的特殊性探測公眾場域的開展》
　　　　(國立臺灣大學歷史學研究所博士論文)。

　1999　〈美感空間的經營——明、清間的城市園林與文人文化〉，收入
　　　　《東亞近代思想與社會》(臺北：月旦出版社)。

　2002　〈明清士人的生活經營與雅俗的辯證〉，發表於「中國日常生活的論
　　　　述與實踐」學術研討會(紐約：美國哥倫比亞大學)，待刊。

　2004　〈閒情雅致—明清間文人的生活經營與品賞文化〉，《故宮學術季
　　　　刊》22：1(台北：故宮博物院)。

待刊稿　〈武功、武學、武藝、武俠——明代士人的習武風尚與異類交游〉。

王鐿容

　2002　〈從小眾到大眾：「隨園」的文化圖景〉，《中極學刊》2(南投：暨
　　　　南大學中文系)。

北京市藝術研究所及上海藝術研究所合編

1990　《中國京劇史》中卷(北京：中國戲劇出版社)。

朱偰

1936　《金陵古蹟圖考》(上海：商務印書館)。

朱劍芒

1962　〈香畹樓憶語考〉、〈影梅菴憶語校讀後附記〉，收於《足本浮生六記等五種》(台北：世界書局)。

何法周主編，王樹林校箋

1992　《侯方域集校箋》(鄭州：中州古籍出版社)。

2000　《侯方域詩集校箋》，何法周主編，王樹林校箋(鄭州：中州古籍出版社)。

何冠彪

1997　《生與死：明季士大夫的抉擇》(台北：聯經出版公司)。

余英時

1986　《方以智晚節考》(臺北：允晨)。

1987　〈方以智自沈惶恐灘考〉，《中國思想傳統的現代詮釋》(台北：聯經出版公司)。

1987　《中國近世宗教倫理與商人精神》。

1987　《中國傳統思想的現代詮釋》。

吳存存

1997　〈清代士人狎優蓄童風氣敘略〉，《中國文化》15/16。

吳定中

2001　《董小宛匯考》(上海：上海書店)。

吳梅

2000　《顧曲麈談》(上海：上海古籍出版社)。

2000　《中國戲曲概論》(上海：上海古籍出版社)。

呂武進、李紹成、徐柏春

1991　《南京地名源》(南京：江蘇科學技術出版社)。

巫仁恕

1999 〈明代平民服飾的流行風尚與士大夫的反應〉，《新史學》10.3(台北：新史學雜誌社)。

2003 〈晚明的旅遊活動與消費文化——以江南爲討論中心〉，《中央研究院近代史研究所集刊》第41期(台北：中央研究院近代史研究所)。

李永祜主編

1994 《奩史選注——中國古代婦女生活大觀》(北京：中國人民大學出版社)。

李孝悌

1993 〈民初的戲劇改良論〉，《中央研究院近代史研究所集刊》22下(台北：中央研究院近代史研究所)。

1998 〈明清的統治階層與宗教：正統與異端之辨〉，收於郝延平、魏秀梅主編，《近世中國之傳統與蛻變：劉廣京院士七十五歲祝壽論文集》上冊(台北：中央研究院近代史研究所)。

1998 《清末的下層社會啓蒙運動1901-1911》(台北：中央研究院近代史研究所專刊67，再版)。

1999 〈娛樂、情色與啓蒙——俗文學的幾個面向〉，《古今論衡》3(台北：中央研究院歷史語言研究所)。

2001 〈中國近代大眾文化中的娛樂與啓蒙——以改良戲曲爲例〉，收在《「二十世紀的中國與世界」論文選集》下冊(台北：中央研究院近代史研究所)。

2005 〈明清文化史研究的一些新課題〉，收於《中國的城市生活》(台北：聯經出版公司)。

李家瑞

1933 《北京俗曲略》(台北：中央研究院歷史語言研究所)。

1982 〈智壽齋的唱本〉，《李家瑞先生通俗文學論文集》(台北：臺灣學生書局)。

李康化

2001 《明清之際江南詞學思想研究》(成都：巴蜀書社)。

周邦道

1993　〈序〉，收於林立仁整編《太上感應篇註講證案彙編》（板橋：正一善書）。

周積寅、王鳳珠

1991　《鄭板橋年譜》（濟南：山東美術出版社）。

林鋒雄

1983　〈船載書目所錄綴白裘會集釋義〉，《天理大學學報》140。

林麗月

1999　〈衣裳與風教──晚明的服飾風尚與「服妖」議論〉，《新史學》10.3(台北：新史學雜誌社)。

2004　〈大雅將還：從「蘇樣」服飾看晚明的消費文化〉，收入《明史研究論叢》第6輯(合肥：黃山書社)。

邱仲麟

2002　〈誕日稱觴──明清社會的慶壽文化〉，《新史學》11：3(台北：新史學雜誌社)。

邱澎生

1992　〈明代蘇州營利出版事業及其社會效應〉，《九州學刊》5.2(香港：香港中華文化促進中心)。

胡益民

2002　《張岱評傳》（南京：南京大學出版社）。

胡頌平主編

1984　《胡適之先生年譜長編初稿》，第六冊(台北：聯經出版公司)。

胡適

1983　〈建設的文學革命論〉，《胡適文存》，第一集(台北，遠東圖書公司)。

1983　〈易卜生主義〉，《胡適文存》，第一集。

1983　〈讀呂氏春秋〉，《胡適文存》，第三集。

范金民

1998　《明清江南商業的發展》（南京：南京大學出版社）。

孫康宜

2002 〈典範詩人王漁洋〉，收入陳平原、王德威、商偉編，《晚明與晚清：歷史傳承與文化創新》（武漢：湖北教育出版社）。

孫顯軍

1992 〈禮學名家任大椿〉，收於王瑜主編，《揚州歷代名人》（南京：江蘇古籍出版社）。

徐泓

1989 〈明代社會風氣的變遷——以江、浙地區為例〉，《中央研究院第二屆國際漢學會議論文集》（台北：中央研究院）。

1989 〈明代後期華北商品經濟的發展與社會風氣的變遷〉，《第二次中國近代經濟史研討會論文集》（台北：中央研究院經濟研究所）。

徐振貴

1995 〈趙執信與王士禎詩及詩論評辨〉，《齊魯學刊》（曲阜：齊魯學刊編輯部）。

袁世碩

1987 《孔尚任交游考》、《孔尚任年譜》（濟南：齊魯書社）。

袁書非(Volpp, Sophie)

2002 〈如食橄欖——十七世紀中國對男伶的文學消受〉，收入陳平原、王德威、商偉編，《晚明與晚清：歷史傳承與文化創新》（武漢：湖北教育出版社）。

酒井忠夫

1947 〈明代の日用類書と庶民教育〉，《近代中國教育史研究》（東京：國土社）。

1960 《中國善書の研究》（東京：國書刊行會）。

1992 〈功過格的研究〉，收於劉俊文主編，《日本學者研究中國史論著選譯》，卷7(北京：中華書局)。

馬西沙、韓秉方

1992 《中國民間宗教史》（上海：人民出版社）。

康無為(Kahn, Harold)

1993 《讀史偶得：學術演講三篇》（台北：中央研究院近史研究所）。

張少康

　1995　〈董其昌的畫論和王漁洋的詩論〉，《蘇州大學學報(哲學社會科學版)》(蘇州市：蘇州大學學報編輯部)。

張宇聲

　1996　〈王漁洋揚州文學活動評述〉，《淄博師專學報》50。

張佛泉

　1955　《自由與人權》(香港，亞洲出版社)。

張秀民

　1988　《中國印刷史》(上海：上海人民出版社)。

張庚、郭漢城

　1995　《中國戲曲通史》(台北：丹青圖書公司)。

張繼光

　1989　《霓裳續譜研究》(台北：文津出版社)。

梁其姿

　1986　〈明末清初民間慈善活動的興起——以江浙地區為例〉，《食貨月刊》復刊15.7/8(台北：食貨)。

　1997　《施善與教化：明清的慈善組織》(台北：聯經出版公司)。

梁啓超

　1972　《桃花扇註》，收入《飲冰室專集》，第10冊(台北：臺灣中華書局)。

許地山

　1986　《扶迷信底研究》(台北：臺灣商務印書館)。

許衛平

　1992　〈博學通才汪中〉，收於王瑜主編，《揚州歷代名人》(南京：江蘇古籍出版社)。

郭忠豪

　2004　〈食物製作與品饌文化——萬歷—乾隆間江南的飲食生活〉(國立暨南國際大學歷史學研究所碩士論文)。

郭馨、廖東主編

2002 《中國歷代人物像傳》，第4冊(濟南：齊魯書社，2002)。

陳永發

1998 《中國共產革命七十年》(台北：聯經出版公司)。

陳玉堂

1993 《中國近現代人物名號大辭典》(杭州：浙江古籍出版社)。

陳寅恪

2001 《柳如是別傳》(北京：生活‧讀書‧新知三聯書店)。

傅昌澤

1992 《浮生六記注》，本書由俞平伯校點(北京：北京師範學院出版社)。

曾永義

1980 《說俗文學》(台北：聯經出版公司)。

曾棗莊

1995 《蘇轍評傳》(台北：五南圖書出版有限公司)。

2001 《蘇軾研究史》(南京：江蘇教育出版社)。

曾學文

1992 〈訓詁宗師王氏父子〉，收於王瑜主編，《揚州歷代名人》(南京：江蘇古籍出版社)。

游子安

1994 《清代善書與社會文化變遷》(香港中文大學歷史系博士論文)。

1999 《勸化金箴：清代善書研究》(天津：天津人民出版社)。

程季華

1963 《中國電影發展史》(北京：中國電影出版社)。

費絲言

1998 《由典範到規範：從明代貞節烈女的辨識與流傳看貞節觀念的嚴格化》(台北：台大文史叢刊)。

黃志良

1992 《白雪遺音研究》(東吳大學中文研究所碩士論文)。

楊國楨、陳支平

1995 《明史新編》(台北：雲龍出版社)。

楊蔭瀏

1986　《中國古代音樂史稿》（台北：丹青圖書公司）。

董新林

2007　《墓葬：歷代帝王及百姓死後的家》（台北：五南圖書公司）。

熊月之、張敏

1999　《上海通史》（上海：人民出版社）。

劉志琴

1984　〈晚明城市風尚初探〉，《中國文化研究叢刊》，第一輯（上海：復旦大學）。

2004　〈明代的飲食思想與文化思潮〉，收於《晚明史論──重新認識末世衰變》（南昌：江西高校出版社）。

劉康

1995　《對話的喧聲：巴赫亭文化理論述評》（台北：麥田出版社）。

劉錚雲

1993　〈「衝、繁、疲、難」：清代道、府、廳、州、縣等級初探〉，《中央研究院歷史語言研究所集刊》64.1（台北：中央研究院歷史語言研究所）。

蔣寅

1996　〈王漁洋與清詞之發軔〉，《文學遺產》（南京：江蘇古籍出版社）。

2001a　《王漁洋與康熙詩壇》（北京：中國社會科學出版社）。

2001b　《王漁洋事跡征略》（北京：人民文學出版社）。

2004　〈王士禛與江南遺民詩人群〉，發表於「王士禛及其文學群體」學術研討會（台北：中央研究院中國文哲研究所）。

鄭振鐸

1986　《中國俗文學史》（台北：商務印書館，重印本）。

鄭培凱

1995　《湯顯祖與晚明文化》（台北：允晨文化公司）。

魯迅

1989　〈上海文藝之一瞥〉，《二心集》，收於《魯迅全集》，卷六（台

北：唐山影印本）。

賴慧玲

　　1999　〈明傳奇中宗教角色研究〉（東海大學中文研究所博士論文）。

錢杭、承載

　　1998　《十七世紀江南社會生活》（台北：南天書局）。

錢穆

　　1976　《中國近三百年學術史》（台北：台灣商務印書館）。

謝國楨

　　2004　《明清之際黨社運動考》（上海：上海書店）。

魏紹昌等人編

　　1984　《鴛鴦蝴蝶派文學資料》（福州：福建人民出版社）。

羅志田

　　1994　〈南北新舊與北伐成功的再詮釋〉，《新史學》5.1（台北：新史學雜誌社）。

嚴迪昌

　　1998　《清詩史》（台北：五南圖書出版有限公司）。

龔義江

　　1989　〈南方京劇旦角改革的先驅馮子和〉，中國人民政治協商會議上海市委員會文史資料委員編輯，《戲曲菁英》上（上海：人民出版社）。

三、西文參考書目

Baumer, Franklin

　　1977　*Modern European Thought: Continuity and Change in Ideas, 1600-1950* (New York: Macmillan Publishing Co.).

Berlin, Isaiah

　　1986　*Four Essays on Liberty*；此處用的是中文譯本，見陳曉林譯，《自由四論》（台北：聯經出版公司，1986）。

Bonnell, Victoria; Hunt, Lynn eds

1999 *Beyond the Cultural Turn: New Directions in the Study of Society and Culture* (Berkeley and Los Angeles: University of California Press).

Bray, Francesca

1997 *Technology and Gender: Fabrics and Power in Late Imperial China* (Berkeley and Los Angeles: University of California Press).

Brokaw, Cynthia J.

1991 *The Ledgers of Merit and Demerit: Social Change and Moral Order in Late Imperial China* (Princeton University Press).

Ch'en Jerome

1986 "The Communist Movement 1927-1937," in John K. Fairbank & Albert Feuerwerker eds., *Republican China 1912-1949* (Part 2), in *The Cambridge History of China*, vol. 13 (Cambridge University Press).

Chow Kai-wing

1994 *The Rise of Confucian Ritualism in Late Imperial China: Ethics, Classics, and Lineage Discourse* (Stanford University Press).

Clark, Katerina & Holquist, Michael

1984 *Mikhail Bakhtin* (Cambridge: Harvard University Press).

de Bary, William Theodore

1970 "Individualism and Humanitarianism in Late Ming Thought," in de Bary ed., *Self and Society in Ming Thought* (New York: Columbia University Press).

1983 *The Liberal Tradition in China* (Hong Kong: Chinese University Press; New York: Columbia University Press)，中文翻譯《中國的自由傳統》（台北：聯經出版公司，1983），由李弘祺等人譯出。

Duara, Prasenjit

1988 "Superscribing Symbols: The Myth of Guandi, Chinese God of War," *The Journal of Asian Studies* 47, no.4 (Ann Arbor, Mich: Association for Asian Studies).

Finnane, Antonia

2004 *Speaking of Yangzhou: A Chinese City, 1550-1850* （Harvard University Press）.

Forster, Edward Morgan

1973 *Aspects of the Novel*, 原書未見，我此處用的是中文譯本。見李文彬譯，《小說面面觀：現代小說寫作的藝術》（台北：志文出版社，1973）.

Gurevich,Aron

1988 *Medieval Popular Culture: Problems of Belief and Perception* （Cambridge, New York: Cambridge University Press, 1988）, trans. by Janos M. Bak and Paul A. Hollingsworth.

Hershatter, Gail

1997 *Dangerous Pleasures : Prostitution and Modernity in Twentieth-Century Shanghai* （University of California Press, 1997）.

Holmes,Stephen

1984 *Benjamin Constant and the Making of Modern Liberalism* （New Haven: Yale University Press）.

Hsia,C.T.

1970 "Time and the Human Condition in the Plays of T'ang Hsien-tsu," in de Bary ed., *Self and Society in Ming Thought* （New York: Columbia University Press）.

Hsu Ginger Cheng-chi

2001 *A Bushel of Pearls: Painting for Sale in Eighteenth-Century Yangchow* （Stanford University Press）.

Hummel, Arthur

1991 *Eminent Chinese of the Ch'ing Period* （Taipei: SMC南天書局）.

Ko,Dorothy

1994 *Teachers of the Inner Chambers: Women and Culture in Seventeenth-Century China* （Stanford, Calif.: Stanford University Press）.

Leo Ou-fan Lee

1983 "Literary Trends I: The Quest of Modernity, 1895-1927," in John K.

Fairbank ed., *Republi-can China 1912-1949* (Part 1), in *The Cambridge History of China*, vol. 12 (Cambridge University Press).

1999 *Shanghai Modern: The Flowering of a New Urban Culture in China, 1930-1945* (Cambridge: Harvard University Press).

Li Hsiao-t'i

1996 "Opera, Society and Politics: Chinese Intellectuals and Popular Culture, 1901-1937" (Ph. D. Thesis, Harvard Univer-sity).

Link, Perry E.

1981 *Mandarin Ducks and Butterflies: Popular Fiction in Early Twentieth-Century Chinese Cities* (Berkeley: University of California Press).

Philip Kuhn

1990 *Soul Stealers: The Chinese Sorcery Scare of 1786*(Harvard University Press)。本書採中譯本，見陳兼、劉昶譯，孔復禮著，《叫魂：乾隆盛世的妖術大恐慌》（台灣版，台北：時英出版社，2000）。

Mann,Susan

1987 "Widows in the Kinship, Class and Community Structures of Ch'ing Dynasty China," *Journal of Asian Studies* 46.1 (Ann Arbor, Mich. : Association for Asian Studies).

Meyer-Fong, Tobie

1999 "Making a Place for Meaning in Early Qing Yangzhou," *Late Imperial China* 20.1(Cambridge:Chadwyck-Healey)。本文由董建中譯爲中文，〈綠楊城郭是揚州──清初揚州紅橋成名散論〉，《清史研究》2001.4(北京：中國人民大學)。

2003 *Building Culture in Early Qing Yangzhou* (Stanford: Stanford University Press).

2003 "Seeing the Sights in Yangzhou from 1600 to the Present," 收於黃克武主編，《畫中有話：近代中國的視覺表述與文化構圖》（台北：中研院近史所）。

Mill, John Stuart

1956 *On Liberty*（The Bobbs-Merrill Company）.

Sakai Tadao

1970 "Confucianism and Popular Educational Works," in de Bary ed., *Self and Society in Ming Thought* (New York: Columbia University Press).

Sewell, William Jr.

2005 *Logics of History: Social Theory and Social Transformation* (The University of Chicago Press).

Sommer,Matthew H.

1997 "The Penetrated Male in Late Imperial China: Judicial Constructions and Social Stigma," *Modern China* 23.2.

Stromberg, Roland N.

1986 *European Intellecual History since 1789* (New Jersey: Prentice-Hall Inc.).

Wakeman, Frederic Jr.,

1995 *Policing Shanghai, 1927-1937* (University of California Press).

Wang David Der-wei

1997 *Fin-de-Siecle Splendor: Repressed Modernities of Late Oing Fiction, 1849-1911* (Stanford: Stanford University Press).

Yu Chun-fang

1981 *Renewal of Buddhism in China: Chu-hung and the Late Ming Synthesis* (New York: Columbia University Press).

Yu Ying-shih

1993 "The Radicalization of China in the Twentieth Century," *Daedalus* (Spring).

索引

昨日到城市：近世中國的逸樂與宗教

2008年9月初版
2023年12月二版
有著作權‧翻印必究
Printed in Taiwan.

定價：新臺幣700元

著　　　者	李	孝	悌
叢書主編	沙	淑	芬
校　　對	方		策
封面設計	蔡	婕	岑

出　版　者	聯經出版事業股份有限公司	副總編輯	陳 逸 華
地　　　址	新北市汐止區大同路一段369號1樓	總　編　輯	涂 豐 恩
叢書主編電話	(02)86925588轉5310	總　經　理	陳 芝 宇
台北聯經書房	台北市新生南路三段94號	社　　　長	羅 國 俊
電　　　話	(02)23620308	發　行　人	林 載 爵
郵政劃撥帳戶	第0100559-3號		
郵　撥　電　話	(02)23620308		
印　刷　者	世和印製企業有限公司		
總　經　銷	聯合發行股份有限公司		
發　行　所	新北市新店區寶橋路235巷6弄6號2F		
電　　　話	(02)29178022		

行政院新聞局出版事業登記證局版臺業字第0130號

國家圖書館出版品預行編目資料

昨日到城市：近世中國的逸樂與宗教 / 李孝悌著 .
二版 . 新北市 . 聯經 . 2023.12 . 408面 . 17×23公分 .
ISBN　978-957-08-7237-8（精裝）
[2023年12月二版]

1. CST：文化史　2. CST：社會史　3. CST：近代史
4. CST：中國史

636　　　　　　　　　　　　　　　　　112021605